A EXPERIÊNCIA
AFRICANA

Dados Internacionais de Catalogação na Publicação (CIP)
(Câmara Brasileira do Livro, SP, Brasil)

Khapoya, Vincent B, 1944-
 A experiência africana / Vincent B. Khapoya ; tradução de Noéli Correia de Melo Sobrinho. 2ª edição revista e atualizada – Petrópolis, RJ : Vozes, 2016.

 Título original: The African experience
 Bibliografia
 ISBN 978-85-326-5051-1

 1. África – Geografia 2. África – História 3. África – Política e governo 4. Cultura – África I. Título.

15-04526   CDD-960

Índices para catálogo sistemático:
1. África : História   960

A EXPERIÊNCIA AFRICANA

VINCENT B. KHAPOYA

Tradução de
Noéli Correia de Melo Sobrinho

Revisão da tradução de
Alexandre dos Santos

2ª Edição
revista e atualizada

EDITORA VOZES

Petrópolis

© 2010, Pearson Education, Inc.

Título do original em inglês: *The African Experience*

Direitos de publicação em língua portuguesa:
2015, Editora Vozes Ltda.
Rua Frei Luís, 100
25689-900 Petrópolis, RJ
www.vozes.com.br
Brasil

Todos os direitos reservados. Nenhuma parte desta obra poderá ser reproduzida ou transmitida por qualquer forma e/ou quaisquer meios (eletrônico ou mecânico, incluindo fotocópia e gravação) ou arquivada em qualquer sistema ou banco de dados sem permissão escrita da editora.

CONSELHO EDITORIAL

Diretor
Gilberto Gonçalves Garcia

Editores
Aline dos Santos Carneiro
Edrian Josué Pasini
José Maria da Silva
Marilac Loraine Oleniki

Conselheiros
Francisco Morás
Leonardo A.R.T. dos Santos
Ludovico Garmus
Teobaldo Heidemann
Volney J. Berkenbrock

Secretário executivo
João Batista Kreuch

Editoração: Fernando Sergio Olivetti da Rocha
Diagramação: Sheilandre Desenv. Gráfico
Capa: Cumbuca Studio
Ilustração de capa: Freeimages.com

ISBN 978-85-326-5051-1 (Brasil)
ISBN 978-0-205-85171-3 (Estados Unidos)

Editado conforme o novo acordo ortográfico.

Este livro foi composto e impresso pela Editora Vozes Ltda.

Sumário

Prefácio, 7

1 África: o continente e seu povo, 15

2 As instituições tradicionais africanas, 41

3 Desenvolvimento político na África histórica, 95

4 Colonialismo e a experiência africana, 151

5 O nacionalismo africano e a luta pela liberdade, 205

6 Independência africana: os primeiros trinta anos, 243

7 A luta africana pela democracia e por mercados livres, 297

8 A África nos assuntos mundiais, 327

Referências, 369

Índice analítico e onomástico, 379

Índice geral, 407

Prefácio

A quarta edição deste livro é publicada num momento crítico, não somente para a África, mas para a comunidade mundial como um todo. Estou agradecido por poder atualizar o livro e refletir sobre algumas das mudanças que ocorreram desde que a terceira edição foi publicada há somente dois anos. Quando eu comecei a ministrar um curso introdutório sobre a África, aproximadamente há vinte anos, não pude encontrar um compêndio que apresentasse a África na sua totalidade. Havia livros publicados, compilações de capítulos escritos por oito ou dez autores, vindos de diferentes disciplinas nas Ciências Humanas e nas Ciências Sociais. Apesar dos maiores esforços dos editores para manter a coerência temática, os meus alunos continuaram a se queixar da desigualdade do material que estavam lendo, tanto no estilo quanto no conteúdo. Então decidi escrever este livro para atender à necessidade de um texto que mostrasse como a cultura, a história, a política e o imperialismo europeu interagiram para produzir uma África que é muito mais complexa e dinâmica. Nos parágrafos que se seguem discutirei brevemente as características do livro, o que é novo nesta edição, e fornecer resumos dos capítulos.

O que é novo nesta edição

1) O capítulo 1, "África: o continente e seu povo", foi atualizado com dados demográficos mais recentes no Quadro 1.1 e inclui informação sobre a mais nova nação da África: a República do Sudão do Sul, que surgiu em 9 de julho de 2011. O Quadro 1.2 sobre as línguas faladas nos países africanos foi também atualizada.

2) Em relação ao uso da violência para subjugar os africanos que estavam resistindo à colonização, é fornecida uma evidência adicional da brutalidade alemã na forma de uma recente admissão pelo governo alemão de

que o que os soldados alemães fizeram aos povos namas* e herreros** na Namíbia podia provavelmente ser descrito como genocídio e que o governo alemão estava preparado para pedir desculpas, mas não consideraria o pagamento de reparações aos descendentes de 65.000 africanos mortos pelos soldados alemães.

3) Uma discussão complementar da "Primavera Árabe" na África do Norte e no Iêmen, uma expressão que é utilizada para se referir às revoltas populares na forma de demonstrações de massa que derrubaram os governos da Tunísia, do Egito e da Líbia, todos agora governados por governos interinos, enquanto decidem sobre os próximos passos. O futuro da Líbia, governada autocraticamente por Muamar Kadafi durante 42 anos, não pressagia nada de bom para o país. Kadafi foi o único ditador a morrer defendendo o seu regime. Agora, como em muitos países africanos ao sul, quando as revoluções podiam ter dado ao povo um sentido de um destino, os líbios estão se matando uns aos outros em números preocupantes sob o disfarce de lealdades "tribais".

4) Uma atualização da *União Africana*, fundada em 2002, com grandes esperanças de ser mais bem-sucedida e mais forte em articular e proteger os interesses africanos. Até agora, a União Africana está lutando para manter financeiramente tropas em Dafur; ela recusa declarar os assassinatos em Dafur como genocídio, e decidiu reconhecer o Conselho Nacional Interino da Líbia como o representante legal do povo líbio somente depois que Kadafi foi capturado e morto. Eu não posso nem sequer começar a falar sobre o país mais novo da África, a República do Sudão do Sul, que surgiu em 9 de julho de 2011. Depois de mais de trinta anos de guerra, e somente seis meses de existência como nação soberana, as milícias armadas estão massacrando pessoas para acertar velhas contas "tribais". O novo governo é incapaz de intervir, os mantenedores da paz da União Africana não foram instituídos para lutar. Eles têm medo de que, se interviessem para proteger os civis, poderiam tornar as coisas ainda piores. A União Africana, realmente, teve o seu trabalho interrompido por causa disso.

---

* Namaqua, naman, namaqa, nawakwa.
** Hereró, herero, ovaherero, ochiherero, tjiherero, dama, damara, dimba.

Características

O livro não presume qualquer conhecimento prévio da África. Ele também não está confinado à África Subsaariana, chamada África Negra. Por conseguinte, ele leva o aluno da geografia do continente – a geografia física, política e demográfica – à classificação linguística de mais de 800 línguas principais faladas no continente. Isto é seguido por uma apresentação das instituições e dos costumes tradicionais, pela história pré-colonial da África, pela disputa pelo controle imperial dos africanos pelas potências europeias. A profundidade da experiência colonial é ilustrada pelo fato de que somente dois estados (das cinquenta e quatro nações independentes) nunca foram formalmente colonizados: a Etiópia e a Libéria. A introdução do conceito de "missão civilizatória" é uma tentativa de explorar as razões culturais para a colonização europeia da África e para levantar a questão: "O que os europeus esperam que seja um africano civilizado, uma vez que eles foram moldados pela sua missão?" O nacionalismo africano, que foi uma resposta ao colonialismo, é aqui discutido, assim como a obtenção da independência, começando no início dos anos de 1950. Os últimos três capítulos lidam com as escolhas feitas pela primeira geração de líderes africanos a tentar criar novas nações a partir de seus novos estados soberanos e para elevar os padrões de vida de seus povos. As primeiras três décadas de independência foram provavelmente desperdiçadas, visto que os líderes africanos experimentaram sistemas de partido único e economias controladas pelo governo (ou socialistas). Com o estímulo de instituições internacionais como o Banco Mundial e o Fundo Monetário Internacional e dos principais doadores, os países africanos embarcaram nas economias de livre-mercado. Eles também ampliaram mais o espaço democrático. Há agora aproximadamente uma dúzia de países na África – Gana, Botsuana, África do Sul, Namíbia, para citar somente quatro exemplos – que encontraram padrões de democracia. O livro conclui com um exame do papel que a África desempenhou no cenário mundial, da União Africana (formada em 2002 para substituir a Organização da União Africana), dos esforços dos líderes africanos para cuidar dos seus próprios problemas e diminuir a sua dependência dos Estados Unidos e dos países europeus.

O capítulo 1, na sua primeira parte, introduz o continente africano em termos de geografia e demografia. As estatísticas que dizem respeito à população e ao Produto Nacional Bruto (PNB) *per capita* foram atualizadas para 2011. A segunda parte trata com algum detalhe da diversidade e da convergência dos povos africanos em padrões culturais e linguísticos e discute o problema de se referir aos grupos culturais africanos como "tribos". Há uma ênfase nas normas, nos valores e na experiência histórica como variáveis-chave que definem os povos, que são mais do que simples rótulos chamados de tribos.

O capítulo 2 descreve as principais formas culturais e as instituições tradicionais encontradas na África. A ênfase está naquelas formas que são compartilhadas em questões como parentesco, casamento, socialização, incluindo os ritos de iniciação. Quatro tipos de grupos não parentais são explorados. O leitor perceberá que eu parto da convenção habitual do compêndio de escrever narrando na primeira pessoa o que os ritos de passagem significam para mim. Já que eu não era simplesmente um observador, mas um participante, por que não personalizar a experiência? A reação do leitor tem sido uniformemente positiva.

O capítulo 3 é um ensaio interpretativo sobre a história africana, que tenta colocar a África mais no centro do que na periferia dos principais acontecimentos históricos mundiais. Eu trato de coisas como a construção do Estado, a formação de alianças e o surgimento e o declínio de vários reinos, e examino muitas evidências arqueológicas que contestam os mitos ocidentais sobre a marginalidade da história africana. Nesta edição, este capítulo foi somente editado por estilo.

O capítulo 4 é uma discussão da experiência africana sob o domínio colonial europeu. As razões da colonização, "as missões civilizatórias" das várias potências europeias (França, Inglaterra e Portugal), e são analisados também as políticas e os estilos administrativos coloniais. Para esta edição, eu incluí um novo material sobre a política e as práticas coloniais dos alemães na Namíbia, assim como o péssimo desempenho do domínio colonial belga na atual República Democrática do Congo. O capítulo termina com uma avaliação do domínio colonial.

O capítulo 5 examina a bem-sucedida resistência africana ao domínio colonial e o papel desempenhado pelas forças externas e pelos fatores internos nesta resistência.

O capítulo 6 lança um olhar duro aos primeiros trinta anos da independência africana, aos desafios que esta primeira geração de líderes enfrentou, o seu namoro com as economias socialistas e com os sistemas de partido único, resultando em governos repressivos, estagnação econômica e dependência crescente em matéria de economia e de segurança das primeiras potências coloniais.

O capítulo 7 é uma discussão detalhada da luta pela democracia e por mercados livres que continuou durante as últimas duas décadas e meia. Atrás do impulso pela democracia e pelos mercados livres estavam o Banco Mundial, o Fundo Monetário Internacional e os doares de ajuda ocidentais, como foram os Estados Unidos e a Grã-Bretanha. Algumas das questões-chave tratadas neste capítulo são as seguintes: Quando e como os africanos perceberam que as experiências iniciais não tinham obtido sucesso e que provavelmente não estavam trabalhando para o futuro? Que outras forças, internas ou externas, foram centrais para esta luta pela transparência política e pela autossuficiência econômica? Como a luta acabou? Quem foram os ganhadores e os perdedores e por quê?

O capítulo 8, o último capítulo, é uma análise do papel que a África desempenhou no cenário mundial. A influência da Guerra Fria é enfatizada, muito adequadamente, assim como também as contribuições que os estados africanos coletivamente fizeram para se conservarem na agenda das questões mundiais de vital importância para eles e sensibilizarem a comunidade mundial para as questões dos direitos humanos e do racismo que nunca obtiveram muita atenção quando o mundo estava sendo conduzido quase exclusivamente pelas nações ocidentais. Este capítulo foi atualizado para incluir informação sobre a União Africana, formada em 2002 para substituir a Organização da Unidade Africana (uma organização de compromisso fundada em 1963). A esperança era que a União Africana seria mais efetiva para tratar de questões de segurança no continente, mas as crises em Dafur, no Sudão e no Zimbábue provaram que, apesar da nova carta esclarecida da União Africana, sem comprometimento de recursos, a União Africana não vai obter mais sucesso do que a sua antecessora.

Suplementos

Pearson tem o prazer de oferecer vários recursos para qualificar os adotantes da *Experiência africana* e também os seus alunos que farão do ensino e da aprendizagem deste livro muito mais efetivos e agradáveis.

Agradecimentos

Este livro foi beneficiado por contribuições de muitas pessoas. O Professor James D. Graham e eu trabalhamos juntos no Programa de Estudos Africanos durante o período de tempo em que eu estive na Oakland University. Jim é um historiador cuja valorização da experiência africana é profunda e o seu entusiasmo em compartilhar esta experiência com os seus alunos e colegas é contagiante. Foi por esta razão que eu pedi a ele para contribuir com um capítulo interpretativo sobre a história africana (capítulo 3). Por este capítulo, pelas contribuições editoriais que ele deu à primeira edição do texto e por sua amizade, eu estou profundamente grato.

Esta edição também se beneficiou bastante de uma cuidadosa revisão de Keith A. Gottschalk, professor sênior em estudos políticos da University of Western Cape (UWC). Em resposta à minha pergunta sobre se eu podia passar minha licença sabática na África do Sul, para fazer uma pesquisa sobre questões de identidade entre os *Coloureds* na nova África do Sul, Keith, que era então chefe do Departamento de Estudos Políticos na UWC, entusiasticamente se ofereceu para me hospedar na sua instituição, de janeiro a junho de 2007. Eu pude retribuir o favor quando Paul Kubicek, então catedrático do Departamento de Ciência Política na Oakland University, e eu escrevemos uma proposta para a Comissão Fulbright. Keith pôde passar todo o ano acadêmico (2009-2010) como pesquisador da Fulbright na Oakland University. Eu sou grato a ele por seu tempo, otimismo e fascínio contagiante pelo mundo das ideias. Sem o apoio e o envolvimento do Professor Kubicek, Keith não teria obtido a associação com a Fulbright.

Os quatro revisores do manuscrito da quarta edição fizeram um ótimo trabalho, apontando as forças e as fraquezas do livro, e deram muitas sugestões. Eles incluem Tom Dolan, da Columbus State University; Charles Hartwig, da Arkansas State University; Michael Nwanze, da Howard University; e Donald Williams, da Western New England College. Este livro é um produto melhor por causa deles. Eu agradeço a eles sinceramente.

A paciência dos meus editores na Pearson, Vilkram Mukhija, Beverly Fong e seus colegas, foi severamente testada enquanto eu lutava para completar as revisões e quando tentava superar questões de saúde. Eu agradeço a sua paciência, o seu profissionalismo, encorajamento e apoio.

Finalmente, eu gostaria de agradecer a minha esposa, Izzi, por seu amor e incentivo. Este livro é tanto meu quanto dela. Com eterna gratidão, mais uma vez dedico este livro à minha esposa e a nossos filhos adultos.

Apesar de toda a assistência, somente eu sou responsável por quaisquer erros de fato ou de interpretação.

Vincent B. Khapoya
Professor emérito
Oakland University, Rochester, Michigan

1

África: o continente e seu povo

A África não é um país. Ela é um continente: o segundo maior continente. Não somente ele é vasto, mas também prevalece por completo sobre o resto do mundo pela diversidade do seu povo, pela complexidade de suas culturas, pela majestade de sua geografia, pela abundância dos seus recursos e pela alegria e vivacidade do seu povo.

Introdução

As pessoas que escrevem sobre a África geralmente começam com uma breve referência a como a África é pouco conhecida entre os americanos. Diferentemente das potências europeias, os Estados Unidos nunca tiveram colônias na África, embora a Libéria (na África Ocidental) tenha sido fundada em 1847 por escravos africanos livres dos Estados Unidos e o governo norte-americano tenha mantido laços especiais com a Libéria desde então até agora. Desde os inícios dos anos de 1960, quando dezenas de colônias africanas se tornaram nações independentes, a ignorância pública dos Estados Unidos sobre a África diminuiu marcadamente. A viagem aérea entre a África e a América aumentou desde então, e a televisão americana transmitiu em larga medida os problemas africanos – desde a severa seca e fome em todo o Sael* e o Chifre da África** até as crises políticas na Líbia, na Nigéria e no Ruanda. Americanos educados agora percebem que países como o Egito, que foram inicialmente (e erradamente) vistos exclusivamente como parte do Oriente Médio (Ásia Menor), estão realmente localizados na África.

---

* Sahel.
** Cornos de África.

Os Estados Unidos há muito é o destino favorito dos africanos à busca de uma educação superior. Durante os primeiros anos da independência da África, dezenas de milhares de estudantes africanos viajaram para os Estados Unidos para aprimorar a sua educação. A presença destes estudantes tornou possível a muitos americanos educados receber africanos de diferentes partes do continente e mostrar alguma valorização da diversidade do continente africano e do seu povo. Como a luta por justiça e igualdade racial na América tinha envolvido muitos afro-americanos, as organizações tradicionais de direitos civis, como a National Association for the Advancement of Colored People (Naacp) e a National Urban League, juntaram esforços com grupos de *lobby*, como a Africa Action (primeiramente American Committee on Africa) e o TransAfrica Forum, buscando ativamente influenciar a política de governo norte-americana em relação à África. Embora a África conte com a menor proporção dos novos imigrantes americanos, não obstante, cada vez mais estudantes e visitantes africanos estão escolhendo viver permanentemente nos Estados Unidos, ajudando desse modo a aumentar a convivência dos americanos com a África.

   Apesar desses desenvolvimentos e do fato de que a cobertura dos eventos da mídia na África independente tenha melhorado significativamente desde a época colonial (antes de 1960), muitos americanos não avaliam completamente o tamanho físico e a diversidade étnica do continente africano. Vivendo num país tão enorme como os Estados Unidos, os americanos tendem a ver a África mais como um país único do que como um continente que inclui mais de cinquenta países diferentes; eles admitem mesmo que é tão fácil viajar dos Camarões para a Tanzânia como dirigir do Colorado para o Tennessee. Por exemplo, não é incomum para um americano perguntar a um visitante africano da Nigéria se ele conhece alguém do Senegal ou da Zâmbia. Este capítulo introduz algo da diversidade geográfica, demográfica e linguístico-cultural da África, de modo que os estudantes americanos possam começar a compreender a complexidade e a riqueza incríveis das várias paisagens e culturas da África.

Geografia

   A África é realmente um lugar muito grande, o segundo maior continente do mundo. A sua área de terra é de 30 milhões de quilômetros quadrados, estendendo-se aproximadamente de 8.000 quilômetros da Cidade do Cabo (África do Sul) ao Cairo (Egito) e mais de 5.000 quilômetros de Dakar (Senegal) a Mogadíscio (Somália). Ela é aproximadamente três vezes e meia o tamanho continental dos Estados Unidos. A geografia política deste enorme continente consiste de cinquenta e quatro nações modernas, incluindo repúblicas insulares fora do seu litoral. Com a exceção do Saara Ocidental, anexado unilateralmente e à força pelo Marrocos quando a Espanha de repente renunciou ao seu controle colonial em 1976, estes países africanos são Estados independentes com suas próprias instituições políticas, líderes, ideologias e identidades. Todos estes países pertencem a um fórum continental chamado de União Africana (inicialmente a Organização da Unidade Africana), que está permanentemente sediada em Adis Abeba, a capital da Etiópia. A África do Sul foi admitida na organização somente em 1994, depois de ter sido excluída por mais de trinta anos, porque o governo de sua minoria branca tinha constitucionalmente negado direitos plenos de cidadania à sua maioria não branca. Cada uma destas nações africanas – exceto um punhado de Estados como a Somália, Suazilândia, Lesoto e Botsuana – é multilinguística. A Nigéria, por exemplo, envolve mais de 300 grupos linguísticos diferentes (provavelmente mais do que qualquer outra nação), a Tanzânia tem mais de 100, o Quênia tem mais de 40, e assim por diante.

Mapa 1.1
África: Mapa político
Fonte: Adaptado de *Africa Report*. Nova York: African American Institute of New York, 1964.

Geograficamente, a África tem sido descrita como um vasto planalto e ela é o mais tropical de todos os continentes, vivendo montado sobre o equador e se estendendo a distâncias quase iguais tanto em direção ao norte quanto ao sul do equador. Dominando o terço setentrional do continente está o maior deserto do mundo – o vasto deserto do Saara. As características geológicas mais significativas da África – as maiores elevações e as maiores depressões, os maiores lagos, e a fonte do rio mais longo do mundo, formado por padrões únicos de "vento" entre as placas continentais africana, somali e arábica – se encontram ao longo do Vale do Rift*, a fenda continental mais profunda da terra. Uma extremidade do Vale da Grande Fenda segue o mar Vermelho ao norte do lago Assal (Djibuti) até o mar Morto (Palestina); ao sul, ao longo da fenda entre as placas continentais africana e somali, encontram-se as montanhas mais elevadas e os maiores lagos da África. Enquanto o lago Assal fica a muitas centenas de metros *abaixo* do nível do mar, estes vulcões há muito extintos, como o monte Kilimanjaro (5.900 metros ou 19.340 pés) e o monte Quênia (5.200 metros ou 17.040 pés) são centenas de metros mais alto do que os mais altos picos nos Estados Unidos continentais. Muitas cadeias de montanha em todo o continente (p. ex., as montanhas da Etiópia, de Drakensberg, dos Camarões e de Atlas) incluem picos entre 914,4m e 1.493,52m acima do nível do mar. Muitos dos platôs e planaltos da África forneceram sustento (e em alguns casos refúgio) para algumas das populações mais densas e mais produtivas do continente.

Outras populações densas e produtivas na África se estabeleceram ao longo das margens dos lagos e dos rios de água doce do continente, assim como ao longo das partes dos seus litorais tropicais. Os grandes lagos da África – incluindo o lago Vitória (o segundo maior lago de água doce do mundo, depois do Lago Superior**), os lagos Tanganica e Maláui*** (que estão entre os quatro mais profundos e os oito maiores do mundo), os lagos Turkana****, Nakuru e Rukwa – ficam no solo do Vale do Rift, enquanto os lagos mais rasos como o Chade e o Bangweulu (ou o pântano formado no delta inerno do rio Okavango*****) serviam para a captação de água vivificante nas pro-

---

* Grande Vale do Rift, Rift Valley.
** Localizado no norte dos Estados Unidos.
*** Malavi, Malauí, Malawi.
**** Também conhecido como lago Rodolfo.
***** Também conhecido como rio Cubango.

ximidades das regiões savana (ou nas pastagens rotativas) em outras partes do continente. Num continente onde os desertos se expandiram e as savanas se tornaram mais secas, não somente durante as décadas passadas, mas ao longo de milênios, os sistemas fluviais da África (assim como os seus lagos) foram também cruciais para o crescimento e a sobrevivência das pessoas.

Começando com as civilizações egípcia e etíope há vários milhares de anos, o vale do rio Nilo forneceu a água vital necessária para sustentar grandes populações ao longo da única faixa fértil que corta através de todo o Deserto do Saara. O rio mais longo da terra (mais de 6.400 quilômetros), o histórico Nilo nasce no lago Vitória-Nyanza e recebe dois terços de sua água dos planaltos Etíopes antes de mergulhar em várias cataratas rio abaixo (para o norte) no rico delta do Nilo no mar Mediterrâneo. Na época moderna, o baixo Nilo (norte) se tornou uma importante fonte de poder hidroelétrico, assim como água de irrigação vital, tanto para os egípcios quanto para os sudaneses que se beneficiam da eletricidade gerada na Represa de Assuã. Muito mais a montante (sul) e além dos pântanos do Sudd, no Sudão do Sul, os ugandenses* e os quenianos "se ligaram" em menores projetos hidroelétricos na Represa de Nalubaale (inicialmente chamada a Represa de Owen Falls) e na Represa de Kiira, as duas próximas da cidade de Jinja (Uganda).

Fluindo do lago Bangweulu na África Central e drenando toda a chuva da floresta tropical do Congo e da República Democrática do Congo no oceano Atlântico está o oitavo rio mais longo do mundo (e o segundo mais volumoso) – o Congo (mais de 4.300 quilômetros) – que é alimentado por grandes tributários, como os rios Ubangui, Cassai** e Cuango. Os projetos hidroelétricos em torno das cataratas próximas a Kinshasa***, na República Democrática do Congo, fornecem eletricidade para cidades próximas em processo de modernização. Também da África Central, fluindo a leste para o oceano Índico no extremo sul do Vale do Rift, está o rio Zambezi (cerca de 2.600 quilômetros), onde as represas de Kariba e Cabora Bassa**** aproveitaram muita força hidroelétrica (criando, como em outros lugares, novos reservatórios), mesmo quando preservando a catarata singular mais famosa da África – as

---

* ugandeses.
** Kasai.
*** Quinxassa, Quinxasa.
**** Cahora Bassa.

belas e assombrosas Cataratas Vitória (chamada Mosi-oa-Tunya na linguagem local bemba). Na África Ocidental, onde o deserto do Saara se expandiu visivelmente para o sul nas savanas secas do Sael durante as décadas recentes, o rio Níger (cerca de 4.800 quilômetros) foi há muito visto como uma "corda de salva-vidas" para as dezenas de milhões de pessoas que ele serve em cerca de meia-dúzia de nações, mas especialmente na Nigéria e no Mali. Junto com o seu maior tributário (o rio Benué) e outros importantes rios da África Ocidental, como o Senegal, o Gâmbia e o Volta (onde a primeira maior represa hidroelétrica do continente foi construída em Gana), as águas do Níger são coletadas pelos planaltos e pelos platôs do interior.

O deserto do Saara, que é quase tão grande quanto os Estados Unidos continentais, e ainda em crescimento, engolfa grande parte do terço do norte da África. Os desertos da Namíbia e do Kalahari*, no sul da África recobrem grande parte da moderna Namíbia e da Botsuana; e o Chifre da África (especialmente na Etiópia oriental, no nordeste do Quênia e na Somália) está rapidamente evoluindo de savana seca para o próprio deserto. Diferentemente destes desertos vastos e escassamente povoados e das áreas particulares do terreno montanhoso densamente povoadas, os vales ou deltas de rios, as bacias de lagos e faixas costeiras férteis, grande parte da África rural é caracterizada por aldeias espalhadas de lavradores e pastores que vivem nas savanas. Menos de 10% da paisagem do continente, ao contrário da imaginação popular, pode ser classificado como floresta tropical ou "selva". Na medida em que a "selva" ainda existe, é fundamentalmente encontrada na bacia de drenagem do Congo (que é levemente povoada). A maior parte da floresta tropical litorânea é agora utilizada para a lavoura, a pesca, a exploração florestal e a vida urbana. Pode se observar que o povo africano se adaptou a um sem número de ambientes locais diferentes e desafiadores. Ainda agora, os caçadores-coletores San foram obrigados a adaptar os seus estilos de vida tradicionais a condições de vida rigorosas nas beiras dos desertos da Namíbia e do Kalahari. Os criadores de gado nuer** e dinka*** persistem em seguir padrões tradicionais intrincados de transumância nos pântanos do Sudd, em

---

* Calaári.

** Os nueres estão espalhados por diversas regiões do Sudão do Sul e da Etiópia. Dependendo da região em que habitam, também podem ser chamados de gajaak, lou, gajiok, laweer, jikueichieng.

*** Dinka, jiavan, jang, jeng, dieng.

meio à prolongada guerra civil no Sudão. Os pastores fulas* e os pescadores bozo**, apesar de décadas recentes de seca severa e fome no Sael, continuam a praticar os seus tradicionais padrões de criação de gado e construção de canoas, embora coexistindo e comercializando com lavradores locais. Os africanos que vivem nestas circunstâncias locais grandemente diferentes desenvolveram naturalmente diferentes costumes e estilos de vida, embora as comunidades que sobrevivem hoje *principalmente* como caçadores-coletores, pastores ou pescadores sejam muito poucas, quando comparadas à grande maioria de comunidades de lavoura africanas (onde caçar, coletar, pescar e/ou pastorear podem ser vistos como atividades suplementares).

Especialmente nas florestas tropicais úmidas, nas bacias lacustres ou nos vales de rios, abundam incontáveis variedades de insetos e bactérias, incluindo muitas espécies desconhecidas em climas mais temperados. Os africanos que vivem em áreas tão ricas de vida tiveram também de lidar com variedades letais de doenças que abundam em climas tropicais[1]. A partir de 2008, foi estimado que mais de 300 milhões de pessoas nos trópicos (incluindo a África) sofriam de malária (que mata aproximadamente 2,7 milhões de pessoas por ano e é causada por um parasita carregado pelo mosquito Anopheles), 300 milhões sofriam de esquistossomose, também conhecida como bilharzia***, uma doença debilitante carregada por caramujos de água doce, e outras 130.000 (em 1995) sofriam de doença de verme da Guiné, carregada por pulgas aquáticas. Foi estimado que 5 milhões de crianças morrem por ano nos trópicos de doenças diarreicas, 2 milhões morrem de febre tropical e 1,5 milhão de sarampo. Foi estimado existir 18 milhões de casos de oncocercose (cegueira de rio) na África Ocidental, mais de 66 milhões de casos de tripanossomíase africana (doença do sono) principalmente na África Central e Oriental, e 90 milhões de casos de filariose, uma debilitante doença de verme, em todo o continente. A tripanossomíase africana também afeta severamente animais domésticos, impedindo desse modo o desenvolvimento da criação de animais. A tuberculose e a poliomielite, que foram virtualmente erradicadas

---

* Fulani, foulbé, peul, peulh, foulah, fulanke, afuli, fellata, pulo, bafilache, fulakunda, jeeri.
** Boso, bosso, boza, sarkawa, sorko, sorogo.
1 Os números relativos às várias doenças tropicais foram obtidos seguindo os sites, em outubro de 2008: www.malaria.org/wheredoesitoccur.html www.astdhpphe.org/infect/guinea.html www.emedicine.com/med/topic1667.html e www.micro.msb.ac.uk
*** Bilharzíase, bilhárzia.

Mapa 1.2
África: Mapa físico
Fonte: Desenhado por James D. Graham e Vincent B. Khapoya.

da maior parte do mundo, estão ainda matando africanos, particularmente nas áreas urbanas. Desde 1980, o vírus da Aids se espalhou rapidamente através da África Central, desde Kinshasa (República Democrática do Congo) até Nairóbi (Quênia) e Dar es Salaam**** (Tanzânia), por causa da utilização de seringas imundas e transfusões de sangue contaminado, assim como em razão de sexo não seguro, levando alguns especialistas a estimar que 10% de bebês na África Central agora estão nascendo com o vírus da Aids. Assim, a própria abundância de vida gerada nas ecozonas úmidas da África, de to-

---

* Futa-Djalon, Futa Jalom.
** Zambezi.
*** Kalahari, Kalahary.
**** Dar-es-Salam.

dos estes modos, levou à proliferação de organismos que carregam doenças mortais ou debilitantes. No caso da malária, a principal doença "matadora" da África, muitos africanos têm usado folhas da árvore de armagoseira como antídoto, enquanto alguns povos litorâneos herdaram um traço falciforme na sua corrente sanguínea, como uma adaptação protetora contra doses letais de malária. Quando os americanos estudam a África, eles deviam lembrar que as pessoas que vivem em ambientes tropicais úmidos têm de enfrentar diariamente uma variedade muito mais ampla de formas de vida – e doenças que ameaçam a vida – do que fazem aqueles que vivem em climas temperados, como aqueles da América do Norte, da Europa ou do Japão.

Demografia

O Population Reference Bureau em Washington estima que em 2011 a África recebeu aproximadamente 1,05 bilhão de pessoas. Comparado com os outros continentes, a África não é terrivelmente superpovoada, com uma densidade populacional de somente cerca de 32 pessoas por quilômetro quadrado. Ela equivale a 72 na Europa, 93 na Ásia, 14 na América do Norte e 33 na América do Sul. Contudo, quando se considera a alta taxa de crescimento populacional no continente (cerca de duas vezes aquela do resto do mundo), as vastas regiões áridas e semiáridas e os suprimentos reduzidos de terra arável, há sérias razões de preocupação com a capacidade futura da África de alimentar o seu próprio povo.

Como em outros continentes, os bolsões de densidade populacional na África surgiram em várias áreas rurais por causa dos climas locais favoráveis, abastecimento de água doce, terra cultivável, ou minerais úteis. As maiores concentrações atuais de pessoas na África se expandiram historicamente ao longo das margens dos rios e dos lagos interiores, assim como nas áreas de planaltos bem-irrigados – próximo dos deltas e das fozes dos rios – e nas faixas mediterrâneas ao longo das linhas litorâneas da África. Embora a maior parte da geografia interior da África fosse desconhecida dos europeus até o século XIX, as suas linhas costeiras foram mais cuidadosamente mapeadas há 300 anos por exploradores, comerciantes, traficantes de escravos e piratas europeus. Muitos séculos antes deles, os africanos ao longo das costas do mar Mediterrâneo, do mar Vermelho e do oceano Índico foram intermediários entre as diversas rotas de comércio interior e o comércio marítimo há muito estabelecido. O clima litorâneo mediterrâneo da África sustenta as populações agrícolas densamente assentadas, especialmente no Magrebe (ao norte das montanhas Atlas, em Marrocos, Argélia e Tunísia) e no delta do rio Nilo. O Magreb tem um clima mediterrâneo (também típico das colinas e planícies litorâneas próximas da porção do sudoeste extremo da África do Sul), que é bem-irrigada e também temperada. Uma rica variedade de alimentos e vinhos foi tão tradicionalmente criada aí, que o Magrebe foi por muito tempo conhecido como "o celeiro" do antigo Império Mediterrâneo de Roma. Transformando o deserto em terras agrícolas produtivas através da irrigação ao longo do baixo (norte) vale do Nilo, a maioria das pessoas que vivem tanto no antigo quanto no moderno Egito e Sudão (cerca de um oitavo da população atual total da África) há muito pôde fazer crescer frutos nutricionais, grãos e vegetais, assim como a pecuária. A população ao longo do vale do Nilo, do delta do Nilo e do litoral do Magrebe, como foi indicado antes, está muito densamente assentada.

A maior parte do litoral ocidental da África, entre os rios Senegal e Congo, é também densamente povoada – especialmente na proximidade dos ricos solos aluviais do delta do rio Níger e nas fozes de outros rios ocidentais africanos. A vegetação costeira dominante (onde algumas árvores de madeira de lei ainda existem) é uma floresta tropical. Entre o que permanece desta floresta tropical e a imensidão do Saara ocidental ficam as campinas rotativas do Sael africano ocidental. Antes do início da colonização europeia, há cerca de um século, estas savanas africanas ocidentais sustentavam algumas das maiores e mais famosas cidades, reinos e impérios do continente. Depois da conquista colonial, e com a deterioração do ecossistema de savanas mais frágeis durante algumas décadas passadas, um processo assustador de dessecação (aridez ou desertificação) obrigou muitas centenas de milhares de pessoas a abandonarem suas terras áridas. As áreas de planaltos e platôs da África Ocidental, desde o Futa Jalon e em direção oeste até as montanhas dos Camarões, continuaram a sustentar consideráveis densidades populacionais locais, com maiores padrões de pluviosidade regular. A maior floresta tropical remanescente do continente, o interior central drenado pelo rio Congo e seus tributários, é relativamente pouco povoada, exceto na proximidade das cidades (principalmente devido à natureza frágil dos solos da floresta tropical, que estão submetidos a fortes chuvas constantes e a serem "lixiviados" de seus nutrientes).

Do Chifre da África, no leste, e em direção sul até o rio Zambezi, as florestas tropicais são limitadas principalmente a áreas costeiras ou de terras baixas (incluindo a do lago Vitória Nyanza), embora as elevações mais baixas no Chifre sejam geralmente áridas. A maioria das cadeias montanhosas e picos da África Oriental, contudo, atrai pluviosidade mais do que adequada em alguns solos muito bons. As populações dos planaltos que vivem nas encostas mais férteis destas montanhas do Vale do Rift estão entre os povos mais densamente assentados da África Oriental. Desde as savanas do Vale da Fenda do Quênia Central e a Tanzânia até as savanas centrais drenadas pelo rio Zambezi ao sul, um grande número de africanos orientais praticava tradicionalmente "agricultura itinerante" e/ou pastoreio; estes estilos de vida incentivaram muito contato e comércio local entre estes povos do planalto. Hoje, um número considerável de pastores e lavradores misturados da África Oriental continua a viver em assentamentos espalhados, dependendo principalmente da pluviosidade irregular para as suas necessidades de água. Entretanto, uma quantidade decrescente de pastores supre a sua existência diária nas antigas savanas ressecadas do Chifre. As populações mais densas da África Oriental vivem nos seus férteis planaltos, nos centros populacionais ao longo do seu lago e costas oceânicas, e nas cidades da savana.

Ao sul do Rio Zambezi fica a região do sul da África, onde os padrões de densidade populacional se assemelham com aqueles discutidos acima. A densidade é mais baixa nos desertos da Namíbia e do Kalahari, onde um número decrescente de caçadores e coletores San continuam a manter alguma semelhança com os seus estilos de vida antigos. As grandes aldeias e as cidades estão espalhadas entre os planaltos rurais e as savanas de Angola, Zimbábue, Moçambique e no norte da África do Sul modernos, enquanto as populações mais densas dessa região habitam áreas que têm chuvas de verão ao sul e leste das montanhas Drakensberg, assim como os planaltos mais produtivos e as áreas dos vales de rios. As cidades modernas, como Johanesburgo e Bulawayo, cresceram em torno de depósitos minerais. Exceto para os imigrantes europeus (africâneres e ingleses) e os poucos remanescentes dos habitantes originais de coissãs* da região, a grande maioria dos sul-africanos tradicionalmente falava línguas Bantus, praticavam a agricultura e o pastoreio, e desenvolveu

---

* Khoisan, Khoi-san, coisã, coisan.

culturas e civilizações complexas que refletiram as diferenças locais, assim como geralmente valores semelhantes.

Fora do litoral sudoeste da África no oceano Índico fica a quarta maior ilha do mundo, Madagascar, assim como uma quantidade de nações insulares menores, como Seychelles, Comores e Maurício. Junto com as ilhas do Cabo Verde no oceano Atlântico, estas estão entre os países mais densamente povoados da África. Como o Quadro 1.1 indica, os menores Estados-nação da África (em área geográfica) estão frequentemente entre os mais densamente povoados.

Há grandes variações de densidade populacional tanto *dentro* destas nações africanas quanto *entre* elas. Além das ecozonas particulares protegidas por povos dentro de cada país (p. ex., o vale do Nilo no Egito e no Sudão), as populações das cidades modernas se expandiram dramaticamente desde a Segunda Guerra Mundial. Embora dois terços dos africanos ainda vivam no campo, altas taxas de migração rural-urbana foram documentadas em todo o continente, levando ao desemprego e à superpopulação urbanos. Tanto no campo quanto nas cidades, a população da África está crescendo numa taxa alarmante. Na taxa de crescimento populacional atual da África, de cerca de 2,4% por ano, o número de africanos já bateu a marca de 1 bilhão no ano de 2011. Realmente, o Population Reference Bureau projeta a população africana para 1,4 bilhão para o ano de 2025, e 2,3 bilhões para o ano de 2050. As taxas de mortalidade de crianças africanas – 74 por 1.000 nascidos vivos – comparadas com 44 para o mundo e 5 para os países industrializados, estão entre as maiores do mundo, porém, mais crianças africanas agora sobrevivem devido a aumentos modestos na disponibilidade local de vacinas, antibióticos e água limpa. Em razão de as cidades e as terras rurais mais produtivas da África estarem já superpovoadas e grande parte da terra remanescente ser árida, parece a muitos forasteiros (quando não a muitos africanos) que a alta taxa de crescimento populacional terá de declinar se o continente quiser se tornar autoconfiante para sustentar a saúde do seu povo e melhorar as suas vidas materiais.

Quadro 1.1
Área, população e densidade populacional das nações africanas
(ordenadas por ordem decrescente de densidade populacional)*

País	Área (em km²)	População (em milhões)	Densidade (pessoas/km²)
Nigéria	913.070	162,3	176
Etiópia	1.091.509	87,1	79
Egito	989.850	82,6	83
República Democrática do Congo	2.317.699	67,8	29
África do Sul	1.206.897	50,5	41
Tanzânia	934.139	46,2	49
Quênia	573.647	41,6	72
Argélia	2.354.153	36,0	15
Uganda	238.249	34,5	143
Marrocos	441.377	32,3	72
Sudão	1.864.215	31,1	17
Gana	235.733	25,0	143
Moçambique	792.305	23,1	29
Costa do Marfim	318.725	22,6	70
Madagascar	792.305	21,3	36
Camarões	469.934	20,1	42
Angola	1.232.259	19,6	16
Burquina Faso	270.828	17,0	62
Níger	1.252.323	16,1	13
Maláui	117.107	15,9	134
Mali	1.225.825	15,4	12
Zâmbia	743.892	13,5	18
Senegal	194.442	12,8	65
Zimbábue	386.235	12,1	31
Chade	1.269.128	11,5	9
Ruanda	26.035	10,9	415
Tunísia	151.715	10,7	65
Guiné	243.013	10,2	42

---

* Apesar do título do quadro, no original, apregoar que os países estão em ordem decrescente do número de suas populações; o quadro, na verdade, está ordenado do maior para o menor valor da densidade demográfica dos países.

País	Área (em km²)	População (em milhões)	Densidade (pessoas/km²)
Burundi	27.507	10,2	367
Somália	630.275	9,9	16
Benim	111.316	9,1	81
Sudão do Sul	619.745	8,3	13
Líbia	1.739.159	6,4	4
Eritreia	116.237	5,9	51
Togo	56.133	5,8	103
Serra Leoa	70.909	5,4	75
República Centro-Africana	615.764	5,0	8
República Congo	338.038	4,1	29
Libéria	110.080	4,1	37
Mauritânia	1.013.642	3,5	3
Namíbia	814.743	2,3	3
Lesoto	29.998	2,0	72
Botsuana	574.991	2,0	3
Gâmbia	11.169	1,8	157
Guiné-Bissau	35.702	1,6	45
Gabão	264.568	1,5	6
Maurício	2.017	1,3	630
Suazilândia	17.160	1,2	69
Djibuti	22.932	0,9	39
Reunião	2.481	0,9	341
Comores	2.204	0,8	813
Guiné Equatorial	27.725	0,7	26
Cabo Verde	3.983	0,5	123
Saara Ocidental	249.201	0,5	2
Maiote (departamento ultramarino francês)*	371	0,2	563
São Tomé e Príncipe	952	0,2	187
Seicheles	445	0,1	194

Fonte: *2011 World Population Data Sheet*. Washington, DC: Population Reference Bureau, Inc., 2011. Para o Sudão do Sul, que se tornou um Estado independente em 9 de julho de 2011 [Disponível em http://en.wikipedia.org/wiki/South_Sudan – Acesso em 11/08/2011].

* Neste caso o autor inclui Maiote (ou Mayotte), um departamento ultramarino francês, como uma parte do grupo de nações africanas.

Língua e cultura

Como as famílias africanas se estabeleceram e aumentaram em diferentes ecozonas durante o último milênio e em todo o continente, eles desenvolveram costumes e vocabulários um pouco diferentes para determinar e explicar as suas vidas. Durante séculos de interação, os descendentes dos colonos originais e dos posteriores imigrantes de diferentes localidades desenvolveram culturas e línguas que distinguiam os seus estilos de vida particulares daqueles dos seus vizinhos (que podem ter vivido em diferentes ecozonas ou organizaram as suas comunidades de acordo com diferentes tradições ancestrais). Antropólogos e linguistas do mesmo modo afirmaram que a "língua" e a "cultura" são virtualmente a mesma coisa. Cada cultura ou subcultura é mais plenamente descrita na língua particular ou no dialeto que a caracteriza; cada língua ou cada dialeto nomeia e reflete mais intrinsecamente a sua cultura ou subcultura particulares. É útil, quando se estuda as semelhanças e as diferenças entre os povos africanos, adotar esta perspectiva. Neste texto, elementos comuns de língua e cultura do grupo são vistos como sendo mais significativos para identificar diferentes "povos" ou grupos étnicos que compartilham a mesma língua e cultura. Tal como em outros lugares do mundo moderno, a etnia africana possui muitas variações e experimenta muitas redefinições ao longo do tempo, porém, as pessoas do seu próprio lugar (com quem se cresceu, que se conhecem ou com quem se está relacionado através de redes extensas de grupos de parentesco) permanecem um ponto de referência significativo para a maior parte dos africanos de hoje.

Uma das perguntas mais comuns (e frequentemente ofensivas) que os americanos às vezes fazem a um africano recém-chegado neste país é: "Oh, você é da África; de que tribo você vem?" Não somente muitos africanos percebem a conotação da palavra "tribo" (junto com a qual palavras como "primitivos", "supersticiosos" e "nativos") como depreciativa, porém, muitos estudiosos africanistas vieram também a ver a indicação da palavra "tribo" como sendo imprecisa e também ilusória. Jan Vansina, que descobriu uma rigorosa coleção e análise das ricas tradições orais da África há algumas décadas, observou que (1) os agrupamentos sociais na África tropical aumentaram e diminuíram dramaticamente (tanto no tamanho da população quanto na área geográfica) ao longo do tempo, (2) a conotação estática da palavra "tribo" não pode talvez refletir as complexidades destas relações em constante mudança.

Ironicamente, na medida em que o termo "tribo" foi popularizado pelas autoridades coloniais na África e pelos estudiosos ocidentais que escrevem sobre a África, ele é ainda mantido (pelo menos para propósitos administrativos e políticos) por muitas nações africanas independentes. Estas nações identificam o povo por "tribo" em registros fiscais, em certidões de nascimento e em carteiras de identidade.

Alguns dos problemas que há em descrever os povos africanos como "tribos" foram resumidos por David Wiley e Marylee Crofts:

> Infelizmente, o termo é uma palavra ruim para descrever as sociedades africanas. Pior ainda, ele carrega uma conotação de seres humanos não civilizados, perigosos, descontrolados, supersticiosos, ao contrário de nós. [...] A palavra "tribo" tem sido utilizada por estudiosos do Ocidente para descrever as pessoas que vivem em sociedades menores, com menos tecnologia material do que as nossas. Assim, "tribos" são encontradas na América do Norte, no sudeste da Ásia, em Israel antigo, nas colinas e desertos do Oriente Médio e, sobretudo, na África.
>
> Contudo, não podemos encontrar qualquer definição na literatura erudita da antropologia que realmente descreva estas sociedades. Alguns dizem que as pessoas tribais têm um ancestral comum, outros acreditam que as tribos têm uma língua comum; alguns dizem que as pessoas que vivem sob um chefe são tribais; outros dizem que as tribos compartilham um governo comum e uma cultura comum. De fato, quando olhamos para as sociedades da África, descobrimos que nenhuma destas definições cabe a todas as sociedades que existiram antes do domínio colonial...
>
> Por estas razões, os estudiosos preferem descartar o termo "tribo" porque ele é enganoso e cria a imagem de um povo inferior e subumano. De fato, as sociedades de pequenas dimensões da África são muito parecidas com os clãs da Escócia ou com as aldeias da Irlanda e de Gales, cujas pessoas não são chamadas de "tribais". Termos mais adequados são sociedades, etnias, classes ou simplesmente o nome do povo, como os Iorubás ou os Lunda[2].

---

2 WILEY, D. & CROFTS, M. *The Third World*: Africa. Guilford, CT: Dushkin, p. 63-65.

As pessoas familiarizadas com nomes como hauçá*, iorubá** e ibo*** (os três maiores e mais bem conhecidos povos da moderna Nigéria), ou como quicuio****, luo*****, calenjin****** e luhya******* (do Quênia), compreendem que estes povos indígenas podem ser distinguidos dos outros em virtude de suas diferentes línguas, sistemas de parentesco, rituais e tradições. Os maiores grupos desses povos estão frequentemente incluídos em muitas subculturas, cada uma delas falando o seu próprio dialeto e mantendo as suas próprias tradições. Os povos hauçá da Nigéria, por exemplo, abrangem muitas subculturas, como os daurawa, os gobir e os kanawa. Essas subculturas, entre os hauçás e em outros lugares, frequentemente se identificarão como se eles fossem grupos étnicos distintos, mesmo lutando ferozmente contra as culturas vizinhas e aparentadas.

Os estudiosos africanistas chegaram a ver o conceito de "raça" como ainda menos preciso do que o termo "tribo" para distinguir os povos. De volta a 1930, o livro *The Races of Africa* de C.G. Seligman culminou mais de um século dos esforços dos estudiosos europeus para classificar os africanos, e outros no nosso mundo, em termos de pele, lábios, e assim por diante. Desde que Lineu (um famoso botânico sueco do século XVIII) classificou as quatro "raças" da espécie humana como sendo distinguíveis (e ordenadas divinamente na "Grande Cadeia do Ser") pela cor da pele branca, amarela, vermelha e negra, outros cientistas europeus e americanos tentaram provar que a cor da pele (geralmente relacionada somente com o olho e com a cor do cabelo) podia ser categoricamente correlata ao tamanho da cabeça, à inteligência, à complexidade da língua, à civilização, e assim por diante. Apesar de todos estes esforços para estabelecer estas correlações implausíveis, estes estudiosos (incluindo William Shockley, que passou as duas últimas décadas da sua vida tentando correlacionar a cor da pele com as contagens de QI) não puderam provar qualquer uma de suas hipóteses.

---

* Hawsa, haoussa, hausa, hausawa e as variantes em português: auçá, haussá, haússa.
** Yorubá, ioruba, yorouba, nagô.
*** Igbo.
**** Kikuyu, gikuyu, aikuyo, wakikuyu.
***** Lwo, lwoo.
****** Kalenjin, kalendjin.
******* Abuluhya, abaluhya, abaluyia, luyia, luhia.

Quadro 1.2
Lista das principais línguas faladas nos países africanos

País	Línguas faladas
Argélia	árabe (oficial), francês e variações do tamazight (uma das línguas berberes)
Angola	português (oficial), umbundu *[Umbundo, m'bundo, mbundu]*, quimbundo *[Kimbundu, dongo, kindongo, loanda, mbundu, loande, luanda, lunda, mbundu, n'bundo, nbundu, ndongo]*, quicongo *[Kikongo, cabinda, congo, kongo ou kikoongo]*, quioco (côkwe)-lunda *[Chokwe, tshokwe, cokwe, wachokwe, bachoko, shioko, kioko, djok, tsiboko, autuchokwe]*
Benim	francês (oficial), fom *[Fon-ewe]*-evê *[Yoruba, yorubá]*, iorubá, bariba *[Barba, baruba, baatonu, baatombu, borgu, barba, borgawa, bargawa, barganchi, bogung, bargu, burgu, bergo, bergou]*, mina *[Mina-gen, gen, gê, gbe, gebe, guin, popo, popô]*, dendi
Botsuana	inglês (oficial), setsuana *[Setswana, sitswana]*, chixona *[Chichona, chishona]*
Burquina Faso	francês (oficial), mossi *[Moshi, moré, more, mooré, moore]*, diola *[Dyula, dioula]*, mandê *[Mandé, mandinga]*, senufo, fula
Burundi	francês (oficial), rúndi *[Kirundi, rundi]*, suaíli *[Suaíle, swahili, kiswahili]*
Camarões	francês (oficial), inglês (oficial), fula *[Fulani, peul, pullaar, fulbe, fulfulde, pular]*, bamiliquê *[Bamileke]*, bulu, ewondo *[Côlo, kóló, kolo]*, kirdi, duala *[Douala]*
Cabo Verde	português (oficial), crioulo cabo-verdiano
República Centro-Africana	francês (oficial), banda, baia *[Baya, gbaya]*, sangô *[Sango, sangho]* (língua franca)
Chade	francês (oficial), árabe, sara, kirdi, sangô, wadai, tebu
Comores	francês (oficial), árabe, comoriano, suaíli comoriano
República do Congo	francês (oficial), quicongo, tequê *[Teke]*, mbochi *[mbosi, m'bochi, mboshi, m'boshi]*, lingala *[Ngala]*, mbere *[Mbede, Mbete]*, sanga
República Democrática do Congo	francês (oficial), Lingala, suaíli, quicongo, tshiluba *[Ciluba, luba-kasai, luba-lulua, bena-lulua]*
Djibuti	francês (oficial), árabe, somali, afar *[Afaraf, qafar af]*
Egito	árabe (oficial), inglês

Guiné Equatorial	espanhol (oficial), francês (oficial), português (oficial), fangue [Fang, fan, fangwe], bubi [Bube, Bobe, Bohobé, Bube-Benga]
Eritreia	árabe (oficial), inglês, italiano, tigrínio [Tigrinya, tigrigna], tigré [Tigre, tigrayit, xasa]
Etiópia	amárico (oficial), oromo, tigrínio, somali
Gabão	francês, fangue, teke, shira [Eshira, sira, échira, chira], mbere, kota
Gâmbia	inglês (oficial), mandinga [Mandinka, mandingo, mandingue], fula, jalofo [Wolof, uófole], soninquê [Soninke]
Gana	inglês (oficial), axante [Twi, axânti, ashanti], evê [Ewe], ga, hauçá [Haussá, hausa, haussa]
Guiné	francês (oficial), malinquê [Malinke], pular [Poular], susu [Susu, soussou, sousou, sosoxui]
Guiné-Bissau	português (oficial), balanta [Balante], crioulo guineense, fula, mandinga
Costa do Marfim	francês (oficial), acã [Akan], cru [Kru, krou, cravi, krawi, krao], mandê, senufo [Senoufo], diola, abidji [Abiji]
Quênia	inglês (oficial), suaíli, quicuio, luo, luhya [Luyia, luhia, luhiya], camba (kamba, kikamba), calenjin
Lesoto	inglês (oficial), soto [Sotho, seSotho], xosa [Cosa, IsiXhosa, shosa], zulu [Zolo]
Libéria	inglês (oficial), kpelle [Kpele, kpellé, guerzé], mano [Maa, mah, mawe, máue], cru-bassa, krahn
Líbia	árabe (oficial), tamazight (berbere)
Madagascar	francês (oficial), malgaxe [Malagasy]
Maláui	inglês (oficial), cheua [Chewa, chichewa, nianja, cinianja], lomué [Lomwe, lowe, elomwe, macua ocidental], angúni [Ngoni, nguni, neguni], iaô [Yao, ajaua, wayao]
Mali	francês (oficial), bambara, fula, malinquê, senufo
Mauritânia	francês (oficial), árabe, saracolê [Sarakole, seraculeh, Serahuli], fula, jalofo
Maurício	francês (oficial), crioulo [Kreol (crioulo) morisyen], híndi, urdu, tâmil [Tâmul]
Marrocos	francês, árabe (oficiais), tamazight (berbere)
Moçambique	português (oficial), macua-lomué, suaíli, cheua, chixona, tsonga [xiTsonga, chiTsonga, shiTsonga]

País	Línguas faladas
Namíbia	inglês (oficial), africâner (oficial), oshivambo [Oshiwambo, ovambo, owambo], herrero, kwangali [RuKwangali, kavango], nama-dama (coissã), alemão
Níger	francês (oficial), hauçá, songai, fula, canúri [kanuri, kanouri], tuaregue
Nigéria	inglês (oficial), hauçá, iorubá, ibo, tiv, canúri
Reunião*	francês (oficial), crioulo de Reunião
Ruanda	francês (oficial), quiniaruanda [Kinyarwanda, ruandês], suaíli
São Tomé e Príncipe	português (oficial)
Senegal	francês (oficial), jalofo, pulaar, serer [Serer-sine, serere], mandê
Seicheles	francês (oficial), inglês, crioulo de Seicheles (seichelense)
Serra Leoa	inglês (oficial), krio (língua franca), timené [Temne, themne, timne], mende, mandê, fante [Fanti]
Somália	somali (oficial), árabe, suaíli, inglês, italiano
África do Sul	11 línguas oficiais: inglês, africâner, zulu, xosa, soto, suázi [Suazilandês, swazi, swati, siSwati], setsuana, pedi [Sepedi], ndebele, venda [Tshivenda, luvenda], tsonga
Sudão**	árabe (oficial), dinca [Dinka, denca], acholi [Acoli, akoli, acooli, atscholi, shuli, gan, gang, iwoo, iwo], ta, langu [Lango, lwo, lwoo, luo]
Suazilândia	inglês (oficial), suazi (suazilandês), soto, zulu
Tanzânia	suaíli (oficial), inglês, sukuma, nyamwezi, chaga [Chagga, kichagga]
Togo	francês (oficial), hauçá, evê, kabre, moba, cotocoli [Kotokoli, tem, temba], dagbane [Dagbani, dagomba]
Tunísia	árabe, francês (oficiais)
Uganda	inglês (oficial), luganda, lusoga, nkore [Nyankore, nyankole, nkole, orunyankore, orunyankole, runyankore, runyankole], rutoro [Tooro, rutooro], acholi, suaíli, langu.

* O autor lista a ilha de reunião como um dos países africanos, porém a ilha é um departamento ultramarino da França.

** O autor ainda se refere ao Sudão como um único país, antes da independência do Sudão do Sul, em julho de 2011.

Saara Ocidental	árabe (oficial), espanhol, tuaregue, variações do tamazight
Zâmbia	inglês (oficial), bemba [chibemba, chiwemba, wemba], cheua, lozi [Lozi, silozi, rozi, baroce, barotse], lunda [Chilunda]
Zimbábue	inglês (oficial), chixona, sindebele [IsiNdebele, isindebele zimbabuano]

Fonte: MORRISON, D.G.; MITCHELL, R.C. & PADEN, J.N. *Black Africa*: A Comparative Handbook. 2. ed. Nova York: Paragon House, 1989. Sugestões úteis de Keith Gottschalk da University of the Western Cape, a Fulbright Scholar-in-Residence at Oakland University, 2009-2010.

Seligman, por exemplo, atribuiu o desenvolvimento das grandes civilizações em toda a história africana principalmente à imigração de longa duração dos "Camitas*" de pele clara do antigo Oriente Médio, porque ele (e outros estudiosos colonialistas) não podia admitir que a "raça negroide" de pele escura pudesse ter desenvolvido estas civilizações extraordinárias, como foram as de Cuxe** e Axum*** antigos e de Mali e Songai medievais. Esta "hipótese camita" foi amplamente aceita e ensinada durante a época colonial, até que Joseph Greenberg (outro estudioso americano) publicou *The Classification of African Languages* em 1956. Greenberg e outros linguistas históricos expuseram completamente as suposições erradas da hipótese de Seligman e sugeriram que os Camitas eram uma mera ficção, uma mistura confusa de características físicas obscuramente conhecidas, com dados linguístico-culturais inexatos. Os estudiosos posteriormente demonstraram não somente que a cultura e a civilização não tinham nada a ver com a cor da pele das pessoas, mas também que mais de 800 línguas atualmente faladas na África podem estar relacionadas umas às outras somente em quatro principais famílias linguísticas. As diferenças de língua, baseadas nas classificações originais de Greenberg, tornaram-se realmente a principal ferramenta do africanista para tentar diferenciar, classificar ou comparar e diferenciar as várias culturas e povos da África (cf. Quadro 1.2).

---

* Segundo o mito camítico, as populações africanas seriam descendentes de Cam.
* Cush, Cuche, Kush, Koush.
** Aksun, Aksum, Aguaxumo.

Os sucessores de Greenberg na linguística histórica desenvolveram alguns dados (e hipóteses) intrigantes através da aplicação de métodos rigorosos de lexicoestatística (e glotocronologia) às línguas africanas atuais. Através destes métodos foi possível determinar o quanto estão proximamente relacionados os vocabulários de dois idiomas e avaliar aproximadamente quando estes grupos de línguas podem originalmente ter se separado e começado a desenvolver diferentes dialetos. Através da lexicoestatística, os linguistas históricos modificaram e trabalharam posteriormente com base no modelo original de Greenberg das famílias idiomáticas africanas – acrescentando línguas recentemente pesquisadas, rearranjando subfamílias de línguas e renomeando as quatro principais famílias.

Para este texto, basta designar as principais famílias (e algumas subfamílias significativas) das línguas africanas nos termos originais de Greenberg. As quatro principais famílias linguísticas que ele identificou foram a afro-asiáticas, a níger-congolesa (ou níger-cordofaniana), a nilo-saariana e a coissã* (com cliques entre as consoantes). Exceto para o africâner** (um amálgama de holandês, francês e alemão agora falado pelos então chamados de mestiços (coloureds) e cerca de 2 milhões de sul-africanos brancos que chamam a si mesmos de africânderes), o malgaxe (um derivativo malaio-polinésio falado na grande ilha de Madagascar no oceano Índico) e outras línguas europeias (inglês, francês, português, espanhol, italiano e alemão), ou adaptações crioulas locais, todas as muitas centenas de línguas e milhares de dialetos agora falados no continente estão historicamente relacionados a uma destas quatro famílias linguísticas básicas.

As línguas coissãs (incluindo as subfamílias cói-cói*** e sã****) são atualmente faladas somente por grupos isolados de caçadores e coletores que vivem em terras marginais na África Central e Sul. Os distintos cliques das línguas coissãs parecem ter sobrevivido a partir de padrões discursivos muito primitivos, e alguns desses estalidos foram incorporados nas línguas vizinhas,

---

* Khoisan.
** Afrikaans. Em português também há a distinção entre a língua *africâner* e o *africânder*, o integrante da população branca (também chamada de bôer) descendente dos protestantes refugiados das guerras religiosas europeias, boa parte deles vindos da Holanda, Alemanha, França e Grã-Bretanha, e que chegaram à região da África austral a partir do fim do século XVII.
*** Khoi, khoi-khoi.
**** San.

como as línguas xosa* e zulu** (na África do Sul). Uma família linguística atual muito maior, mas ainda consideravelmente menos difundida do que as outras duas famílias linguísticas dominantes da África moderna, é a que Greenberg chamou de nilo-saariana. Várias subfamílias e dezenas de línguas diferentes com raízes nilo-saarianas foram pesquisadas e registradas entre os povos que agora vivem na área delimitada pelo lago Chade e o rio Nilo, o deserto do Saara e o lago Vitória. Às vezes como Nilotas, estes povos criadores de gado, como os luos*** e os massai****, os nueres***** e os dinkas******, estão linguisticamente relacionados uns com os outros.

A família linguística mais difundida da África (que inclui muitas centenas de línguas faladas nos dois terços sul do continente) é aquela que Greenberg chamou de níger-congolesa. Ele identificou originalmente uma dúzia de subfamílias níger-congolesas, incluindo as populosas subfamílias mandê******* e cua******** da África Ocidental e a subfamília linguística mais extensa de toda a África – a banta*********. Os historiadores debateram sobre quando, por que e onde a expansão extraordinária dos povos de fala banta começou desde que Greenberg estimou que cerca de 400 línguas diferentes agora faladas no sul do Saara têm origem no banta. Estas centenas de línguas bantas aparentemente começaram se diferenciando umas das outras, mais ou menos nos últimos 3.000 anos (de acordo com as estimativas dos léxico-cronologistas). Consequentemente, muitos povos de fala banta, especialmente aqueles que fazem fronteira uns com os outros, têm semelhanças no vocabulário e na cultura. A língua banta falada mais difundida, que se tornou algo como uma língua franca na África Oriental e Central, é o suaíli**********. Durante todo o último milênio, as cidades-Estado suaílis da costa leste incorporaram diferentes palavras de imigrantes árabes, asiáticos e europeus na sua língua básica, o banto, ampliando as suas perspectivas e ajudando a expandir o seu comércio internacional.

---

* Xhosa, kosa, khosa, amaxhosa, amakosa.
** Zulo, zoulou.
*** Joluo, jaluo.
**** Maasai.
***** No singular: nuer.
****** Dinka.
******* Mandinga, mandingo, manden, mandenka, mandeng, mandingue, mande, mandinka.
******** Kwa.
********* Palavra geralmente usada no masculino português: linha – de. Também bantu.
********** Swahili, suhali, waswahili.

A língua mais amplamente falada no terço norte da África é o árabe, que (junto com o hebraico) é classificado como sendo parte da subfamília semítica. Junto com as outras quatro subfamílias, as línguas semíticas são classificadas como parte da família afro-asiática de Greenberg. Os glotocronologistas admitiram a hipótese de que uma língua materna afro-asiática original existiu há cerca de 10.000 anos, provavelmente em algum lugar próximo da confluência do Nilo Azul e do Nilo Branco, antes que os falantes originais das subfamílias semítica, egípcia antiga, cuxita, berbere e chádica se separassem e começassem a se dispersar em diferentes direções. Enquanto os egípcios antigos foram para o norte, os berberes e os de fala chádica (incluindo os hauçás) se deslocaram para o leste, os de fala etíope (incluindo as línguas amárica, somali e galla*) habitavam o Chifre da África, e os ancestrais dos antigos semitas se deslocaram para o que agora é conhecido como sendo o Oriente Médio. Nos tempos antigos, estes vários descendentes de falantes afro-asiáticos construíram as primeiras grandes cidades e civilizações. Atualmente, os descendentes daquelas antigas subfamílias variam grandemente na língua, na cor da pele e nas tradições locais, embora o árabe (a língua do Islã) seja amplamente compreendido em todo o norte da África e no Oriente Médio.

Na medida em que a língua está tão rigorosamente associada com a cultura, seguir-se-ia que os povos africanos desenvolveram mais de 800 culturas distintas (correspondentes às suas línguas), que não somente diferem umas das outras (tal como suas línguas diferem), mas também compartilham muitas características e valores comuns. Por exemplo, os nueres, os dincas, os massais e os luos (todos eles, como se observou, falam línguas nilóticas aparentadas) têm tradições semelhantes associadas à criação de gado, os graus de iniciação e idade, ainda que os seus rituais, as suas tradições e os seus estilos de vida particulares variem consideravelmente de acordo com as suas circunstâncias locais.

Este capítulo somente introduziu algumas dimensões da diversidade na experiência africana. Nos capítulos seguintes, exemplos são extraídos de diferentes culturas e ecozonas para ilustrar as continuidades comuns e transculturais nos costumes, nos valores e nas experiências africanas. Os próprios tipos diferentes de ecozonas com densidades populacionais correspondentemente

---

* Galla.

diferentes, as muitas centenas de línguas e culturas distintas, e as muitas dezenas de Estados-nação modernos encontrados na África fornecem alguma indicação a respeito do tamanho, da variedade e da complexidade que existem no continente. É fortemente recomendado que os leitores deste texto dispensem algum tempo estudando a geografia física e política da África (como descrita nos mapas das seções anteriores a este capítulo), assim como os dados demográficos (Quadro 1.1) e a lista língua/cultura (Quadro 1.2 na p. 30). Além disso, por favor, remetam-se aos quadros 1.1 e 1.2 ao ler este texto, para que assim possam reafirmar constantemente as diferentes circunstâncias específicas nas quais os povos africanos vivem em todo o continente.

# 2

As instituições tradicionais africanas

> *"Eu sou porque vocês são." Um africano se define pelo grupo – a palavra "tribo" é ainda imprecisamente utilizada – a que pertence. "Comunitarismo" ou "coletivismo" é um termo que captura a essência deste valor tradicional. Ele serviu bem aos africanos no passado. Ele é uma maldição no século XXI?*

Introdução

A maioria dos estudiosos da África tende a enfatizar a heterogeneidade do continente africano e a indicar não somente que as diferenças existentes prevalecem sobre os valores e as instituições que os africanos compartilham em comum, mas também que estas diferenças são algo intransponível. Certamente, as diferenças existem. Elas são prontamente discerníveis nos níveis do desenvolvimento econômico e na multiplicidade das línguas.

A Nigéria e o Quênia são mais economicamente desenvolvidos do que a Somália e o Chade. A Botsuana e o Senegal gozaram de uma estabilidade política razoável, enquanto a Somália e a República Centro-Africana experimentaram continuamente uma guerra civil dolorosa. Os países africanos possuem diferentes línguas, ideologias e tradições políticas. Realmente, as línguas da Europa – o inglês, o francês, o português e o espanhol – continuam a ser usadas pelos países africanos que foram colonizados pelas respectivas nações europeias. A adoção das línguas europeias como línguas oficiais se deve ao fato de que os estados africanos são politicamente incapazes de decidir qual de suas próprias línguas indígenas deveria ser adotada nacionalmente. Quando tentativas foram abordadas para lançar uma língua indígena como língua oficial de um país, um grave conflito nacional frequentemente assomava no horizonte, impedindo o debate nacional da questão. Ao adotar nove línguas africanas como línguas oficiais, além das outras duas – o inglês e o africâner – que foram utilizadas por décadas, a África do Sul foi uma desbravadora na questão da língua.

Um amplo espectro ideológico se apresenta entre os estados africanos. Existiram autênticos estados marxistas no passado, como a Etiópia de Mengistu Hailé Mariam, a República do Congo* de Marien Ngouabi** e o Benim de Mathieu Kerekou***. Os monarquistas no Uganda anseiam pelo retorno dos reinos tradicionais que foram desmantelados logo depois que os ingleses concederam a independência do Uganda sob a liderança de Apollo Milton Obote. Existem monarcas que reinam na Suazilândia, no Lesoto e no Marrocos, com poderes constitucionais diversificados. Ao mesmo tempo, era moda para os líderes africanos reivindicarem o fato de eles serem socialistas. A maioria deles, naturalmente, não era. Até que o comunismo e seus sistemas socialistas começaram a se desfazer na Europa Oriental no final dos anos de 1980, aqueles estados africanos aos quais caberia o rótulo de "socialista" incluíam o Gana e a República do Congo****. Quênia e Costa do Marfim, durante anos, estavam claramente entre os proponentes conservadores do mercado livre no continente. Outros países ainda, como Zâmbia, Zimbábue e Argélia seguiram modelos bastante complicados, talvez mais bem-referidos como economias mistas.

As relações entre os países africanos individuais e as nações europeias que os colonizaram variam de acordo com a proximidade. É bem sabido, por exemplo, que os Estados africanos de fala francesa mantêm laços mais próximos com a França do que os países de fala inglesa com a Inglaterra. (Isto será explorado com mais detalhes quando a experiência colonial africana for analisada.) Estas diferenças não somente desempenham um papel nas discussões de questões importantes atinentes à África, mas também levaram alguns estudantes da África a afirmar que os estados africanos têm mais em comum com os seus primeiros senhores coloniais do que consigo próprios.

---

* Congo-Brazzaville ou Congo-Brazavile.
** Marien N'Gouabi.
*** Mathieu Kérékou.
**** É sempre bom lembrar que existem dois Congos: a República do Congo e a República Democrática do Congo, ou RDC, antigo Zaire.

Este capítulo procura primeiro discutir com algum detalhe aqueles valores, instituições e características que o povo africano e os seus países têm em comum. Em segundo lugar, ele examina as suas diferenças, como estas diferenças surgiram e o modo como elas influenciam não somente as interações entre os países africanos, mas também suas políticas internas.

Alguns desses valores compartilhados pelos africanos não são muito facilmente mensuráveis. Eles têm a ver com o fato de como os africanos se sentem psicologicamente em relação àqueles valores e se identificam reciprocamente. Quando, depois de me graduar na escola secundária, eu logo me aventurei para fora do meu Quênia nativo para visitar a Tanzânia, uma afinidade com o povo da Tanzânia me pôs à vontade. O fato de que eu pudesse falar suaíli com as pessoas comuns da Tanzânia ajudou muito. Eu descobri que não havia nenhum novo protocolo social a aprender. Este não era certamente o caso quando, na busca de um ensino superior, eu vim para a América do Norte, onde as tradições sociais eram enormemente diferentes.

Essa afinidade racial e cultural se mostra de muitas maneiras interessante. Numa tarde, muitos anos atrás, enquanto passeava no centro de Ayr, na costa oeste da Escócia, eu vi um homem negro acenando freneticamente para mim do outro lado da rua. Eu parei. Quando ele atravessou a rua e se dirigiu para mim, ele disse que podia me dizer de longe que eu era africano. Ele disse que não havia nenhum outro africano em Ayr e que ele estava morrendo de vontade de falar com "um irmão". O cavalheiro era da Nigéria. Conversamos como se nos conhecêssemos há anos. Ndabaningi Sithole do Zimbábue descreve um incidente semelhante que ocorreu em 1955, quando estava a caminho dos Estados Unidos:

> Quando eu estava em Nápoles (Itália) em fevereiro de 1955, a caminho dos Estados Unidos, eu assustei seis dos meus amigos missionários brancos quando de repente mandei o motorista de táxi parar.
>
> "Qual é o problema, Ndaba?", o Reverendo John Marsh me perguntou.
>
> "Há um amigo meu ali", e tão logo eu disse isto, bati a porta do táxi atrás de mim e atravessei rapidamente a rua para ver o meu amigo que também tinha me visto. Logo nos abraçamos. Eu estava muito feliz por vê-lo. Ele estava muito feliz por me ver. A única palavra que eu pude entender dele foi "Somália", e quando eu respondi a ele "Ro-

désia*", ele aparentemente me compreendeu, e gritou "África". Eu repeti: "Sim, África". Apertamos as mãos novamente e indicamos por gestos que estávamos bem e que a África estava crescendo, crescendo, crescendo. Agitamos as nossas cabeças indicando que ela não estava mais caindo, caindo, caindo. Eu lhe disse adeus. Eu tinha de voltar depressa para o nosso táxi, que eu tinha sem-cerimônia parado e que estava impacientemente esperando o meu retorno.

"O que foi isto, Ndaba?", perguntou o Reverendo John Marsh.

"Eu só sei que ele é um africano como eu", eu disse.

"Mas achamos que ele era um amigo seu!", gritou o Reverendo John Marsh com surpresa. "Sim, ele é, embora eu nunca o tivesse visto antes"[1].

Sithole então continuou a explicar o episódio, em termos quase espirituais:

O que aconteceu foi isto. Por quatro semanas eu não vi um só rosto negro. Eu estava completamente perdido neste vasto oceano de rostos brancos. Quando de repente um rosto negro apareceu neste vasto oceano de rostos brancos, a "consciência da espécie" me pegou e me deu asas e eu voei pela rua, e aí me uni com a minha própria espécie, e, apesar da dificuldade da língua entre nós, o meu coração e a sua pulsação se uniram. Comunicamos o calor dos nossos corações um para o outro[2].

Quando eu fui pela primeira vez para o exterior e me encontrei entre não africanos, senti que tinha de aprender novos princípios culturais quase desde o início. Quais eram os cumprimentos adequados? Que tipo de perguntas se podia fazer no jantar? Quais assuntos eram adequados para a conversa, e quais não eram? Uma advertência eventual que me foi dada – quando se está na América, evite falar sobre política, sexo e religião em companhia de pessoas educadas – não era totalmente infundada. Como era a estrutura familiar? Como se esperava que os jovens se relacionassem com as pessoas mais velhas

---

* A Rodésia foi conhecida como Rodésia do Sul até 1965 e rebatizada como Zimbábue em 1980.

[1] SITHOLE, N. *African Nationalism*. 2. ed. Nova York: Oxford University Press, 1968, p. 67-68.

[2] Ibid., p. 68.

ou com pessoas do sexo oposto, e assim por diante? Na África tradicional, um cumprimento eventual como o *"hi"* americano seria considerado rude e mal-educado. O cumprimento normal é longo; espera-se perguntar sobre a saúde, a casa, a família, a colheita dos outros etc. Não se chama as pessoas mais velhas pelos seus próprios nomes. As pessoas velhas são tratadas com muito respeito. É um costume de um convidado para o jantar honrar mais o anfitrião ou a anfitriã por uma excelente refeição depois que a refeição tenha sido comida do que antes ou durante a refeição. Eu muito rapidamente descobri que, quando não dizia o quanto estava deliciosa a refeição, ou mesmo como ela estava maravilhosa, os meus anfitriões americanos admitiam que eu não estivesse satisfeito, ou que eu não tinha gostado da refeição. O fato de que eu estivesse comendo ou tivesse comido com prazer não transmitia adequadamente a minha avaliação. Era importante que eu dissesse isto. Valores culturais e normas sociais como estas, junto com os valores espirituais e a estrutura familiar, são compartilhados pelos africanos em todo o continente. Com a chegada aos Estados Unidos, quando, pela primeira vez, conheci africanos de fora da África Oriental, fiquei surpreso em descobrir como éramos todos parecidos.

Os valores culturais são poderosos e entravam em cena quando os africanos coletivamente estavam sendo atacados. Em 1985, durante a Conferência sobre a Mulher das Nações Unidas em Nairóbi, no Quênia, as mulheres de fora da África queriam falar sobre a poligamia, o costume de homens que tinham muitas esposas, o que as mulheres não africanas viam como uma marca da opressão das mulheres africanas. Algumas delas tinham uma agenda própria: uma discussão sobre orientação sexual com esperança de convencer a comunidade mundial de que a intimidade do mesmo sexo era simplesmente um estilo de vida alternativo. As mulheres africanas, pelo contrário, consideravam a intimidade do mesmo sexo mais como uma perversão do que como um estilo de vida alternativo, e certamente este não era um assunto válido de discussão numa conferência internacional. Evidentemente, havia um choque de culturas. É verdade que muitas mulheres africanas não gostam da poligamia. Contudo, elas não a veem como uma questão que requeira intervenção de suas irmãs em todo o mundo. Um compromisso foi alcançado. Nem a poligamia nem a orientação sexual seriam assuntos de discussão na conferência. A circuncisão feminina, amplamente condenada pelas próprias mulheres africanas e vista como uma incapacitação sexual das mulheres totalmente desnecessária, foi discutida na conferência. Até agora, a República da África do Sul é o único país africano que garante na sua constituição as liberdades políticas e civis básicas para todas as pessoas, sem referência à sua orientação sexual. A sua aplicação, contudo, é ambígua. Além das comunidades culturais, as experiências da escravidão e da colonização criaram para os africanos uma história compartilhada de sofrimento, dor e alienação que depois serviram para mantê-los juntos.

Vamos começar com a discussão dos grupos sociais, que, afinal de contas, formam os edifícios básicos de qualquer sociedade. Já falamos dos maiores grupos caracterizados por uma língua comum e certas práticas culturais. Estes grupos carregam nomes como ibo, iorubá, evé* e ganda**. Mas qual é o grupo de referência imediata para um indivíduo africano? Na África, como em grande parte do mundo menos industrializado, há três tipos de grupos sociais fundamentais: aqueles baseados no parentesco; aqueles baseados em outros critérios como idade, habilidade ou perícia; e aqueles baseados na residência ou localidade.

Parentesco

Uma relação de parentesco é aquela que vincula indivíduos através do seu nascimento ou casamento. As relações de sangue são chamadas relações *consanguíneas*, e aquelas baseadas no casamento são chamadas de *filiação*. As relações consanguíneas dizem respeito ao seu ancestral ou descendente e como isto é determinado através das gerações. Há quatro modos básicos pelos quais a descendência é determinada. O método mais comum é o de traçar a descendência através de seu pai e de outros ancestrais masculinos. Esta é chamada de *descendência patriarcal*. O segundo tipo de descendência, *a descendência matrilinear*, resulta em traçar a descendência através dos parentes machos pelo lado da mãe. Quando um grupo traça a sua ascendência a partir de um lado somente, ou seja, ou do pai ou da mãe, dizemos que o grupo tem um sistema de *descendência unilinear*. A grande maioria das sociedades africanas utiliza a descendência patrilinear. O terceiro tipo de descendência, chamado de *duolinear* ou *bilinear*, é estabelecido através de ambos os pais. As pessoas nos Estados Unidos normalmente traçam a sua ascendência de maneira duoli-

---

* Ewe, jeje.
** Também: baganda (plural), muganda (silgular).

near, embora elas geralmente tenham o nome de família do seu pai. O último tipo, a *descendência bilateral*, envolve traçar os seus ancestrais através de dois conjuntos de avós, isto é, de ambos os lados do seu pai e de sua mãe. A descendência bilinear, que é mais difícil de trilhar em qualquer evento, é utilizada de alguma forma pelo povo hauçá da Nigéria[3].

A ascendência é importante nas sociedades africanas porque ela determina questões como a herança, a identidade, a identidade de uma criança nascida num casamento (ou fora do casamento), e mesmo a localidade de uma nova casa para um recém-casado. No Quênia, tanto o povo luo quanto o povo luhya possuem sistemas de descendência patriarcal. Por exemplo, se um homem luo casasse com uma mulher luhya, a criança nascida neste casamento seria identificada como sendo membro de uma comunidade luo. Em sistemas de descendência patriarcal, os meninos têm direitos de herança; as meninas não, a menos que seu pai queira que elas especificamente tenham propriedade. Nos sistemas de descendência matrilinear, como no povo acã* do Gana, as crianças herdam a propriedade do seu tio materno, não do seu pai. Uma das mudanças que ocorrem na África atualmente é que, como as pessoas se casam mais, os seus filhos estão começando a ter identidades duplas, referindo-se como pertencentes a ambos os grupos étnicos dos seus "pais". Eles estão se tornando o que eu chamo de africanos "hifenizados" (*hyphenated*). Contudo, os direitos de herança não devem provavelmente ser afetados por esta dupla identidade étnica ainda por algum tempo.

As linhas de descendência são chamadas linhagens, e muitos grupos africanos foram conhecidos por remeter a sua linhagem a um ancestral comum. Duas ou mais linhagens que podem remeter as suas referências a um ancestral comum constituem, então, um clã. Quando um clã se torna muito grande, quando uma porção dele é realocada, ou quando um membro poderoso de um clã, por razões políticas ou outras, decide fugir, levando novos seguidores com ele, então, frequentemente, ocorrem novas divisões que dão surgimento a novos clãs. Este processo de mutação permite um conhecimento detalhado da linhagem que consolida as relações em primeiro lugar.

---

[3] SMITH, M.G. "The Hausa of Northern Nigeria". In: GIBBS JR., J.L. (ed.). *Peoples of Africa*. Nova York: Holt, Rinehart & Winston, 1965, p. 148.

* Akan.

O segundo tipo de parentesco está baseado no casamento, uma instituição de primordial importância em todas as sociedades humanas. Na África, devido talvez às economias agrárias e à ética coletiva das comunidades, o casamento adquire provavelmente uma significação societária muito maior do que nas sociedades ocidentais. Quando perguntado por que as pessoas se casam, um indivíduo numa sociedade ocidental deve provavelmente responder que as pessoas se casam por amor ou pela necessidade de compartilhar as suas vidas com alguém especial. Um africano deve provavelmente responder que as pessoas se casam porque esta é uma tradição social vital, porque eles querem ter uma família e filhos. O casamento está intimamente ligado à reprodução, a ter filhos, para a própria sobrevivência da comunidade. E ter filhos é uma importante contribuição que se espera que cada indivíduo dê à sua sociedade. A sociedade reconhece esta contribuição elevando o *status* de uma pessoa casada acima daquele de uma pessoa não casada.

O casamento é também concebido mais como uma relação entre duas famílias extensas do que entre um homem e uma mulher. A participação da família no casamento nunca é completamente enfatizada até que algo dê errado no casamento, em cujo momento se torna da obrigação de todos tentar salvar o casamento e convencer o casal a continuar no casamento. Esta ideia social do casamento é geral na África e foi passada de geração a geração. Além disso, os casamentos tradicionais costumam ser arranjados pelos mais velhos da família. Isto está mudando agora. Relativamente poucos casamentos são ainda arranjados, e somente nas áreas rurais remotas, longe da sedutora influência das cidades e das aldeias. As próprias pessoas jovens agora preferem escolher os seus próprios futuros parceiros, embora se espere que elas busquem a permissão de seus pais, e a maioria delas faz isso. A comunidade ainda fica envolvida durante as fases preliminares, quando têm de ser feitos os preparativos para cerimônia real do casamento e para a transferência de propriedade chamada de dote de casamento. O dote de casamento, na forma de gado, cabras, carneiros e/ou dinheiro, é transferido da família do noivo para a família da noiva. O dote de casamento foi frequentemente chamado preço da noiva, mas esta última locução conota a compra de uma noiva, o que não é uma reflexão cuidadosa sobre o verdadeiro significado do costume. O dote, como um presente para a noiva vindo da sua própria família, é muito raro. Na maioria das comunidades africanas a transferência de propriedade, frequentemente ocorrendo mais em prestações do que apenas de uma só vez, sela a legalidade e a validade do casamento. Em alguns casos no passado, quando o noivo em perspectiva era muito pobre para dispor do dote de casamento sugerido, ele passava vários anos trabalhando para o seu futuro sogro como uma forma de pagamento. Esta forma de trabalho era também referida como dote de casamento. Entre o povo Kung* no sul da África, o casal recém-casado ficava com a família da noiva, enquanto o noivo trabalhava para os seus sogros. Quando o serviço de noivado era completado, geralmente depois de vários anos, o casal então ia viver com a comunidade do noivo.

Parece haver quatro razões para a existência do dote de casamento. Primeiro, ele é uma expressão de gratidão da família do noivo pela família da noiva, por eles terem dado origem a uma esposa para o noivo. Segundo, ele compensa a família da mulher pela perda do seu trabalho, na medida em que ela abandona a sua própria família para se juntar à família do seu marido. Terceiro, de acordo com as sociedades patriarcais, ele garante os direitos do homem e do seu grupo familiar sobre os filhos que vão nascer do casamento. Finalmente, ele serve para fortalecer o casamento e a relação entre as duas famílias e as duas comunidades envolvidas. O costume ditava que, se o casamento fracassasse, alguma coisa da propriedade devia retornar à família do noivo, dependendo do número de filhos no casamento. Na prática, contudo, o dote de casamento era gasto logo depois de ter sido pago. Frequentemente, costumava-se pagar pelo dote de casamento das esposas dos irmãos da noiva ou pelos custos educacionais dos irmãos da noiva, ou era investido de outras maneiras. Como se pode bem imaginar, se a riqueza tinha sido gasta, como era quase sempre o caso, havia muita pressão da família da mulher sobre o casal que contemplava um rompimento para que ela permanecesse casada.

E o *amor*? Os africanos se apaixonam, ou casam por amor? Sim, realmente, eles se apaixonam. O folclore africano está cheio de histórias românticas. A música africana está repleta de canções sobre corações partidos e lamentos de amantes. Alguns americanos podem estar acostumados com uma canção suaíli intitulada "Malaika", significando "anjo", cantada pela cantora sul-africana Miriam Makeba. Ela é um lamento de um homem apaixonado por uma bela mulher. Ele deseja muito poder casar com ela, mas ele não tem o dote de casamento para realizar este desejo. Uma ampla pesquisa de antropólogos mostra

---

* Xung, xun.

que o amor realmente é importante em decisões que pertencem à intimidade e ao casamento. Como Gibbs afirma na sua discussão sobre o noivado no povo Kpelle* da Libéria:

> Um homem que deseja casar dará de presente à sua *namorada* (grifo nosso) um *weli sen* (sinal de amor), ou seja, vinte e cinco ou quarenta centavos em moeda ou um bracelete, dizendo, por exemplo: "Eu amo você, eu quero que você seja a minha esposa". Ela então dará isto de presente a seus pais, pedindo a sua permissão para casar com o pretendente. Se eles consentirem, o homem dará prosseguimento a seu pedido dando de presente a eles uma pequena soma de dinheiro, o *iyeei na sen* ("algo da sua mão") que afirma a honradez de suas intenções[4].

A fuga de amantes era bastante comum em muitas sociedades africanas tradicionais. Havia várias razões para a sua ocorrência, uma das quais era a possibilidade de ter de pagar um dote de casamento mais baixo. Mas, na maioria dos casos, o casal fugitivo era de pessoas jovens que tinham se encontrado na dança ou que tinham sido apresentados por amigos, "apaixonados" e decididos a fugir e se casar. Em alguns casos, a fuga de amantes era um ato de desafio contra as objeções dos pais ou da comunidade ao namoro. Meus pais fugiram depois que meu pai rejeitou a mulher que tinha sido escolhida para ele por seus próprios pais. As demonstrações públicas de amor e afeição como beijar e dar as mãos eram desaprovadas pelos africanos. Não é preciso dizer que isto está mudando na África moderna. Num sentido mais amplo, o amor e o afeto são vistos em termos de compromisso, respeito e cuidado pelas necessidades daqueles que são próximos de você e uma afirmação da sua responsabilidade em relação à sua esposa e filhos. Não é tanto uma atração e uma afecção reservadas a dois indivíduos. Além disso, as normas sociais ocidentais requerem e esperam fidelidade sexual por parte de ambos os parceiros no casamento. As normas africanas não, embora o cristianismo defenda isto. Alguns homens africanos, por razões religiosas ou pragmáticas, observam a fidelidade, mas muitos não. Realmente, como a incidência da poligamia declina na África enquanto aumenta a urbanização, com homens deixando as suas aldeias para encontrar trabalho pago nas cidades, as ligações extramaritais parecem estar tomando o lugar dos casamentos formais. Como Kayongo-Male

---

* Kpwesi, kpessi, mpessi, gbelle.
4 GIBBS JR., J.L. "The Kpelle of Liberia". In: GIBBS JR., J.L. (ed.). *Peoples of Africa*. Op. cit., p. 210.

e Onyango observam: "Muitos homens podem estar mantendo mulheres nas cidades sem passar por cerimônias formais e sem informar à esposa a respeito destas relações"[5]. Não surpreende que se presuma que a natureza patriarcal das sociedades africanas e a existência do dote de casamento deem aos homens absoluto controle sobre as atividades sexuais das mulheres. Os homens africanos, portanto, são possessivos em relação às suas esposas e esperam que elas lhes sejam sexualmente fiéis. Além disso, as indiscrições sexuais por parte das mulheres, se e quando descobertas, eram motivos de divórcio ou pelo menos exigiam que a família da mulher avaliasse alguns danos compensatórios a serem pagos ao homem.

Há um cuidado definido e um carinho palpável entre os parceiros nos casamentos africanos. Há uma visão largamente compartilhada de que esta coisa chamada "amor" é um sentimento que cresce e é alimentado ao longo do tempo. Não se pode simplesmente cair fora do amor, da mesma forma que ele ou ela não podem simplesmente se apaixonar. Com o passar do tempo, os casados se tornam bons e queridos amigos, parceiros, colegas de trabalho, cada um com responsabilidades e comportamento claramente definidos. Devido à ausência de manifestações públicas e físicas de afeto e à ausência de um código estrito de fidelidade sexual, alguns observadores ocidentais afirmaram que não há amor envolvido em casamentos ou em relações íntimas entre homens e mulheres africanos. Por exemplo, num livro longo sobre estereótipos raciais, mas lamentavelmente curto sobre a percepção ou a compreensão, David Lamb sem hesitação escreve: "Nas cidades, as moralidades sexuais são mais frouxas, mas o afeto entre homens e mulheres é apenas raramente manifestado ou expresso. Vocês *nunca* (grifo nosso) verão um jovem casal na África Oriental trocando toques ou simplesmente sentados num restaurante, olhando um para o outro. Os africanos pulam as preliminares conhecidas no Ocidente; onde um casal europeu devia beijar, os africanos copulam"[6]. Esta afirmação está simplesmente errada e é grosseiramente etnocêntrica. Ela faz imaginar se David Lamb não foi à África simplesmente para confirmar aquilo em que ele já acreditava a respeito do povo africano.

---

[5] KAYONGO-MALE, D. & ONYANGO, P. *The Sociology of the African Family*. Nova York: Longman, 1984, p. 9.
[6] LAMB, D. *The African*. Nova York: Vintage Books/Random House, 1984, p. 37.

Formas de casamento

Como a discussão acima sugere, a poligamia é encontrada virtualmente em todas as sociedades africanas. A poligamia pode ser ou a poligenia (na qual um homem tem duas ou mais esposas) ou a poliandria (na qual há uma esposa e dois ou mais maridos). A poligenia é praticada na África, enquanto a poliandria não. Devia ser afirmado que a grande maioria de casamentos na África é monogâmica. A prática da poligenia varia grandemente na África. Ela praticamente não existe na Tunísia, que proibiu esta prática, enquanto na Nigéria cerca de 30% dos casamentos são poligênicos. Uma pesquisa atual sobre a poligamia envolvendo Benim, Chade, Congo, Gabão, Gana, Quênia, Mali, Níger, Senegal, Tanzânia, Togo e a República Democrática do Congo mostra que a proporção da poligamia oscila entre 20,4 a 36,4%, com um número médio de esposas encontrado em casamentos poligênicos sendo dois[7].

Os cientistas sociais ocidentais sentem desconforto quando tentam explicar as origens da poligenia nas sociedades africanas. Eles parecem pensar que a monogamia é muito natural e a poligenia é ou devia ser considerada uma aberração, ou outra daquelas invenções sociais africanas criadas para oprimir as mulheres africanas. Devia ser observado que as sociedades africanas não foram as únicas no mundo a praticar a poligenia. As comunidades bíblicas eram poligênicas. As modernas sociedades muçulmanas ainda permitem a um homem se casar com até quatro mulheres, sob certas condições, se ele pode sustentá-las adequadamente. Os costumes de casamento, tal como outros costumes, foram instituídos por uma razão, para atender a uma necessidade. Há muitas razões que explicam por que a poligenia era permitida nas sociedades africanas. A primeira razão brota da estabilidade social proporcionada pelas pessoas que têm famílias. O casamento foi visto como sendo socialmente desejável. Esperava-se que todos se casassem, já que isto era importante para a comunidade como um todo. Infelizmente, não era sempre possível a todos ter um cônjuge. Não havia homens suficientes para todas as mulheres. O excedente de mulheres casáveis sobre os homens significava que a única maneira de uma mulher estar segura de um marido era se fosse permitido aos homens ter mais de uma esposa. A escassez de homens foi criada por taxas de mortalidade mais altas de crianças do sexo masculino. Aqueles homens que sobreviviam aos anos perigosos da infância enfrentavam ainda uma diminuição

---

[7] KAYONGO-MALE, D. & ONYANGO, P. *The Sociology of the African Family*. Op. cit., p. 8.

no seu número quando, enquanto candidatos jovens para a iniciação, eles se envolviam em testes extremamente perigosos para provar a sua prontidão para a masculinidade. Estes exercícios consistiam de invadir comunidades vizinhas por gado ou empreender expedições de caça de leões e leopardos. As comunidades que eram invadidas lutavam ferozmente para proteger a sua propriedade, frequentemente matando alguns dos atacantes. Os homens jovens que sobreviviam a estes ritos de iniciação continuaram a manter altas taxas de mortalidade por causa de frequentes conflitos armados.

A segunda razão da poligenia é econômica. As sociedades agrárias requerem um grande número de trabalhadores para contribuir para o bem-estar econômico da comunidade, trabalhando nas fazendas, tomando conta do gado e realizando outras tarefas. Portanto, era preciso que os homens tivessem grandes famílias. O modo mais seguro de ter grandes famílias era os homens terem mais de uma esposa. Uma pesquisa entre o povo iorubá da Nigéria mostrou que a poligenia cresceu consideravelmente durante o período colonial, quando os ingleses introduziram o cacau como uma cultura rentável. Precisava-se de mais esposas e filhos para auxiliar os homens no sentido de assegurar uma produção econômica abundante ou pelo menos adequada.

A terceira razão tinha as suas raízes nas altas taxas de mortalidade, especialmente de crianças do sexo masculino. Ter grandes famílias fornecia uma barreira contra perdas imprevistas e, muito frequentemente, inevitáveis de filhos em razão de doença. Na minha própria experiência de família, meu pai teve somente um único irmão – um irmão homem – ainda que sua mãe tenha tido doze filhos. Dez morreram na infância. Uma das outras esposas do meu avô também teve mais de dez filhos, mas somente três sobreviveram. Uma geração mais tarde, minha própria mãe teve uma dúzia de filhos e somente sete de nós sobreviveram. Dos primeiros sete filhos nascidos de meus pais entre 1941 e 1952, somente dois sobreviveram. Todos os cinco nascidos depois de 1952 sobreviveram. O nascimento dos meus irmãos mais novos coincidiu com a melhoria do padrão de vida da minha família e a disponibilidade de cuidado médico rudimentar moderno no Quênia. Aqueles que são da minha geração podem apontar muitas mulheres africanas que perderam a maioria dos filhos que tiveram. Felizmente, a medicina moderna trouxe curas para as doenças das crianças, e embora muitas crianças africanas continuassem a morrer em número maior do que em qualquer outro lugar no mundo – a taxa de mortalidade infantil da África é de 74 mortos por 1.000 nascidos vivos, contra a média mundial de 44 – as taxas de sobrevivência são bastante altas, o que resulta em rápidos aumentos da população em muitos países. O planejamento familiar se tornou agora uma real questão de política pública para os governos africanos; na medida em que eles tentam moderar o crescimento populacional, então eles podem proporcionar, para atender às necessidades do seu povo, tratamento de saúde, educação, moradia e em outras áreas.

Quarta razão, permitir aos homens ter mais de uma esposa torna possível para uma viúva e seus filhos serem cuidados. Quando um homem casado morre, espera-se frequentemente que o seu irmão assuma a responsabilidade por sua viúva e seus filhos órfãos[8]. Se ocorrer de o irmão ou o primo sobrevivente ser casado, então a viúva se torna a segunda ou terceira esposa. Se ele não for casado, ele pode ainda herdar a viúva do parente, mas o costume permitia a ele se casar com uma jovem mulher, que nunca foi casada, se ele assim escolher. Na ausência de patrocínio do governo de lares adotivos de cuidado de crianças, ou de oportunidades para que as mulheres se sustentem, faz bastante sentido que a sociedade espere, na verdade, exija, que uma viúva e seus filhos órfãos sejam cuidados pelos parentes masculinos imediatos da mulher do último irmão.

A quinta razão diz respeito à absoluta necessidade nas tradições africanas para que um homem tenha um herdeiro, especialmente um herdeiro masculino, no sentido de continuar o nome da família. Se uma mulher casada vier a ser estéril, o seu marido estaria tecnicamente justificado de se divorciar dela. Contudo, o divórcio foi sempre desencorajado por duas razões importantes: a família de uma mulher pode não conseguir devolver o dote de casamento, e a própria situação social e econômica da mulher seria devastada. De um modo geral, as sociedades tradicionais africanas, com poucas exceções, não deram direito de herança às mulheres. Uma mulher divorciada, portanto, literalmente não tinha para onde ir, a menos que ela pudesse ser levada por seus pais, caso eles ainda estivessem vivos, ou pelos parentes masculinos, se eles fossem gentis o bastante. Permitia-se que um homem cuja mulher não pudesse ter filhos se casasse com outra mulher para tentar fazer um herdeiro.

---

8 SCHAPERA, I. "Kinship and Marriage Among the Tswana". In: RADCLIFFE-BROWN, A.R. & FORDE, D. (eds.). *African Systems of Kinship and Marriage*. Nova York: Oxford University Press, 1963, p. 149.

Por conseguinte, os homens se casavam com esposas extras para produzir o número de herdeiros que eles queriam. Além disso, quanto mais herdeiros um homem tinha, mais elevado era o seu *status* social. Entre os povos tsuana* e zulu do sul da África, a família da mulher estéril às vezes dava a irmã mais nova da mulher para ter os filhos dela. Se não pudesse ser fornecida uma jovem mulher, então o dote de casamento devia ser devolvido. Entre o povo zulu era comum para um homem não mandar embora a mulher estéril, mesmo depois de ele ter recuperado o dote de casamento. Ele muitas vezes devia simplesmente "utilizar o gado de casamento (dote de casamento) recuperado para obter uma esposa que ele 'põe na casa' da sua esposa estéril para sustentar os filhos daquela"[9]. Naquilo que parece uma variação do *machismo* africano, era largamente sentido que se um casal não pudesse ter filhos, era por culpa da mulher – era porque a mulher era estéril. O homem não podia certamente ser infértil! Então, ele podia casar com outra mulher, e quase sempre ele o fazia. O que então, se nada acontecia com a segunda esposa, sugerindo talvez que o homem devesse ser o culpado? Podia ela ter outro marido? Não exatamente; não era permitido a ela um segundo marido. Ao contrário, algum arranjo era feito para que a mulher pudesse ser engravidada pelo irmão do marido ou algum parente próximo. Um herdeiro seria então produzido, que levava o nome do marido. O povo zulu, de fato, tradicionalmente permitia a um homem infértil, ou mesmo impotente, casar e ter seus parentes que produziam herdeiros para ele no sentido de continuar o nome da família.

A sexta razão é que famílias grandes tiveram tanto sucesso economicamente que a prática da poligamia ficou associada com a riqueza e o prestígio social. O costume persiste ainda hoje na África, embora as taxas de mortalidade infantil tenham declinado significativamente e a sociedade africana não seja mais inteiramente agrária e as crianças tenham de estar na escola, mais do que na fazenda contribuindo para a economia familiar. Políticos proeminentes, líderes tradicionais e indivíduos ricos continuam a manter duas, três ou mais famílias. Quando estas pessoas podem manter as suas grandes famílias em conforto notável, esta prática adquire prestígio e *status*. Além disso, alguns homens têm podido usar a poligamia como uma maneira de estabelecer

---

* Tswana.
[9] GLUCKMAN, M. "Kinship and Marriage Among the Lozi of Northern Rhodesia and the Zulu of Natal". In: RADCLIFFE-BROWN, A.R. & FORDE, D. (eds.). *African Systems of Kinship and Marriage*. Nova York: Oxford University Press, 1965, p. 185.

unidades econômicas adicionais em famílias mais extensas que podem gerar muita riqueza. Considere-se o exemplo de um político queniano que eu pude conhecer, que era um indivíduo próspero, para começar. Ele tinha uma boa educação e tinha trabalhado no funcionalismo público colonial. Ele tem quatro esposas. A primeira, que não teve uma educação moderna, vivia e cultivava uma pequena fazenda tradicional que este homem tinha herdado do seu pai. A segunda esposa, que era educada, vivia e administrava uma segunda fazenda, que era grande e moderna e estava localizada no que costumava ser chamado de "Os Planaltos Brancos" do Quênia. A terceira esposa fazia funcionar uma grande loja numa outra cidade. A quarta esposa era uma professora de escola na capital. Este homem, de fato, tinha quatro unidades econômicas, todas trazendo renda e gerando riqueza. É fácil ver como a poligamia e as consequentes múltiplas famílias são equiparadas ao sucesso econômico e a um *status* social elevado. Contudo, quando um atalho para o prestígio é tentado por um indivíduo que não obteve os meios de sustentar várias famílias, os resultados são frequentemente desastrosos, com um homem pobre carregado de filhos de várias esposas que ele não pode prover adequadamente.

A última razão da poligamia pode ser relacionada a outro costume comum africano, que proibia intimidade sexual entre um homem e sua esposa que tinha parido uma criança. A atividade sexual não reinicia até que a criança tenha sido desmamada, o que normalmente durava dois ou três anos. Entre o povo iorubá da Nigéria, de fato, tão logo uma mulher descobria que estava grávida, ela devia parar de ter relações sexuais com o seu marido. Em alguns casos, especialmente nos primeiros anos do casamento, ela iria para a casa de seus pais para lá ter o bebê e ser cuidada por sua própria mãe durante algum tempo antes de retornar para a sua própria casa. Alguns grupos na África Oriental achavam que a relação sexual com uma mãe que estivesse amamentando estragava o leite da mãe e colocava em risco a saúde da criança. Em termos práticos, para um homem com somente uma esposa, esta proibição, acompanhada possivelmente por uma longa separação, significava de dois a três anos de separação forçada, uma circunstância que não era fácil de ser suportada. A poligamia parecia fornecer uma solução aceitável. Realmente, Daryll Forde, no seu estudo sobre o povo yako* da Nigéria, fez exatamente a

---

* Yakurr, yaka̠, yakaa̠.

mesma observação: "Há um induzimento particular para tomar uma segunda esposa logo depois da primeira, se esta última tiver dado nascimento a uma criança, pois a criança é geralmente amamentada por dois anos durante os quais a relação sexual entre os pais é proibida. Nesta situação, a segunda esposa é frequentemente uma menina ainda não casada"[10]. Os antropólogos achavam também que este sistema de abstinência sexual durante o período de amamentação ajudava a espaçar as crianças durante dois ou três anos, o que significava uma taxa de fertilidade mais baixa para as mulheres. A monogamia e o uso de mamadeira – em vez de aleitamento de peito – trouxeram como resultado que cada vez mais mulheres não usam métodos de planejamento familiar e têm filhos com frequência a cada quinze meses, ajudando assim a aumentar a taxa de fertilidade média na África, que em 2011 girava em torno de 4,7 comparada com a média mundial de 2,5.

Este costume provavelmente iria declinar no futuro. O custo de criar filhos continua a crescer à medida que mais homens entram no setor assalariado e se deslocam para as cidades ou para áreas urbanas, onde a moradia é destinada mais a famílias menores (nucleares) do que a famílias extensas encontradas nas áreas rurais, e onde os filhos não podem ser postos para trabalhar para contribuir para a economia da família numa idade precoce. Os princípios cristãos que se referem à monogamia e, talvez mais importante ainda, à medida que mais mulheres são habilitadas educacional e economicamente e, portanto, podem escolher não estar envolvidas em casamentos poligâmicos, pode-se ver a incidência de casamentos plurais diminuírem cada vez mais.

O predomínio do HIV/Aids na África, onde a taxa de infecção em 2009 era em torno de sete vezes a taxa dos Estados Unidos – 4,3% contra 0,6% – está obrigando os africanos a observar seriamente a prática de "herança de esposa". A adesão a este costume aumentou a taxa de mortalidade devido ao HIV/Aids, visto que os homens que assumiram as suas cunhadas cujos maridos morreram de Aids ficaram infectados e morreram.

Os antropólogos deram termos específicos a diferentes formas de poligamia. Por exemplo, quando um homem se casa com a irmã de sua esposa, como os exemplos dos tsuanas e dos zulus mostraram, este casamento é referido a

---

[10] FORDE, D. "Double Descent Among the Yako". In: RADCLIFFE-BROWN, A.R. & FORDE, D. (eds.). *African Systems of Kinship and Marriage*. Nova York: Oxford University Press, 1965, p. 290.

um sororato. Quando um homem "herda" a viúva de um irmão ou de outros parentes masculinos, por razões já discutidas, este casamento é chamado de levirato. É válido notar que há uma variação do casamento levirato encontrado entre os acambas* do Quênia, no qual, quando um homem que já é casado morre sem descendência, um parente macho próximo assume a viúva e produz com ela um herdeiro masculino, que assume o nome do homem morto para continuar a linha familiar.

Há uma forma de casamento incomum chamado "substituto" ou casamento "de mulher com mulher". Neste tipo de casamento, praticado entre os zulus, assim como entre os nueres do Sudão do Sul e os acambas do Quênia, uma mulher incapaz de ter filhos "dá o dote de casamento e se casa com uma mulher, sobre quem e cuja prole ela tem completo controle, delegando a um genitor masculino os deveres da procriação"[11]. O genitor masculino é decidido por uma das duas mulheres, dependendo do costume local. Este tipo de relação não tem tradicionalmente quaisquer conotações sexuais para as mulheres envolvidas. É simplesmente tornado possível para que a mulher estéril assegure a sua relação com o seu marido fazendo outra mulher ter filhos para ela. Em outras sociedades africanas, esta prática podia ser empregada por uma mulher que não era estéril, mas quisesse tempo para buscar ocupações masculinas tradicionalmente importantes, como ser um líder político ou um adivinho. Casamentos substitutos podem também ocorrer numa situação em que um homem morre deixando apenas filhas e nenhum filho. A filha mais velha então usa o gado do homem para casar com uma esposa ou duas, para que o pai dela produza filhos para ele[12].

Outra forma de casamento, chamada de casamento fantasma, é também encontrada entre o povo nuer do Sudão do Sul e entre os zulus. Se um jovem homem, o único herdeiro da sua família, morre quando atingiu a idade de casar, mas antes que ele tenha realmente casado, com isso privando sua família de um herdeiro, um casamento é feito entre uma mulher e seu fantasma – daí, o termo "casamento fantasma". A noiva então é engravidada por um parente do homem morto. A descendência carrega o nome da pessoa morta, com isso restaurando a linha familiar.

---

* Camba, akamba, kamba.
11 KAYONGO-MALE, D. & ONYANGO, P. *The Sociology of the African Family*. Op. cit., p. 7.
12 GLUCKMAN, M. "Kinship and Marriage Among the Lozi of Northern Rhodesia and the Zulu of Natal". Op. cit., p. 184.

Há outras formas de casamento que não são formalizadas através de cerimônias ou da transferência do dote. Estes são chamados de casamentos processuais e coabitações[13]. Um casamento processual é um relacionamento no qual o casal que realmente pretenda se casar decide viver junto por um tempo para ver se eles são compatíveis e realmente gostam um do outro. A coabitação, ao contrário, é um relacionamento no qual não há esta intenção explícita de casamento futuro. A maioria das relações urbanas que se encontra nos dias de hoje são provavelmente deste último tipo. Os filhos vindos destes relacionamentos, até onde a sua paternidade é admitida pelo homem, goza dos mesmos direitos de herança dos outros filhos.

Todas as formas de casamento são tomadas muito seriamente, "obrigatório pela ira ancestral" e se originam "na importância de continuar a linha agnática (patriarcal)"[14].

Grupos não parentais

Como vimos, o parentesco certamente é o fator mais básico que subjaz à formação de grupos sociais. Outros fatores importantes para os quais agora voltaremos a nossa atenção são a idade, as habilidades e a residência.

As categorias etárias são quase um aspecto universal das sociedades africanas tradicionais. Uma categoria etária é uma organização social composta de vários grupos etários. Um grupo etário é uma coleção de machos vivendo numa aldeia tendo aproximadamente a mesma idade, tendo cada um nascido a poucos anos dos outros e iniciado no grupo durante cerimônias especiais. Entre os afikpos (um subgrupo do povo ibo da Nigéria), por exemplo, um grupo etário era formado por homens jovens iniciados num círculo da infância. Entre os tiriquis* (um subgrupo dos luhyas no Quênia Ocidental), a iniciação ocorria durante as cerimônias de circuncisão, quando os jovens estavam na puberdade. Cada categoria etária tem funções específicas atribuídas a ela na sociedade. Num estudo dos afikpos, Phoebe Ottenberg identificou quatro categorias etárias e as suas seguintes funções básicas: a categoria ju-

---

13 GIBBS JR., J.L. "The Kpelle of Liberia". Op. cit., p. 211.
14 GLUCKMAN, M. "Kinship and Marriage Among the Lozi of Northern Rhodesia and the Zulu of Natal". Op. cit., p. 184.
* Tiriki.

ventude era composta de jovens homens que aplicavam as regras sociais da sociedade e atuavam como polícia; a categoria júnior consistia de homens casados cuja tarefa era principalmente administrativa; a categoria média era composta de homens ainda jovens que desempenhavam funções legislativas e também judiciais; e, finalmente, a categoria sênior, consistindo de homens muito velhos cuja função era grandemente consultiva[15]. O papel das pessoas velhas será discutido com algum detalhe concisamente. Ottenberg diz que aqueles que pertencem à categoria sênior eram frequentemente chamados de "aposentados" e, ainda que fossem geralmente tratados com deferência devido à sua idade avançada, eles eram "às vezes referidos como 'meio-mortos'"[16].

Entre o povo tiriqui do Quênia Ocidental, os jovens homens eram iniciados na idade adulta durante a circuncisão[17]. Os ritos eram mantidos sempre de quatro a cinco anos. Havia sete grupos etários, cada grupo etário atravessando um período de quinze anos. Além disso, cada grupo etário passava por quatro categorias etárias distintas: guerreiros, velhos guerreiros, anciãos judiciais e anciãos rituais. O processo era cíclico, de modo que cada grupo etário estava sendo restabelecido com novos iniciados a cada 105 anos. A melhor maneira de explicar os grupos etários e sua relação com as categorias etárias é utilizar a analogia do tradicional sistema de classe da faculdade americana. Os jovens que entram na faculdade em 1997 podem ser chamados como a turma de 2001, para mostrar quando eles se graduaram. Contudo, enquanto na faculdade eles devem percorrer quatro graus como calouros, estudantes do segundo ano, juniores e seniores, enquanto as pessoas na faculdade podem ser identificadas pelo ano que entraram na faculdade ou foram graduadas, entre o povo tiriqui os indivíduos em cada grupo etário eram identificados por sua iniciação durante dois anos de extensão. Na medida em que os ritos de iniciação são realizados a cada quatro ou cinco anos, cada grupo etário receberá novos membros vindos de três ou quatro iniciações. Havia tarefas específicas atribuídas a cada categoria etária. A principal tarefa dos guerreiros era defender e proteger a sua terra. A reputação estabelecida nesta categoria permanecia com o grupo durante toda a sua vida. As tarefas dos velhos guerreiros não eram tão

---

15 OTTENBERG, P. "The Afikpo Ibo of Eastern Nigeria". In: GIBBS JR., J.L. (ed.). *Peoples of Africa*. Op. cit., p. 15-16.
16 Ibid., p. 17.
17 DANGREE, W.H. "The Bantu Tiriki of Western Kenya". In: GIBBS JR., J.L. (ed.). *Peoples of Africa*. Op. cit., p. 41-79.

claramente explicitadas como as outras; contudo, eles desempenhavam funções administrativas, como presidir reuniões pós-funerais para resolver reivindicações de propriedade, introduzindo compromissos em conflitos e buscando o conselho dos mais velhos quando estavam em dúvida. Eles também serviam como mensageiros entre os mais velhos de diferentes grupos étnicos. Os anciãos judiciais desempenhavam a maioria das funções que nos sistemas modernos permitiria julgamento, como resolver conflitos de terra e de dote de casamento e mediar eventuais ataques e injúrias. Eles também conduziam os ritos de iniciação e asseguravam para que as observâncias sagradas fossem realizadas adequadamente. Os anciãos rituais realizavam funções espirituais, frequentemente atuando como médiuns ou adivinhos. Buscava-se o seu conselho numa ampla variedade de questões. Os anciãos seniores, poucos como eram, atuavam fundamentalmente como conselheiros e não estavam muito envolvidos nas atividades diárias da comunidade.

O retrato dos grupos etários que foi dado acima é aquele que existia antes das mudanças maciças induzidas pela colonização e pelo advento do cristianismo. Os grupos etários ainda existem, mas apenas nominalmente. Os ritos de iniciação estão sendo ainda realizados, embora eles tenham sido modificados consideravelmente. E agora, em vez de jovens homens passarem o seu tempo treinando como guerreiros para defender as suas comunidades, muitos vão para a escola. Depois de se graduar na escola, eles continuam o processo de educação ou procuram trabalhos nas cidades longe de casa. Como muitos rituais são abandonados a favor das práticas cristãs, alguns dos mais velhos perderam algumas de suas funções, junto com o prestígio que aquelas funções davam a eles. Alguns deveres (como mediar disputas de terra) são ainda decididos com base nos costumes locais e tratados pelos anciãos judiciais, mas nos dias de hoje as pessoas mais jovens com educação moderna podem também estar envolvidas nestas atividades de tomar decisões. Além disso, há atualmente uma certa quantidade de trabalho administrativo e manutenção de registros, trabalho que é esperado pelas burocracias centralizadas do governo. Estas tarefas eclesiásticas exigem educação moderna.

Esta discussão dos grupos etários estaria incompleta sem alguma menção à profunda reverência que é plenamente demonstrada pelas pessoas mais velhas na África. Os velhos são muito respeitados. Eles são vistos como sábios, experientes e inteligentes. Deram as suas contribuições às suas comunidades e agora, na idade avançada, é a vez de a comunidade reconhecê-los e honrá--los. Os velhos então desempenharam várias funções importantes. Eles governaram formalmente como chefes, reis ou conselheiros. Presidiram rituais familiares e cerimônias religiosas. Interpretaram as tradições e o folclore e ajudaram a passá-los para as gerações mais jovens. Cuidaram das crianças pequenas enquanto os membros mais jovens e fisicamente mais capazes da família trabalhavam nos campos. Mediaram conflitos dentro das famílias e entre os clãs. Foram consultados para escolher companheiros para as pessoas jovens, e as velhas mulheres frequentemente atuavam aqui como intermediárias em negociações de casamento. Eles serviram como juízes em disputas de terra. E, finalmente, personificaram a ligação entre o passado e o presente. É compreensível, então, que as pessoas nas sociedades africanas, em geral, e ainda hoje, não abordem a idade avançada com esta espécie de ansiedade evidente nas sociedades industriais.

Como sugerido antes, as habilidades constituem a outra base da organização social na África. Estas organizações são geralmente chamadas de guildas, ou corporações de ofício. O fenômeno, naturalmente, não está limitado à África, e outras sociedades, em outros lugares, ligam valores sociais diferentes a certas ocupações. As ocupações classificadas como socialmente elevadas são geralmente melhor remuneradas financeiramente. Os membros das corporações de ofício possuem habilidades especiais de que a sociedade necessita. As habilidades são adquiridas através de um longo e rigoroso treinamento e tendem a ser passadas adiante dos pais para os filhos. Em algumas sociedades africanas, as corporações de ofício eram numerosas, bem-organizadas e altamente especializadas; em outras, eram poucas e não tão especializadas. Um exemplo das primeiras pode ser encontrado entre os hauçás da Nigéria, que tinham mais de trinta corporações de ofício, incluindo aquelas de caçadores, pescadores, construtores, ferreiros e músicos[18]. Entre o povo suázi* do sul da África, pelo contrário, as corporações não eram fortes, e a especialização tendia a ser difusa, com alguns indivíduos podendo desempenhar mais de uma função especializada[19]. Nas áreas em que as corporações de ofício existiam, elas monitoravam as atividades de seus membros, regulavam o seu comportamento e promoviam os seus interesses.

---

18 SMITH, M.G. "The Hausa of Northern Nigeria". Op. cit., p. 124-125.
* Suazi, swazi.
19 KUPER, H. "The Swasi of Swaziland". In: GIBBS JR., J.L. (ed.). *Peoples of Africa*. Op. cit., p. 495-496.

Os feiticeiros médicos eram muito bem-vistos por suas habilidades de cura. Os indivíduos que realizavam ritos de iniciação gozavam de um elevado *status* social. Os historiadores orais, os músicos e os poetas também tinham uma posição social elevada. Os fazedores de chuva eram valorizados por seus poderes mágicos de trazer a chuva. Os médiuns (cf. os anciãos rituais) eram respeitados por sua habilidade de manter contato com os espíritos ancestrais e facilitar a comunicação com o espírito do mundo. Os chefes e os reis, como se devia esperar, eram grandemente respeitados, de fato, tanto e de tal maneira, que ainda hoje a obediência e os rituais elaborados de deferência em relação àqueles possuidores de autoridade parecem profundamente incorporados na cultura política africana. Os aldeões regularmente fazem visitas aos líderes trazendo presentes. Os líderes não somente desempenharam funções políticas governamentais normais, mas também julgavam as relações entre as pessoas e entre as comunidades.

Mudanças continuam a ocorrer nas sociedades africanas. Muitas dessas organizações estão sendo eclipsadas pelo governo moderno. Os médiuns não são mais tão importantes como costumavam ser, embora eles estejam ainda sendo consultados inclusive por políticos modernos e outros, que são influentes e poderosos e têm medo de perder a sua posição social por causa de circunstâncias que estão além do seu controle. Os feiticeiros médicos tradicionais são ainda ativos e são utilizados para ajudar a curar um certo número de doenças para as quais as curas modernas não foram encontradas. Países como a Nigéria e o Quênia estão fazendo tentativas de integrar a medicina tradicional e a medicina moderna. Não é fácil. Muitas destas habilidades especiais foram guardadas secretamente para passar a herdeiros adequados, mas este conhecimento importante das ervas e remédios não devia ser perdido pelas gerações atuais. Os ferreiros perderam algo do seu brilho porque a tecnologia moderna permite a fácil manufatura de itens que anteriormente podiam ser feitos somente por estas pessoas (numa extensão maior de tempo). Os velhos que retiravam tanto *status* da realização de ritos de iniciação, por exemplo, agora enfrentam a probabilidade de um *status* diminuído, enquanto os pais jovens, que acreditam na circuncisão mais como um procedimento cosmético do que como um verdadeiro rito de passagem, levam os seus meninos para hospitais modernos para a operação. Como explicarei depois, há uma considerável resistência à prática de circuncisão feminina, inclusive na África. Isto significa que o prestígio gozado pelas velhas mulheres que tradicionalmente realizavam este rito está ameaçado num futuro próximo.

Há outras organizações sociais importantes na África chamadas de sociedades secretas, que realizam uma variedade de funções consideradas vitais para a comunidade como um todo. Existem sociedades secretas tanto de homens quanto de mulheres, embora as sociedades dos homens sejam mais bem conhecidas e foram mais estudadas pelos acadêmicos ocidentais. Para se introduzir numa sociedade secreta, deve-se satisfazer certos critérios e se sujeitar a uma série de rituais de iniciação às vezes muito longos. Como os próprios nomes das organizações sugerem, deve-se jurar segredo absoluto sobre os códigos de crença e rituais da sociedade. Geralmente as sociedades secretas são de caráter étnico, mas as maiores podem transcender os grupos e aldeias étnicos. As sociedades secretas variam de pequenos grupos baseados em aldeias até grandes grupos bem conhecidos, como a Sociedade Poro encontrada entre o povo mende*; povo kpelle da Libéria, e ainda a Sociedade Ogboni do Povo Iorubá na Nigéria. De acordo com Gibbs, a Sociedade Poro é chefiada pelo Grande Mestre, que sempre está mascarado quando aparece em público e tem o seu corpo completamente coberto. Ele disfarça a sua voz quando fala. As reuniões da sociedade são mantidas à noite em localidades secretas. Quando o Grande Mestre visita as aldeias, uma música especial é tocada para avisar as mulheres e os não membros para ficarem em casa, ou então enfrentarem sérias consequências se alguém o vir[20]. Não há muita pesquisa sobre as sociedades secretas, mas a pesquisa existente mostra que "as sociedades (secretas) dos homens, em particular, têm funções judiciais importantes, ajudando a resolver disputas entre as linhagens, às vezes ordenando punições e vendo-as ser levadas a cabo por seus membros juniores, que usam máscaras para ocultar a sua identidade – e para enfatizar a base espiritual da sua autoridade"[21]. Homens e mulheres que pertencem a essas sociedades veem as outras como irmãs e irmãos.

Suspeita-se que os funcionários da sociedade secreta, como aqueles de Poro, desempenham um papel duplo, sagrado e secular. Nas suas funções so-

---

* Meni, koso.
20 GIBBS JR., J.L. "The Kpelle of Liberia". Op. cit.
21 BOHANNAN, P. & CURTIN, P. *Africa and Africans*. Prospect Heights, IL: Waveland Press, 1988, p. 152.

ciais de controle, eles podiam infligir castigos por violações de regras sociais, podiam também rechaçar qualquer ressentimento que pudesse vir das pessoas para com o sobrenatural, tal como representado pelas máscaras que eles usam. Atualmente, as pequenas sociedades secretas de mulheres que continuam a existir auxiliam os seus membros de muitas maneiras, compartilhando ideias de negócios, ajudando com gastos de casamento ou funeral, e fornecendo suporte emocional crítico uns aos outros quando isto é necessário.

Há também muitas organizações sociais encontradas hoje nas aldeias tradicionais africanas que funcionam como cooperativas de trabalho. Elas tendem a ser informais, estão baseadas nas aldeias e consistem de dez ou quinze pessoas que auxiliam os seus membros com trabalho agrícola ou empreendimentos de negócio. Elas são às vezes referidas a grupos locais ou de residência. Geralmente circulam por cada fazenda ou lote de cada membro. Ficam ocupadas durante o plantio, o casamento e o tempo de colheita. Na minha própria sociedade, estas cooperativas de trabalhadores baseadas na residência devem mais provavelmente consistir de mulheres, embora às vezes os homens aí se juntem. As pessoas não são pagas pelo trabalho que fizeram. Gibbs explica isto em relação ao povo kpelle da Libéria, que tinha um sistema muito forte destas cooperativas de trabalho:

> Um dia com um bom *kuu* (como um grupo de trabalho cooperativo é conhecido na língua mandê*-kpelle) é um dia de trabalho duro. Mas é um dia de prazer também, pois o membro fazendeiro, que é o anfitrião do dia, fornece uma grande refeição para a longa interrupção do meio-dia... Às vezes, um grupo musical fornece um acompanhamento rítmico contínuo, e um *kuu* com marcado *esprit de corps* pode mesmo se equipar com trajes para um pouco de dança que acompanha o corte da madeira ou a semeadura do arroz[22].

O indivíduo nas sociedades africanas

As sociedades africanas são sociedades coletivistas. O grupo é supremo, e os interesses de grupo claramente suplantam os interesses do indivíduo. Uma pessoa define a sua identidade em termos do pertencimento a um grupo. To-

---

* Mande.
[22] GIBBS JR., J.L. "The Kpelle of Liberia". Op. cit., p. 223.

dos pertencem a um grupo e são responsáveis por ele. Por exemplo, quando uma pessoa comete uma ofensa contra outra pessoa, a ofensa reflete mal não apenas no indivíduo ofensor, mas também no seu grupo. As reparações, se alguma for exigida, são feitas ao grupo da pessoa ofendida, não necessariamente ao indivíduo ofendido. Se um assassinato é cometido, e a punição contra o assassino não é considerada justa ou proporcional, o grupo da vítima pode buscar se vingar do assassinato matando um membro, qualquer membro, do grupo do assassino. Perceber um indivíduo como parte de um grupo associado – clã, grupo étnico ou família – serve como um impeditivo poderoso às transgressões sociais. Como será explicado depois, as crenças religiosas também refletem esta orientação básica de subordinar os interesses individuais àqueles da sociedade. Na medida em que pertencer a um grupo é prezado acima de tudo mais, o banimento da sociedade serve como uma punição realmente muito rigorosa.

Como a maioria dos valores, o *ethos* coletivista tão predominante na África surge de uma suprema necessidade para a sobrevivência do grupo. Para as sociedades que ganhavam a vida da terra, que caçavam e coletavam, ou que pareciam sempre viver à mercê de doenças, de caprichos do tempo e de altas taxas de mortalidade, a sobrevivência era muito dependente das pessoas que vivem juntas, trabalham juntas o solo, compartilham tarefas, protegem e confortam uns aos outros em vários grupos, como aqueles que acabamos de examinar. Ser banido do próprio grupo, por qualquer razão, era ter a sua vida suspensa numa balança, estar em alto risco. Simplesmente não se podia sobreviver por si mesmo. Houve notáveis modificações no *ethos* coletivista dominante; os ibos da Nigéria, os ganda do Uganda e os kpelle da Libéria, para nomear alguns, tradicionalmente tinham um *ethos* que enfatizava a autonomia individual e o cumprimento dentro dos grupos sociais e entre eles.

Com as mudanças econômicas e sociais que agora estão ocorrendo na África, o *ethos* coletivista está sendo erodido. Quando é agora possível para um indivíduo se deslocar para uma cidade e encontrar um meio de se sustentar e a sua família imediata, com isso se tornando autônomo e possivelmente autossuficiente, o grupo não é mais capaz de exercer o grau de controle social sobre ele que outrora exercia. E na medida em que as funções de julgamento outrora desempenhadas pelos anciãos judiciais ou pelos "velhos sábios" estão gradualmente sendo assumidas por tribunais modernos que empregam elementos da lei europeia, os indivíduos estão se tornando crescentemente responsáveis por si mesmos e não por seus grupos primários.

Os indivíduos nas sociedades africanas, como já é claro a partir da discussão anterior, atravessam diferentes estágios de vida (chamados categorias etárias, depois da iniciação): primeira infância, infância, idade jovem adulta, idade adulta madura, e, se quiser, velhice. A transição de um estágio para outro é marcada por um ritual ou uma cerimônia especial e é ocasião de celebração comunitária.

Quando um bebê nasce, é requerida uma cerimônia especial. Os bebês são valorizados. Eles afirmam a comunidade, fornecem esperança para o futuro e conferem orgulho para os pais. Durante a cerimônia, um nome especial é dado e o bebê se torna um membro da comunidade num sentido formal. Devido às altas taxas de mortalidade infantil que as sociedades africanas costumam enfrentar, as famílias muitas vezes esperavam, às vezes por dois anos, para se certificarem da sobrevivência de longo prazo da criança, antes de introduzi-la na família. O nome era cuidadosamente escolhido para transmitir uma boa sorte, para comemorar um ancestral reverenciado, ou refletir o sentido de gratidão ou orgulho dos pais. Em quase todos os casos, a criança era levada para os parentes da mãe para ser apresentada a eles. A experiência da infância na África costumava ser extremamente reconfortante e carinhosa. Como Maquet diz:

> A criança africana nasce Negra, mas se torna africana... Nos primeiros anos da sua vida – e frequentemente mais de um ano – o bebê africano está em permanente contato físico com a sua mãe. Ela o carrega, frequentemente pele com pele, na sua anca ou nas suas costas; ela dá a ele o peito sempre que ele está com fome... Este contato permanente com a mãe, fonte de calor, alimento e conforto, dá ao jovem africano muito maior senso de segurança do que goza a criança ocidental, sozinha no seu berço, alimentada no horário e, se é alimentada por mamadeira, em quantidades determinadas por fórmulas impessoais...
>
> Quando esta criança é desmamada – muito tarde pelos padrões ocidentais – e ela pode se deslocar autonomamente, o seu horizonte humano amplia mais rapidamente do que aquele da criança europeia ou americana. Esta última é ainda confinada com sua família nuclear: pai, mãe, irmãos e irmãs.

As relações com parentes de sangue e por casamento não são muito próximas e, além disso, os parentes geralmente vivem a uma certa distância. A criança africana tem somente de dar alguns passos na aldeia para visitar as várias pessoas que podem substituir o seu pai, a sua mãe, os seus irmãos e irmãs, e eles a tratarão adequadamente. Assim, a criança tem muitas casas na sua aldeia, e ela é simultaneamente doadora e recebedora de uma atenção que é muito difundida[23].

A entrada de uma pessoa jovem na idade adulta é marcada por uma cerimônia de iniciação. A iniciação é predominante na África. A sua forma, contudo, varia de grupo para grupo. Em muitos grupos étnicos pelo continente, como os luhyas e os quicuios (Quênia), os zulus (África do Sul), os ibos (Nigéria) e os gisus* (Uganda), para nomear alguns exemplos, a iniciação dos meninos era caracterizada pela circuncisão entre doze e treze anos de idade. Os hauçás da Nigéria e o povo somali da África Oriental praticam a circuncisão, mas não como um rito de iniciação, preferindo, ao contrário, usar o casamento como o rito de passagem para a idade adulta. Alguns grupos, incluindo os haúças e os somalis, praticam a circuncisão feminina também, mas este costume não é praticado pela maioria dos africanos. A cicatrização, a escarificação da pele ou a tatuagem da face ou do torso superior são exemplos dos ritos de iniciação, tanto para meninos quanto para meninas, em algumas partes da África Ocidental. Outros ainda favorecem a retirada de alguns dentes como uma forma de iniciação. O costume de corte genital feminino está sendo combatido tanto pelos próprios africanos quanto pelos ativistas dos direitos humanos e feministas fora do continente – por razões óbvias que discutiremos no devido momento. Grupos diferentes têm diferentes explicações para a origem do corte feminino, um procedimento cirúrgico que varia de severidade, mas envolve, na sua forma menos radical, a retirada do clitóris. O povo dogon do Mali, por exemplo, acredita que toda criança nasce como macho e também como fêmea. O prepúcio peniano no menino representa a "feminilidade", enquanto que o clitóris representa a "masculinidade". Os dois acessórios devem ser retirados durante a iniciação; dos meninos, para que sejam completamente "machos", e das meninas, para que sejam completamente "fêmeas", para que

---

[23] MAQUET, J. *Africanity*: The Cultural Unity of Black Africa. Nova York: Oxford University Press, 1872, p. 55-56.

* Gishu, masaba, massaba, sokwia, sóquia.

possam ser considerados como membros plenos da comunidade e prontos para a responsabilidade adulta do casamento. "Somente na puberdade, depois da circuncisão ou excisão, a criança se torna um membro pleno da sociedade, tendo se livrado desta natureza sexual dual"[24]. Uma mulher que se recusa a se submeter aos ritos não possui um *status* legítimo na comunidade, e nenhum homem deverá querer casar com ela. Da mesma maneira, um homem que não é, ou se recusa a ser circuncidado, não tem posição social na comunidade e não pode se casar ou ter filhos.

Outra explicação para o costume cita a dominação masculina de longa data sobre as mulheres. Na maioria das sociedades africanas, os homens controlavam todos os níveis de poder e afirmavam os seus direitos exclusivos sobre as mulheres. Os homens também acreditavam que as mulheres tinham uma atividade sexual maior do que os homens e temiam que, se os homens fossem para a guerra deixando as suas mulheres para trás nas aldeias, as mulheres buscariam a intimidade sexual com outros homens. O costume de corte genital feminino foi instituído, portanto, para refrear os supostos desejos sexuais excessivos das mulheres. Isto provavelmente interferia muito na sua capacidade de prazer sexual. Os homens, contudo, sabiam que o procedimento diminuía significativamente a sua capacidade de gozar o sexo ou a capacidade das mulheres de terem filhos. Esta é uma das explicações frequentemente citadas pelas feministas na sua oposição ao costume.

O corte genital feminino foi combatido pelos missionários cristãos como um costume bárbaro da época quando eles chegaram à África para converter. Os africanos sempre resistiram a qualquer tentativa de banir o costume. No Quênia, mesmo Jomo Kenyatta, um nacionalista educado no Ocidente, que se tornou o primeiro presidente do Quênia, ficou do lado do seu povo, os quicuios, quando afirmou que o corte era um elemento essencial da herança religiosa e cultural do seu povo. Ele sugeriu que proibir os africanos de praticar este rito seria destruir a sua cultura e, portanto, a sua identidade como povo. Os críticos ocidentais também apontaram que o corte genital feminino incapacita sexualmente as mulheres. De qualquer maneira, é por razões principalmente religiosas e culturais que os governos na África têm sido lentos em proibir esta prática. Vinte e oito países africanos proibiram esta prática, embora a aplicação tenha sido extremamente ambígua.

---

24 FISHER, A. *Africa Adorned*. Londres: Collins, 1984, p. 109.

Além das explicações filosóficas, existe uma consistente questão prática a ser considerada contra o corte genital feminino. Há pouca dúvida de que o costume incapacita sexualmente as mulheres, embora esta questão não tenha sido e nem deva provavelmente ser publicamente levantada pelas mulheres africanas que se opõem a esta prática. Outro argumento contra o corte genital feminino – aquele que é um dos mais frequentemente levantados pelos africanos que são contra esta prática – é que ele coloca gravemente em perigo a saúde das mulheres, devido ao fato de que ele é quase sempre realizado em condições insalubres. Aquelas mulheres que sobrevivem à operação e a algumas infecções concomitantes são deixadas com tecido cicatricial, o que torna o parto extremamente arriscado. De fato, no Quênia, os missionários europeus detectaram uma alta taxa de mortalidade entre as mulheres quicuios em consequência de parto. Nunca tinha ocorrido ao povo quicuio que o tecido cicatricial devia ser a causa destas mortes. Eles responderam, como a maioria dos africanos em outros lugares, achando que talvez estas desgraças fossem devidas à ira dos espíritos ancestrais. Apesar das oferendas adequadas para o apaziguamento dos ancestrais, o problema persistiu. Quando a prática do corte genital feminino declinou, a taxa de mortalidade associada com o parto declinou também. Finalmente, o corte genital feminino é indevidamente doloroso e desnecessário. Traumatizar jovens mulheres simplesmente para preservar um rito antigo, ou para proteger o *status* das velhas mulheres que realizam este procedimento, é um preço muito alto a ser pago.

Antes de deixarmos o objeto da iniciação, como alguém que se submete a este processo na sua verdadeira forma, eu quero dizer algumas palavras em relação ao que significam os ritos de iniciação masculina para um jovem homem que passa por eles.

1) A iniciação marca um tempo em que uma pessoa oficialmente se torna um adulto. A retirada vigente do prepúcio simboliza a separação da infância, exatamente da mesma maneira que um bebê recém-nascido é separado da sua mãe cortando-se dele o cordão umbilical.

2) A iniciação representa a única época em que a instrução acontece. A instrução cobre o conhecimento básico da sua comunidade, as suas raízes, os seus heróis, os seus mitos de sustentação da vida, os valores, os tabus e as responsabilidades básicas da idade adulta. É dito ao candidato que a partir desse momento em diante, ele ou ela é um adulto, em condições de casar e totalmente responsável por algumas ações.

3) A iniciação aumenta a autoestima do jovem e estabelece a sua posição entre seus pares. Espera-se que a dor física que os jovens iniciados suportam sem vacilar é destinada a prepará-los para as dificuldades e a dor da vida adulta. Como John Mbiti diz: "Suportar a dor física e emocional é uma grande virtude entre o povo acamba (do Quênia), como realmente é entre outros africanos, já que a vida na África é cercada de muita dor, vinda de uma fonte ou de outra"[25].

4) Ela é uma fonte de imenso orgulho para a família quando é realizada com sucesso. Em alguns grupos étnicos a posição do pai de um jovem homem na sua categoria etária é elevada.

5) Ela é uma marca de identidade de grupo. As diferenças na forma do ritual dizem aos outros povos de onde você vem, a que grupo você pertence e o que é específico em você.

6) Há muita ênfase na identidade sexual dos jovens iniciados. Os ritos podem muito bem aumentar "a impressão sexual", com isso diminuindo a confusão na identidade sexual tão frequentemente mencionada no mundo ocidental.

7) A iniciação representa um tempo de renovação e afirmação para a comunidade.

Os ritos de iniciação são muito elaborados, em geral, e incluem a invocação dos espíritos ancestrais. Este ponto é ressaltado num estudo detalhado de Victor Turner sobre os ritos de iniciação do povo gisu no Uganda. Durante a quarta e última fase de preparação para os ritos, Turner diz:

> Os maiores anciãos da linhagem limpam os bosques sagrados dos ancestrais patriarcais, reconstroem neles os santuários e oferecem em sacrifício uma galinha e uma cerveja. Os avôs dos principiantes... fazem sacrifícios semelhantes para os ancestrais nos seus próprios conjuntos. Cada principiante, então, vai para o irmão de sua mãe para pedir permissão formal para ser circuncidado e receber as bênçãos dos ancestrais[26].

---

[25] MBITI, J. *Introduction to African Religion*. Londres: Heinemann Educational Books, 1979, p. 161.
[26] TURNER, V. "Symbolization and Patterning in the Circumcision Rites of Two Bantu-Speaking Societies". In: DOUGLAS, M. & KABERRY, P.M. (eds.). *Man in Africa*. Nova York: Anchor Books, Doubleday, 1971, p. 27.

Mbiti também aponta que derramar sangue na terra vincula o iniciado misticamente aos espíritos ancestrais que estão "vivendo" na terra. No caso dos bukusus (um subgrupo dos luhyas), exatamente no momento da circuncisão, o pai do iniciante fica no topo da cabana para convocar a participação dos espíritos ancestrais e pedir ajuda. Frequentemente são erguidos santuários temporários em honra dos antepassados mortos do iniciante. O regozijo e o banho do iniciante com presentes de dinheiro e animais demonstram o seu sentido de comunidade e as boas-vindas nela do jovem como um novo adulto.

Na maioria dos grupos africanos, depois da iniciação para a idade adulta, o indivíduo não se submete a qualquer outra importante marcação até que ele ou ela se case. Entre os massais da África Oriental, contudo, a iniciação é uma simples transição para um *status* de guerreiro, um estágio que é marcado por um grande treinamento e desenvolvimento em habilidades militares e atléticas e pela aprendizagem das condutas tradicionais da comunidade.

As relações entre os guerreiros formados neste estágio tendem a ser fortes e a durar a vida toda. A atividade sexual é tolerada, realmente esperada e mesmo incentivada, entre os guerreiros e as meninas púberes não iniciadas. Os líderes surgem neste momento. O período de guerreiro dura vários anos, depois dos quais um rito mais simples envolvendo o corte de todo o seu cabelo assinala a sua entrada na idade adulta. Angela Fisher diz que a raspagem da cabeça do guerreiro, que é realizada por sua mãe, é "um acontecimento traumático durante o qual o homem, tomado pela emoção, muitas vezes treme, chora e espuma pela boca. A perda do seu cabelo, que não era cortado absolutamente durante a sua formação de guerreiro, significa o final dos anos mais agradáveis e privilegiados da sua vida"[27]. Muitos deles começam a se preparar para o casamento e a responsabilidade de aumento, proteção e provimento de uma família. O estágio seguinte é marcado pelo casamento, seguido por outro quando a pessoa se torna um pai. O processo culmina com o mais velho sendo introduzido num conselho dos anciãos.

---

27 FISHER, A. *Africa Adorned*. Op. cit., p. 27.

Vida familiar e socialização

Vida familiar

Tendo discutido os grupos sociais e o lugar do indivíduo nestes grupos, agora vamos voltar a nossa atenção para a estrutura familiar. O sistema de família extensa é a família mais predominante na África. É uma estrutura familiar maior e inclui mais parentes de sangue do que a família nuclear básica do mundo ocidental. Nos Estados Unidos, a adesão familiar modal é de um ou dois pais e filhos. Por causa da alta taxa de divórcio nos Estados Unidos, agora se encontra uma incidência crescente de famílias adotivas, compostas de pais anteriormente divorciados e de seus filhos de casamentos anteriores. Mesmo nas famílias adotivas, a composição é basicamente a mesma: os pais e seus filhos. Nas famílias tradicionais africanas, contudo, havia três ou mais gerações de parentes: avós, tios, tias, primos e primas, todos vivendo próximos e trabalhando juntos pelo bem comum. O sistema de família extensa parecia se encaixar perfeitamente também nos padrões da vida comunal.

Na África, muitas famílias são altamente valorizadas. Estudos na Nigéria mostram que, mesmo hoje, o tamanho da família ideal é de quatro a seis filhos. Os filhos são estimados porque eles perpetuam o nome da família e também os valores e as normas sociais passados pelos ancestrais. Os filhos pertencem aos pais assim como à comunidade de parentes. O tipo de posse parental em relação aos filhos que se encontra na comunidade é raro no mundo ocidental. É muito comum aos filhos serem mandados para viver com parentes em outras aldeias durante anos, sem que os pais tenham de se preocupar como as crianças estão sendo criadas. A ausência de preocupação é, em si, uma ilustração da harmonia e da coerência dos valores culturais. No passado, esta prática de mandar os filhos para viverem com seus parentes pode também ter servido para fortalecer os laços de parentesco. Nos dias de hoje, a prática está se tornando uma questão de necessidade, tanto que parentes com muitos filhos buscam ajuda de parentes mais abastados ou aqueles com menos filhos para compartilharem a carga de cuidar de seus filhos.

Na África tradicional o trabalho é baseado no gênero. Os homens realizam algumas tarefas como construção de casas, ferraria, entalhamento de objetos de madeira, pesca, tecelagem de redes de pesca, caça, trabalho na terra especialmente com arados puxados a boi, proteção da casa, tomada de decisões políticas para a comunidade e julgamento de conflitos. As mulheres trabalhavam na lavoura e faziam todas as tarefas domésticas – cozinhar, cuidar das crianças, buscar água e lenha e limpar a casa. Elas também teciam cestas e faziam potes. Nos grupos pastorais, como os fulas da África Ocidental ou os somalis da África Oriental, cuidar dos animais domésticos seria da responsabilidade dos homens, enquanto manter limpos os galpões dos animais seria tarefa das mulheres. Havia, naturalmente, variações entre diferentes grupos. Por exemplo, entre o povo hauçá da África Ocidental, os homens faziam a lavoura – limpando, queimando, plantando e capinando –, mas durante a época de colheita, as mulheres ajudavam. Entre os massais da África Oriental, as mulheres construíam as suas cabanas e aprendiam como defendê-las quando os homens saíam em expedições de caça.

Socialização

A socialização é um processo universal. Ela permite que os valores da sociedade sejam inculcados entre os jovens através de um treinamento e de uma educação formais. Sem ela, a maioria das sociedades não teria o sentido de continuidade e persistência que é tão vital. Grande parte da África tradicional não possuía escolas e salas de aula para ensinar os valores e a cultura. Os jovens aprendiam fazendo e observando os seus pares e as pessoas mais velhas. A ênfase dada pelos membros mais velhos da comunidade estava nas suas habilidades e valores que eram destinados a meninos e meninas e considerados essenciais para a sobrevivência da comunidade como um grupo distinto. As jovens meninas aprendiam as tarefas domésticas, como carregar água do poço, buscar lenha, cozinhar e limpar a casa, observando e ajudando suas mães e avós. Algumas artes especiais, como cerâmica, tecelagem e fabricação de pano, eram ensinadas pelas mulheres a suas filhas. Os meninos também aprendiam a caçar, construir casas e fazer ferramentas tanto dos seus pais quanto dos parentes homens mais velhos. Portanto, a família era um agente de socialização importante.

Nas sociedades comunais, as crianças começavam contribuindo para o bem-estar da família muito mais cedo do que na maioria das sociedades desenvolvidas. Uma das primeiras tarefas que as crianças aprendem é tomar conta dos seus irmãos mais novos. As crianças começam a ser babás mais ou menos com a idade de quatro ou cinco anos, enquanto os adultos trabalham na fazenda. Muitas das funções dos pais, como o controle esfincteriano, são ensinadas aos jovens por outros jovens. Estas são tarefas que, nas sociedades ocidentais, acabaram por ser extremamente desafiadoras para os adultos e geraram uma pletora de animados livros de "como fazer". Por alguma razão, as crianças parecem aprender mais rápido de outras crianças do que de adultos impacientes. Os jovens ensinam os seus pares fazendo. Em algumas comunidades, as estruturas formais, como os grupos etários ou as organizações não estruturadas de jovens, ajudavam na transmissão dos valores comunitários e daquilo que era esperado de todos os membros da comunidade. Os valores básicos compartilhados pela comunidade eram raramente questionados. Os pares eram, portanto, um segundo agente de socialização importante.

Os jovens raras vezes eram confrontados com ideias que contradiziam o que seus pais e os mais velhos queriam que eles soubessem. Com exceção dos desastres, como as enchentes, as fomes e as epidemias, que estavam fora do controle dos simples mortais, a vida era previsível e imutável. Este já não é o caso. Com a industrialização, a educação, a urbanização e a crescente mobilidade, os jovens estão começando a encontrar pessoas de outras partes dos seus próprios países e de fora. Os seus horizontes estão se ampliando. Inevitavelmente os seus valores e as suas visões estão começando a ser desafiados.

Muitas pessoas ouviram falar que as sociedades africanas cuidam mais de suas pessoas mais velhas do que fazem as sociedades ocidentais. O sistema de família extensa torna mais fácil cuidar dos avós. A deferência dada aos velhos também significa que os avós não precisam temer serem empurrados para as margens da vida de suas famílias. Eles podem envelhecer com dignidade, cercados pelo cuidado dos membros da família. Na medida em que os velhos são respeitados por sua idade e sabedoria (que se presume vir com a idade), eles têm muitas coisas para fazer. Uma dessas coisas era passar uma grande parte do tempo com as crianças pequenas. Era aqui que o seu papel como agentes socializadores era realmente ressaltado. Enquanto os adultos e os jovens adultos trabalhavam no campo, os velhos ficavam em casa e tomavam conta dos menores. As lembranças mais antigas da minha infância, quando eu tinha cerca de cinco ou seis anos de idade, são aquelas do meu avô paterno me pegando e a minha prima para pastorear o gado com ele. Ele gostava muito da minha prima, que recebeu o nome de sua mãe. Ele sempre a chamava pelo nome de sua mãe e jurava que ela tinha todas as qualidades maravilhosas de sua mãe falecida. Em todo caso, os avós eram contadores de histórias fascinantes, pacientes companheiros (diferentemente dos pais) e ouvintes interessados. Aprendia-se muito com eles sobre os velhos tempos, sobre as lutas e os desafios passados da comunidade, sobre aquelas raras qualidades e forças que tornam a sua família tão especial. Eu sempre atribuí a meu avô todas as forças pessoais que eu exibia lidando com a variação de tempos adversos e difíceis na minha vida. Ele instilou em mim um senso muito forte de autoestima. Explicava os nossos costumes e tradições e como eles serviam bem para nós. Ele me contava histórias inspiradoras sobre os nossos grandes heróis e lendas. Falava sobre a intenção dos colonizadores europeus de destruir o nosso modo de vida, como eles desprezavam a nós africanos e como não devemos ser destruídos como um povo. Levei tudo isso no coração. Na maioria das sociedades africanas os netos tinham um relacionamento muito próximo e descontraído com seus avós, o que permitia a eles provocar e brincar uns com os outros. Os antropólogos caracterizavam esse relacionamento como "um relacionamento de brincadeira". No contexto deste relacionamento de familiaridade, as crianças se sentiam livres para falar de qualquer problema ou buscar conselho sobre qualquer assunto, o que não fariam com seus pais, com quem eles tinham um relacionamento mais estruturado. Além dos avós, as crianças podiam manter "relacionamentos de brincadeira" com os tios maternos ou com as tias paternas, parentes que normalmente não ficavam no mesmo conjunto como parte da família extensa.

O quarto e último agente de socialização é o ritual de iniciação. Como foi descrito antes, era durante a iniciação que o que devia ser caracterizado como instrução formal realmente ocorria. Tal como eu me lembro da minha própria experiência, era durante a última parte dos ritos, imediatamente antes da cerimônia de "saída", que os homens mais velhos da comunidade sentavam com os jovens iniciados e iam até o básico, os triunfos e os fracassos do clã (principalmente as vitórias, raramente os fracassos, a menos que ocorresse de eles terem sido incidentes de grande sofrimento e tragédia, que eventualmente foram superados), e as principais responsabilidades esperadas de um adulto. Para os grupos étnicos que praticavam clitoridectomia, esta instrução formal era administrada pelas mulheres mais velhas. Nos velhos tempos, a própria iniciação teria sido precedida por uma série de testes para determinar a prontidão de um jovem para este rito de passagem esgotante e doloroso. Naqueles grupos étnicos, como o meu, em que a circuncisão era o rito específico de passagem, o teste seria liderar uma caçada perigosa de um leão ou de um leopardo, ou atacar uma aldeia vizinha por gado.

Como é o caso de muitas outras tradições africanas, os ritos de iniciação também estão em processo de mudança. Muitos pais estão tendo os seus filhos circuncidados num hospital e numa idade muito precoce ou mesmo na primeira infância. Os ritos de iniciação realizados nas aldeias estão tomando um tempo muito mais curto, visto que muitos iniciantes devem retornar à escola depois de apenas quatro semanas de recesso. O tipo de vinculação, tão importante na vida posterior, que ocorre durante o período dos quatro ou cinco meses que precedem a cerimônia de "saída", não é mais possível. As pessoas nas aldeias ainda falam sobre os grupos etários, e aos novos iniciantes seria dito a qual grupo etário e categoria etária correspondente eles pertencem, mas os grupos etários não mais trabalham muito em conjunto. Há uma considerável oposição à clitoridectomia dos pais mais jovens e educados. Como foi mencionado antes, o Quênia é o único país africano a ter proibido oficialmente a prática da clitoridectocmia*. Contudo, o seu banimento é repelido nas áreas remotas do país, já que o costume é considerado muito fundamental para a cultura. O governo fica hesitante de perseguir aqueles que violam a proibição. Ao contrário, as autoridades de saúde pública estão incentivando os pais a levar as suas jovens meninas para as clínicas do governo, onde uma versão muito menos severa de clitoridectomia (envolvendo simplesmente um pequeno corte da ponta do clitóris) é realizado para se adequar ao espírito dos ritos.

Crenças religiosas tradicionais

A religião, que Durkheim definia como um conjunto de crenças e práticas relacionadas com as crenças sagradas que une adeptos numa comunidade moral singular, é tão antiga quanto a própria sociedade humana. A religião lida com aquelas questões básicas com as quais os seres humanos têm se debatido desde o início. De onde viemos? Como o universo e todas as coisas nele aconteceram? Que forças externas influenciam as nossas vidas? Por que estamos aqui? Qual é o nosso propósito, ou missão, nesta vida? O que acontece conosco quando morremos?

---

* Em 2015, Nigéria e Gâmbia seguiram o exemplo do Quênia e também baniram oficialmente a prática da mutilação genital feminina.

Os africanos são um povo profundamente espiritual; porém, a faceta menos conhecida da vida africana provavelmente tem a ver com as suas tradições e crenças religiosas. Os missionários estrangeiros que foram para a África ficaram obsessivamente interessados nos espíritos ancestrais e nos espíritos em geral, como se isso fosse tudo o que existia na espiritualidade africana. Já que estes missionários foram para a África com o propósito de converter os africanos ao cristianismo, eles não se sentiram na obrigação de aprender muito sobre os valores e a herança espiritual dos africanos. Os estudiosos de religião, além disso, podiam ter feito melhor do que fizeram ao tentar compreender a religião africana e, assim, eles poderiam explicá-la para o resto do mundo. Contudo, já que estes estudiosos eram eles próprios principalmente cristãos, era difícil para a maioria deles sair de sua própria mentalidade religiosa e explorar as várias tradições religiosas na África. Eles deixaram de lado os paralelos nas superstições religiosas entre os anjos, por exemplo, e os espíritos ancestrais. Hoje, termos negativos e enganosos ainda abundam em referência às tradições religiosas africanas. Quando descrevem sobre um golpe militar em algum país africano, os jornais americanos apresentam este perfil do país e utilizam termos como "animismo" e "paganismo" para caracterizar as práticas religiosas deste país. O que me surpreende como um africano que foi educado em escolas missionárias cristãs são os paralelos que existem entre as crenças religiosas tradicionais dos africanos (como eu as via celebradas por meu avô quando eu estava crescendo) e os rituais religiosos que eu observei na escola e na igreja.

Uma análise séria de qualquer religião deve reconhecer que as crenças religiosas são determinadas pelas condições sociais e culturais de um povo, pelo ambiente físico no qual ele vive, por suas experiências passadas e suas necessidades e objetivos coletivos como um povo. Há manifestações universais de comportamento religioso que são encontradas na África como um todo e que qualquer observador teria de levar em consideração, incluindo a crença num ser sobrenatural ou em forças sobrenaturais, a crença na existência de uma ou mais divindades ou deuses, rezas ou palavras específicas que se supõe usar quando se está se dirigindo a estas divindades ou forças sobrenaturais, certos movimentos corporais como se ajoelhar, se prostrar ou dançar, que são exigidos no decorrer da feitura de uma reza para aquelas forças sobrenaturais, alguma espécie de código sagrado, objetos sagrados destinados a trazer boa sorte quando manipulados adequadamente ou a desgraça quando mal-empregados, sacrifícios ou festas mantidos para marcar certas ocasiões importantes, e ainda bosques, santuários ou monumentos.

O que se segue não é, de maneira nenhuma, uma análise detalhada das tradições religiosas africanas. É basicamente uma visão global, cujo propósito limitado é explicar as principais características do pensamento e da prática na África, apontando certos rituais e ideias que são comuns às religiões melhor estabelecidas em outros lugares, com a qual a maioria de nós convive.

Crença em Deus

A grande maioria dos africanos tradicionalmente acreditava no conceito de Deus, de um Ser Supremo, que criou o universo e tudo que existe nele. Há muito poucas variações; os povos ibo e iorubá da Nigéria, por exemplo, acreditam num Ser Supremo que é auxiliado por divindades menores. Os iorubás têm a ideia de um Deus Onipotente, a quem eles deram o nome de *Olorum*. Este Ser Supremo é auxiliado por divindades menores chamadas *orixás*. Todo orixá, cada um deles tem um nome, era responsável por uma função específica entre os humanos. Os orixás eram os ajudantes de Deus que cuidavam da criação de Deus. Havia o Deus da Chuva, o Deus da Fertilidade, o Deus da Floresta, o Deus do Mar, e assim por diante. Quando a chuva não vinha por muito tempo e as pessoas eram ameaçadas por uma severa seca e fome, eles rezavam para o Deus da Chuva. Quando as mulheres não estavam produzindo filhos o bastante para a comunidade, as pessoas rezavam para o Deus da Fertilidade, para tornar as mulheres mais férteis, e desse modo elas dessem mais filhos à comunidade. Quando os caçadores iam caçar, orações eram dirigidas à divindade especial para tomar conta dos caçadores e para assegurar que as suas caças fossem proveitosas. Quando os pescadores saíam para o mar, o Deus do Mar era invocado para dar proteção e proporcionar uma boa pesca para os homens.

Os kipsigis* (um subgrupo do povo calenjin) do Quênia também acreditavam num Deus (chamado *Asis* ou *Asista*). Robert Manners diz que, na medida em que os kipsigis utilizavam muitos nomes para se referirem a Deus,

---

* Kakesan, kipsigi, kipsikisi, kipsikissi, lumbwa, sikisi.

alguns estudiosos admitiram que houvesse muitos Deuses, quando mais provavelmente os termos se referissem a uma variedade de funções ou atividades que *Asis* realizava[28]. Manners também sugere que os kipsigis não eram extremamente religiosos em termos de manter muitas reuniões religiosas formais, mas, quando a sua comunidade enfrentava uma crise, eram então feitos apelos especiais. Contudo, médiuns espirituais desempenhavam um papel muito mais geral na vida da comunidade kipsigis. De acordo com Jomo Kenyatta, o primeiro presidente do Quênia e autor de *Facing Mount Kenya* (um excelente estudo do povo quicuio):

> Os quicuios acreditam num Deus, *Ngai*, o Criador e doador de todas as coisas. Ele não tem pai, mãe, ou companheiro de qualquer espécie. O seu trabalho é feito na solidão. Ele ama e odeia as pessoas de acordo com o seu comportamento. O Criador vive no céu, mas tem moradas temporárias na terra, situadas nas montanhas, onde ele pode descansar durante as suas visitas. As visitas são feitas com vistas à realização de uma espécie de "inspeção geral" e para trazer bênçãos e punições para as pessoas[29].

O universo que Deus criou é composto de duas partes, ou talvez três: os céus (onde o Deus vive, e também onde as estrelas, o sol e o céu estão), a terra (que está cheia de coisas, como pessoas, plantas, montanhas e rios), e provavelmente o inferno (onde alguns espíritos podem residir). O homem é a principal ligação entre o universo e Deus. Este universo é ordenado; pode haver pelo menos quatro níveis principais nos quais esta ordem é mantida:

1) O nível natural, governado pelas leis da natureza, tal como reveladas a nós, por exemplo, através da ciência.

2) O nível moral, que consiste de um código moral, leis e doutrinas determinadas por Deus, que se exige que as pessoas obedeçam de modo a ter harmonia e paz nas suas sociedades. Na maioria das sociedades, estas leis são reveladas às pessoas pelos profetas, ou "homens sábios", e repassadas através das gerações ou por intermédio de alguma visão. O código moral decifra para as pessoas o que é certo ou errado, e o que é mal ou justo.

---

28 MANNERS, R.A. "The Kipsigis of Kenya: Culture Change in a 'Model' East African Tribe". In: STEWARD, J.H. (ed.). *Contemporary Change in Traditional Societies*. Vol. I. Urbana, IL: University of Illinois Press, 1967, p. 270.
29 KENYATTA, J. *Facing Mt. Kenya*. Nova York: Vintage Books/Random House, 1965, p. 225.

3) O nível religioso que se refere às instituições produzidas pelo homem, como igrejas, templos e santuários, cujo dever é aconselhar as pessoas a viver as suas vidas como Deus o quer. As instituições moldam as regras que se referem às recompensas que se recebe por ser bom e à punição adequada por não se obedecer aos decretos. A grande variedade de denominações nas várias religiões pode ser atribuível às diferenças institucionais baseadas nas várias interpretações das doutrinas básicas.

4) Finalmente, o nível místico, que lida principalmente com a magia e a feitiçaria, com os poderes concedidos a certos indivíduos e espíritos para se comunicarem com as forças sobrenaturais. Os indivíduos que possuem poderes místicos são capazes de ver os mortos, receber premonições da chegada de eventos e desastres e realizar "milagres" ou "maravilhas" que as outras pessoas geralmente não são capazes de fazer[30].

A maioria dos grupos inclusive possui os seus próprios mitos ou lendas de como o universo veio a existir, como ocorreu a criação, ou como a sua própria comunidade se originou. Um dos mais interessantes "Mitos de criação" é oferecido pelo povo luhya do Quênia Ocidental. Ele merece ser citado extensivamente, se não por outras razões, pelo menos pelo fascinante paralelo que ele oferece com a história bíblica. É assim que ele se apresenta:

> O mundo foi criado por *Wele Xakaba*, o garantidor e doador de todas as coisas. Antes de ele ter criado o mundo inteiro com tudo que existe nele, ele fez a sua própria casa, o céu. Para evitar que o céu caísse, ele o sustentou por todos os lados com pilares, tal como o telhado de uma *cabana* redonda é escorada por pilares. *Wele kacaba* criou o céu sozinho, sem a ajuda de mais ninguém. De uma forma milagrosa, *Wele Xakaba* então criou os seus dois ajudantes, *wele muxobe* e *wele murumwa*.
>
> Diz-se que o céu, sendo o lugar de moradia de Deus e de seus dois ajudantes, é sempre brilhante (i. é, durante o dia e a noite). É um lugar de eterno cintilar. Deus o criou como raio e de uma forma misteriosa. Também, a essência de que este céu é feito é um mistério.
>
> Depois que Deus criou o céu, Ele decidiu colocar algumas coisas nele. Primeiro Ele fez a lua e a colocou no céu e depois Ele criou o sol...

---

[30] MBITI, J. *African Religions and Philosophy*. Garden City, NY: Anchor Books/Doubleday & Co., 1970, p. 36-37.

Depois de ter criado o sol e a lua, Deus fez as nuvens e as colocou no céu. Ele então criou um grande galo de onde a luz se origina. Este galo (*engoxo enjahi*) é de cor vermelha e vive entre as nuvens. Quando ele balança as suas asas ocorre um relâmpago, e quando ele canta ocorre um trovão. Deus também criou as estrelas para ajudar o sol e a lua...

Em seguida, Deus criou o ar e também o "ar frio". É este ar frio que faz algo da água no céu formar granizos (*kamarara* ou *amatjina*).

Depois de Deus ter criado o céu e tudo que existe nele, Ele perguntou onde seus dois assistentes, *wele muxobe* e *wele murumwa*, e todas as outras coisas que Ele tinha feito podiam fazer o seu trabalho. Ele, então, decidiu criar a terra. Mais uma vez, Ele fez isso de uma forma misteriosa, provendo a terra de montanhas, vales e as maiores depressões.

Tendo criado o sol e dado a ele o poder de resplandecer, ele se perguntou: "Para quem o sol brilhará?" Isto levou à decisão de Deus de criar o primeiro homem. Os Vugusu acreditam que o primeiro homem era chamado Mwambu. Na medida em que Deus o criou para que ele pudesse falar e ver, ele precisava de alguém com quem ele pudesse falar. Deus então criou a primeira mulher, chamada Sela, para ser a parceira de Mwambu...

Depois de Deus ter provido a superfície da terra de água, Ele criou todas as plantas. Ele então disse para si que todas aquelas plantas eram inúteis, a menos que houvesse algo para comer delas. Então foram criados os animais, os pássaros e outras criaturas que vivem na água, na superfície da terra, e no solo...

Deus completou todo o trabalho de criação em seis dias [sic]. No sétimo dia ele descansou porque era um dia ruim. Os Vugusu possuem todas as espécies de crenças e tabus (*gimisilu*) que se referem a este dia e ao número sete[31].

Houve, naturalmente, muitos conceitos de Deus na África, pela simples razão de que "em cada localidade o conceito de Deus geralmente retira a sua ênfase e aparência da estrutura sociológica e do clima. É necessário compreender as variações nos padrões sociológicos para ver claramente a razão de algumas ênfases e tendências"[32]. Alguns grupos africanos possuíam uma imagem

---

[31] WAGNER, G. "The Abaluya of Kavirondo (Kenya)". In: FORDE, D. (ed.). *African Worlds*. Nova York: Oxford University Press, 1968, p. 28-30.

[32] IDOWU, E.B. *African Traditional Religion*. Maryknoll, NY: Orbis Books, 1975, p. 148.

antropomórfica de Deus e utilizaram termos humanos para descrever quem era Deus. Alguns descreveram Deus em termos masculinos; outros utilizaram termos femininos; para outros, ainda, Deus não tinha absolutamente qualquer imagem específica. Ele fazia parte de tudo que Ele próprio criou. Esta forte crença em Deus, num ser sobrenatural, foi frequentemente ignorada pelos estrangeiros.

Crença nos espíritos

Um segundo atributo do pensamento religioso africano consiste na ideia de espíritos. Os espíritos são uma força da vida, mas não possuem qualquer forma física concreta. John Mbiti dividiu os espíritos africanos em dois tipos: espíritos naturais e espíritos humanos. Os espíritos naturais estão associados a certos objetos naturais ou forças no céu ou na terra. Exemplos de espíritos celestes são a lua, o sol, o céu, a chuva e o vento. Exemplos de espíritos da terra são as florestas, os morros, as montanhas e os metais. Além disso, encontramos diferenças interessantes entre os diferentes grupos. Por exemplo, alguns grupos reconhecem os espíritos associados com o céu como a lua e a chuva, mas não objetos da terra como as montanhas e os rios. A questão aqui é que estas diferenças são mediadas pela cultura e pela experiência. Diferentes comunidades precisam de respostas para as questões espirituais ou religiosas básicas colocadas no começo do capítulo. Os espíritos humanos são aqueles de pessoas que morreram. A maioria dessas pessoas é constituída de parentes que morreram ou no passado distante ou mais recentemente. Outra maneira de colocar o que eu acabei de afirmar é que as coisas vivas têm espíritos no seu interior. Quando as coisas vivas morrem, contudo, os espíritos continuam a existir. Não se pode ver um espírito, assim como não se pode ver Deus. No filme *Atumpan*, nos tambores falantes de Gana, um grupo de africanos partiu para a floresta para encontrar a espécie determinada de árvore que deveria ser cortada e servir para esculpir um tambor cerimonial. Precisa-se de um tambor para a ocasião muito especial de *enstooling* de um novo chefe. O *enstoolment* é planejado para coincidir com a celebração da colheita, conhecida como o festival *Odai*. Antes de a árvore escolhida ser derrubada, um breve ritual é mantido durante o qual uma libação é derramada sobre a árvore. Dizia-se ao espírito da árvore que ela iria ser cortada para fazer um tambor para a cerimônia, e que aquelas juntadas estão pedindo ao espírito da árvore para continuar a residir na árvore e para tornar o seu chefe fértil e dar a ele uma longa vida e um longo reinado. Esta a noção de que as coisas vivas possuem espíritos é que dá surgimento ao termo muito pejorativo "animismo", que é frequentemente aplicado ao pensamento religioso tradicional africano.

Crença nos ancestrais

Um terceiro atributo das religiões africanas tem a ver com o lugar importante conservado pelos espíritos ancestrais, já que a comunidade africana é definida como sendo composta tanto dos mortos quanto dos vivos. Quando uma pessoa morre, ela se torna um espírito com atributos extraordinários, o que a torna mais poderosa do que os seres humanos vivos. Os espíritos dos mortos continuam a residir na comunidade e estão ativamente envolvidos na vida da comunidade. Enquanto espíritos, eles agem como intermediários entre Deus e aqueles que ainda estão vivos. Nenhum ritual africano deixa de incluir os espíritos ancestrais; estes são sempre chamados para ajudar em tempo de necessidade. O papel que os espíritos ancestrais desempenham não é na verdade diferente, por exemplo, do papel desempenhado pelos anjos (da guarda) e pelos santos padroeiros da doutrina católica. Espíritos maus, por outro lado, podem também ser aproveitados, mas somente para causar dano ou mal, e daí o termo "bruxaria". Em alguns grupos africanos os espíritos malignos eram aqueles das pessoas más que morreram. Em outros grupos, os espíritos podem ser ou bons ou maus, dependendo do que eles são convocados para fazer por bruxas e feiticeiros ou de como eles ficam chateados por não serem honrados ou por serem excluídos de sua comunidade. Um exemplo vindo dos bukusus podia ser um caso em que um novo iniciado sangrou inconscientemente depois da circuncisão e estava a ponto de morrer. Um médium foi rapidamente consultado. O seu veredicto era que o pai do iniciado tinha esquecido de construir um santuário para o pai falecido (o avô do iniciado), e o espírito do avô do menino estava mandando uma mensagem de infelicidade, levando o menino a sangrar profusamente. Um santuário foi rapidamente erigido e um pequeno sacrifício feito para apascentar o espírito do avô. Para se certificar de que a crise não era fatal, um auxiliar de saúde local, que trabalhava numa clínica do governo e brilhava nos fins de semana como médico, foi chamado para tentar estancar o sangue e fazer um curativo na ferida do menino, o que ele conseguiu fazer.

Entre o povo lele* da República Democrática do Congo, achava-se que os espíritos eram uma entidade separada que foi criada por Deus. Os espíritos eram muito temidos por causa dos poderes mágicos e curativos que possuíam. A noção de espíritos está bastante de acordo com o pensamento cristão que sustenta que os seres humanos são ou recompensados ou punidos segundo eles vivessem ou não as suas vidas em conformidade com as leis de Deus, tal como interpretadas pelas igrejas e seu alto clero. Em muitas comunidades africanas, o conceito de comunidade é muito mais amplo do que nas sociedades ocidentais; além dos vivos, ele inclui os mortos, por exemplo, os espíritos dos parentes e ancestrais mortos, e aqueles que ainda vão nascer. Celebrações observam isto em todas as épocas e os rituais devem levar em consideração os não vivos.

Religião como modo de vida

Um quarto atributo está relacionado ao fato de que os africanos *vivem* a sua fé. As suas vidas não são compartimentadas do modo como a vida tende a ser no mundo ocidental. A religião não é algo que é simplesmente praticado de uma só vez num dado dia num certo edifício e lugar. Isto não é uma crítica da vida religiosa no Ocidente; é simplesmente uma descrição de como os africanos ordenam as suas vidas. John Mbiti coloca isto eloquentemente da seguinte maneira:

> Na medida em que as religiões tradicionais permeiam todos os departamentos da vida, não há distinção formal entre o sagrado e o secular, entre o religioso e o não religioso, entre as esferas da vida espiritual e material. O que quer que o africano seja, existe sempre a sua religião: ele a carrega consigo para a festa da cerveja ou para comparecer numa cerimônia funeral... Embora muitas línguas africanas não possuam uma palavra para a religião como tal, não obstante ela acompanha o indivíduo muito antes do seu nascimento e muito depois de sua morte física. Através da mudança moderna, estas religiões tradicionais não podem permanecer intactas, mas elas não foram de maneira nenhuma extintas. Em tempos de crise, elas frequentemente vêm à superfície, ou as pessoas regressam para elas em segredo[33].

---

* Leele.
33 MBITI, J. *Introduction to African Religion*. Op. cit., p. 2-3.

O simbolismo religioso africano foi frequentemente malcompreendido pelos estrangeiros. Alguns exemplos trarão de volta a questão. Uma vaca é um animal muito importante para os nueres. As vacas são o centro da existência econômica, social e política do povo. Elas permeiam a cultura nuer. As pessoas frequentemente estabelecem ligações com as suas vacas, compondo poemas sobre os seus animais favoritos. Para os nueres, a vaca representava a segurança econômica e emocional, sem a qual a vida perdia muito do seu significado. O comportamento exibido em relação a estes animais não significa nem deveria significar que os animais são adorados ou vistos como possuindo atributos divinos.

Para o povo mbuti* da República Democrática do Congo, a floresta é essencial para suas vidas. Como Colin Turnbull diz:

> Quando uma criança (mbuti) nasce... ela é banhada em água misturada com suco da videira da floresta, ela é vestida com um aro em torno da cintura, decorada com uma ou duas peças de madeira furada e com iguais aros em torno dos pulsos, e isto é objeto de orgulho e interesse e diz respeito a todos os membros do grupo. Os aros de videira, o suco e os ornamentos de madeira não são somente uma decoração, mas coloca desse modo a criança sempre em contato físico com a floresta física, que, além de ser a protetora, é também a doadora da vida[34].

Para uma pessoa mbuti, faz grande sentido compor poemas e canções em louvor da floresta como uma evidência concreta da providência de Deus.

Finalmente, para o povo quicuio, o monte Quênia era uma montanha sagrada. Eles sempre olhavam para ela quando rezavam, pedindo ajuda a seus ancestrais. Os estrangeiros admitiam que as pessoas Quicuio estivessem rezando para um objeto inanimado, a montanha, quando, de fato, a montanha não era senão um símbolo – da mesma maneira que o crucifixo que os cristãos usam ou as estátuas diante das quais eu me ajoelho na igreja como um jovem menino católico não fossem Deus, mas simplesmente representações simbólicas de Deus, ou da Virgem Maria, ou de Jesus.

---

* Mbote, mbute, bouté, imbuti, mambuti, pigmeus mbuti, wambouti.
34 TURNBULL, C. *The Forest People*. Nova York: Doubleday Books, 1965, p. 305.

Política e governo na África tradicional

Muita coisa tem sido escrita sobre a política na África antes da colonização. Muitas dessas obras foram estudos de caso conduzidos por antropólogos políticos. Como se devia esperar, dado o tamanho da África, há muitos tipos de sistemas políticos, variando desde as pequenas chefaturas, nas quais cada um estava relacionado com cada um (e, portanto, o poder e a autoridade estavam baseados no parentesco), até os enormes impérios, como os que vamos discutidos no capítulo 3.

Uma generalização que pode ser feita a respeito da África pré-colonial é que havia dois tipos essenciais de sistemas políticos: sociedades com Estado e as sociedades "sem Estado". Os estados eram organizados estruturalmente da mesma maneira que os Estados modernos. As burocracias realizavam algumas funções como cobrar impostos, supervisionar cerimônias, acolher dignitários e obrigar as pessoas a fazer o que os reis ou chefes queriam que elas fizessem. As sociedades "sem Estado", por outro lado, eram entidades politicamente descentralizadas, não tinham burocracias e tendiam a ser baseadas no parentesco (isto é, em sistemas de linhagem e famílias extensas). Nesses tipos de sistemas descentralizados, os grupos sociais que discutimos antes, como grupos etários e sociedades secretas, desempenhavam um forte papel na manutenção da ordem e da disciplina e no aproveitamento dos recursos da comunidade para fins coletivos. A grande maioria dos africanos, antes do advento dos europeus, vivia em sociedades "sem Estado". Isto não significa que as sociedades "sem Estado" não tivessem política. De fato, elas tinham.

David Apter buscou com sucesso desenvolver uma teoria da mudança política e delinear por que alguns países africanos, em face da intromissão colonial, eram capazes de mudar mais rapidamente e menos sacrificadamente do que outras[35]. Para fazer isso, ele estabeleceu um esquema comparativo dos sistemas políticos tradicionais africanos, baseado em dois conceitos-chave: valores e padrões de autoridade. Ele identificou duas espécies de valores e, pedindo emprestados os "termos de Parsons"*, os rotulou como instrumentais e consumatórios. Os valores instrumentais eram aqueles que permitiam

---

[35] APTER, D.E. *The Politics of Modernization*. Chicago: University of Chicago Press, 1965, p. 1-42.

* Talcott Edgard F. Parsons, um dos representantes do pensamento funcional-estruturalista e criador do "paradigma Agil", do qual o autor se refere.

a adoção de novas ideias e técnicas com base na sua utilidade para produzir um dado resultado desejado. Os valores consumatórios, por outro lado, eram aqueles que estavam destinados a afirmar a integridade cultural da comunidade. Eles frequentemente ligavam as novas ideias a fins espirituais últimos da comunidade, e eram descartados se fossem vistos como colidindo com as necessidades espirituais. A maioria das novas ideias era considerada como ameaça para a ordem social. Apter então voltou a sua atenção para a autoridade e novamente identificou três espécies de padrões de autoridade: segmentária, hierárquica e piramidal. Nas seções seguintes, eu defino estes três tipos de sistemas políticos e dou ilustração de cada um deles. Dois dos exemplos são sistemas segmentários, ou sociedades "sem Estado", um exemplo é um sistema hierárquico e o último exemplo é piramidal.

Sistemas segmentários

Um sistema segmentário é um sistema descentralizado, uma sociedade "sem Estado" na qual o poder é difuso e compartilhado. Esta sociedade é dominada pelos mais velhos, membros de um grupo etário ou conselho escolhido a partir de diferentes linhagens; ele não possui uma figura política poderosa. Os povos nuer do Sudão do Sul, quicuio do Quênia e ibo da Nigéria são exemplos de sistemas segmentários muitas vezes citados, mas os seus valores não eram todos os mesmos; os nueres tinham valores consumatórios e eram, portanto, extremamente resistentes à mudança, enquanto que os quicuios e os ibos eram instrumentais na sua estrutura de valor e, portanto, muito adaptáveis à mudança.

Kenyatta* começa a sua discussão do governo entre os quicuios sugerindo que, de acordo com a lenda, o povo quicuio era originalmente governado por um tirano, que foi posteriormente derrubado por seus súditos, porque estes eram contrários à tirania. Um novo governo foi então formado. Um conselho foi criado, para o qual todas as aldeias na terra ocupada pelo povo quicuio apontavam um representante. Uma constituição foi elaborada contendo as diretrizes de como os líderes deviam exercer a sua autoridade. Novas regras na constituição garantiam a liberdade do povo para adquirir terra e trabalhar na

---

* Jomo Kenyatta, líder político quicuio. Após a independência do Quênia (1963) foi primeiro-ministro (1963-1964) e presidente (1964-1978) do país.

propriedade familiar e previam a eleição dos mais velhos para o conselho governamental. Os líderes empenhavam seus esforços para unificar toda a nação quicuio. Um novo exército foi recrutado dentre os guerreiros. A cobrança de impostos foi introduzida para fornecer recursos para as cerimônias e festivais tribais. Novos critérios para aqueles que aspiravam a posições de liderança foram anunciados e incluíam a exigência de que os líderes devessem ser casados. Foram postos em prática procedimentos para resolver ou julgar conflitos. Kenyatta diz que, quando estas regras foram promulgadas, uma cerimônia especial foi realizada para codificá-las em lei. O novo sistema era grandemente influenciado pelas categorias etárias, como os guerreiros e os anciãos e por outros grupos organizados. Era um sistema democrático. As funções administrativas de governo eram desempenhadas pelas associações de categorias etárias. Elas reforçavam a moral, cobravam impostos e fiscalizavam a propriedade na aldeia.

De acordo com Uchendu, entre os ibos da Nigéria, cada aldeia era vista como autônoma em questões que a afetavam. A aldeia era segmentada em linhagens, e cada linhagem era depois subdividida em sublinhagens. Uma linhagem ocupava uma certa área que era dividida em conjuntos. Dentro de cada conjunto existiam várias casas. O conjunto, a linhagem e a aldeia tinham um chefe. Realmente, a política e o governo no nível da aldeia constituíam "um exercício de democracia direta"[36]. A estrutura política no nível da aldeia incluía uma assembleia legislativa. O que devíamos chamar de grupos de interesse, como as sociedades secretas, as associações sacerdotais, as sociedades de título e as associações de categorias etárias, desempenhavam um importante papel. A assembleia legislativa realizava reuniões ao ar livre nas quais aconteciam longas discussões, muito parecido com as reuniões da câmara municipal na antiga Nova Inglaterra nos Estados Unidos. Todos eram livres para contribuir para o debate, depois do qual os anciãos (da assembleia legislativa) se retiravam para uma reunião em separado para considerar todas as visões apresentadas e para chegar a uma decisão sábia, geralmente pelo consenso. Os anciãos eram homens de alta posição e prestígio, respeitados por sua sabedoria, encarregados de considerar todas as visões apresentadas nas reuniões ao ar livre. A decisão alcançada era então declarada lei somente depois que se tivesse dado a ela "uma capa ritual" por um dos homens santos, para ficar

---

[36] UCHENDU, V.C. *The Igbo of Southeast Nigeria*. Nova York: Holt, Rinehart & Winston, 1965, p. 40-41.

assegurado que ela estava em concordância com o costume e com a tradição. Os chefes de conjunto eram responsáveis para informar plenamente a todos nos seus conjuntos sobre as novas leis assim promulgadas.

Sistemas hierárquicos

O sistema hierárquico era um sistema político altamente centralizado, presidido por um rei muito poderoso e servido por uma eficiente burocracia ou máquina militar. O rei, o chefe supremo ou o comandante militar tinham subordinados, que exerciam qualquer poder que possuíam, totalmente a critério da pessoa que estava no topo. O povo ganda do reino Buganda no Uganda e o povo fon* de Benim fornecem excelentes exemplos do sistema hierárquico, embora, novamente neste caso, estes dois grupos exibissem valores diferentes; os gandas tinham valores instrumentais, enquanto que os fons tinham sistemas de valor consumatórios.

Na matriz de David Apter, Buganda seria classificado como um sistema hierárquico com valores instrumentais. Era altamente centralizado com uma forte burocracia e um rei extremamente poderoso chamado de *kabaka*. Na medida em que a estrutura era muito firme e centralizada, Buganda nunca foi realmente colonizada pelos britânicos. Ao contrário, os britânicos entraram numa série de tratados e acordos que preservaram o poder do rei de Buganda, que era cooptado na estrutura administrativa colonial sob a política conhecida como "governo indireto". Os britânicos ofereceram "proteção" ao *kabaka*, em troca, por permitir aos britânicos perseguir os seus sonhos imperiais na África Oriental. No capítulo 4 discutiremos as várias políticas coloniais com algum detalhe. O *kabaka* era auxiliado por um primeiro-ministro chamado *Katikkiro* e um parlamento chamado *Lukiiko*. O rei era tão poderoso que, se ele quisesse, podia ignorar o conselho tanto do *katikkiro* quanto do *lukiiko*, embora houvesse algum risco em fazê-lo. Por exemplo, havia sempre alguma inveja entre os príncipes; o *katikkiro* podia desculpar ou mesmo incentivar conspirações contra o rei por outros príncipes interessados em se tornar rei. Além disso, o *kabaka* não se tornava rei através de uma sucessão automática, como se podia esperar numa monarquia. Ele era eleito dentre os príncipes, isto é, os homens

---

* Fon nu, fongbe, djedji, fo.

cujo pai ou avô tinham sido um *kabaka*. Se o *kabaka* reinante escolhesse um herdeiro aparente, a sua preferência não era considerada como vinculante. Os critérios considerados na seleção de um novo rei eram a personalidade do príncipe, a sua reputação pessoal e o grau de apoio de que ele gozava entre os chefes seniores no reino. Acreditava-se que a mãe e as irmãs do rei, que tinham títulos formais próprios, tinham influência sobre o rei, mas não tinham nenhum poder formal.

Buganda era dividido em municípios, submunicípios e aldeias. Cada uma destas unidades era chefiada por um chefe, cada um deles era apontado pelo rei e era responsável diante do chefe acima dele. Os chefes mantinham a lei e a ordem, as obras públicas como a manutenção das estradas, conservando os santuários e os bosques dos ancestrais, assim como os conjuntos dos outros chefes acima deles e do rei, tirando água e protegendo as aldeias contra animais perigosos. Os coletores de impostos eram apontados pelo rei, mas eles eram ajudados na sua tarefa pelos chefes que conservavam uma pequena porção dos impostos coletados nas suas áreas. Embora o rei fosse onipotente, ele não estava sempre completamente certo do apoio dos seus súditos. Por esta razão, ele veio a contar com um outro grupo de homens chamado *batongole*, que tecnicamente eram pessoas que supriam o rei de provisões. Com o tempo, muitos deles foram incorporados ao sistema de chefia e acabaram servindo como chefes de aldeia, a primeira ligação-chave entre o rei e seu povo.

Sistemas piramidais

Um sistema piramidal é aquele que consiste de diferentes níveis de agrupamentos segmentários que não são inteiramente autônomos; os grupos estavam geralmente baseados no parentesco e cada um deles tinha um chefe, um chefe supremo, ou um rei. Os níveis de um sistema piramidal são baseados em algum tipo de antiguidade; os chefes dos níveis mais elevados têm o direito de intervir nos assuntos dos níveis mais baixos, quando necessário. Esperava-se que os chefes dos níveis mais baixos demonstrassem deferência adequada em relação àqueles que estavam acima. Como se podia esperar, um sistema piramidal é caracterizado por um conflito essencial e por frequentes alianças entre os diferentes grupos e os diferentes níveis. O povo iorubá, que está entre os mais urbanizados dos povos africanos, fornece um bom exemplo de um sistema piramidal.

O sistema Iorubá de governo era tão complexo quanto as suas tradições religiosas. A Nigéria Ocidental, a terra tradicional dos iorubás, tinha muitos reinos. O que se segue é uma descrição do governo iorubá extraída da explicação de Peter Lloyd do reino de Ado[37]. Cada reino era chefiado por um rei, chamado *ewe* oú *obá*, dependendo do tamanho do reino. É considerado importante que toda cidade tenha um rei ou um *obá*. É através do rei e da sua considerável riqueza e esplendor que uma cidade se mostra para o mundo exterior. O *obá* é louvado profusamente na medida em que algumas pessoas achavam que ele possuía poderes divinos. Por exemplo, um rei raramente aparece em público; quando ele o faz, ele é "grandemente velado" e cercado de muitos assistentes e criados. Ele não pode ser visto comendo em público. As pessoas muitas vezes se prostram diante dele para mostrar o seu respeito e deferência. Ele tem muitas esposas; de fato, ele pode reivindicar qualquer mulher não casada do reino como sua esposa. Um novo rei é instalado numa cerimônia que é majestática e inclui elementos místicos.

O rei era ajudado por um conselho de chefes seniores, que tomavam as decisões executivas e tinham o consentimento real do rei para estas decisões tomadas. Havia três graus de chefes: o *ihare*, o *ijoye* e o *elegbe*. O *Ihare* consistia de chefes seniores que trabalhavam diretamente com o rei. Eles eram principalmente chefes hereditários, embora o rei tivesse o poder de outorgar o título de *Ihare* a seus súditos, se ele assim o desejasse. O grau *Ijoye* tinha somente alguns chefes seniores e parecia consistir de quadros principalmente administrativos. O grau *Elegbe* estava rigorosamente associado com as categorias etárias.

O rei e o seu conselho eram soberanos. Eles mantinham a lei e a ordem, resolviam as disputas entre as linhagens, especialmente sobre terra, e observavam se o reino prosperava. Havia alguma oportunidade para as pessoas expressarem as suas opiniões nas reuniões, embora isto não fosse feito muito frequentemente. Os chefes juniores passariam estas visões para os chefes seniores, que, a seu critério, compartilhariam estas com o rei. As decisões tomadas pelo conselho eram realizadas pelos chefes seniores, o *Ijohre* e o *Elegbe*. As obras públicas eram realizadas pelas categorias etárias e defendidas pelos guerreiros recrutados entre as categorias etárias. A receita do governo vinha

---

[37] LLOYD, P.C. "The Yoruba of Nigeria". In: GIBBS JR., J.L. (ed.). *Peoples of Africa*. Op. cit., p. 567-573.

dos impostos e dos tributos fornecidos na forma de trabalho livre, óleo de palma*, pecuária e culturas alimentares para os festivais e outras cerimônias rituais, das multas judiciais e dos honorários, encargos coletados para outorgar títulos e qualquer propriedade confiscada durante as guerras eventuais com grupos vizinhos.

Além da principal cidade, onde o rei, ou ewe residia, havia cidades menores. As suas estruturas eram muito semelhantes àquela da cidade principal. O governador da cidade menor dentro do reino governava sem um conselho e estava, naturalmente, subordinado ao rei. Em muitos casos, ele devia sua posição ao rei, que tinha autoridade de escolher os chefes das cidades. Os chefes seniores do conselho do rei em nome do rei eram responsáveis pelo governo das cidades menores.

O reino iorubá, como um sistema piramidal, consistia de vários níveis. O nível do topo era liderado por um ewe, ajudado por chefes seniores. O segundo nível de governo, encontrado nas cidades menores, era desempenhado por um governador ou um obá, ajudado pelos chefes inferiores, todos eles subordinados ao rei. Havia um terceiro nível, no nível da aldeia, que era dominado pelos chefes de linhagem, apontados também pelos chefes acima deles. Os reinos iorubás, compreensivelmente, eram sistemas dinâmicos caracterizados por alianças, conflitos e rivalidades entre as linhagens e entre os obás e os chefes, na medida em que eles lutavam por poder e influência.

---

* Batizado aqui no Brasil como óleo de dendê.

3

Desenvolvimento político na África histórica

James D. Graham

> *É verdade que a África não tem história, como declarou um professor da Universidade de Oxford num discurso em 1963? Ele disse que talvez no futuro houvesse uma história africana, mas agora há apenas a história dos europeus na África. Contudo, há alguns anos, uma reportagem de capa numa revista semanal norte-americana podia descaradamente declarar: "Somos todos africanos". Enquanto refletimos sobre a afirmação do professor, devíamos também perguntar: "O Egito é um país africano?"*

Introdução

Já que o continente africano inclui uma grande diversidade de culturas, línguas e zonas ecológicas, a sua história reflete esta diversidade. Este capítulo reconhece esta diversidade ao introduzir os leitores numa multiplicidade de líderes, nações e políticas estatais africanos abrangentes e amplamente conhecidos em contextos regionais e cronológicos escolhidos antes de 1990. A seção deste capítulo dedicada à primeira África moderna é invulgarmente breve; por outro lado, detalhes particulares da cultura política são mais completamente delineados para o antigo Egito, a Etiópia, o Mali e Songai* me-

---

* Songhai, Sonrai.

dievais ou os ibos, os ioruás e os axantes* do século XIX do que para outros Estados históricos. Por causa do estilo de escrita sucinto, quando não denso, ordenado pelo desafio de consolidar este assunto maciço num capítulo de quarenta páginas, os leitores deveriam ser aqui avisados para estudar seletivamente (somente algumas páginas, ou civilizações, de cada vez). Eles deviam querer ler mais devagar do que o normal, permitindo à sua imaginação vagar além de expressões e frases particulares, em tempos e lugares distantes da África histórica. De qualquer maneira, a longa e complexa história da África fornece abundantes exemplos das maneiras como povos de diferentes regiões estabeleceram e mantiveram governos de grande extensão ao longo do tempo. Essas estruturas permitiram que os africanos de diferentes famílias e localidades se juntassem, por intermédio de confederações ou conquistas, para construírem estados grandes e complexos em épocas e lugares diferentes antes de 1990. Em meio a todos esses detalhes diversos e particulares, os sistemas políticos africanos desenvolveram e mudaram de diferentes maneiras durante épocas históricas diferentes (mesmo durante as rupturas que acompanharam o tráfico de escravos do Atlântico) – até que o desenvolvimento histórico dos estadistas africanos foi *interrompido* pela infame "Disputa pela África" europeia (*c.* 1880-1900). Durante a primeira metade do século XX, sob as leis e as iniciativas políticas coloniais europeias, os africanos foram forçados a viver e trabalhar em sistemas políticos desconhecidos e severamente restritivos do domínio colonial (cf. cap. 4). Começando na maioria das regiões africanas por volta de 1880, e persistindo em muitas regiões além de 1960, o período colonial interrompeu a vida política dos africanos como nunca antes; eles foram efetivamente retirados da história política internacional, despojados do poder político doméstico e essencialmente excluídos da tomada de decisão colonial.

Apesar do afastamento sistemático dos africanos de qualquer tomada de decisão essencial durante o domínio colonial europeu (*c.* 1960 até agora), a África histórica ocupa uma posição fundamental no nosso mundo. A África ficou conhecida geograficamente como o mais central de todos os continentes, com a maioria da sua massa de terra e população concentrada nos trópicos (imediatamente ao norte e ao sul do equador), com o seu Vale do Rift sendo o aspecto topográfico mais visível da terra (quando vista da lua). O Vale do Rift forneceu mais oportunidades para os arqueólogos modernos escavarem

---

* Ashanti, achante, achanti, axanti, assante, assanti.

mais fundo no primeiro desenvolvimento dos seres humanos do que qualquer outro lugar. Já que a maior parte da pré-história documentada do gênero humano ocorreu no Vale do Rift ou perto dele, muitos estudiosos argumentaram que a África foi o lar original dos nossos primeiros ancestrais. É amplamente reconhecido que o antigo Egito (na parte norte do vale do rio Nilo) desenvolveu a mais antiga civilização de grande extensão no mundo. É também sabido que os impérios africanos medievais proporcionaram grandes exportações de ouro para as civilizações eurasianas medievais. A história da África, tão fundamental para o primeiro desenvolvimento dos seres humanos, das civilizações antigas e do comércio medieval na nossa história do mundo, não obstante, foi ignorada nos estudos eurocêntricos. No final dos anos de 1960, um renomado historiador* britânico sustentou inclusive que a África não tinha história. Nessa época, contudo, novos tipos de técnicas e dados históricos tornaram possível para africanos e africanistas (filiados às novas universidades nas nações africanas independentes) começar seriamente a recuperar o rico passado africano. Historiadores como J.A. Rogers, Cheique Anta Diop e Basil Davidson começaram já a reafirmar a primazia das civilizações africanas no mundo antigo em 1960. Por esta época, os relatos arqueológicos de Louis e Mary Leakey admitiram a hipótese de que os ancestrais pré-históricos de todos os seres humanos evoluíram inicialmente no Vale do Rift; os linguistas que seguem Joseph Greenberg e Malcolm Guthrie desenvolveram técnicas para indicar as antigas conexões históricas entre as diferentes famílias de línguas africanas; e os historiadores depois de Jan Vansina desenvolveram técnicas cada vez mais rigorosas de coletar, descrever e avaliar diferentes tipos de tradições orais dos reinos africanos medievais. O "Sundiata: An Epic of Old Mali", de D.T. Niane, e o "Short History of Benin", de J.A. Egharevba, são exemplos destas tradições que foram transcritas, depois de terem sido repassadas oralmente através de muitas gerações de historiadores da corte treinados, contribuindo imensamente para a nossa compreensão atual de importantes acontecimentos e líderes naquelas partes da África histórica. Analisando cuidadosamente estas tradições orais transcritas, em conjunção com várias fontes e etnografias escritas, os estudiosos da África e os africanistas continuaram a ampliar o nosso conhecimento atual da rica herança histórica da África.

---

* O historiador ao qual o autor se refere é Hugh Trevor-Hoper, que publicou o livro *The Rise of Christian Europe*, em 1965, no qual afirma que a História da África é "nada mais do que giro inúteis de tribos bárbaras em cantos pitorescos, porém irrelevantes, do globo" [tradução livre].

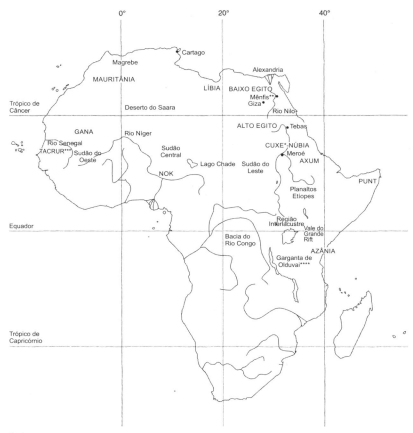

Mapa 3.1
África pré-histórica e antiga
Fonte: Mapa desenhado por James D. Graham.

Nos anos de 1970, a acumulação de evidências históricas, arqueológicas, linguísticas e etnográficas sobre o passado africano deu surgimento a uma nova geração de historiadores afrocêntricos (como exemplificado por Walter Rodney e Joseph Harris), que reagiram contra as velhas perspectivas eurocêntricas, afirmando que os africanos deram origem e desenvolveram muitas das artes e das técnicas das antigas civilizações. Alguns historiadores afrocêntricos contemporâneos (como Molefe Axante e Martin Bernal) foram criticados por exagerarem as contribuições da África para a história mundial (em oposição

---

* Cush, Cuche, Kush, Koush.
** Memphie, Memphis.
*** Takrur, Tekrur, Tekrour.
**** Oldupai.

aos historiadores eurocêntricos, que continuaram a negar ou marginalizar estas contribuições). Em relação a algumas reivindicações afrocêntricas sobre a superioridade das históricas civilizações "negras", em oposição às noções eurocêntricas da superioridade "branca", é sensato notar que tanto "negro" quanto "branco" são categorias artificiais que perpetuam excessivamente o pensamento racista simplista mais do que fazem avançar uma análise histórica mais detalhada. De qualquer maneira, os americanos de hoje fazem bem em imaginar que as nações africanas nem sempre foram comparativamente tão subdesenvolvidas, destituídas e dependentes como são hoje. A história longa e distinta da África proporciona muitos exemplos de consolidação política e cooperação multiétnica bem-sucedidas, e este capítulo focaliza principalmente estes temas.

Já que grande parte da história é particularista ao analisar as qualidades únicas de regiões, povos e períodos de tempo específicos, esta introdução à história da África fornece exemplos ilustrativos de como os líderes e os povos africanos tiveram sucesso em construir efetivos governos de grande extensão em épocas e lugares específicos. Embora estes dados específicos sejam fundamentais para qualquer análise histórica, hipóteses mais amplas sobre as direções e as tendências históricas também informam sobre a escrita de qualquer síntese histórica.

Alguns temas gerais que emergem desta síntese da história política africana são os seguintes:

1) Pessoas de diferentes comunidades e chefaturas se juntaram através de confederação ou conquista, com propósitos de comércio ou defesa, para desenvolver reinos.

2) Aqueles que vivem na jurisdição destas confederações ou reinos achavam que a amplitude e a complexidade (a escala) da sua consciência política aumentaram.

3) Os impérios de grande extensão "surgiram" destes reinos que se expandiram através de lideranças militares ou diplomáticas, mas eles invariavelmente "caíram" (fragmentando-se em suas partes componentes) algum tempo depois.

4) Os impérios de grande extensão geralmente reconheceram a legitimidade e a autonomia dos reis ou dos chefes locais.

5) As tradições políticas destas comunidades locais geralmente permaneceram vitais e elásticas, mesmo durante as graves rupturas, quando

as tradições burocráticas das civilizações imperiais foram abandonadas ou destruídas.

Estas tendências históricas gerais foram ilustradas através de exemplos específicos de desenvolvimento político enfatizados neste capítulo, e é útil manter estes temas em mente enquanto lemos a respeito das várias particularidades da herança histórica da África.

A síntese histórica seguinte está destinada a fornecer algumas informações mínimas sobre a história política das civilizações africanas antes da época colonial. Embora isto não inclua todas estas civilizações e apresente algumas delas com mais detalhes do que outras, este capítulo coloca importantes "fatos básicos" sobre o desenvolvimento político da África (antes de 1990) em contextos históricos adequados. Estes contextos históricos incluem quatro períodos convencionais – história antiga, medieval, do início da era moderna e do século XIX. Nos tempos pré-históricos (antes dos começos dos registros escritos), não havia qualquer civilização conhecida (nas quais povos vivessem em cidades); mas os primeiros caçadores e coletores gradualmente desenvolveram aquelas qualidades físicas, mentais, técnicas, culturais e políticas que depois possibilitaram aos antigos seres humanos construir cidades e criar sistemas grandes e complexos de governo. As raízes mais profundas da história africana, quando não de toda a humanidade, são mais plenamente reveladas pelas escavações arqueológicas empreendidas no pré-histórico Vale do Rift, que é onde esta introdução da África histórica começa.

África pré-histórica

Durante a primeira pré-história da África, os ancestrais do Vale do Rift dos modernos seres humanos gradualmente evoluíram e desenvolveram bandos de caçadores-coletores durante muitas centenas de milênios. No final deste desenvolvimento pré-histórico, durante os tempos neolíticos (os últimos 10.000 anos mais ou menos), alguns desses bandos nômades começaram a se instalar mais permanentemente em aldeias (inicialmente no vale do rio Nilo) e desenvolveram as fundações políticas da antiga civilização. Os arqueólogos em todo o mundo, que previamente tinham descoberto restos de ossadas do homem pré-histórico de Neandertal, Cro-Magnon, Java e Pequim em diferentes sítios na Eurásia, ficaram surpresos com a descoberta do zinjântropos, um hominídeo de dois milhões de anos na Garganta de Olduvai no Vale da Fenda em 1959. Desde então, outras descobertas arqueológicas no Vale do Rift (incluindo uma menina etíope de 3,5 milhões de anos chamada "Lucy" descoberta em 1974) focaram muita atenção internacional na interpretação dos diferentes modos como os primeiros hominídeos fazedores de instrumentos no Vale do Rift podem ter evoluído para os seres humanos.

Extraindo também da pesquisa recente sobre o comportamento dos primatas, os arqueólogos procuraram explicar como estes hominídeos podiam ter se tornado tão diferenciados dos outros primatas, assim como terem se transformado nos ancestrais dos modernos seres humanos. Os resultados iniciais da pesquisa recente em microbiologia indicam que os primeiros ancestrais hominídeos dos modernos seres humanos se afastaram dos ancestrais de outros primatas do Vale do Rift (como os chipanzés, os gorilas e as espécies extintas de australopitecos) há 4 e 8 milhões de anos. A pesquisa contemporânea em primatas vivos no Vale da Grande Fenda, explorados por Jane Goodall, revelou que os chipanzés e os gorilas atualmente vivem lá em pequenos bandos, que juntam e repartem a comida de modo não diferente do modo como os primeiros hominídeos poderiam ter feito.

Tomada como um todo, a pesquisa recente na África pré-histórica sugere bastante evidência para os teóricos evolucionários no sentido de admitir as seguintes hipóteses:

1) Os primeiros hominídeos se tornaram diferenciados dos outros primatas por desenvolverem cérebros maiores e serem bípedes (que andam em dois pés) há cerca de três e meio milhões de anos.

2) A adaptação posterior e os processos de "seleção natural" levaram à evolução do *homo habilis* caçador-coletor que estava desenvolvendo habilidades linguísticas e a confecção de instrumentos há cerca de dois milhões de anos.

3) Os desenvolvimentos contínuos no tamanho do cérebro, a postura ereta, a destreza manual e a tecnologia do machado de mão ajudaram o *homo erectus* caçador-coletor mais avançado a migrar da África para a Eurásia há mais de um milhão de anos e subsequentemente.

4) Cérebros e mãos mais precisamente diferenciados se desenvolveram no *homo sapiens* (como o homem de Neandertal) e alcançaram realização no

moderno *homo sapiens* (incluindo os caçadores-coletores de Cro-Magnon) durante os últimos 200.000 anos.

A teoria evolucionária, em suma, sugere que pequenos bandos de caçadores e coletores podem ter migrado da África para habitar a Eurásia, adaptando-se gradualmente aí a condições ambientais muito diferentes, em todos os tempos pré-históricos.

Durante todos os longos milênios da evolução e desenvolvimento humanos na primitiva África pré-histórica (e em outros lugares), os seres humanos parecem ter vivido em pequenos bandos de caçadores-coletores que procuravam alcançar algum equilíbrio ou harmonia uns com os outros e com a natureza. Esses pequenos bandos (de 15 a 40 pessoas cada um) parecem ter organizado as suas tarefas de trabalho de modo que os homens caçavam animais selvagens e as mulheres colhiam nozes, frutos, raízes e grãos selvagens. Eles provavelmente encontravam muito para comer nos diversos ambientes tropicais da África, que eram fracamente povoados, mas frequentemente proliferando de abundantes variedades de vida e vegetação selvagens. Os bandos de caça e coleta contemporâneos no sul da África (onde alguns ainda existem e continuam a se adaptar ao longo das externas margens da civilização moderna) foram encontrados praticando uma espécie de democracia direta. Decisões controversas eram tomadas por consenso através de grupos de discussão, durante os quais homens e mulheres tinham amplas oportunidades de contribuir e serem ouvidos, com cada bando escolhendo uma pessoa proeminente para representá-los na negociação com os de fora. Embora os caçadores e coletores pré-históricos possam ter organizado as suas vidas políticas muito diferentemente dos bandos de caçadores-coletores contemporâneos estudados pelos antropólogos modernos, é claro que eles, não obstante, foram bem-sucedidos em desenvolver modos viáveis de resolver os seus conflitos e coexistir com os seus ambientes locais. Pinturas de cavernas dos tempos pré-históricos (dos últimos 30.000 anos) sugerem que os ancestrais imediatos dos africanos neolíticos valorizavam estes princípios orientadores, como ajuda mútua, cooperação e respeito pela vida. Desde a época dos primeiros hominídeos, como o *zinjântropos*, através do surgimento gradual do moderno *homo sapiens* (durante os últimos 200.000 anos), pequenos bandos de caçadores-coletores pré-históricos gradualmente desenvolveram ferramentas e técnicas, artes da linguagem e valores comunais que tornaram possível para os seus antigos descendentes domesticar algumas espécies de plantas e animais, estabelecer casas e aldeias mais permanentes e desenvolver comunidades políticas mais amplas.

Por volta de 6200 a.C., alguns bandos de caçadores-coletores pré-históricos da África começaram a se instalar permanentemente ao longo das margens do rio Nilo, cultivando grãos aclimatados e criando animais domesticados. Durante a "revolução" neolítica nos tempos pré-históricos tardios, aldeias semipermanentes desenvolveram organizações políticas mais estruturadas através de laços de parentesco e corresidência. Como estes primeiros agricultores e aldeões inicialmente aumentaram o seu domínio sobre os ricos solos e a vida animal do vale do Nilo, as suas populações e a sua produção de alimentos se multiplicaram. Por volta de 4000 a.C., eles produziam comida o bastante para mandar os seus excedentes como "tributo" para os líderes político-religiosos locais ou regionais. Como as aldeias agrícolas locais no vale do Nilo continuaram a crescer, os sistemas de descendência unilinear se desenvolveram como um meio de definir a linhagem familiar e os direitos de residência de cada pessoa. Na política e na religião (que estavam geralmente conectadas), as "pequenas tradições" das diferentes comunidades do vale do Nilo começaram a se misturar em torno de mitos mais gerais da origem comum ("grandes tradições"), enquanto os laços locais permaneceram básicos. Aldeias diferentes vieram a reconhecer os seus interesses comuns em coordenar a irrigação de seus cultivos ribeirinhos e ampliar as conexões comunitárias que levaram (por cerca de 3500 a.C.) ao desenvolvimento de dois grandes reinos confederados chamados Alto Egito e Baixo Egito. Assim, ocorreram os aumentos graduais na escala do desenvolvimento político do vale do Nilo pré-histórico tardio – de pequenos bandos de caçadores-coletores nômades até as grandes aldeias agrícolas e confederações regionais instaladas – e também tornaram possível a criação do primeiro governo nacional de grande extensão nos reinos unificados do antigo Egito.

África antiga

Os reinos do Egito

Foi nos reinos unificados do Egito que as contribuições da África antiga ao desenvolvimento das primeiras civilizações são mais bem documentadas e mais bem conhecidas. Sem registros escritos indígenas mais extensos, as histórias políticas de outras antigas civilizações africanas (p. ex., Cuxe*-Meroé, Axum**, Cartago, Mauritânia, Jené*** e Nok) permanecem fragmentárias. A grande extensão e a extraordinária longevidade da antiga civilização egípcia, por outro lado, são bem conhecidas e muito admiradas ainda hoje – tanto que muitos africanistas contemporâneos, seguindo a pesquisa publicada pelo Cheique Anta Diop nos anos de 1950, afirmam que o Egito era uma civilização "negra". De fato, ao contrário de muitos retratos hollywoodianos do antigo Egito, não há razão para achar que a antiga população do Egito tivesse sido um dia de pele clara ou "branca". Contudo, muitos historiadores agora discordam da tradução do Cheique Anta Diop da palavra *Kmt* (o nome do Egito antigo) como "a terra dos negros", na medida em que *Kmt* podia também significar "a terra da terra negra" (vale do Nilo) em oposição a *Dsrt* (vermelhidão) das terras desérticas ao redor. Os cientistas modernos admitem a hipótese de que a pigmentação de pele reflete diferentes quantidades de melanina e partículas de queratina na subpele das pessoas (que regula propriamente a absorção dos raios de sol), de acordo com a sua distância relativa da luz direta do sol dos trópicos. Parece razoável admitir, então, que os egípcios do norte (vivendo no clima mediterrâneo temperado) tenham uma coloração de pele um pouco mais clara do que os seus vizinhos do sul (que viviam nos trópicos ou perto deles). A ampla categorização artificial de tons de cor de pele no antigo Egito, como ou "negra" ou "branca" é, portanto, inexata e também enganosa. Os antigos egípcios tinham tons de cor de pele muito diferentes, desde a pele morena muito clara (ou "cor de oliva") do tipo mediterrâneo até o tipo de pele núbio muito escuro. Independentemente do tom da pigmentação de pele, contudo, os antigos egípcios viviam na África, e a sua antiga civilização renovada era africana.

Sob o domínio dos faraós divinos, o Antigo Império egípcio (*c*. 3100-2180 a.C.) desenvolveu a primeira economia política de grande extensão da África, misturando tradições locais e regionais, atividades econômicas, crenças religiosas e poder político numa nação do vale do Nilo. Esta mistura de diferenças locais não alterou radicalmente as várias tradições políticas da vida aldeã local, exceto na medida em que se esperava que os aldeões posteriormente

---

* Kush, Koush, Cush.
** Aksun.
*** Jené, Jenne, Jenne-Jeno.

prestassem tributo e lealdade à autoridade central encarnada nos faraós. Este tributo e lealdade eram geralmente coisas próximas, em parte porque os faraós do Velho Reino do Egito eram geralmente vistos por seu povo como deuses. Estes faraós eram identificados com os deuses Hórus* (na vida) e Osíris** (na morte) e achava-se que estes mantinham a *Maat* (ordem), equilibrando as forças vitais da ordem e do caos na natureza – mais nitidamente representados neles pela vida ordenada no negro e fértil vale do Nilo e pelo caos da existência no vermelho e árido deserto do Saara. Os faraós supostamente governavam os seus reinos unificados em virtude de seu lugar na linhagem real materna, que se dizia ter remontado a sua ancestralidade a uma mãe original, Ísis*** (a divina irmã-esposa de Osíris e mãe de Hórus). A poderosa energia do sol (representado por Hórus), combinado com os vários mitos locais sobre as lutas primitivas (em que Ísis ressuscitou Osíris, que gerou Hórus), contribuiu para espalhar a crença de que um único faraó podia mediar melhor todos os egípcios antigos e o seu deus criador Rá**** (simbolizado pelo sol). Por causa da sua sincera crença religiosa na divindade de seus faraós, os egípcios do Antigo Império prestaram bastante tributo em trabalho e alimento para sustentar a construção de pirâmides maciças e outras obras públicas, assim como manter as grandes e especializadas burocracias estatais. As primeiras obras-primas arquitetônicas do antigo Egito, agora conhecidas como pirâmides de degraus, foram desenhadas por Imhotep***** (c. 2600 a.C.) em honra do faraó Djoser******, a quem ele serviu. Além de suas habilidades consideráveis e criativas como arquiteto, Imhotep é grandemente lembrado por seus estudos antigos em astronomia, medicina, matemática e filosofia; diz-se que um dos seus provérbios mais famosos, passado através dos tempos, foi "Comer, beber e casar, pois amanhã morreremos". A Grande Pirâmide de Gizé (com 146,6m de altura, 236,22m de cada lado na base) foi construída para o faraó Quéops ******* (c. 2500 a.C.). Estima-se agora que os súditos egípcios

---

* Heru-sa-Aset, Her'ur, Hrw, Hor-Hekenu ou Ra-Hoor-Khuit.
** Usiris, Asar, Aser, Ausar, Ausir, Wesir, Usir, Usire ou Ausare.
*** Ast, Aset, Auset, Iset.
**** Ré, Arkmen-Rá, Atum-Ré, Tem, Temu, Tum e Atem.
***** Immutef, Im-hotep.
****** Zoser, Zhoser, Djozer ou Geser.
******* Khufu, Khnum-Khufu.

cortaram, arrastaram e cuidadosamente encaixaram mais de dois milhões e meio de blocos de 5.000 libras, vindos de rochas calcárias, por mais de vinte anos, para levantar este monumento maciço, poderoso e duradouro. Estes imponentes monumentos atestam um sistema político e religioso mais complexo e generalizado que jamais existira antes, um sistema tão bem-sucedido que ainda hoje excita a nossa imaginação.

A autoridade central no Antigo Império do Egito gradualmente se fragmentou, e "caiu" durante o que agora é chamado de Primeiro Período Intermediário (c. 2180-1080 a.C.), quando os centros políticos regionais (ou nomos) retomaram a sua autonomia com as famílias dominantes locais. Quando a autoridade estatal centralizada foi novamente restabelecida no vale do Nilo durante o "surgimento" do Médio Império (c. 2080-1640 a.C.), os faraós vivos não eram mais considerados por seu povo como sendo divinos, ainda que os egípcios comuns continuassem a prestar tributo e lealdade a eles. No Médio Império do Egito, o comércio e a construção renasceram, a primeira literatura secular começou a circular nas cidades do vale do Nilo, e alguns faraós lançaram expedições militares contra nações estrangeiras (como Cuxe, no sul). Depois de cerca de 400 anos de desenvolvimento e conservação de um efetivo governo de grande extensão sobre um vale do Nilo reunificado, o Médio Império do Egito foi conquistado pelos invasores hicsos* (usando carros puxados a cavalo). Depois disso, a autoridade central novamente se fragmentou, e a autonomia local novamente surgiu no que veio a ser conhecido como o Segundo Período Intermediário (c. 1640-1570 a.C.).

Depois do Segundo Período Intermediário do Egito, os líderes regionais do Alto Egito reimpuseram a autoridade central em todo o vale do Nilo, estabelecendo o Novo Império do Egito (c. 1570-1090 a.C.). Uma sucessão de faraós guerreiros reunificou a antiga nação egípcia, eles invadiram e conquistaram outras antigas civilizações em Cuxe, na Líbia, na Palestina e em outros lugares e estabeleceram o primeiro império multinacional da África antiga. Os exércitos imperiais do Egito exigiram produtos e trabalho dos povos conquistados. Artesãos e trabalhadores especializados eram recrutados de diferentes nações para trabalhar para os seus conquistadores, dando o seu trabalho como tributo aos faraós do Egito. Os melhores trabalhadores no império do Egito

---

* Hyksos, hyksôs, hiksos.

eram levados como escravos para a sua capital em Tebas para ajudar a construir e decorar templos religiosos, como o de Carnac* e o de Luxor, assim como as passagens e câmaras de tumbas no seu Vale dos Reis, ou para servirem como soldados.

Embora o Novo Império do Egito se expandisse no sentido de se tornar um império sob liderança militar, os seus mais amplamente conhecidos faraós são agora aqueles que buscaram desenvolver o comércio, as comunicações, a construção e as artes. Um faraó notado foi a rainha Hatshepsut**, que se achava ser uma descendente de Ísis, que governou como corregente durante os reinados de três faraós imperiais (c. 1500 a.C.) e que é agora lembrada como a mais famosa governante feminina da antiga África. Governando como faraó (isto é, como um homem) por cerca de vinte anos, ela é particularmente conhecida por expandir o comércio marítimo no sul do Egito até a terra de Punt (a Somália de hoje) e também pela arquitetura única do seu templo-terraço mortuário esculpido na rocha. Outro famoso governante no Novo Império, que ainda merece muita admiração em todo o mundo, recebeu o nome de Aquenaton*** quando se tornou faraó (c. 1375 a.C.). Proclamando a ideia revolucionária de que havia somente um Deus, Aquenaton mobilizou o trabalho tributário do Egito para construir uma nova cidade exemplar digna deste Deus e escreveu belos poemas para louvá-lo. Aquenaton é também conhecido por promover padrões "clássicos" de obras de arte, como aquela tipificada pela famosa cabeça esculpida de sua esposa Nefertiti. Mas as suas ideias visionárias não foram compartilhadas pela maioria dos líderes político-religiosos, e as suas reformas foram logo desfeitas. Na época em que Tutancamon**** se tornou faraó (c. 1345 a.C.), as doutrinas monoteístas de Aquenaton e a nova capital foram abandonadas. Tutankamon (conhecido de nós como o "Rei Tut") governou somente por pouco tempo, mas ele permanece bem conhecido hoje por causa dos tesouros singularmente abundantes recuperados de sua tumba no Vale dos Reis. A construção, o comércio e a comunicação no Novo Império do Egito alcançaram materialização sob o faraó Ramsés II***** (c. 1290-1220

---

* Karnak, Carnaque.
** Hatchepsout, Hatchepsut.
*** Akenaton, Aquenáton, Akhenaton, Ikhnaton, Khuenaten.
**** Tutancâmon, Tutancámon, Tutankhamon, Tutankamon.
***** Ramesses.

a.C.), que dedicou a maior parte dos seus 67 anos de reinado para manter a paz, expandir o comércio internacional e empreender grandes projetos de construção (incluindo grandes estátuas e templos) em todo o vale do Nilo. Os faraós que o sucederam continuaram a governar o Novo Império Egito até a época de Ramsés XII (c. 1100 a.C.), embora eles gradualmente perdessem a autoridade política sobre os povos afastados do seu império. Depois de 1100 a.C., inclusive o Novo Império começou a se fragmentar. Vários líderes locais e regionais do vale do Nilo não mais prestaram tributo e professaram lealdade aos faraós do Egito; e a autoridade central em Tebas novamente abriu caminho para a autonomia local em várias cidades e regiões ao longo do Nilo.

Os antigos egípcios foram o primeiro povo na história registrada a desenvolver um reino nacional e um império multinacional de grande extensão. Na medida em que a antiga história do Egito está documentada relativamente bem, ela permanece única entre as antigas civilizações africanas, como sendo indicativa do primeiro desenvolvimento de governos de grande extensão. Ao estudar o antigo Egito é possível imaginar como as linhagens agrícolas ao longo do Nilo podiam ter se juntado em aldeias, depois em confederações regionais do Alto e do Baixo Egito, antes de se unificarem sob a autoridade central dos faraós divinos no Antigo Império (c. 3100-2180 a.C.). É também possível compreender como a forte autoridade central do faraó eventualmente se fragmentou em autonomia local, para ressurgir depois e posteriormente se fragmentar novamente durante os dois períodos intermediários, o que veio a ser visto como pontuando o surgimento e a queda do Médio Império do Egito (c. 2080-1640 a.C.). O Novo Reino do Egito (c. 1570-1090 a.C.) surgiu novamente, agora para se tornar um império multinacional através da conquista de nações estrangeiras; porém, ele também eventualmente caiu, quando nem os povos conquistados nem aqueles do Vale do Nilo do Egito continuaram a prestar tributo e lealdade às autoridades centrais em Tebas. No caso do Egito antigo, tal como em casos posteriores em que as autoridades centrais nos reinos e impérios tentaram dominar aldeias ou regiões autônomas locais, o "surgimento e queda" de governos de grande extensão refletem períodos alternados de unificação (consolidação) e desunião (fragmentação). Não somente porque o Egito merece tratamento especial em qualquer história dos tempos antigos, mas também porque o seu desenvolvimento histórico é ilustrativo de processos históricos amplos observados em todo este capítulo, a primeira história política do Egito foi particularmente enfatizada nesta seção.

Muitas das tradições políticas da primeira civilização egípcia, alimentada pelas duradouras tradições locais do vale do Nilo, continuaram a se desenvolver até a conquista romana, por volta da época de Cristo. A sucessão de conquistadores estrangeiros que vieram a dominar o Egito, durante o milênio entre a queda do Novo Império (c. 1090 a.C.) e os começos do domínio imperial romano (c. 30 a.C.), inclui alguns dos mais famosos nomes da história antiga. Os líbios liderados por Shoshenk* foram os primeiros forasteiros a conquistar e dominar em Tebas (c. 950 a.C.); Pianqui** mais tarde levou os cuxitas a conquistar todo o vale do Nilo (c. 750 a.C.), com novas armas de ponta de ferro – dirigindo os cuxitas para o sul. Os dominadores assírios do Egito foram posteriormente derrotados e absorvidos pelo antigo Império Babilônico de Nabucodonosor***; depois, os poderosos exércitos persas de Ciro derrotaram em seguida os babilônios e continuaram a dominar o vale do Nilo por quase dois séculos (c. 525-332 a.C.). Por volta de 330 a.C., Alexandre, o Grande, da Grécia obteve o controle do Baixo Egito, estabelecendo a cidade de Alexandria como o principal centro político e comercial do seu vasto império. Depois de sua morte, os dominadores gregos chamados Ptolomeus (I-XII) continuaram a dominar Alexandria por três séculos, até a conquista romana. Embora os Ptolomeus usassem a sua autoridade política para extrair tributo (em produtos e trabalho especializado) dos egípcios, eles geralmente continuaram a promover o desenvolvimento do comércio internacional, a cultura e as comunicações em Alexandria, que cresceu e se tornou a maior e a mais dinâmica de todas as cidades na área do antigo Mediterrâneo.

Alexandria continuou a prosperar depois que César Augusto (Otávio) estabeleceu nela a autoridade imperial romana (c. 30 a.C.). A rainha Cleópatra VII, que procurou manter alguns vestígios da autonomia política egípcia através de negociação com os primeiros dominadores romanos (Júlio César e Marco Antônio), cometeu suicídio, para não enfrentar a humilhação pública que Otávio tinha preparado para ela em Roma. Depois disso, a lei imperial e a religião romanas foram impostas aos egípcios, até o século IV, quando o Imperador Constantino declarou tolerância oficial para todas as religiões (c. 313), convocou o primeiro Conselho Cristão ecumênico (para tentar estabelecer a

---

* Shochenk, Sheshonk, Shoshenq, Sheshonq.
** Piankhy, Piye, Pié, Piankh, Piankhi, Paankhi, Paanchi.
*** Nebucadrezar ou nebucadneza.

doutrina oficial da Igreja) em Niceia (325), e posteriormente deslocou a capital imperial de Roma para a cidade de Bizâncio (lugar da moderna Istambul) que ele renomeou e reconstruiu como Constantinopla (330). O cristianismo ortodoxo se tornou a religião imperial oficial sob o reinado do Imperador Teodósio I (379-395). Ele e os governantes posteriores do Império Romano Oriental (depois Bizantino) perseguiram os cristãos "hereges" em todo o Egito; os cristãos ortodoxos destruíram ou desfiguraram os antigos templos e queimaram manuscritos antigos valiosos associados ao passado "pagão" do Egito.

Outras civilizações africanas antigas

Enquanto o Egito ocupou o papel mais bem documentado no antigo desenvolvimento político, outras civilizações africanas também estabeleceram os seus próprios sistemas de governo durante os tempos antigos. Os edifícios de pedra, as inscrições cifradas e, depois de 6000 a.C., as extensas obras em ferro no antigo Cuxe-Meroé (c. 2000 a.C.-350) fornecem vislumbres do surgimento e da queda de governos de grande extensão do sul do Egito, mas aí as antigas tradições de governo foram grandemente abandonadas depois da queda de Meroé (c. 350). Esculturas sofisticadas de terracota do antigo Nok e Jené (c. 500 a.C.-200) sugerem que civilizações refinadas também existiram há muito tempo próximas do Rio Níger. As rotas de comércio antigas através do Saara ligavam as primeiras civilizações do Rio Níger à Mauritânia e ao império comercial lucrativo de Cartago no nordeste da África (c. 600-150 a.C.) e excitaram a inveja dos primeiros dominadores romanos. Em meio a um século de guerras marítimas comerciais travadas entre Cartago e a antiga Roma, Aníbal fez a sua famosa longa marcha através das cadeias de montanhas europeias para empreender uma guerra extensa nas próprias cercanias de Roma (c. 218-202 a.C.). No final dessas Guerras Púnicas, os navios e os soldados romanos atacaram, pilharam, queimaram e destruíram completamente a antiga cidade de Cartago, impondo o que veio a ser conhecido como uma intransigente "Paz Cartaginesa" pelos habitantes. Mesmo depois de devastar a cidade de Cartago, o domínio imperial romano não destruiu o desenvolvimento contínuo de várias tradições locais; outras cidades antigas emergiram com uma produção agrícola aumentada. Estas novas cidades comercializavam ao sul com ouro nos reinos sudaneses do Gana* e Tacrur. Ao longo das costas do mar Vermelho da

---

* Alguns autores grafam o reino medieval como Ghana, para diferenciar do atual país Gana. Optamos por manter a grafia em português, Gana, Já que o texto deixa claro a referência ao reino e não ao atual país.

África, por outro lado, antigas referências escritas ao comércio internacional remontam à rainha de Punt (c. 1500 a.C.) e a Makeda, a rainha de Sabá da fábula (c. 950 a.C.). O antigo reino etíope de Axum (c. 200 a.C.-700) participou ativamente no comércio do mar Vermelho por muitos séculos, enquanto os Ptolomeus gregos e os imperadores romanos dominavam no Egito. Depois, o rei Ezana de Axum (c. 350) estabeleceu ligações diretas com a Igreja Alexandrina, proclamando o cristianismo cóptico como sendo a religião imperial oficial de Axum. Ainda que ele e seus sucessores não conseguissem converter todos os etíopes (incluindo os falashas, judeus) ao cristianismo, o rei Azana estabeleceu as antigas fundações para o desenvolvimento de laços religiosos e políticos contínuos entre o patriarca cóptico de Alexandria e os bispos, monges e reis de Axum. O cristianismo da antiga Aksum sobreviveu como uma religião estatal oficial por 1.600 anos (c. 350-1975) na Etiópia. As antigas tradições associadas às ideologias de governo em Nok, Jené e Mauritânia, contudo, não foram ainda claramente documentadas – nem têm relações com os outros reinos antigos da África Ocidental que depois evoluíram em Gana e Tacrur (c. 400). As tradições imperiais nas políticas e nas ideologias egípcias e cartaginesas foram essencialmente destruídas ou enfraquecidas durante o domínio romano e bizantino (c. 30 a.C.-640) e a posterior expansão do Islã (c. 640-710). Os princípios de governo antigos em Cuxe-Meroé foram também destruídos pelas ideologias cristãs (começando no século VI) e depois pelas conquistas islâmicas. Contudo, várias tradições locais que alimentaram estas antigas civilizações continuaram a se desenvolver, sustentando comunidades regionais vitais através das quais os africanos medievais puderam depois consolidar novos reinos e impérios.

África medieval

Tal como ocorreu com as civilizações dos tempos antigos, as tendências históricas para a consolidação política e a fragmentação política continuaram a marcar o "surgimento e a queda" de reinos e impérios na África medieval. Os líderes africanos medievais continuaram tentando equilibrar as tradições da autonomia local e regional em curso com o desenvolvimento de necessidades para confederar ou consolidar reinos e impérios de grande extensão – frequentemente com propósitos de comércio ou defesa. Nos séculos que se seguiram a 622, o primeiro ano do calendário muçulmano, a época histórica do Islã (c. 640-1600) se enraizou e se tornou um importante catalisador do desenvolvimento político nas civilizações africanas medievais. Expandindo-se rapidamente da antiga cidade mercantil de Meca, os muçulmanos inspirados pelo Profeta Maomé (um homem, não um deus) conquistaram ou converteram a maior parte do Egito e do Magrebe nos inícios dos anos de 700 – estabelecendo princípios religiosos de governo que decididamente substituíram a maioria dos remanescentes das ideologias antigas e cristãs em toda a África do Norte. Os muçulmanos, aqueles que praticam as doutrinas do Islã, acreditavam que um Deus (Alá) os exortava a viver vidas morais de acordo com os ensinamentos do sagrado Corão (as suas escrituras grafadas). Os muçulmanos foram também convocados a fazer o *hajj* (uma sagrada peregrinação a Meca), se possível, e empreender a *jihad* (a guerra santa contra os incrédulos ou os governantes corruptos dos muçulmanos), quando necessário. As mais famosas civilizações medievais da África (incluindo os impérios do Mali, do Songai* e do Marrocos) subiram para os estágios mais elevados da sua influência internacional, tendo o Islã medieval como sua religião imperial. Por outro lado, muitos reinos e impérios medievais africanos desenvolveram ideologias políticas indígenas baseadas em costumes e crenças regionais, embora o cristianismo permanecesse a religião estatal oficial do reino abissínio da Etiópia medieval.

Por volta de 1150 na Etiópia, uns quatro séculos depois da fragmentação da antiga Axum, o primeiro de uma nova linha de imperadores (conhecida como dinastia Zaguê**) começou a reunificar vários reis locais e monastérios cristãos sob um único governante, o "Rei dos reis". Em 1270, o Império Zaguê foi assumido por uma nova dinastia de governantes cristãos abissínios, que reivindicaram autoridade real em virtude de serem descendentes diretos do antigo rei Salomão e da rainha de Sabá (Makeda) de Israel – eles reivindicaram vir da linhagem de Davi, tal como Cristo. Os novos reis salomônicos foram confirmados no cargo pelos monges cristãos, alguns dos quais também compilaram um documento genealógico extenso chamado *Kebra Nagast* (Glória dos Reis) que serviu como uma constituição escrita e também como uma crônica histórica da dinastia salomônica da Abissínia. Os reis e bispos salomônicos medievais da Abissínia mantiveram os seus antigos laços religiosos com os cristãos cópticos de Alexandria e coexistiram pacificamente com os governos islâmicos vizinhos no Egito e no sultanato Funje***. Começando com

---

* Songhai, Sonrai.
** Zagwe.
*** Funj, Fonge, Founge, Fougn, Fung (ou sultanato de Senar ou Sennar).

Ámeda-Sion* (1314-1334), contudo, os reis cristãos da Abissínia medieval travaram uma guerra contra os seus vizinhos muçulmanos ao longo do litoral do Mar Vermelho pelo controle do acesso comercial. O rei Zara-Jacó** (*c.* 1434-1464) conquistou algumas das planícies costeiras e estendeu o domínio abissínio sobre grande parte dos planaltos etíopes, estabelecendo um império cristão militante no qual os informantes, a polícia secreta e os grandes inquisidores podiam identificar, prender e executar os não cristãos. Durante os últimos anos de uma prolongada regência da Imperatriz Helena da Abissínia (1487-1522), um líder dinâmico do litoral chamado Ahmad ibn Ibrahim al-Ghazi*** adquiriu mosquetes dos muçulmanos turcos otomanos e declarou uma guerra santa contra a Abissínia cristã. Por cerca de vinte anos, os muçulmanos da costa de Ahmad ibn Ibrahim al-Ghazi lutaram contra os cristãos do interior e conquistaram muitos planaltos da Abissínia. Em 1542, contudo, os mosquetes dos novos aliados portugueses da Abissínia (que tinham iniciado relações diplomáticas em 1520) mataram Ahamad e ajudaram os abissínios cristãos a recuperar muitos dos seus reinos interiores. Então, a Abissínia cristã se reunificou com os imperadores salomônicos, que alcançaram sucesso ao reafirmar os laços de tributo e lealdade com os reis locais nos planaltos. Por volta de 1608, as diferenças doutrinárias entre os missionários cristãos romanos de Portugal e os bispos cristãos da Abissínia se tornaram tão divisionistas, que os portugueses foram avisados para deixar a Etiópia. Os imperadores salomônicos continuaram a exercer alguma autoridade política sobre vários pequenos reinos nos Planaltos Etíopes por quase um século depois disso, até que os reis regionais se tornaram virtualmente autônomos por volta de 1700.

Os laços internacionais emergentes entre os muçulmanos do norte da África, entretanto, promoveram ativamente a expansão de novas civilizações islâmicas no Egito medieval e no Magrebe. Em 969, os muçulmanos do Magrebe conquistaram o Egito e estabeleceram a dinastia Fatímida**** no Cairo (*c.* 970-1170), onde eles fundaram Al-Azhar, a primeira universidade moderna do mundo ocidental. Contudo, quando o domínio fatímida no Egito foi ameaçado pelos cruzados católicos romanos europeus (*c.* 1170), foram os

---

* Amda-Syon, Amda Syon, Amd Cêon.
** Zara Yacob, Zara-Jacob, Zara-Yaigob.
*** Ahmed Gran, Aḥmad, o Canhoto, Sahib al-Fath.
**** Fatimita, Fatimida.

soldados profissionais do Egito ou *mamelucos*, que se reuniram atrás do seu líder Saladino, derrotando os cruzados e estabelecendo uma nova dinastia mameluca no Cairo (1171-1517). Entretanto, os almorávidas*, da Mauritânia estabeleceram um novo Império Islâmico no Magrebe (*c.* 1090-1150). Os seus sucessores, conhecidos como almóadas (*c.* 1150-1250), unificaram todo o Magrebe e o sul da Ibéria num império islâmico que produziu uma das mais avançadas arquitetura e pensamento científico no início da época medieval. Como o Império Almóada se fragmentou em diferentes regiões autônomas durante os anos de 1200, cidades como Trípoli, Túnis, Argel, Tanger, Marraquexe e Sevilha se desenvolveram como centros urbanos regionais, com governos autônomos nas áreas centrais da moderna Líbia, Tunísia, Argélia, Marrocos e Granada. Em 1517, os muçulmanos turcos usando mosquetes derrotaram os governantes militares mamelucos do Egito e incorporaram todo o Vale do Nilo (ao sul até o sultanato funje da Núbia) como uma província do novo Império Otomano. A Líbia, a Tunísia e a Argélia foram depois incorporadas ao Império Otomano como províncias, onde (como no Egito) os vice-reis otomanos (*pashas*) oficialmente governavam e os líderes indígenas (*beys*) conservaram muita influência política informal. Os exércitos imperiais otomanos nunca conquistaram Granada (que foi absorvida pela Espanha cristã em 1492), ou o Marrocos, onde o proeminente clã Said estabeleceu uma confederação militar em todo país no início dos anos de 1500. O exército nacional do Marrocos repeliu a principal invasão portuguesa em 1578, depois do que o seu comandante e rei Ahmad al-Mansur (1578-1603) mandou os seus mosqueteiros mais bem treinados para o sul para obter o controle sobre o comércio lucrativo no Sudão Ocidental – que era então dominado pelo império medieval de Songai.

O comércio medieval transaariano de ouro, que tinha surgido em tempos antigos ao longo das franjas do sul da Mauritânia, cresceu essencialmente, enquanto as civilizações mediterrâneas medievais na Ibéria e na Itália, assim como no Magreb e no Egito, utilizaram cada vez mais as exportações de ouro da África Ocidental para subscrever a sua expansão comercial. Depois de alcançar o Magreb e as civilizações mediterrâneas, no entanto, a produção e o comércio de ouro foram inicialmente organizados no Sudão Ocidental. Esta era uma vasta zona de savana que se estende através de toda a África, aproxi-

---

* Al-murabitun.

madamente entre 10º e 20º de latitude norte – do rio Senegal ao lago Chade e para leste através do moderno Estado-nação do Sudão. A primeira referência escrita a uma civilização ocidental sudanesa, naquela que foi chamada "a terra do ouro", desde os anos de 700, mencionava o reino do Gana, de fala mandê (soninquê*), em torno das cidades gêmeas de Cumbi** (a capital política) e Salé*** (o centro comercial), em que havia então terras agrícolas e de pastoreio nas savanas entre os rios Níger e Senegal. As posteriores fontes escritas retratavam os primeiros reis medievais do Gana, que viviam com grande pompa e esplendor, controlavam um grande exército e tiravam muito tributo e lucro do comércio de ouro transaariano. Por volta de 1050, quando outros reinos sudaneses ocidentais se desenvolveram em Tacrur**** (no Rio Senegal), em Songai (na curva norte do rio Senegal) e em Kanem (no litoral norte do lago Chade), o reino do Gana se expandiu e se tornou o maior império sudanês medieval. Em Takrur, os purificadores islâmicos chamados almorávidas se juntaram para se rebelar contra o domínio imperial do Gana, derrotaram os exércitos do Gana numa jihad e fragmentaram o seu império (1076); depois eles se deslocaram para o norte para conquistar e dominar um famoso império medieval no Magrebe e no sul da Espanha. Mais tarde, os reis soninquês do Gana não puderam reconstituir o seu império caído, embora eles e outras famílias dominantes de fala mandê continuassem a exercer autoridade política nos seus reinos regionais. Durante o século e meio seguinte, a autonomia local predominou entre as diferentes comunidades e reinos no Sudão Ocidental.

Como a procura internacional de ouro aumentou paralelamente aos conflitos regionais durante o início dos anos de 1200, o reino do Mali, de fala mandê (malinquê) emergiu ao longo do alto rio Níger como sendo o centro de uma nova confederação imperial, que eventualmente cresceu mais de duas vezes de tamanho no primeiro império do Gana. Começando como uma confederação regional baseada em alianças iniciais entre os reis malinquês (mansas), o Mali posteriormente passou a ser o império mais famoso no Sudão Ocidental medieval (c. 1230-1430). O herói fundador do império medieval do Mali foi Sundiata (1235-1255) que, de acordo com as tradições orais transcritas por

---

* Saracolê, soninke, sarakolle, sarawele, sarakule, maraxa, mar(a)ka.
** Kumbi.
*** Salhe, Saleh.
**** Takrur, Tekrur, Tekrour.

D.T. Niane, nasceu sem poder usar as suas pernas; contudo, ele milagrosamente começou a andar com sete anos de idade. Dizia-se que ele cresceu e se tornou um príncipe saudável e poderoso do nobre clã Queita*, que ele desenvolveu uma forte confederação dos mansas malinquês, levou estes guerreiros da confederação à vitória sobre um rei sosso** supostamente mau chamado Sumanguru (1235), e expandiu a Confederação Mali num império através de conquistas posteriores. Cerca de trinta anos depois da morte de Sundiata, um ilustre comandante de exército chamado Sacura*** (de descendência não nobre) assumiu o controle do governo imperial de Mali e conquistou inclusive mais território no Sudão Ocidental, antes de renunciar à autoridade novamente em prol dos descendentes de Sundiata. Dizia-se que um deles, Abu Bacre II****, tinha lançado as primeiras viagens transatlânticas do Mali no início dos anos de 1300, quase dois séculos antes de Cristóvão Colombo viajar nas mesmas correntes do Atlântico. O mais famoso dos descendentes de todos os Sundiata, contudo, foi Mansa Musa (1312-1337), que tentou consolidar a autoridade imperial do Mali incentivando o crescimento do Islã como religião imperial (ainda que ele tivesse o cuidado de não interferir nas práticas religiosas locais nos reinos e nas comunidades subordinados do Mali). Durante a sua famosa hajj a Meca (1324-1325), Mansa Musa foi reconhecido como o califa islâmico da África Ocidental, e impressionou os mercadores internacionais no Cairo ao distribuir ouro tão livremente enquanto reduzia o seu valor de mercado. Mansa Musa providenciou para ter estudiosos islâmicos sudaneses treinados no Magrebe, e ele recrutou outros homens letrados do Cairo para que eles pudessem ensinar os estudantes muçulmanos nos centros de saber da África Ocidental (teologia e direito), como aqueles em Jené ou Tombuctu medievais. Sob o governo de Mansa Musa e de seu irmão Mansa Suleyman ***** (1341-1360), muitas destas cidades mercantis floresceram no Sudão Ocidental, e novas fontes de ouro (do país Acã****** ao sul) subscreveram a firme expansão do comércio transaariano do Mali. Ainda que o Islã tivesse fornecido alguma base para desenvolver uma ideologia imperial comum nas cidades do

---

* Keita, Kamara, Kontate.
** Suçu, sosoe, soso, susu, soussou.
*** Sakura, Sabakura.
**** Abu Bakr II, Bakari II, Bogari II, Abubakari II.
***** Souleiman, Soulayman, Suleiman.
****** Akan.

Mali e entre os mercadores, ele não atraiu as lealdades genuínas da maioria das pessoas que viviam em várias comunidades rurais e reinos subordinados em todo o império. Por volta de 1430, quando os mercadores muçulmanos em Tombuctu se recusaram com sucesso a prestar tributo aos governantes do Mali, o império começou a se desintegrar. Os seus exércitos não eram mais poderosos o bastante para cobrar tributo ou fazer cumprir a autoridade imperial nas províncias afastadas; e os reinos locais autônomos novamente afirmaram a sua independência.

O reino autônomo medieval de Songai, fundado em torno da cidade mercantil de Gao (c. 1000), rompeu com o Mali e posteriormente se ergueu e se tornou o terceiro maior império no Sudão Ocidental medieval (c. 1464-1591). O imperador fundador de Songai, Soni Ali* (1464-1492) utilizou grandes canoas de guerra e cavalaria militar para sustentar suas conquistas de exército em toda a curva do Níger, incluindo as ricas cidades-Estado de Tombuctu e Jené. Ele estabeleceu a autoridade imperial ao norte do Saara para controlar as rotas de comércio internacionais e depósitos valiosos de pedras de sal (que era minerada e cortada em grandes blocos para serem trocadas por ouro). Após a sua morte, um dos seus generais de exército, ou *askias*, chamado Mohamed Touré** (um soninquê de nascimento), derrubou o herdeiro legítimo. Posteriormente, Askia Mohamed Toure embarcou para uma hajj a Meca (c. 1496) e retornou para empreender uma jihad contra os não muçulmanos, conquistar novos territórios e dominar o império expandido de Songai como califa da África Ocidental. Sob a autoridade de Askia Muhammad (1493-1528), Songai passou a ser um dos maiores impérios multinacionais do mundo medieval. Alguns dos mais respeitados intelectuais do mundo islâmico ensinavam em Sankore, centro de ensino superior em Tombuctu nessa época. Um emissário papal (chamado Leão Africano***) escreveu que havia "muitos médicos, juízes, padres e outros homens instruídos" que viviam em Tombuctu, onde "vários manuscritos e livros escritos" foram importados do Magrebe e "vendidos por mais dinheiro do que qualquer outra mercadoria", notando que o governo de Songai em Tombuctu tinha "uma corte magnificente e bem mobiliada" e

---

* Sunni Ali, Sunni Ali Ber, Sonni Ali Ber, Ali Colon, Ali Kolon.

** Muhammed Toure, Muhammad Ture, Mohamed Toure, Muhammad Touré.

*** Leão, o Africano; al-Hasan ibn Muhammad al-Wazzan al-Fasi, Hassan al-Wazzan, Giovanni Leone di Medici, Joannes Leo Africanus.

que os habitantes da cidade eram "extremamente ricos". Leão Africano também observou que havia "um grande estoque de homens e mulheres escravos" em Songai (tal como havia no Mali medieval). Diferentes categorias de escravos (originariamente cativos de guerra) cultivavam os campos, erguiam construções de adobe e mesquitas, atuavam como porteiros, ou serviam como soldados e funcionários no governo imperial. Alguns desses últimos surgiram através das burocracias governamental e militar, em virtude de trabalho meritório, e alcançaram altas posições de responsabilidade administrativa – como, realmente, Mohamed Touré, quando ele veio por mérito militar a se tornar general, depois imperador, em Songai. Como imperador de Songai durante a sua "época de ouro", Askia Muhammad (conhecido como Askia o Grande) foi um excelente administrador que estabeleceu supervisão central efetiva sobre os governadores de província próximas e distantes. Ele foi um muçulmano devoto que tolerava uma vasta gama de diversidade religiosa dentro do seu império. Ele também reformou o governo imperial de Songai de tal modo que o mérito (mais do que o nascimento) se tornou o principal critério para a progressão nas burocracias governamentais. Eventualmente, depois que ele ficou cego e foi deposto (1528), o comércio transaariano de Songai declinou. Isto ocorreu em parte devido à crescente concorrência dos mercadores marítimos europeus ao longo da costa atlântica da África Ocidental, que cortou o comércio de ouro transaariano, e em parte devido à crescente concorrência do comércio transaariano dos hauçás e do Bornu no Sudão Central. Depois das graves crises que os imperadores Songai enfrentaram durante os anos de 1580 (incluindo disputas de sucessão, rebeliões e guerra civil), o seu exército imperial foi decisivamente derrotado pela elite de mosqueteiros do Marrocos na Batalha de Tondibi em 1591.

A queda do vasto império de Songai, juntamente com o fracasso subsequente do Marrocos em restabelecer a autoridade imperial no Sudão Ocidental, ilustra a tendência histórica de grande escala, de impérios multinacionais se romperem ou se fragmentarem, em comunidades e reinos separados ao longo do tempo. Assim, os três maiores impérios do Sudão Ocidental medieval (não totalmente diferente dos três impérios sucessivos do antigo Egito) surgiram e caíram, ao passo que as pequenas tradições da vida comunal geralmente continuaram a se desenvolver. Enquanto muitas das grandes tradições do comércio e da cultura imperial no Sudão Ocidental medieval desapareceram na história, as práticas islâmicas continuaram e permaneceram fortes nas cidades sudanesas e entre os mercadores. No final dos anos de 1400, os líderes que viviam perto dos campos de ouro de Acã (nas florestas tropicais do sul do Mali e Songai medievais) começaram a vender mais para os portugueses ao longo da "Costa do Ouro" do que para os mercadores de fala mandê do Sudão Ocidental. Isto criou novos padrões de comércio internacional na África Ocidental durante os anos de 1500. Como o ouro de Acã veio a ser crescentemente exportado através das fortalezas portuguesas e de outros europeus ao longo da Costa do Ouro da África Ocidental, o volume do comércio transaariano de ouro de Songai gradualmente declinou. Mesmo antes da queda do império de Songai, no entanto, os principais centros de comércio transaariano mudaram do Sudão Ocidental para o Sudão Central.

Da curva do rio Níger até o leste do lago Chade, as cidades-Estado hauçás e o Império Canúri* do Canem-Bornu** desenvolveram civilizações islâmicas orientadas para o comércio no Sudão Central da África medieval. Naquilo que é agora o norte da Nigéria, um número de cidades-Estado hauçás – incluindo Gobir*** e Katsina (centros de comércio do norte), Kano (onde fábricas de algodão tingido e produtos de couro "marroquinos" eram manufaturados para a exportação), Zária**** (um centro ao sul de escravos invasores), e outras – se desenvolveram durante a época medieval. Prisioneiros de guerra (escravos) construíram e mantiveram muros extensos em torno destas cidades e fazendas vizinhas, porque as cidades-Estado hauçás medievais tiveram de lutar (contra exércitos imperiais de Songai e Bornu, nômades saarianos ao norte, comunidades não muçulmanas ao sul, e outras cidades-Estado hauçás) para manter a sua competitividade comercial e independência política. Diretamente para o leste da Hauçalândia*****, entretanto, o reino medieval do Canem foi originalmente estabelecido pela dinastia Sefaua****** ao conquistar cavaleiros Canúri (c. 900), no extremo sul da mais curta e mais central de todas as rotas de comércio transaarianas – aquela entre o lago Chade e Trípoli. O imperador

---

* Kanuri, Kanouri.
** Kanem-Bornu, Kanem-Bornou.
*** Gobirwa.
**** Zaria, Zazzau, Zazau.
***** Hausaland.
****** Saifauwa, Saifuwa, Sefuwa, Sayfawa.

fundador do Canem (um contemporâneo de Sundiata do Mali) foi maí* Dunama Dibalemi (c. 1220-1248), que conquistou várias comunidades agrícolas em torno do lago Chade e aí declarou a lei islâmica como sendo a base da autoridade imperial do Canem. Repondo o seu suprimento de cavalos árabes (de Trípoli), capturando não muçulmanos e comercializando com eles ao norte como escravos, Dunama Dibalemi e seus sucessores estabeleceram laços comerciais e religiosos de longo alcance com o mundo islâmico medieval. Depois que as rebeliões locais levaram os governantes do Canem a se deslocarem ao sul para Bornu (c. 1400), os cavaleiros canúris continuaram a empreender uma jihad contra os agricultores não muçulmanos, a menos que estes concordassem em pagar tributo. Por volta da metade dos anos de 1500, depois de estabelecer a sua autoridade no Canem, no Bornu, os sultões Sefaua começaram a importar mosquetes e assessores militares turcos vindos dos novos governantes otomanos em Trípoli, reafirmando a sua autoridade imperial em torno do lago Chade e ao norte no Saara. O mais renomado governante deste império reconstituído do Canem-Bornu, mai Ídris Alooma** (1580-1617), é lembrado como sendo aquele muçulmano devoto e militante que conduziu incursões militares implacáveis contra os não muçulmanos ao sul. Ele também derrotou e recolheu tributo de algumas cidades-Estado hauçás a oeste, conquistou grande parte da região do Fezzan na moderna Líbia, estabeleceu próximas relações diplomáticas com os governantes otomanos em Trípoli e no Cairo, e atraiu o comércio transaariano a partir do império de Songai. Os sultões do Canem-Bornu continuaram a dominar livremente um império confederado e a controlar grande parte do permanente comércio transaariano (de cavalos, armas, sal e escravos) até os anos de 1750, quando os líderes locais do Saara recusaram a pagar tributo e o império começou a se fragmentar.

As civilizações medievais "surgiram e caíram" em toda a floresta tropical e nas florestas de savana no litoral e no interior da África Ocidental durante a época medieval. Nos sertões costeiros perto da foz dos rios Senegal, Volta, Níger e Congo, vários reinos e cidades-Estado se desenvolveram como importantes centros de comércio e civilização medievais – muito antes de os exploradores dos mares portugueses começarem a "descobri-los" (c. 1440-1490). Na

---

* Ou rei de Canem.
** Idris Alooma, Idris Alauma.

ilha de Goréa*, perto da foz do rio Senegal, e na Fortaleza de Elmina** perto da foz do Rio Volta, os primeiros exploradores e comandantes navais portugueses negociaram diretamente com o ouro da África Ocidental, e também com escravos. Perto do baixo rio Níger, a cidade-Estado iorubana de Ifé***, que produzia alguns dos exemplos mais refinados de cabeças de bronze de estilo clássico esculpidos do mundo, era governada por reis que se acreditava serem descendentes diretos de um ancestral mítico divino chamado Odudua (de quem se achava que os outros descendentes tivessem fundado outras cidades-Estado iorubanas, depois de Ifé). Algumas das cidades-Estado fundadas por estes descendentes putativos de Odudua se desenvolveram como reinos medievais, depois como impérios. O reino iorubá de Oió****, por exemplo, desenvolveu uma efetiva cavalaria nas florestas de savana e permitiu que os seus governantes (*alafins*) conquistassem outras cidades-Estado iorubanas no final dos anos de 1500 e estabelecessem algumas das tradições duradouras de governo que sustentaram facilmente o império confederado de Oió (*c*. 1550-1830). Achava-se também que os reis medievais (*obás*) do Benim, próximo do delta do rio Níger, eram descendentes diretos de Odudua, embora a sua língua (edo) seja diferente do iorubá. Os obás do Benim gradualmente consolidaram as comunidades agrícolas e pesqueiras num grande reino tropical (*c*. 1220-1440), depois do que este reino se expandiu e se tornou um famoso império litorâneo (*c*. 1440-1450). O império medieval do Benim foi criado pelo obá Euare***** (*c*. 1440-1480), que era lembrado nas tradições orais como tendo "conquistado 201 cidades e aldeias" na época que os primeiros exploradores marítimos portugueses chegaram (1473). Mais ao sul, ao longo das costas marítimas ocidentais próximas da foz do rio Congo, os primeiros exploradores portugueses também visitaram o reino confederado de Congo, onde, como em Benim, os emissários portugueses imediatamente procuraram estabelecer relações diplomáticas. No Congo******, os assessores portugueses ajudaram

---

* Gorée, Gorea.
** Fortaleza da Mina, Castelo de São Jorge da Mina, Fortaleza de São Jorge da Mina, Castelo da Mina, Feitoria da Mina.
*** Ilê Ifé.
**** Oyo, Ayot, Aillot, Ayaux ou Ailleaux.
***** Ewuare, Oba Ewuare, Owuruare.
****** Alguns autores grafam o reino medieval como Kongo, para diferenciar do atual país Congo (República Democrática do Congo). Optamos por manter a grafia em português, Congo, já que o texto deixa claro a referência ao reino e não ao atual país.

um cristão convertido da linhagem real a se tornar o rei Afonso I* (1506-1543). Ele, em troca, protestou contra os traficantes de escravos portugueses que estavam criando desordem e divisões dentro e em torno do seu reino confederado.

Apesar dos sinceros protestos escritos do rei de Congo Afonso I a seu "rei irmão" em Portugal e da recusa dos obás do Benim de fornecer grande número de escravos, a demanda portuguesa de prisioneiros de guerra do oeste africano aumentou. Nos anos de 1520, os navios portugueses começaram a transportar escravos do oeste africano através do oceano Atlântico – inaugurando a longa e destrutiva época na qual várias potências navais europeias conduziram o infame tráfico atlântico de escravos (c. 1520-1870). Em 1600, muitas cidades costeiras (como Lagos, Bonny** ou Loango) que traficavam diretamente com os navios de escravos europeus, obtendo canhões em troca de prisioneiros de guerra, recusaram-se a pagar tributo às autoridades superiores e afirmaram a sua independência dos reinos de Benim e do Congo. O Reino do Benim permaneceu intacto, mesmo quando grande parte do seu império se dissolveu no final dos anos de 1500. Enquanto o reino do Congo se dissolvia, os seus vizinhos ambundos*** ao sul se consolidaram com reis militares ou *ngolas* (c. 1500) e depois se expandiram através de invasões por prisioneiros de guerra no interior da fortaleza portuguesa e do porto marítimo de Luanda. Estes *ngolas* travaram guerras prolongadas e persistentes de resistência contra as tropas portuguesas baseadas em Luanda a partir dos anos de 1570 em diante e em todo o reino de sua rainha guerreira Jinga**** (1624-1663). Ao longo de toda a costa e do interior da África Ocidental (do moderno Senegal à moderna Angola), estados medievais como Benim e Congo se fragmentaram, enquanto os estados militares entre os iorubás e ambundos se expandiram. Os portos comerciais litorâneos do Atlântico (como Goréa, Elmina, Lagos, Bonny, Loango e Luanda) também cresceram. Desde o começo do tráfico atlântico de escravos nos anos de 1500, portanto, várias comunidades e reinos do Oeste africano responderam e se adaptaram de diferentes maneiras aos desafios colocados pelas novas e crescentes exigências europeias de prisioneiros de guerra.

---

* Antes do batismo: Mvemba e Nzinga, Nzinga Mbemba.
** Ibani.
*** Bundo, ambundu, ambuun, mbundu, bambundu, mbuni.
**** N'Zinga, Nzinga, N'jinga, Njinga, Nginga, n'Ginga, Ginga, Singa, Zhinga e também Ana de Souza (após o batismo).

Durante a época medieval (*c.* 1000-1600), diferentes estados de fala banto nas savanas da África Central viveram além do alcance do comércio costeiro. Eles prosperaram no comércio interno africano em torno das fontes de cobre, ferro e ouro locais, e os líderes de suas linhagens dominantes – geralmente descendentes de um herói fundador – retiravam a sua autoridade política das crenças e das tradições regionais compartilhadas. Perto do cinturão de cobre da África Central, por exemplo, achava-se que as linhagens dominantes dos reinos de Luba e Lunda medievais eram descendentes diretos do heroico Ilunga (um caçador e "mago" lendário).

No reino federado de Lunga (que surgiu e se expandiu durante os anos de 1300), reis poderosos indicavam os governantes provinciais para dominarem os líderes locais. O reino de Lunda (que se desenvolveu durante os anos de 1500), por outro lado, era mais do que uma confederação, em que os líderes locais eram autorizados e também habilitados em políticas estatais. Durante o final dos anos de 1500, os denominados líderes Lunda se moveram a leste, para as fronteiras do território ambundos, para estabelecer um reino militar em Cassanje*, onde eles incorporaram o povo local como cidadãos do seu novo Estado. Em 1600, o próprio reino de Lunda começou a se expandir num império confederado, criando tipos de extensos laços políticos que incentivaram o crescimento posterior do comércio internacional. Bem ao sul do cinturão de cobre da África Central, entretanto, o reino de Xona** do Zimbábue medieval estava produzindo ouro para o comércio internacional desde o ano 1000. Como o comércio marítimo do Oceano Índico crescia ao lado da demanda internacional de ouro, o Zimbábue medieval floresceu (*c.* 1250-1450). As maciças ruínas de pedra do Zimbábue, o extenso trabalho de artesanato e os bens de luxo importados (de lugares tão distantes como a China) forneceram aos arqueólogos e historiadores uma evidência material do esplendor no qual os governantes do Zimbábue viviam. Durante os anos de 1400, contudo, o povo do Zimbábue parou gradualmente de fornecer o tributo em alimento e trabalho que tinha sustentado a existência luxuosa dos seus reis. O reino vizinho de Monomotapa*** (cujos governantes militares eram

---

* Caçanje, Kassanje, Caçanje, Kasanje, Kasange.
** Shona, Chona, Mashona.
*** Mwenemutapa, Muenemutapa, Monomatapa, Motapa, Mutapa, Munhumutapa.

conhecidos como muene* *mutapas*) começou a atacar e conquistar as províncias afastadas do Zimbábue. O Império Monomotapa (*c*. 1480-1680) resistiu aos ataques dos invasores militares portugueses durante os anos de 1570 e continuou a se desenvolver, até que foi conquistado e absorvido pelos novos líderes militares (changamiras**) da primeira dinastia moderna de Rózui*** nos anos de 1680.

Na África Oriental medieval, as denominadas linhagens nobres também consolidaram os povos de fala banta próximos da região dos Grandes Lagos da África (*c*. 1450-1650), enquanto as cidades-Estado suaílis independentes ao longo da costa do oceano Índico emergiram como importantes centros de comércio internacional e cultura islâmica (*c*. 1000-1500). Ao longo do lago Maláui**** (ou lago Niassa*****) e a leste dos impérios de Lunda****** e Monomotapa, várias comunidades de fala banta se consolidaram nos reinos maraves******* com as linhagens nobres dos chamados *kalongas* durante os anos de 1400. Eles cresceram através da participação no comércio de marfim, ouro e cobre e eventualmente se juntaram para estabelecer um império militar (*c*. 1600-1660) no interior da Ilha de Moçambique. Entretanto, os pastores luos do norte derrotaram e substituíram os governantes indígenas de fala banta nos férteis planaltos do norte da Região dos Grandes Lagos (entre os lagos Tanganica e Vitória-Nianza) durante os anos de 1500. Aqui, diversos clãs de pastores começaram a consolidar comunidades agrícolas indígenas em reinos federados, como Bunioro******** e Buganda (governados por uma casta bito*********) ou Ruanda e Burundi (governados por uma casta tutsi**********). Nestes reinos interlacustres, onde a banana e as bananeiras forneciam suprimentos regulares de alimento sem muito esforço, as relações patrão-cliente (nas quais os proprietários de gado arrendariam o seu uso para

---

* Mwene mutapas.
** Changamires.
*** Rozvi, Rozwi, Barozvi, Balosse, Borobzes.
**** Malawis, maravis, malavis, maláuis, marawis.
***** Nyassa, Nyasa.
****** Alunda, aluunda, balunda.
******* Malawi, malavi, malaui, maravi, marawui, marave.
******** Bunyoro, Bunyoro-Kitara.
********* Babito, Jo-Bito.
********** Tútsi, tuti, batutsi, batuti.

aqueles que não tinham gado) cresceram e sustentaram governos centralizados poderosos – longe de quaisquer influências comerciais litorâneas diretas. As fortunas das cidades-Estado suaíli costeiras, por outro lado, estavam sincronizadas com o surgimento e a queda do comércio na costa do Oceano Índico da África Oriental (que tinha sido conhecida dos antigos mercadores como Azânia* e era conhecida na época medieval como a terra dos zanjes**). Desde cerca de 1000 até 1200, os muçulmanos de suaílis da dinastia dos xirazes*** do Clã Shirazi, que estabeleceram inicialmente uma base oriental africana em Mogadíscio**** (a moderna Somália), expandiram-se ao sul para construir postos avançados comerciais ao longo da costa – incluindo Mombaça, Zanzibar, Quíloa*****, Moçambique e Sofala. Por causa da sua posição como o porto marítimo mais meridional para a qual navios árabes, persas e indianos podiam navegar (por causa dos padrões de vento prevalecentes), Quíloa surgiu como a mais rica e a mais poderosa das cidades-Estado suaílis medievais (c. 1200-1500). Enquanto Quíloa estava no centro do comércio de exportação da África Oriental de ouro e marfim, os sultões xirazes e os mercadores muçulmanos construíram lá esplêndidas residências de rochas de coral. Nesta época, as classes médias se especializaram em várias manufaturas, no comércio e na função governamental, enquanto que os agricultores não muçulmanos circundantes foram às vezes colocados para trabalhar como escravos em grandes estados agrícolas próximos das cidades. Contudo, depois da viagem marítima europeia pioneira de Vasco da Gama no Oceano Índico (1498), frotas de navios de guerra armados portugueses vieram a bombardear e saquear as cidades-Estado suaílis medievais (c. 1503-1528). Mais tarde eles retornaram para construir a grande fortaleza de pedra que estabeleceu a sua presença militar ao longo da costa oriental da África em Moçambique e Mombaça******. Em 1600, as fortalezas e as frotas portuguesas tinham interrompido essencialmente o comércio marítimo medieval ao longo do litoral da África Oriental, assim como armaram navios e fortalezas (em Goréa, Elmina e Luanda) que desfizeram os primeiros padrões de consolidação política e crescimento comercial ao

---

* Azania.
** Zenj, zanj.
*** Chirazes, shirazi.
**** Mogadixo.
***** Kilwa.
****** Mombasa, Mombassa, Mombasse.

longo da costa da África Ocidental – colocando novos desafios às comunidades e reinos africanos nos sertões e no interior.

Primeira modernidade da África

Em conjunção com a conquista turco-otomana da África do Mediterrâneo e do litoral do mar Vermelho, a expansão portuguesa do século XVI, ao longo das costas do Oceano Atlântico e Índico da África, introduziu novas armas e novas exigências de prisioneiros de guerra em todo o continente. Diversas comunidades e reinos se adaptaram diferentemente a estes novos suprimentos de armas e exigências de prisioneiros de guerra, visto que navios armados espanhóis, holandeses, britânicos, franceses, alemães, escandinavos e árabes se juntaram aos portugueses para exigir um número cada vez maior de jovens africanos para o crescente tráfico de escravos internacional durante o período da "primeira modernidade" da África (c. 1600-1800). Durante este período, o ouro, o açúcar, o tabaco e o algodão produzidos pelos escravos africanos nas Américas contribuíram para criar mais capital disponível para a "revolução comercial" da Europa no setor bancário, nas organizações de ações corporativas, em seguro e casas de investimento. Tudo isso, em compensação, ajudou a assegurar a expansão europeia no comércio exterior, na colonização e nas suas revoluções científica e também "industrial". Na medida em que o trabalho produtivo de mais de 12 milhões de prisioneiros de guerra da África Ocidental e outros vários milhões vindos de outras partes da África foi perdido para o desenvolvimento continental durante o tráfico de escravos internacional (c. 1440-1870), o historiador Walter Rodney afirmou que os processos históricos do desenvolvimento no início da modernidade da Europa foram complementares aos processos históricos concorrentes de subdesenvolvimento na primeira modernidade da África. Assim, o começo do subdesenvolvimento na primeira modernidade da África pode ser visto, historicamente, como parte do mesmo processo do começo do desenvolvimento no início da modernidade da Europa – como sendo "os dois lados da mesma moeda".

A escalada do tráfico internacional de escravos na primeira modernidade da África rompeu os padrões anteriores de crescimento político e econômico, apesar de muitas das tradições históricas da política e da ideologia da África medieval continuarem a orientar as várias adaptações e iniciativas empreendidas por diferentes governos indígenas. Embora Quíloa e outras cidades-Estado suaílis da África Oriental medieval tivessem sido devastadas pelos invasores portugueses do século XVI, a marinha árabe dos omanis se aliou com os líderes suaílis locais para expulsar os portugueses do norte de Moçambique da África Oriental no começo dos anos de 1700. Depois de 1750, os navios mercantis franceses abriram novas demandas em larga escala de prisioneiros de guerra da África Oriental para trabalharem como escravos nas plantações insulares no Oceano Índico. Tanto as demandas dos omanis quanto aquelas dos portugueses também cresceram, enquanto o tráfico de escravos se expandia no Oceano Índico (c. 1750-1870), e depois cidades costeiras ou insulares, como Mombaça, Quíloa, Zanzibar e Moçambique, ampliaram as suas redes de comércio interno. Da mesma maneira, a maioria dos estados medievais da África Central se encontrava cada vez mais arrastada para o comércio internacional durante os primeiros tempos modernos. De cerca de 1600 até 1800, por exemplo, estes reinos interlacustres, como Buganda, expandiram-se firmemente através das conexões comerciais ao norte e a oeste, assim como através dos contatos ao sul e a leste com os mercadores niamuézis* independentes. No sul da África, o Império Marave inicialmente se expandiu e depois se fragmentou (depois de 1650), capitulando à hegemonia comercial no sul da África dos mercadores independentes iaôs**. Os governantes monomotapas do Zimbábue medieval foram derrotados e substituídos pela nova dinastia militar changamira*** (c. anos de 1680). Os imperadores lundas (Muata Ianvo e Muata Kazembe**** e os reis cassanjes em Angola vieram a dominar grande parte do comércio transcontinental na África Central, enquanto confederações comerciais complexas também se desenvolveram através da bacia do rio Congo.

Na África Ocidental, Estados comerciais militares, como Oió, Daomé***** e Axante, expandiram-se e dezenas de cidades-Estado comerciais, como Lagos, Bonny e Calabar****** (na moderna Nigéria), cresceram ao longo das costas marítimas. Entretanto, enquanto os impérios medievais como de Benim e do Congo perderam o controle sobre as suas províncias distantes, os seus

---

* Nyamuezi, nyamwezi, wanyamuezi.
** Yao, wayao, ajaua.
*** Changamire, changamir.
**** Muantiânvuo, muata jambo, mwata yamvo, mwata yamuos, mwaant yaav naweej.
***** Casembe, cazembe, kasembe.
****** Danxomé, Dangomé, Dahomei, Dahomey, Dahomé.
******* O autor provavelmente se refere a Elem Kalabari (Nova Calabar ou Owame).

reis mantiveram o poder dentro de regiões menores e mais culturalmente integradas. Quando o comércio de ouro transaariano do Sudão Ocidental depois diminuiu, o império medieval de Songai se fragmentou em reinos menores. Diversas cidades-Estado hauçás se expandiram comercialmente e os sultanatos sudaneses desde Canem-Bornu (próximos do lago Chade) até as terras funjes (ao longo do rio Nilo) continuaram a empreender jihad contra os seus vizinhos não muçulmanos do sul.

Na primeira modernidade da África do Norte, por sua vez, o Marrocos manteve a sua independência nacional com os governantes saadianos*, enquanto os paxás provinciais e líderes locais no Egito e no Magrebe periodicamente afirmaram algum grau de autonomia regional em relação ao distante governo dos imperadores turco-otomanos. O império cristão medieval da Abissínia continuou a recolher tributo em muitas províncias distantes durante os anos de 1600. Enquanto a expansão gradual dos oromos** vindos do sul desafiou a autoridade cristã central ao sul, contudo, os governantes amáricos*** da Abissínia se dividiram numa multidão de reinos menores, em que as tradições reais salomônicas continuaram a manter a autoridade regional de muitos reis cristãos autônomos (*ras*). Em toda a primeira modernidade da África (*c.* 1600-1800), em suma, diferentes comunidades e reinos procuraram preservar as suas tradições locais e a vida comunitária, enquanto também desenvolviam novas conexões regionais e religiosas para justificar a confederação. Apesar do aumento na demanda por prisioneiros de guerra em algumas regiões – e também por causa dela – alguns reinos ou impérios africanos do início da Modernidade se fragmentaram, enquanto outros se adaptaram às circunstâncias comerciais e militares em mutação. Neste último caso, os africanos do início da Modernidade desenvolveram novos laços comerciais internacionais e novas confederações regionais, religiosas e militares para atender às mudanças de exigências de sobrevivência política ininterrupta que eles deveriam enfrentar durante o século XIX.

---

* Saadins, Saaditas, Sa'aditas, Sa'adidas, Sahadis, Sa'idis, Saadiens.
** Galas, oromas, oromoos.
*** Amaras, amharas.

A África do século XIX

Enquanto os estados africanos da primeira modernidade continuaram a se desenvolver, e o comércio entre as cidades costeiras e as regiões do interior se expandia em todo o continente, vários povos africanos estabeleceram confederações políticas baseadas em ideologia religiosa, ligações comerciais e/ou autoridade militar. Essas confederações estavam frequentemente comprometidas com tendências modernizadoras – por exemplo, estabelecendo ideologias nacionalistas mais amplas, promovendo alfabetização e progressão por mérito, expandindo o comércio tanto regional quanto internacional e empreendendo significativas reformas administrativas e militares. Contudo, estas tendências modernizadoras foram *interrompidas* pela "Disputa pela África" da Europa (*c.* 1880-1900). Os notáveis desenvolvimentos dos sistemas políticos e econômicos do século XIX da África coincidiram historicamente com mudanças ainda mais dramáticas e profundas que ocorreram na Europa Ocidental e na América do Norte durante as suas "revoluções" industriais do século XIX. A história da África da primeira metade do século XIX continuou a ser interrompida pelo comércio internacional de escravos, assim como novos mercados euro-americanos também começaram a exigir grandes importações de mercadorias africanas, como o óleo de palma (óleo de dendê ou azeite de dendê), o algodão, o amendoim e o marfim. Na metade do século, os mercadores europeus perceberam que os africanos podiam produzir estas valiosas exportações mais eficientemente (e humanamente), trabalhando nos seus próprios países do que trabalhando como escravos nas Américas. Assim, os europeus procuraram aumentar o comércio "legítimo" de produtos naturais e diminuir a sua demanda de trabalho escravo vindo da África. De 1880 até 1900, contudo, a maioria dos Estados africanos modernizantes foram incapazes de resistir às canhoneiras de aço, aos rifles carregados pela culatra, à artilharia e às metralhadoras Maxim introduzidos nessa época e que industrializaram totalmente as potências europeias. Enquanto as nações modernizantes desenvolveram diferentes tipos de autoridade central durante o século XIX, novas demandas europeias – de prisioneiros escravos a mercadorias naturais para as conquistas coloniais – continuaram a romper e finalmente interromper os processos de desenvolvimento político em andamento na África pré-colonial.

África do Norte (*c.* 1800-1900)

Ao longo da costa mediterrânea da África do Norte islâmica no início dos anos de 1800, a autoridade central do Império Turco-otomano em estado de desagregação e o sultanato independente do Marrocos vieram a depender da cooperação dos líderes locais. Os mercadores urbanos da África do Norte, os assaltantes comerciais ("piratas") e as famílias proeminentes sustentavam os governantes provinciais ou paxás, mantendo uma aparência exterior da autoridade otomana. Os exércitos franceses de Napoleão puderam temporariamente ocupar o Egito (1798-1801), e os distantes presidentes do jovem país Estados Unidos declararam e travaram guerras navais contra o paxá de Trípoli (1801-1805) e o dei de Argel (1815). O primeiro líder modernizador famoso na África do Norte nessa época, ironicamente, era ele próprio um comandante militar otomano – mas que nasceu de uma mãe egípcia e estava identificado com o nacionalismo egípcio – Muhammad Ali (1805-1848). No sentido do seu propósito de modernizar o exército nacional egípcio, Muhammad Ali estabeleceu as primeiras escolas seculares do Egito, faculdades de Engenharia e Medicina, jornais impressos modernos e fábricas têxteis e de munições operadas pelo governo. Os seus exércitos modernizados fizeram guerras bem-sucedidas contra os reformadores wahabitas na Arábia e nas províncias otomanas da Síria e da Palestina, assim como conquistaram o sultanato Funje nos anos de 1820. Os governantes egípcios depois de Muhammad Ali continuaram as suas políticas de empréstimo de capital estrangeiro para projetos de modernização dispendiosos, como a construção do Canal de Suez (terminado em 1869). As dívidas externas, contudo, eventualmente obrigaram os governantes do Egito a se submeterem aos "assessores" franceses e britânicos, que em troca levaram as tropas nacionalistas egípcias a assumirem o governo e expulsarem os assessores estrangeiros (1881). As tropas britânicas então invadiram o Egito usando as metradalhadoras Maxim e estabeleceram aí um protetorado colonial (1882).

Enquanto isso, a França atacou e colonizou Argel no início de 1830. Pelos próximos quarenta anos, os exércitos franceses travaram campanhas militares dispendiosas, originalmente contra o nacionalista modernizador Abd el-Qadir* († 1847), para eliminar a resistência argelina à colonização. Nos anos de 1870, os colonos franceses na Argélia acumularam bastante terra, riqueza e poder político para que fossem classificados como "cidadãos" plenos da Argélia francesa, elegendo deputados para a Assembleia Nacional da França. Os árabes indígenas e os argelinos de fala berbere, por outro lado, foram classifi-

---

* Abd al-Qadir, Abd El-Kader, Abd al-Kader, Abd el-Qaeder, Abdul-Qadir, Abdelkader, Abdelkadir.

cados como "súditos", sem esta representação e sem direitos de cidadania. Em 1900, a Argélia tinha se tornado o modelo de uma "colônia de colonizadores", onde 500.000 colonos franceses (13% da população total da Argélia) gozavam de plenos direitos e privilégios da cidadania francesa, enquanto a maioria dos súditos indígenas da Argélia não gozava de quaisquer direitos ou privilégios. As forças francesas também colonizaram a Tunísia em 1881. A França e a Inglaterra efetivamente evitaram ambas colonizar a Líbia, onde os governantes otomanos permaneceram no poder até a conquista italiana de 1911-1912. Na medida em que as diferentes potências europeias tinham interesses no Marrocos e na medida em que o sultão Mulei (Mulai ou Mawlay) Abu al-Hassan* (1836-1894) era bastante perito em jogar os poderes europeus uns contra os outros, assim como reconciliar as várias diferenças locais, o sultanato independente do Marrocos livremente confederado também conseguiu evitar ser colonizado até 1912 – quando ele foi dividido entre a França e a Espanha. Assim, apesar de todos os esforços dos líderes nacionalistas da África do Norte, os modernos exércitos e marinhas da Europa puderam estabelecer um controle imperial sobre toda a costa mediterrânea da África do Norte.

O Sudão africano (c. 1800-1900)

Assim como a intervenção externa das potências europeias industrializadas interromperam as tendências históricas no sentido do desenvolvimento nacional na África do Norte, ela também impediu estas tendências também entre as confederações indígenas nos Estados sudaneses do século XIX, que ficavam ao longo da margem sul do deserto do Saara. As rotas de comércio transaarianas continuaram a ser controladas pelas várias cidades-Estado e impérios islâmicos nas amplas savanas ao sul do Saara, durante a maior parte do século XIX – até que o seu desenvolvimento foi interrompido pela "disputa" da Europa para reivindicar colônias na região. Caracteristicamente, as confederações de grande extensão no Sudão do século XIX foram estabelecidas pelas irmandades muçulmanas militantes, frequentemente seguindo um líder moral na guerra santa e frequentemente buscando reformar as instituições governamentais existentes pela aplicação da lei islâmica.

---

* Abu Haçane, Mulay Hasan, Muley Abul Hassan, Muley Hacén, Mulhacén.

Embora estes movimentos reformistas tivessem surgido no século anterior entre as comunidades islâmicas próximas ao rio Senegal, foi nas cidades-Estado hauçás do Sudão Central que o influente movimento Qadiriya* se enraizou, começando por volta de 1775. Depois que um clérigo Qadiriya chamado Usuman dan Fodio** e seus seguidores fulas fugiram para o norte da cidade-Estado de Gobir (1804-1808), eles instituíram uma nova ordem moral, atraíram seguidores de outros lugares e eventualmente estabeleceram uma capital imperial em Socotó***. Rebeldes e reformadores em outras cidades-Estado hauçás, geralmente levados pelos clérigos e pastores fulas, tiraram inspiração deste exemplo, buscaram reconhecimento e receberam bênçãos de Usuman dan Fodio e declararam uma jihad contra as classes dominantes corruptas em todo o Sudão Central. Depois que Usuman dan Fodio morreu (1817), seu irmão Abdullah dan Fodio**** e o filho Mohamed Bello***** governaram um largo e extenso império confederado que veio a ser conhecido como o Sultanato de Socotô. Os sultões de Socotô exerceram uma influência religiosa e política de longo alcance em todo o norte da Nigéria, mesmo depois de ela ter sido conquistada pelos exércitos coloniais britânicos em 1904.

Introduzido em outros lugares no Sudão Central pelos clérigos fulas, o Movimento Qadiriya se espalhou para além das cidades-Estado hauçás. Ele se espalhou da Hauçalândia até o leste onde, em 1808, uma jihad foi declarada contra os governantes corruptos de Bornu, dando surgimento a um poderoso movimento de contrarreforma. Os contrarreformadores foram chefiados por um clérigo canúri chamado Mohamed al-Kanemi******, que inicialmente sustentou a dominante dinastia Sefawa, mas eventualmente estabeleceu os seus próprios herdeiros como sucessores em Canem-Bornu. Ao sul da Hauçalândia, em 1817, os clérigos e os pastores fulas na cidade-Estado de Ilorin, no norte iorubano, sustentaram esta rebelião da província contra a autoridade imperial decadente de Oió. Eles eventualmente estabeleceram um governo islâmico em Ilorin, contribuindo diretamente para a eventual dissolução do

---

* Qadiri, Qadri, Quadri, Kadri, Elkadri, Elkadry, Aladray, Alkadrie, Adray, Kadray, Qadri, Qadriya.
** Usman dan Fodio, Usman Ibn Fodio, Shehu Uthman Dan Fuduye, Shehu Usman dan Fodio.
*** Sokotô, Sokoto, Socotó.
**** Abdullahi.
***** Muhammad, Muhammed.
****** Muhammad al-Amin al Kanemi, Laminu el-Kanemi.

Império Oió. Ao sul da Hauçalândia, em 1819, um clérigo Qadiriya chamado Hamad Bari liderou uma jihad que estabeleceu o Sultanato Mande reformado de Masina (1821-1862) ao longo do alto rio Níger. Outro influente líder islâmico, um clérigo tucolor* que recebeu o nome de al-hajj Umar Tall** depois de sua longa peregrinação a Meca, viveu e estudou durante muitos anos nos sultanatos do Sudão Central – nas cortes de al-Kanemi, Mohamed Bello e Hamad Bari (assim como no Cairo e em Meca) –, depois retornando para sua pátria ao longo do alto rio Senegal. Aí, durante os anos de 1840, ele introduziu a nova ordem Tijaniya*** e pregou a relação simples e direta entre os indivíduos muçulmanos e Alá. De 1852 a 1864, al-hajj Umar Tall liderou as jihads que converteram e também confederaram muitos dos povos rurais da savana do Sudão Ocidental.

Embora o Império Tijaniya de al-hajj Umar Tall fosse contestado entre os emires locais, um dos seus filhos, chamado Ahmadu Seku Tall****, teve eventualmente sucesso em reunir a maioria das províncias imperiais de seu pai. Ahmadu assinou um tratado com os exércitos franceses invasores em 1881, o que provou ser a sua ruína. Este tratado com os franceses destruiu a sua autoridade imperial, o levou a rejeitar as possibilidades de se aliar com outros africanos contra a colonização francesa e finalmente resultou na sua derrota e deposição pelos colonizadores franceses (1893). Ao sul da Confederação de Ahmadu, um comerciante mande chamado Samori Toure***** (1875-1898) também fez uso das irmandades Tijaniya para ajudar a criar o último império multinacional no Sudão Ocidental pré-colonial. Como um modernizador e nacionalista, Samori desenvolveu táticas militares inovadoras, adotou o islã como uma ideologia unificadora, promoveu as escolas e a alfabetização, desenvolveu estruturas administrativas centralizadas e oficinas industriais, e buscou alianças com outros líderes da África Ocidental para lutar contra os invasores franceses. Samori Toure estabeleceu duas confederações multinacionais consecutivas, que lutaram efetivamente contra os exércitos franceses antes de ser capturado em 1898.

---

* Tucoleiro, tukolor, tukulor, toucouler, tuculor, haalpulaar'en.
** Umar Saidou Tall, El Hadj Umar Tall.
*** Tijaniyya, tijaniyyah.
**** Ahmadou Sekou Tall, Ahmadu Tall, Ahmadu Seku, Ahmadou Tall.
***** Samory Touré, Samori Toure, Samori ibn Lafiya Ture, Samori Ture.

Impérios islâmicos de grande extensão também se desenvolveram em todo o século XIX no Sudão Oriental. O sultão de Darfur perdeu a sua prolongada autoridade sobre algumas rotas de comércio orientais transaarianas durante os anos de 1840, depois do que o Sultanato de Uadai* se aliou com a irmandade Senussi** da Líbia para desenvolver conexões transaarianas entre o lago Chade transaariano. O comércio oriental transaariano estava baseado principalmente na troca de escravos africanos não muçulmanos e marfim por avançadas armas de fogo do Império Otomano ou dos mercados do Mar Vermelho e do Golfo Pérsico. Um dos líderes entre os negociantes de escravos bem-armados do Sudão Oriental da África foi Rabih az-Zubayr*** (1879-1900), que criou um exército móvel que conquistou Dafur, Uadai e Bornu antes de se render aos exércitos franceses em 1900. Ainda mais a leste, na província egípcia de funje, um clérigo muçulmano chamado Muhammad Ahmed**** se proclamou como sendo o *Mahdi* (messias). Em 1881, ele declarou uma guerra santa contra o governo "infiel" do Egito no Sudão, que foi então chefiado pelo governador-geral britânico Charles Gordon. O Mahdi mobilizou os militantes muçulmanos sudaneses para derrotar o exército anglo-egípcio e matar Gordon em Cartum, antes de ele próprio morrer (1885). O sucessor do Mahdi, califa Abdullah Muhammad***** então governou uma grande confederação islâmica no Sudão Oriental até 1898, quando os exércitos anglo-egípcios mataram 11.000 de seus soldados na Batalha de Omdurmam e reivindicou o império de Abdullah como sua colônia. Antes da expansão europeia, o zelo reformador introduzido por várias irmandades muçulmanas provou ser útil para desenvolver amplas conexões culturais, comerciais e políticas em todo o Sudão da África. Não obstante, as tendências históricas no sentido da centralização política no Sudão foram, como em outros lugares na África, interrompidas pelos exércitos invasores britânicos e franceses no final do século XIX.

---

* Wadai, Wadal, Waday, Império Uadai.
** Sanussi, Sanusiya.
*** Rabih Zubayr, Rabih Fadlallah, Rabah.
**** Muhammad Ahmad.
***** Abdallahi ibn Muhammad, Abdullah Ibn-Mohammed Al-Khalifa or Abdullah al-Khalifa or Abdullahi al-Khalifa.

África Ocidental (c. 1800-1900)

A "disputa" da Europa por influência e controle sobre as economias políticas litorâneas da África Ocidental começou mais cedo do que em outros lugares da África Tropical. No início dos anos de 1800, depois de três séculos de um tráfico de escravos cada vez maior ao longo da costa da África Ocidental, um grande número de cidades-Estado surgiu e foi liderado por africanos, europeus e mercadores afro-europeus que representavam interesses comerciais conflitantes. Geralmente em concorrência direta umas com as outras, estas cidades-Estado tinham muito pouca propensão a fundirem-se em nações maiores e mais extensas. Particularmente em torno do Reino Cassanje de Angola e do Império Oió da Iorubalândia em desintegração, o tráfico de escravo atlântico continuou ativamente nos anos de 1850. Entretanto, também teve início o comércio "legítimo" de produtos naturais, como o óleo de palma (azeite ou óleo de dendê), o cacau, o algodão e o amendoim. Enquanto os exploradores europeus do século XIX começaram a mapear os rios e os recursos internos do que eles chamaram de o "Continente Negro", os missionários cristãos estavam instalando e estabelecendo escolas paroquiais em toda a África Ocidental. Esses missionários europeus, cada vez mais sustentados por industrialistas modernizadores em seus países (que reconheceram que os incentivos de mercado podiam induzir mais produtividade no trabalhador do que o trabalho escravo), escreveram para denunciar os horrores do tráfico atlântico de escravos. Como a Europa industrializada gerava novas demandas para as mercadorias produzidas na África, os líderes das cidades-Estado costeiras da África Ocidental se afastaram da busca de escravos em prol da produção de mercadorias "legítimas" de exportação. Tão completamente fizeram ocorrer esta mudança no comércio da África Ocidental, por exemplo, a antiga Costa de Escravo, na Nigéria, passou a ser conhecida pelos mercadores europeus como "Rios do Óleo"*, por causa da transição rápida para a produção de óleo de palma (dendê) em grande escala (c. 1810-1850). Estas novas tendências do mercado internacional, longe do tráfico de escravos e no sentido da produção de mercadoria e do comércio legítimos, foram reforçadas pelas atividades crescentes das esquadras navais britânicas, que, depois de 1808, foram autorizadas a interditar os navios de escravos e a resgatar prisioneiros africanos a bordo desses navios.

---

* Ou "Oil Rivers", como era conhecido o delta do rio Niger à época.

Muitos desses prisioneiros resgatados foram então desembarcados em Freetown na Serra Leoa, a primeira colônia da África Ocidental da Inglaterra (fundada em 1787, como um país de escravos libertos), onde alguns frequentaram escolas cristãs, assimilaram os valores europeus e inclusive se graduaram como sacerdotes da Fourah Bay College (depois de 1827). Em 1822, a cidade de Monróvia foi fundada, para ser um assentamento semelhante, pelos afro-americanos libertos que depois, em 1847, estabeleceram a república independente da Libéria. Através de política de assimilação, do governo indireto, do governo de partido único e da submissão ao controle dos Estados Unidos sobre as finanças nacionais (1912), os américo-liberianos da Libéria evitaram ser colonizados pelas potências europeias. Estes assentamentos urbanos, como Freetown e Monróvia, contudo, eram somente alguns de um sem-número de cidades modernizantes que cresceram ao longo da costa atlântica da África do século XIX. A África Ocidental do século XIX desenvolveu perspectivas legais internacionais, técnicas comerciais atualizadas, escolas e hospitais cristãos e liderança cívica voltada para o futuro. Se eles traficavam com escravos, exportação de mercadorias, ou as duas coisas, a vida do século XIX nestas cidades litorâneas, em troca, estava ligada através do desenvolvimento de laços culturais e comerciais mais amplos com confederações nos seus respectivos sertões – entre os ambundos e ovimbundos*, os tios** e os comerciantes de Ngala, os fangues***, os efiques**** e os ibos*****, os iorubas, os fon******, os acãs, os mandes, ou os jalofos*******. Apesar de os traficantes de escravos portugueses e espanhóis continuarem a operar ao longo das costas da África Ocidental até o meio do século, os mercadores e missionários britânicos e franceses asseguraram o apoio do governo nas suas campanhas para promover o comércio legítimo e para estabelecer o cristianismo na África Ocidental.

A "disputa" europeia para reivindicar colônias na África Ocidental, frequentemente se disse, começou quando o rei Leopoldo da Bélgica estabeleceu o Estado Livre do Congo, que procurou dominar a maciça bacia do rio Congo em 1879. No início dos anos de 1880, os franceses e os portugueses estabele-

---

* Ovimbundu, ocimbundu.
** Tyo, teke, bateke, ateo, tequê, azinco, anziku.
*** Fang, fangwe, fan, mangwe, pahouin.
**** Efik.
***** Igbo.
****** No singular: fom (em português), fon, fon nu.
******* Wolof, wólof, ouolof, uolofo, uólofe.

ceram outras reivindicações em torno da foz do rio Congo, a Alemanha reivindicou três faixas do litoral da África Ocidental, a Inglaterra consolidou os seus interesses comerciais em torno do delta do rio Níger e em outros lugares, e as forças armadas francesas foram despachadas do Senegal para o Sudão Ocidental. Estas concorrentes nações europeias se encontraram na Conferência de Berlim* de 1884-1885, para coordenar planos e procedimentos posteriores com vistas à conquista e à partilha da África – de maneira que as novas colônias europeias pudessem ser formalmente estabelecidas lá. Um capítulo introdutório como este não pode transmitir todas as várias circunstâncias nas quais as cidades e confederações da África Ocidental do século XIX procuraram resistir e/ou negociar com os colonos europeus invasores (c. 1880-1900). Trocando o foco para as áreas imediatamente interiores dos litorais da África Ocidental do século XIX, as aldeias ibos e as cidades-Estado iorubanas (na moderna Nigéria), assim como os reinos da Confederação Axante (no moderno Gana), ilustram como três importantes nações da África Ocidental se desenvolveram durante o século XIX.

A nação ibo (Igbo) não tinha um sistema de confederação política de grande extensão, como tinham os iorubás e os axantes, mas existiam estruturas formais de poder em cada cidade ou aldeia ibo. Estas estruturas de poder local eram frequentemente baseadas na adesão a sociedades nobres ou secretas, e as comunidades locais ibo estavam informalmente ligadas através da influência em todo o país por "oráculos" religiosos e comerciais chamados *Arochukwu* e *Agbala*. Os ibos ocidentais, que viviam em cidades como Aboh** e Onitsha próximas do rio Níger, desenvolveram relações com as casas comerciais ibos no delta e mantiveram alguns dos escritórios reais originalmente introduzidos nelas pelos obás medievais do Benim. Os ijós*** orientais, que viviam em aldeias ou cidades mercantis como Aro, desenvolveram relações comerciais com a cidade litorânea de Calabar****, onde as sociedades secretas efiques dominavam através das ricas famílias de mercadores representantes de Calabar e de talentosos comerciantes em ascensão, dos homens de negócio e

---

* Também conhecida por Conferência do Congo ou Conferência da África Ocidental.
** Abo.
*** Ijo, ijaw, ije, djo, izon, jó, jo, idjo, idsho, idzo, ije, ijoh, ujo (também podem ser chamados de calabári, kalabari em referência à população ijó que ocupou a região a oeste do delta do Níger).
**** Elem Kalabari (Nova Calabar ou Owame).

administradores estatais que trabalhavam para eles. Os ibos centrais, vivendo em aldeias ao norte da cidade litorânea dos ibibios*, Bonny, produziram indivíduos fortes como Alali (c. 1830-1861) e Jaja de Opobo** (1869-1887), ambos surgidos do *status* de "escravo" para depois se tornarem líderes proeminentes da casa comercial de Pepple. Como homens de negócio capazes, adaptáveis e competitivos, os ibos do século XIX e seus vizinhos litorâneos (os ijós, efiques e ibibios) tomaram muitas iniciativas para transformar a sua economia regional do tráfico de escravos num comércio legítimo de óleo de palma (dendê). Os líderes ibos locais estabeleceram e também mudaram as suas alianças comerciais e políticas durante esta época, de acordo com o que perceberam como sendo os interesses das suas próprias comunidades. O princípio da autonomia local permaneceu soberano para os ibos, que alcançaram muito sucesso em desenvolver redes comerciais e culturais e ainda organizações que ligavam as diferentes comunidades ibos (frequentemente com os seus vizinhos litorâneos). Até os anos de 1850, os Ibo foram uma nação em desenvolvimento africana que funcionava efetivamente sem se juntar politicamente para formar um governo estatal centralizado. Por causa das suas alianças políticas descentralizadas, levou muitas décadas para que os britânicos conquistassem a Ibolândia. Nos anos de 1880, quando os missionários britânicos se expandiram dos seus postos avançados iniciais em Onitsha e Calabar para as terras centrais dos ibos, e quando os mercadores britânicos da costa tinham sido absorvidos pela Royal Níger Company de Sir Goerge Goldie, os britânicos começaram pouco a pouco a conquistar diferentes comunidades. Depois de prender Jajá de Opobô (1887), cuja poderosa aliança comercial desafiava os interesses da Royal Niger Company da Grã-Bretanha, os exércitos e os oficiais do governo britânico começaram a se deslocar para o interior da Ibolândia. Algumas aldeias ibo se submeteram às forças britânicas, como fez a aldeia imaginária de Umuófia do famoso romance histórico *O mundo se despedaça*** de Chinua Achebe, ao passo que outras resistiram. Apesar de uma grande expedição britânica ter atacado e destruído o oráculo de Arochukwu em 1902, diversas aldeias Ibo continuaram a resistir à autoridade colonial britânica até a Rebelião das Mulheres Ibos**** em 1929.

---

* Ibibyo, agbishera.
** Jubo Jubogha, Jaja de Opobo.
*** No original, *Things Fall Apart* (ou *Quando Tudo se Desmorona*, em Portugal) foi publicado pela primeira vez em 1958.
**** Guerra das Mulheres Ibos, Rebelião das Mulheres de Aba, Guerra das Mulheres de Aba, Rebeliões de Aba.

A oeste do baixo rio Níger, vários reinos Iorubás tinham criado uma confederação militar e comercial centralizada, chamada de Império Oió (c. 1550-1830). Achava-se que os governadores dos reinos centrais da Confederação Oió unida tinham descendido de Odudua*, o deus ancestral dos iorubás. As cavalarias dos reinos centrais de Oió conquistaram e incorporaram muitas outras cidades-Estado iorubanas e cobravam tributo destes reinos vizinhos, como Daomé e o reino dos nupes** durante os anos de 1700. No início dos anos de 1800, contudo, os conflitos entre o imperador Oió (*alafin*) e os reis hereditários (*obás*) das cidades-Estado centrais, que compreendiam um conselho executivo independente (*Oió mesi*), tinham enfraquecido consideravelmente a autoridade central – quando o Império Oió começou a perder o controle sobre os reinos e as cidades-Estado distantes. Nupe e Ilorin, que desenvolveram fortes laços islâmicos com o emergente Sultanato de Socotô ao norte, separaram-se dos Oió. Assim fizeram também Daomé e Lagos, que desenvolveram laços comerciais mais fortes com os europeus ao longo do litoral atlântico. Logo depois que os porta-bandeiras reformadores muçulmanos de Socotô ajudaram a derrubar a autoridade central de Oió em Ilorin, o reino tributário de Oió no Daomé também se revoltou (1818). Depois disso, outras cidades-Estado iorubanas buscaram e lutaram pela autonomia local. Depois da Batalha de Oshogbo*** (1835) que o Exército Oió perdeu para a cavalaria dos reformadores muçulmanos de Ilorin, o povo de Oió migrou para o sul. Posteriormente, os reinos iorubanos se aliaram e também lutaram uns contra os outros – absorvendo muitos refugiados de Oió e de outros lugares – e construíram cidades de muros grandes (como Ibadan**** e Abeokuta*****) para dar proteção a seus cidadãos. Estas guerras iorubás proporcionaram muitos escravos que foram exportados através do Atlântico, pelo menos até os anos de 1850, quando as canhoneiras britânicas intervieram diretamente para fazer cessar o tráfico de escravos na cidade portuária de Lagos, e os missionários britânicos que viviam em Abeokuta começaram a promover a produção e a exportação local de óleo de palma (dendê). Mesmo depois que o dendê superou os prisioneiros de guerra como a principal exportação dos iorubás, Lagos

---

* Oduduá, Oduduwa.
** Nupê, noupé, nupechizi, nupesizi, agabi, abawa.
*** Osogbo, Osogbô.
**** Ibadã.
***** Abeocutá.

foi bombardeada, conquistada e reivindicada como um protetorado britânico (1862). Nos anos de 1860, líderes iorubás educados como S.A. Crowther, que se tornou bispo anglicano da África Ocidental em 1864, e J.W. Johnson, que ajudou a formular a Constituição moderna que governou Abeokuta durante 1865-1872, retornaram de Serra Leoa para ajudar a construir uma nova nação ioruba voltada para o futuro. Entretanto, a poderosa cidade-Estado de Ibadan tentou conquistar os seus vizinhos e restabelecer algum tipo de ampla autoridade central em toda a Iorubalândia. Já que diferentes reinos iorubás lutaram contra o expansionismo militar de Ibadan (c. 1860-1890), a Iorubalândia permaneceu dividida quando as tropas britânicas de Lagos lançaram a sua Campanha Iorubá em 1892. Por causa destas divisões, e também porque as modernas armas britânicas tinham este esmagador poder de fogo e precisão, a maioria das cidades-Estado iorubanas aceitou os tratados que impuseram a elas os termos britânicos de "proteção" colonial.

A oeste dos iorubás e diretamente para o interior vindos de umas duas dezenas de fortalezas de pedra europeias ao longo da Costa do Ouro, vários reinos Acã (como em Oió) tinham confederado, conquistado e consolidado um extenso império no século XVIII. A Confederação Axante original (Ashanti), estabelecida por sete clãs, próxima da cidade de Kumasi, uniu-se em torno do simbólico Tamborete de Ouro do seu governador (Axantehene*). Esta confederação se expandiu através da diplomacia e das conquistas de Osei Tutu e Opoku Ware (c. 1690-1750), e seus líderes tinham já dado passos no sentido da modernização do seu império confederado antes de 1800. Durante os primeiros anos do século XIX, Osei Bonsu (1801-1824) implantou inicialmente estas políticas de modernização – tanto na administração (p. ex., promovendo a progressão por mérito) quanto no comércio (p. ex., sustentando o desenvolvimento do empreendimento estatal através do investimento). Ele também abraçou uma visão clara do nacionalismo acã, baseado no incentivo a todos os reinos acãs a se juntarem para resistir à penetração europeia. Osei Bonsu e seus sucessores lideraram os exércitos imperiais de axantes numa série de sete guerras contra os reinos litorâneos de fantes** aliados à forças britânicas, que decididamente derrotaram os exércitos de axantes em 1874. O

---

* Ashantehene, asantehene.
** Fanti.

controle britânico sobre o comércio dos fantes, entretanto, cresceu em virtude de tratados que concederam crescente jurisdição comercial aos cônsules britânicos na Fortaleza de Cabo Corso (Cape Coast), até que a Inglaterra anexou os territórios fantes à sua nova colônia de Cape Coast (antiga Cabo Corso) (1874). Nessa época, vários povos fantes se juntaram numa confederação baseada constitucionalmente. O historiador A. Adu Boahen descreve a Confederação Fante como "muito progressista, moderna e previdente" nos seus planos de construir estradas e promover a agricultura, o comércio, a indústria e a educação através da "autoajuda e da autoconfiança"[1]. Além de desconsiderar esta moderna constituição Fante, os exércitos imperiais britânicos também invadiram a Axantelândia, queimaram a cidade de Kumasi e destruíram a Confederação Axante. Nos anos de 1890, contudo, um novo axantehene chamado Prempeh I* (1888-1896) reunificou os reinos originais axantes e mais uma vez foi assimilando as províncias distantes numa nova Confederação Axante. Depois de diligentemente procurar negociar com os britânicos (mandando despachos e delegados a Londres), Prempeh I deu boas-vindas a uma delegação armada britânica a Kumasi em 1896. Mas os britânicos o prenderam e o deportaram (ao invés de negociarem) para evitar uma nação axante unida a surgir na fronteira norte da sua colônia da Costa do Ouro (atual Gana). Em 1900, quando o governador britânico da Costa do Ouro exigiu a rendição do símbolo histórico da confederação e da unidade nacional de Axante (a Banqueta de Ouro de Osei Tutu), a Rainha Mãe Yaa Axantewaa** liderou o núcleo dos clãs axantes no cerco ao governador britânico (preso em Kumasi), até que o reforço imperial chegou. Depois disso, a Axantelândia foi oficialmente anexada à Colônia da Costa do Ouro. Tal como ocorrera com os ibos, os iorubás e os axantes da África Ocidental, muitas outras nações africanas do século XIX (cada uma delas com a sua própria história particular), foram conscientemente modernizando as suas várias economias políticas – desenvolvendo novos produtos e ligações no comércio internacional, assim como novas confederações regionais, confederações nacionais ou constituições escritas – até que estas tendências modernizadoras indígenas foram interrompidas pelas conquistas coloniais europeias.

---

1 ADU BOAHEN, A. *African Perspectives on Colonialism*. Baltimore, MD: The Johns Hopkins University Press, 1989, p. 11-12.
* Nana Prempeh, Otumfuo Nana Prempeh I, Kwaku Dua III.
** Yaa Asantewaa, Yaa Ashantewaa.

África Oriental (c. 1800-1900)

Havia também muito movimento no sentido da consolidação política e de ligações comerciais mais amplas em toda a África Oriental, desde o rio Limpopo até os planaltos etíopes, durante o início e a metade do século XIX. Os líderes angúnis* da África do Sul se deslocaram para o norte através do rio Limpopo, conquistaram chefaturas ou comunidades locais autônomas, e as incorporaram em Estados militares de grande extensão – por exemplo, como o general Soshangane** que organizou o reino de Gaza*** (em Moçambique), ou como o rei Mzilikazi**** que incorporou as chefaturas de xonas num reino ndebele***** (no Zimbábue) depois de 1838. Os cazembes****** lunda******* do cinturão do cobre da África Central (na moderna Zâmbia e na República Democrática do Congo) desenvolveram uma vasta rede comercial que integrou as rotas de comércio de longa distância que conectavam os sistemas de comércio litorâneo dos oceanos Atlântico e Índico da África. Enquanto as cidades-Estado litorâneas que manipulavam o comércio exterior no sudeste da África permaneceram sob o controle das guarnições e dos assentamentos portugueses em Moçambique, mais o comércio interior da África Central se deslocou para as cidades-Estado Suaíli independentes, como Quíloa, Bagamoyo e Mombaça.

O sultão de Omã, Sayyid Said******** (1806-1854) controlava poderosas marinhas que dominavam o tráfico marítimo das costas da África Oriental no início dos anos de 1800. Depois de conquistar Mombaça (1838), Sayyid Said deslocou a sua corte real de Omã para a ilha de Zanzibar, onde ele e seus sucessores estabeleceram um empório comercial que atraiu o comércio das cidades-Estado litorâneas suaíli entre Quíloa e Mombaça – e finalmente de todo o interior da África Oriental e Central. Na medida em que Zanzibar se tornou este importante centro comercial numa época de rápida expansão in-

---

* Nguni, ngoni, neguni, angoni, gwangara, mangoni, mazitu, wangoni.
** Sochangana, soshangane kaGaza, Manicusse, Manukuse.
*** Império Gaza, Gasa, Gazankulu.
**** Mosilikatze, Moselekatze.
***** Chamado Matabelelândia ou Matabeleland.
****** Kazembe. Neste caso o autor refere-se aos escravos de confiança lundas de confiança, muitos deles soldados-escravos, que trabalhavam na extração e venda do cobre.
******* Luba, luunda, luba-lunda, alunda, aluunda, balunda.
******** Sayyid bin Sultan al-Said, Seyyid Said.

ternacional da demanda de marfim da África Oriental, ela se tornou também um porto de escala internacional na metade do século XIX. Apesar da pressão naval e diplomática britânica, os governadores de Omã em Zanzibar também se beneficiaram de um vigoroso tráfico de escravos internacional, canalizando prisioneiros do interior da África Oriental para o trabalho nas plantações de cravo e nas propriedades litorâneas de coco de Zanzibar, ou nas plantações de açúcar das ilhas do Oceano Índico. As principais rotas de caravanas que ligavam o comércio costeiro de Zanzibar no século XIX com as redes de comércio interior se desenvolveram inicialmente com os povos de fala banta, como os iaôs que operavam as rotas de comércio de longa distância desde além do lago (Maláui (Niassa) até Quíloa, os niamuézis* cujas redes de comércio se estendiam do alto rio Congo a leste até Bagamoyo, e os acambas cujos mercadores regularmente viajavam entre o lago Vitória e Mombaça. O comércio atraiu os mercadores Suaíli e árabes (assim como os financistas indianos) para essas rotas de caravanas até os anos de 1880 – quando as cidades-estado suaílis reafirmaram a sua independência de Zanzibar e quando as canhoneiras e os exércitos europeus vieram estabelecer as suas pretensões na África Oriental. Nessa época, surgiram novas confederações nacionalistas lideradas por Abushiri** e Bwana Heri*** entre os Suaíli centrais que ofereceram determinada resistência, depois se submetendo aos invasores alemães (1888-1891).

Mesmo antes de os mercadores de suaílis e de Zanzibar começarem a dominar o comércio internacional ao longo das rotas de caravanas (c. 1850), os reinos e as confederações de grande extensão foram se desenvolvendo em toda a África Oriental. Em 1800, estados complexos e altamente estratificados estavam crescendo na fértil região interlacustre da África Oriental, onde, como o historiador Walter Rodney afirma, reinos federados como Ruanda e Buganda alcançaram um avançado "Estado e sentido de consciência nacional", porque eles tinham permanecido "livres para se desenvolver, relativamente não afetados pela influência estrangeira e certamente livres das devastações diretas do tráfico de escravos"[2]. Mais ao norte nos Planaltos Etíopes, os imperadores

---

* Nyamuezi, wanuamuezi, nyamwezi, wanyamwezi.
** Abushiri ibn Salim al-Harthi, Al Bashir ibn Salim al-Harthi.
*** Bwana Heri bin Juma, Bana Heri.
2 RODNEY, W. *How Europe Underdeveloped Africa*. Washington, DC: Howard University Press, 1981, p. 124, 128.

Theodoro II* e João IV** (1854-1889) tiveram sucesso quando restabeleceram uma forte confederação nacional entre os muitos reinos locais na Etiópia cristã. Em todo o sul do Vale do Rift, havia movimentos significativos no sentido do desenvolvimento de confederações regionais na metade do século, até que estes desenvolvimentos foram interrompidos pelas conquistas coloniais europeias nos anos de 1890. No sudeste da África, os reinos militares angúnis do século XIX foram também conquistados por exércitos coloniais nos anos de 1890, assim como a British South Africa Company, de Cecil Rhodes, estabeleceu seu controle sobre a Federação Ndebele do rei Lobengula e os exércitos portugueses conquistaram o reino de Gaza. Além das guarnições portuguesas em Moçambique e dos interesses comerciais internacionais em Zanzibar, os europeus não começaram a explorar ou a evangelizar na maior parte da África Oriental até cerca de 1850, e os exércitos europeus não começaram a penetrar no interior até os anos de 1890. Nessa época, os alemães e os britânicos tinham concordado na partilha da África Oriental entre si e na conquista ou na "pacificação" daquelas regiões que já não eram reivindicadas por Portugal (Moçambique) e pelo Rei Leopoldo da Bélgica (República Democrática do Congo). O impacto da "disputa" europeia pelas colônias da África Oriental pareceu duplamente significativo, porque foi acompanhado pelo vírus da peste bovina que se espalhou tão rapidamente durante os anos de 1890 que matou de 80 a 90% do gado da África Oriental. Em todo o Vale do Rift perdas maciças de gado intensificaram a devastação forjada pela invasão dos exércitos coloniais, marcando uma clara interrupção das primeiras tendências no sentido do desenvolvimento econômico e político na África Oriental.

No Vale do Rift (a moderna Tanzânia), na metade do século XIX, os guerreiros angúnis do rei Zwangendaba*** (morto em 1848) se separaram e começaram a praticar uma "guerra total". As suas incursões devastadoras nas comunidades do Vale do Rift entre os lagos Maláui (Niassa) e Tanganica levaram alguns desses guerreiros angúnis a entrar em contato com um notável líder niamuézi chamado Mirambo****, próximo da cidade comercial de Tabora. Mirambo (1860-1884) incorporou os guerreiros angúnis dentro dos

---

* Tewodros II, Téwodros II, Theodore II, Kassa Hailu.
** Yohannes IV, Lij Kassay Mercha, Kassa Mercha, Abba Bezbez.
*** Zwangendaba Jele Gumbi.
**** Mtyela Kasanda.

seus próprios regimentos por idade e os armou com mosquetes obtidos do comércio litorâneo. Combinando a organização militar angúni com as armas de fogo importadas, Mirambo foi tão bem-sucedido em conquistar e confederar os chefes (*ntemis*) niamuézi e outros do Vale do Rift, que ele foi descrito pelo explorador Henry M. Stanley como "o Napoleão da África Central". O comércio niamuézis da metade do século, grandemente baseado na troca de marfim e de escravos por armas de fogo importadas e outros produtos de Zanzibar, foi descrito em detalhe em primeiro lugar pelo explorador britânico Richard Burton em 1857. Vários anos mais tarde, o Dr. David Livingstone estabeleceu um posto missionário nas margens norte do lago Niassa (agora lago Maláui), ao sul da confederação militar-comercial de Mirambo, e começou a escrever relatos queixosos aos cristãos britânicos sobre as devastações diárias da captura de escravos na África Oriental. Em resposta a estes e a outros relatos, os britânicos aumentaram a sua pressão naval e diplomática sobre o Sultão de Zanzibar para abolir o tráfico de escravos na África Oriental (1873-1876). Sob a liderança de Mirambo, a influência comercial e militar de niamuézis se estendeu para bem dentro da África Central, até o oeste do lago Tanganica. Um comerciante niamuézi chamado Msiri* (*c.* 1860-1891), por exemplo, usou os seus contratos comerciais em Tabora para importar armas e obter controle sobre os *cazembes* lundas do cinturão do cobre da África Central. Um aliado suaíli de Mirambo chamado Tippu Tib** (*c.* 1874-1890) também expandiu as suas atividades de caça de elefantes e captura de escravos ao longo do alto rio Congo (na moderna República Democrática do Congo), onde ele introduziu o suaíli como língua do comércio internacional.

> Nos planaltos orientais do Vale do Rift (também na moderna Tanzânia), o comércio de armas da metade do século, a demanda de escravos e marfim, a presença de caravanas e... o desenvolvimento de notáveis [líderes] e exércitos permanentes, tudo isso teve um enorme impacto [no desenvolvimento regional], mas seu efeito na autoridade central não foi uniforme. Em alguns lugares, chefes poderosos caíram; em outros, o governo centralizado surgiu mais forte do que jamais tinha sido antes[3].

---

* Mziri, Muziri, Miziri, Msidi, Mushidi, Mwenda Msiri Ngelengwa Shitambi.
** Tippu Tip.
3 CURTIN, P.; FEIERMAN, S.; THOMPSON, L. & VANSINA, J. *African History*. Boston: Little, Brown & Company, 1978, p. 406-407.

Como um exemplo de como se desintegrou, na metade do século, a autoridade central num Estado planáltico, o historiador Steven Feierman mostrou como os shambalas* "tinham desenvolvido um reino ordeiro, próspero e pacífico" e como depois eles "se romperam num grande número de chefaturas preparadas para o combate, cada uma delas buscando os seus próprios laços com comerciantes e cada uma delas vendendo escravos para o exterior"[4]. Mais ao sul, entretanto, as chefaturas planálticas dos hehes** e dos benas*** se mesclaram em confederações de grande extensão durante os anos de 1870 e 1880. O seu renomado líder Mkwawa**** (1880-1898) continuou a promover uma luta de guerrilha determinada contra os bem-armados exércitos coloniais alemães até que ele foi traído, cercado pelos soldados alemães e se matado (sem se render). No caso de Mkwawa, tal como ocorreu com outros líderes nacionalistas na África Oriental durante os anos de 1890, os europeus puderam recrutar tropas de suaílis e outros africanos para lutar ao lado deles. Assim, os seus exércitos invasores puderam "dividir e conquistar" as confederações políticas em desenvolvimento da África Oriental. Mais tarde, na África Oriental alemã, a Rebelião Maji-Maji***** (1905-1907) levou os guerreiros de muitas comunidades e chefaturas diferentes (sudeste de Quíloa) a uma maciça confederação nacionalista destinada a livrar o seu país do domínio colonial. Contudo, os oficiais alemães e suas tropas suaílis retaliaram brutalmente, e mais de 75.000 morreram de fome induzida por suas táticas de terra arrasada.

No norte do Vale do Rift do moderno Quênia, entretanto, as inconstantes confederações das comunidades autônomas de quicuios e dos massais******, assim como as chefaturas de luos e luhyas cada vez mais desenvolveram ligações comerciais com os comerciantes acambas e suaílis, que passavam pelas suas terras ao longo da rota de caravana Mombaça-Buganda. Durante a epidemia de peste bovina dos anos de 1890, os exércitos imperiais britânicos pouco a pouco empreenderam conquistas (ou a "pacificação") do Quênia colonial

---

* Shambaa, sambala, sambara, sambalai, shambaa, shambala, washambala, washambara.
4 Ibid., p. 407.
** Wahehe.
*** Benas, Ekibena, Ubena, Wabena.
**** Mtwa Mkwawa, Mkwavinyika Munyigumba Mwamuyinga.
***** Revolta Maji-Maji.
****** Masai, il-masaai.

com a ajuda dos soldados suaílis, mas uma resistência local ativa continuou em diversas regiões até 1920. No poderoso reino federado de Buganda, a família real e os seguidores do kabaka (rei dos gandas) Mutesa* (c. 1858-1884) também ficaram profundamente divididos – entre os muçulmanos que tinham laços com Zanzibar ou com o Sudão egípcio, os protestantes que tinham laços com a Inglaterra, e os católicos romanos que tinham laços com a França – no final do século XIX. As perseguições religiosas e as políticas palacianas continuamente destruíam a autoridade de *kabaka* depois de 1876, e os problemas somente pioraram quando Mutesa I morreu. Em 1894, uma facção protestante em Buganda (apoiada pelas forças britânicas) obteve o controle sobre o poder estatal. Seis anos depois, os líderes de Buganda formalizaram uma aliança com os funcionários coloniais britânicos, garantindo às elites protestantes de Buganda uma grande autoridade administrativa sobre os assuntos internos no Protetorado britânico de Uganda.

No "chifre", o nordeste da África, os sertões litorâneos foram habitados pelos clãs somalis autônomos, e a região interior da Etiópia continha uma multidão de comunidades ou reinos diferentes (incluindo cristãos, muçulmanos, judeus, amáricos, oromos e outros) – todos eles aliados ou rivais uns dos outros em várias confederações inconstantes. Na Somália, a maior e a mais efetiva confederação de clãs foi liderada por Said Muhammad (1895-1920), que manteve junto uma coalizão que continuou a resistir à autoridade colonial nas Somalilândias britânica, francesa e italiana, assim como na região de Ogaden da Etiópia, até os anos de 1920. Na confederação imperial da Etiópia do século XIX, por outro lado, Menelik II** (1889-1912) foi tão bem-sucedido em modernizar o seu exército nacional, que os etíopes puderam repelir os invasores italianos (nos anos de 1890) e evitar ser colonizados. Baseando-se no mais antigo restabelecimento da autoridade central nos planaltos da Etiópia sob os imperadores Teodoro II e João IV (1854-1889), Menelik II explorou com bastante habilidade as rivalidades europeias, para ganhar apoio diplomático internacional e armar os seus soldados com armamentos mais avançados. Ele também promoveu a alfabetização e a infraestrutura moderna, construindo as fundações de uma capital permanente em Adis Abeba e um governo centralizado na Etiópia. Admiravelmente bem-sucedido nos seus es-

---

* Muteesa I, Mukaabya Walugembe Kayiira.
** Sahle Mariam, Abba Dagnew.

forços para unificar, modernizar, conquistar e consolidar a Etiópia durante a "disputa" europeia, Menelik II não contestou a colonização britânica, francesa e italiana do litoral e do interior, nas vizinhas Somália e Eritreia. Em primeiro lugar, por causa da liderança diplomática e militar de Menelik II, a independência política da Etiópia do século XIX não foi interrompida pela imposição do domínio colonial europeu.

Conclusões

O desenvolvimento contínuo de alianças, confederações e federações políticas em toda a história da África nunca foi tão amplo e drasticamente interrompido pela intervenção externa como durante as últimas décadas do século XIX. O colonialismo europeu destruiu os legados do desenvolvimento africano do século XIX, negando a soberania dos africanos sobre as suas próprias terras, estabelecendo princípios de autoridade colonial totalmente novos e reestruturando o comércio interno e internacional da África. Durante as últimas décadas do século XIX, as tendências históricas africanas no sentido de confederações nacionais (que procuraram equilibrar a autonomia local com a autoridade central) foram interrompidas pela invasão indiscriminada das canhoneiras e dos exércitos modernos da Europa. Antes da "disputa" europeia, como vimos, os africanos do século XIX estavam desenvolvendo mais abordagens modernas da construção nacional, os sistemas militares e educacionais, as transações comerciais e as relações internacionais. Novas ligações internacionais foram forjadas através das irmandades islâmicas do século XIX na África do Norte e no Sudão, exploradas através de uma diplomacia de alto nível por líderes como Prempeh I ou Menelik II e articulada como novas perspectivas pan-africanas por intelectuais da África Ocidental, como foram dr. J.A. Horton* (Costa do Ouro, atual Gana) e E.W. Blyden** (Libéria). Na véspera do colonialismo, como o historiador Jan Vansina escreveu, o desenvolvimento econômico e social acompanhou a consolidação política em toda a África do século XIX:

> O comércio de longa distância reorganizou completamente o panorama social, com virtualmente toda a África equatorial caindo dentro do âmbito de uma das três redes comerciais [orientadas no sentido do

---

* Africanus Horton, James Beale, James "Africanus" Horton (1835-1883).
** Edward Wilmot Blyden (1838-1912).

Atlântico mediterrâneo e do litoral do Oceano Índico]. [...] Tudo isso trouxe à existência novos padrões culturais, marcados mais vigorosamente pela disseminação da *lingae francae*. Sobretudo, a reorganização do comércio criou novos padrões sociais em outros lugares, as velhas aristocracias (tanto no *status* quanto nos sistemas de linhagem) abriram espaço. Em todos os lugares, o *status* alcançado substituiu o *status* atribuído, com a riqueza se tornando o principal critério a marcar esta realização[5].

O fim gradual do tráfico internacional de escravos e o desenvolvimento correspondente de novos tipos de comércio legítimo em todo o continente, em 1850, começaram a abrir novas possibilidades para os africanos de ampliar os seus interesses comerciais e modernizar as suas alianças, confederações e federações regionais e nacionais. A "Disputa pela África" da Europa, contudo, interrompeu decisivamente estes desenvolvimentos significativos.

Concluindo esta breve síntese das tendências ou temas históricos da herança política da África, parece apropriado refletir sobre a persistência da autonomia local na vida comunitária africana, que forneceu as diferentes fundações sobre as quais vários reinos e impérios foram construídos. Em toda a sua história, os africanos puderam preservar e desenvolver muitas das suas tradições e rituais (junto com as suas línguas e os seus dialetos particulares) com sucesso – em parte porque eles puderam manter um bom grau de autonomia local. Onde quer que as redes locais dos anciãos continuaram a supervisionar os processos de adaptação e mudança em andamento na comunidade, as crenças e as tradições locais puderam ser essencialmente preservadas por longos períodos de tempo. A tendência histórica no sentido da preservação da autonomia local deu surgimento a uma incrível riqueza e variedade na cultura política africana. A riqueza da sua diversidade cultural, como o pan-africanista E.W. Blyden apontou nos anos de 1880, podia ser vista como "o conservatório espiritual do mundo". O encanto e a profundidade da expressão humana diversificada nas artes e nas religiões das nações históricas africanas, na verdade, inspirou percepções alternativas na arte modernista e na música mundial, assim como nas religiões internacionais, como o islamismo e o cristianismo. Enquanto os reinos e os impérios se expandiram, se consolidaram e

---

5 Ibid., p. 442-443.

depois se fragmentaram ao longo dos milênios passados, muitas das tradições culturais associadas com a vida comunitária local permaneceram.

Durante a disputa pela África (c. 1880-1900), os missionários, os exércitos coloniais, os funcionários, os homens de negócio e os colonos europeus invadiram diferentes nações africanas. O colonialismo europeu na África interrompeu importantes continuidades no desenvolvimento das economias políticas de grande extensão em todo o continente. Por causa das suas atitudes racistas, os administradores coloniais frequentemente seguiram políticas que desconsideravam totalmente os interesses e as opiniões dos africanos – políticas que marginalizaram os africanos colonizados como participantes ativos na formação de sua própria história. Posto sucintamente, nas palavras do historiador Joseph Harris:

> O estabelecimento do domínio colonial europeu na África colocou o poder supremo nas mãos de estrangeiros que vieram de um fundo cultural que tradicionalmente denegriam o povo africano. Assim, a força dominante de longo alcance se tornou o Estado colonial que enfatizava as formas modernas de... governo burocrático. As estruturas políticas e econômicas indígenas perderam a sua legitimidade e a sua autoridade[6].

Ainda quando os africanos do século XIX estavam construindo economias mais produtivas e identidades nacionais mais amplas, a colonização europeia pôs fim a estas tendências e interrompeu as continuidades em andamento do desenvolvimento político africano. Os reinos e os impérios de grande extensão (organizados em torno de ligações militares, religiosas, comerciais e de parentesco) estiveram baseados em princípios duradouros de cooperação e autonomia local em toda a África histórica. Atualmente, estas alianças, confederações e federações históricas podiam bem fornecer modelos para o desenvolvimento de sistemas governamentais efetivos e sensíveis nos Estados multinacionais da África independente.

---

6 HARRIS, J.E. *Africans and Their History*. Nova York: Penguin Books, 1987, p. 206.

4

Colonialismo e a experiência africana

Praticamente tudo que saiu errado na África desde o advento da independência foi atribuído aos legados do colonialismo. Isto é justo? Praticamente, todas as potências coloniais tiveram "missões coloniais". O que foram estas missões e por que elas foram aparentemente este desastre? Resultou qualquer bem da "experiência colonial" africana?

Introdução

A colonização da África pelos países europeus foi um marco monumental no desenvolvimento da África. Os africanos consideram o impacto da sua colonização como sendo talvez o fator mais importante na compreensão da atual condição do continente africano e do povo africano. Portanto, é necessário um exame minucioso do fenômeno do colonialismo para avaliar o grau em que ele influenciou não somente o desenvolvimento econômico e político da África, mas também a percepção do povo africano a respeito de si mesmo.

Este capítulo focaliza as principais potências coloniais europeias na África. Ele começará comparando e destacando detalhadamente as atitudes raciais dos ingleses, franceses e portugueses, em seguida falará sobre os seus respectivos estilos político-administrativos e de suas políticas e práticas econômicas e concluirá com uma avaliação do efeito de todos esses fatores sobre a evolução política e econômica dos países africanos.

Quadro 4.1
Controle europeu da África

Poder imperial	Período	
	Antes da 1ª Guerra Mundial (percentagem)	Após a 1ª Guerra Mundial (percentagem)
França	36	37
Inglaterra	30	34
Bélgica	8	8
Alemanha	8	0
Itália	7	7
Portugal	7	7
Não colonizados	4	7
Total	*100*	*100*

As duas maiores potências coloniais na África foram a França e a Inglaterra; ambas controlavam dois terços da África antes da Primeira Guerra Mundial e mais de 70% depois desta guerra (cf. Quadro 4.1). O período que vai da metade dos anos de 1800 ao início dos anos de 1900 marcaram o apogeu do domínio colonial na África. A formalização do domínio colonial foi realizada na Conferência de Berlim de 1884-1885, quando todas as potências europeias se encontraram e partilharam a África, reconhecendo a parcela de cada uma delas no continente. A conferência foi convocada para chegar a um acordo sobre as fronteiras imperiais, de modo a evitar qualquer futuro conflito entre as potências europeias. Após a Primeira Guerra Mundial, a Alemanha, como potência derrotada, foi privada de todas as suas possessões coloniais, que foram parceladas entre os aliados vitoriosos como territórios tutelados do sistema de mandato da Liga das Nações. Tanganica (que é a porção continental da Tanzânia) foi para a Inglaterra. Ruanda e Burundi, que juntos com Tanganica formavam o que era então chamado de África Oriental Alemã, foram para a Bélgica. Camarões foi dividido em dois, uma pequena porção sudoeste indo para a Inglaterra e o restante para a França. A Namíbia, então conhecida como África do Sudoeste, foi transferida para África do Sul, como uma espécie de troféu para a África do Sul que tinha lutado na guerra ao lado das potências aliadas. O Togo, então chamado de Togolândia, tornou-se um território tutelado francês, mas uma pequena faixa ao longo da fronteira ocidental foi para a Inglaterra, que a governou junto com Gana.

Razões do interesse da Europa na África

Antes de examinar cuidadosamente a natureza do colonialismo na África, vamos voltar a nossa atenção para a questão fundamental: Em primeiro lugar, por que a Europa estava interessada na África? Um estudioso da história imperial portuguesa sugeriu que os portugueses foram movidos por "um zelo cruzadista, pela cobiça do ouro da Guiné, pela procura do [reino cristão mítico de] Preste João e pela busca de especiarias"[1]. Outro estudioso indicou a propensão do Infante D. Henrique por viagens arriscadas no exterior, pela verdadeira sede de aventura em nome da aquisição de conhecimento. Contudo, para o nosso propósito aqui, as três grandes razões dadas por Ali Mazrui para a exploração europeia do continente africano, que mais tarde levaram à colonização, fornecem um bom ponto de partida[2]. A primeira razão tem a ver com a necessidade de acumular conhecimento científico sobre o desconhecido. A África, assim referida como o "Continente Sombrio", fornecia exatamente o tipo certo de desafio. Ela apresentava muitos mistérios para os exploradores europeus, que viajavam, observavam e registravam o que viam. Muitos dos primeiros exploradores da África eram geógrafos e cientistas que foram atraídos pelos mistérios e pelas características exóticas desta nova terra. Expedições de pessoas como Samuel Baker, Joseph Thompson, Richard Burton, John Speke e outros no século XIX, conduzidas em nome da ciência e do conhecimento, serviram para atrair os europeus para a África. Eles "descobriram" rios, lagos e montanhas. Estudaram os povos africanos e escreveram sobre eles. Um historiador escreveu sobre as expedições exploradoras do Príncipe Henrique, incluindo aquelas na África: "Quando Henrique dirigiu as expedições exploradoras, deu grande valor ao acervo de conhecimento geográfico e recompensou os seus comandantes 'na medida dos esforços que eles faziam para levar as fronteiras do conhecimento mais longe', para assim conservar neles o objetivo da exploração"[3]. Sem retornar ao debate sobre o que os europeus queriam dizer quando reivindicavam ter "descoberto" os rios e lagos da África, que os africanos tinham conhecido, navegado e pescado em toda a sua extensão, e também sem abusar das descrições muitas vezes extremamen-

---

1 HENRIKSEN, T. "Portugal in Africa: A Noneconomic Interpretation". *African Studies Review*, vol. XVI, n. 3, dez./1973, p. 406.
2 MAZRUI, A.A. "European Exploration and Africa's Self-Discovery". *The Journal of Modern African Studies*, vol. 7, n. 4, 1969, p. 661-666.
3 HENRIKSEN, T. "Portugal in Africa..." Op. cit., p. 406.

te racistas e distorcidas das sociedades africanas que eles difundiram, bastaria dizer que os escritos de alguns desses viajantes estrangeiros ampliaram o conhecimento sobre a África nos seus países de origem e, em última análise, ajudaram os africanos a conhecer melhor o seu próprio continente.

A segunda razão tinha origem no etnocentrismo ou no racismo europeu, ele próprio enraizado em parte no cristianismo ocidental. Implícito na doutrina cristã (assim como no islamismo, é preciso acrescentar) está a exigência de que os seguidores da fé divulguem o Evangelho (ou o Corão) para os outros e conquistem adeptos. Visto que a maior parte da África seguia as suas próprias crenças religiosas tradicionais, os europeus perceberam que havia uma necessidade absoluta de proselitismo e de conversão dos africanos ao cristianismo. Nos primeiros anos do cristianismo e também do islamismo, o trabalho evangélico era frequentemente realizado através de campanhas militares. Mais tarde, outros métodos de persuasão foram utilizados. Missionários foram despachados para a África. Eles estabeleceram clínicas médicas, escolas e centros de serviço social. Ensinaram as línguas europeias aos africanos, que em troca ajudaram os missionários a traduzir a Bíblia para as línguas africanas, para assim colaborar na divulgação das doutrinas cristãs. Pessoas como o Dr. David Livingstone conseguiram combinar as atividades missionárias com a extensa pesquisa científica e as investigações geográficas. Até hoje, a África permanece o destino favorito dos missionários.

A terceira razão estava baseada no imperialismo, o desejo dos patriotas europeus de contribuir para a grandeza de seu país, reivindicando outros países em terras distantes. As aventuras de Carl Peters* do Império Alemão assegurou Tanganica para o seu imperador. As façanhas de Cecil John Rhodes da Inglaterra rendeu um enorme pedaço da África Central para o seu rei. As expedições de Henry Morton Stanley na África preparou o caminho para que o Rei Leopoldo da Bélgica adquirisse o Congo – que ele ironicamente chamou de "O Estado Livre do Congo". E o Infante D. Henrique de Portugal e os outros que se seguiram fundaram o primeiro império português no Oceano Índico, o Estado da Índia**, "o primeiro império mundial português, no qual o sol nunca se põe"[4].

---

* Karl Peters (1856-1918).
4 Ibid.
** Índia Portuguesa.

As três razões aqui mencionadas não são mutuamente excludentes; na verdade, elas estão muito inter-relacionadas. Por exemplo, a informação científica acumulada pelos geógrafos era frequentemente avaliada pelos governos europeus para determinar se valia a pena reivindicar uma determinada área. Se a informação coletada indicasse que uma determinada área tinha um clima agradável, pessoas amigáveis, evidência de recursos naturais, ou boas perspectivas de comércio lucrativo, então eram elaborados os planos de uma força expedicionária financiada pelo governo. Frequentemente, os próprios exploradores não podiam resistir à tentação da ganância e da acumulação de grandes quantidades de riqueza ou cargas preciosas. Muitas vezes, as viagens exploratórias eram patrocinadas e subsidiadas diretamente pelos governos europeus ou por organizações especializadas contratadas pelo governo, como a Royal Geographical Society*. Em outros casos, quando os missionários ou outros exploradores encontravam hostilidade, ou quando as suas vidas estavam em risco (como aconteceu, p. ex., com o bispo Hannington**, que encontrou resistência religiosa em Uganda e foi finalmente morto por ordem de um rei local), tropas estrangeiras eram enviadas prontamente, ou para punir os grupos envolvidos ou para proteger outros estrangeiros. Quando as tropas estrangeiras chegavam, elas invariavelmente permaneciam, e, num curto espaço de tempo, chegavam as expedições colonizadoras.

    Depois que o governo colonial era estabelecido, os missionários e as autoridades coloniais estabeleciam uma relação de trabalho bastante próxima. Na maior parte da África colonial, as escolas eram compostas e conduzidas por missionários, mas eram subsidiadas em vários níveis pelos governos coloniais, cujo interesse na educação missionária era simplesmente assegurar que os africanos fossem suficientemente educados para atender à necessidade estrita de trabalhadores semiqualificados nas burocracias coloniais. Os missionários tinham um controle total sobre o currículo religioso. As escolas missionárias ensinavam que a presença europeia na África era para beneficiar o povo africano e para tirá-lo de um estado de barbarismo. Os costumes africanos foram desencorajados. As línguas africanas foram banidas nas escolas missionárias. A herança africana foi ridicularizada e suprimida. O objetivo era dar aos africanos uma nova identidade, exigindo deles novos nomes cristãos. Tal como

---

* Real Sociedade Geográfica da Grã-Bretanha.
** James Hannigton (1847-1885).

eu me lembro dos meus dias de escola colonial, um estudante africano que fosse orgulhoso do seu nome africano e insistisse em usá-lo se arriscava a ser severamente punido ou mesmo expulso. Em muitos aspectos, a religião ocidental inculcava a submissão, enfatizando que a vida na terra era temporária e que ela seria mais bem-utilizada na preparação para a vida eterna. Para se qualificar para a vida eterna se aprendia a praticar as virtudes cristãs do perdão, da submissão e da paciência. Achava-se que a humilhação e o sofrimento, tal como estavam sendo suportados pelos africanos durante o colonialismo, eram enobrecedores e espiritualmente purificadores. O relacionamento entre as missões e os governos coloniais era realmente simbiótico.

Não há dúvida de que os africanos levaram a educação ocidental com entusiasmo. A pouca escolaridade que eles obtiveram abriu as suas mentes e deu a eles habilidades práticas e intelectuais que eles jamais tinham tido antes. Com alguma educação ocidental, um africano tinha a oportunidade de um estilo de vida que até então ele podia somente ler a respeito nos compêndios escolares ocidentais. Havia uma tremenda demanda de educação que estava muito além da capacidade que as missões tinham de fornecer. Apesar disso, a educação colonial muito frequentemente afastou os jovens da sua própria cultura e destruiu a autoridade tradicional. Gradualmente, o povo africano começou a concordar com o domínio colonial e a renunciar aos elementos da sua cultura e das suas tradições. Além disso, os objetivos missionários não estavam totalmente limitados às questões espirituais. Há um ditado, atribuído a Jomo Kenyatta, o primeiro presidente do Quênia, que tem sido repetido muito frequentemente e que carrega consigo alguma verdade. Ele diz mais ou menos isto: Quando os europeus vieram para a África, eles tinham a Bíblia e os africanos tinham a terra. Eles deram a Bíblia aos africanos e disseram a eles para trazê-la na mão, fechar os olhos e rezar. Quando os africanos abriram os olhos, eles tinham a Bíblia e os europeus tinham a sua terra. No Congo, foi uma missão que se encarregou de uma campanha para transformar – eles utilizaram o termo "civilizar" – os africanos numa imitação negra europeia. É fácil ver por que o papel dos missionários cristãos na África tem sido atacado por muitos escritores e cientistas sociais, por terem instigado e auxiliado a opressão e a exploração coloniais.

Imperialismo na África: a lógica

Por que os europeus estavam tão ávidos para adquirir colônias e impérios na África? Três razões se destacam e elas podem ser classificadas como político-estratégica, cultural e econômica. A motivação política tem a ver com a rivalidade política entre os estados europeus pela dominação do sistema internacional no século XVIII. Estes estados acreditavam que as propriedades coloniais conferiam prestígio e *status*. Ainda hoje se pode afirmar que as posses e a riqueza ainda conferem um grande *status* àqueles que as possuem. Grandes países ainda concorrem por influência nos pequenos estados. A concorrência entre os Estados Unidos e a antiga União Soviética no chamado Terceiro Mundo na época da Guerra Fria permaneceu em parte pela busca de liderança e pela dominação nos assuntos mundiais. As intervenções durante os últimos quarenta anos no Vietnã (pelos Estados Unidos) e no Afeganistão (pela antiga União Soviética) tinham muito a ver com ajudar um aliado e também com projetar o poder dos intervencionistas, com a expectativa de adquirir clientes neste processo. A invasão quase unilateral dos Estados Unidos ao Iraque em 2003, contra a advertência do Conselho de Segurança das Nações Unidas e dos aliados europeus, como a Alemanha e a França, faz lembrar o comportamento imperialista do passado. Adquirir um império era um atalho para o *status* de potência mundial. Imaginem o orgulho e a presunção psicológica sentidos pela pequena Bélgica ao adquirir a República Democrática do Congo, um país aproximadamente noventa vezes maior do que a Bélgica. Ou tomem o caso da Inglaterra que, no auge do seu poder imperial, controlava, somente na África, uma área que era mais de quarenta vezes o seu tamanho.

Além da satisfação psicológica de ser uma grande potência, a aquisição de uma colônia também fornecia um grande reservatório de mão de obra a ser utilizada em tempos de guerra. Foi relatado, por exemplo, que, durante a Primeira Guerra Mundial – "a guerra", de acordo com o Presidente Woodrow Wilson, "para tornar o mundo seguro para a democracia" – aproximadamente um milhão de soldados de descendência africana lutaram ao lado das potências aliadas. Na Segunda Guerra Mundial, cerca de dois milhões de africanos – e um milhão de afro-americanos – serviram, mais uma vez, ao lado daqueles que estavam lutando contra a tirania e a opressão. De modo geral, a posse de enormes colônias fornecia a mão de obra que mantinha o compromisso das potências imperiais de ficarem mais ricas e se tornarem mais fortes, sendo capazes de promover campanhas militares bem-sucedidas em qualquer lugar do mundo.

Havia mais uma vantagem geopolítica na obtenção de certas áreas da África durante o conflito armado. Por exemplo, no começo do século XIX, os britânicos decidiram capturar o extremo sul da África do Sul para obterem uma vantagem tática na sua guerra contra a França. Controlando o Cabo da Boa Esperança, a Inglaterra pôde efetivamente conduzir operações navais contra a França, tanto no Oceano Índico quanto no Oceano Atlântico. O Estreito de Gibraltar, a pequena entrada ocidental do Mar Mediterrâneo, foi o palco de intensas campanhas militares na Segunda Guerra Mundial, em que os combatentes buscavam controlá-lo. Quem controlasse os estreitos ganhava acesso a certas áreas que podiam influenciar nos resultados militares dos conflitos que ocorressem nestas áreas. Existem outras áreas do mundo que têm sido palcos de confrontos estratégicos entre as potências imperialistas, como o Estreito de Magalhães no extremo da América do Sul, o Estreito de Málaga no Arquipélago Indonésio, o Canal de Suez e o Canal do Panamá. A segurança estratégica foi uma das razões por trás da colonização, mas, depois que certas áreas foram reivindicadas, tornou-se necessário protegê-las não somente contra os seus proprietários legítimos, mas também contra as outras potências coloniais rivais.

A razão cultural da colonização estava profundamente enraizada no etnocentrismo e na arrogância cultural dos povos europeus, que viam alguém diferente como sendo culturalmente inferior. No caso dos africanos, na medida em que eles não eram tecnologicamente avançados, ou na medida em que as suas realizações não foram escritas e, portanto, não eram conhecidas no resto do mundo, os europeus sentiram que era seu dever "civilizar" e "elevar" o povo africano. Numa linguagem que foi usada por aqueles que buscaram projetar a colonização sob uma luz mais favorável, Perham afirma que esta função "via os interesses dos dominados como iguais, quando não realmente superiores, àqueles dos dominadores"[5]. Uma vez que a decisão de adquirir colônias foi tomada, caberia aos poetas, aos escritores e aos intelectuais fornecerem a justificação moral e filosófica para o colonialismo. E ao desafio que eles levantaram! A famosa expressão "o fardo do homem branco", utilizada por Rudyard Kipling no seu igualmente renomado poema do mesmo nome,

---

5 PERHAM, M. *The Colonial Reckoning*. Nova York: Alfred A. Knopf, 1962, p. 127.

capta nitidamente o sentido de missão divina que devia caracterizar a entrada forçada da Europa na África. Kipling instiga o Ocidente:

> Assumi o Fardo do Homem Branco –
>
> Enviai o melhor da vossa raça –
>
> Ide vincular os seus filhos ao exílio
>
> Para atenderem as necessidades dos seus cativos;
>
> Esperai nos chicotes de fios pesados,
>
> No povo agitado e selvagem –
>
> Sua gente recém-capturada, carrancuda,
>
> Meio-demônio e meio-criança.

Um exemplo eloquente do "Fardo do Homem Branco" está contido num discurso proferido no Senado dos Estados Unidos, na virada deste século, pelo senador Henry Cabot Lodge, um expoente da expansão dos Estados Unidos no Caribe e no Pacífico. Nas deliberações do Senado norte-americano sobre Filipinas após a expulsão da Espanha, o Senador Lodge declarou:

> Se os argumentos que foram oferecidos contra a nossa ocupação das Ilhas Filipinas, porque não tínhamos sequer o consentimento dos habitantes, fossem justos, então, todo o nosso passado de expansão seria um crime [sic]. Eu não acho que violamos neste relatório os princípios da Declaração de Independência. Pelo contrário, eu acho que os propagamos em regiões onde eles eram desconhecidos...[6]

O senador continuou:

> O outro argumento daqueles que são contrários à política republicana é que estamos negando o autogoverno aos filipinos. Nossa réplica a isto é a seguinte: conceder autogoverno independente imediatamente, tal como o compreendemos, para um povo que não tem qualquer concepção a respeito disto e qualquer aptidão para isto, é dotá-los com uma maldição em vez de uma bênção. Fazer isto seria impedir totalmente o seu progresso ao invés de fazê-lo avançar no caminho para a liberdade e para o governo livre, que desejamos que eles alcancem e deles gozem. Esta controvérsia está naturalmente na proposição de

---

[6] McGRATH, E.G. *Is American Democracy Exportable*? Beverly Hills, CA: The Glencoe Press, 1968, p. 50.

que os filipinos não estão hoje minimamente preparados para o autogoverno, tal como o compreendemos[7].

Por que o Senador Lodge acha que os Estados Unidos estariam mais bem-preparados para desempenhar este papel nas Filipinas? A resposta está contida no seguinte parágrafo:

> Todo o nosso enorme crescimento e expansão se deveu ao espírito da nossa raça, e foi guiado pelo instinto do povo americano, que em todas as grandes crises provou ser mais sábio do que qualquer raciocínio. Quanto a este poderoso movimento para o oeste, construindo uma nação e conquistando um continente enquanto ele era arrastado, não foi obra do acaso ou de um acidente que ele nos trouxe para o Pacífico e que agora nos leva através do grande oceano, inclusive para as costas da Ásia, ou até a própria beira do berço dos Arianos, de onde os nossos ancestrais muito distantes começaram a marcha que desde então cingiu o mundo[8].

Os ingleses, os franceses, os portugueses e os belgas podem não ter expressado o seu papel na África nos mesmos termos, e talvez não tão eloquentemente quanto o senador americano, mas eles, não obstante, sentiram do mesmo modo quando embarcaram na sua aventura imperialista na África. Era o seu "destino manifesto" assumir o controle da África; não responder a esta convocação especial teria sido uma traição daquela característica especial, a única que os tinha tornado grandes.

A motivação econômica da colonização provavelmente recebeu a maior parte da atenção dos estudiosos e dos pensadores. A literatura inicial sobre a colonização está repleta de referências aos enormes recursos e mercados representados pela África e sobre os benefícios econômicos que eles trariam para as potências europeias ao abrirem o continente africano. Contudo, foi Vladimir Lênin que, no seu clássico *O Imperialismo: etapa superior do capitalismo*, expressou mais sistematicamente a lógica econômica da extensão do domínio imperialista para o Terceiro Mundo. Lênin e outros estudiosos desde então afirmaram que os países europeus procuravam colonizar os estados africanos em resposta às demandas inerentes das economias capitalistas, que não somente precisavam de recursos naturais com os quais pudessem abastecer as

---

[7] Ibid.
[8] Ibid., p. 52.

revoluções industriais nos seus próprios países, mas também procuravam explorar a abundante mão de obra barata. Enquanto as economias europeias se expandiam, os mercados cativos no Terceiro Mundo se tornaram necessários para disponibilizar produtos excedentes. Basta dizer que o desejo de riqueza, comércio, recursos e mão de obra barata motivou a expansão europeia na África e em outras partes do Terceiro Mundo. Alguns historiadores revisionistas sugeriram que a colonização não era absolutamente tão economicamente lucrativa para as potências coloniais. Mais adiante, ainda neste capítulo, contudo, exploraremos mais plenamente as práticas econômicas dos principais colonizadores europeus.

Raça e colonizadores europeus: "as missões civilizatórias"

A Europa justificou a sua colonização da África baseada no fato de que era seu dever moral "erguer" os africanos do seu estado primitivo. Uma ampla evidência sugere que todas as potências europeias não pensaram muito nos africanos, na cultura e na história da África. Os escritos dos europeus que visitaram a África antes da colonização efetiva mostram visões de indivíduos determinados a olhar para a África através de suas perspectivas culturais e a concluir que os africanos eram atrasados e incivilizados. A preocupação com a cor da pele e outros traços físicos, como medidas da "civilização", era forte e coerente. Os europeus, portanto, perceberam que a colonização estava correta e que eles tinham a missão de "civilizar" os africanos. Como eles conceberam esta missão? Como iriam eles executá-la? Que tipo de pessoa eles esperavam encontrar, uma vez que a sua missão na África estivesse realizada? As respostas a estas questões fundamentais revelarão contrastes interessantes entre os colonizadores europeus e, assim fazendo, nos dirão quais eram as suas atitudes raciais e os pressupostos que subjazem à sua "missão civilizatória", fornecendo percepções sobre como eles se autodefiniam como ingleses, franceses, portugueses ou belgas.

A Missão Britânica

Na maioria das colônias britânicas, os povos indígenas e os britânicos eram segregados. As instituições sociais como escolas, instalações recreativas e hospitais eram mantidas por diferentes grupos raciais. Em lugares como a África Oriental, principalmente o Quênia, onde significativas comunidades asiáticas, árabes (islâmicas) e europeias se estabeleceram, havia instalações separadas para cada um daqueles grupos, as melhores instalações, naturalmente, sendo reservadas aos europeus. Havia escolas asiáticas, escolas europeias, escolas africanas, e, na costa, escolas árabes ou muçulmanas. Os transportes eram frequentemente desmembrados em primeira, segunda e terceira classes. As escolas separadas eram frequentemente designadas racialmente, assim como eram os hospitais e os banheiros nos prédios públicos. O transporte, por exemplo, de ônibus ou de trens, não era classificado racialmente, mas o emprego de maiores tarifas e o costume local asseguravam que os africanos mantivessem o seu lugar – nas poltronas da terceira classe. As residências eram segregadas, com os africanos das cidades confinados nas "locações africanas", com habitações visivelmente lotadas e inferiores. Como é bem-sabido, foram feitas tentativas no sentido de codificar em lei a segregação racial em áreas essenciais de colonos ingleses, como no Quênia, no Zimbábue e na África do Sul.

De má vontade, os britânicos permitiriam a um africano rico comprar uma casa numa área predominantemente branca, ou viajar num compartimento de primeira classe, se ele não o dividisse com um europeu, mas, em geral, eles não previam uma situação na qual um africano pudesse ser "elevado" a um nível em que ele pudesse ser considerado socialmente igual a um britânico. Pode-se admitir que, de uma maneira muito geral, os ingleses tentaram transformar os africanos em damas e cavalheiros britânicos. Na verdade, os ingleses ficavam muito satisfeitos em apontar um "africano elevado" que afetava uma conduta britânica, mas eles não consideravam este africano um indivíduo socialmente igual da mesma maneira que os franceses faziam. Era óbvio que um africano que podia ler ou usar ferramentas mecânicas era mais produtivo do que aquele que não podia, mas era impensável que um africano pudesse ser educado para um nível de igualdade social com uma pessoa britânica. Os governadores nas colônias britânicas muitas vezes falavam de africanos que eventualmente exerciam poder político nos seus países, mas evidentemente não como parceiros políticos dos ingleses. O poder político podia ser exercido por africanos somente sobre outros africanos. No Quênia, no Zimbábue e na África do Sul, onde os brancos constituíam, respectivamente, 1, 5 e 15% da população, os ingleses outorgavam uma grande responsabilidade política aos governos coloniais, e os brancos nas colônias insistiam em dominar os africanos, não compartilhando o poder com eles proporcionalmente, ou mesmo em termos de igualdade. No decorrer do colonialismo britânico, nem um único pensamento foi dirigido aos africanos (aliás, a qualquer outro povo do Terceiro Mundo colonizado pelos ingleses), que nunca foram representados no poder legislativo britânico. Ter representação africana no parlamento britânico (mesmo sob o pretexto de treiná-los no governo parlamentar) teria sugerido igualdade política e talvez racial, uma ideia cuja época não viria. Evidentemente, a única maneira de alguém poder ser tido como uma pessoa tão boa quanto um britânico era ter nascido inglês. Um africano podia adquirir cultura britânica, e muitos o fizeram, mas nunca a ancestralidade acompanha isto. Portanto, a noção britânica daquilo que constituía o "britanismo" (*Britishness*) estava baseada *tanto* na ancestralidade *quanto* na cultura.

A Missão Francesa

Da mesma maneira, os franceses desprezavam os africanos e a cultura africana. Eles tinham uma política social de suporte do seu governo colonial na África conhecida como "a política de assimilação". Esta política estava baseada no próprio ideal revolucionário elogiável da igualdade humana, mas somente sob a suserania francesa.

> Assim, os franceses, quando confrontados com pessoas que eles consideravam como bárbaros, acreditavam que era sua missão transformá-los em franceses. Isto implicava uma aceitação fundamental da sua potencial igualdade humana, mas uma total destituição da cultura africana como possuindo qualquer valor. Os africanos eram considerados como sendo um povo sem qualquer história, sem qualquer civilização merecedora desse nome, constantemente em guerra uns com os outros e afortunados por terem sido colocados em contato com os frutos da civilização francesa[9].

Obviamente, os franceses estavam na África para "civilizar" e remodelar os africanos à sua própria imagem. A política de assimilação exigia um sistema educacional que transformaria os africanos em pessoas francesas. Citou-se

---

9 CROWDER, M. *Senegal*: A Study in French Assimilation Policy. Nova York: Oxford University Press, 1962, p. 2.

que um vice-governador do Senegal teria dito em 1902 aos estudantes africanos numa escola local o seguinte:

> A língua francesa é a língua do mundo inteiro, e você não é uma pessoa educada ou distinta, qualquer que seja a sua raça, a menos que você saiba como falar francês... Falar francês, meus jovens amigos, é pensar em francês... é ser algo mais do que um homem comum, é estar associado com a nobreza e o destino do nosso país... Amem a França com toda a sua força, porque ela ama vocês também[10].

Visto que as oportunidades educacionais eram extremamente limitadas nas colônias francesas, somente alguns africanos realmente se qualificaram com plenos direitos como cidadãos franceses. No entanto, depois da Segunda Guerra Mundial, em seguida às reformas que conferiram cidadania francesa aos africanos, os africanos aculturados, que viviam em cidades no Senegal, na Costa do Marfim, na Guiné e em outros lugares do Império Francês, não lembram ter usado banheiros separados, ser mandados para escolas separadas, ter de se sentar em lados opostos do corredor na igreja, ser forçados a viajar em compartimentos separados do trem, ter de beber de fontes separadas, ou mesmo ter de suportar a humilhação de sinais que diziam: "Somente africanos", "Somente europeus", ou "Não permitido a cães e africanos". Isto simplesmente não quer dizer que as indignidades raciais estavam completamente ausentes nas colônias francesas. Isto simplesmente diz que, quando os africanos se tornaram aculturados na cultura francesa, eles foram incluídos na comunidade francesa, de uma maneira que os britânicos nas suas próprias colônias não teriam considerado fazer. É este grau de aceitação de africanos aculturados que deu surgimento à visão de que os franceses eram "cegos para a cor", não eram racistas. Além disso, depois de 1946, os africanos podiam participar nos assuntos políticos franceses em três níveis: nos seus próprios países (como no Senegal, na Guiné, em Camarões), nas suas regiões federadas (como na África Ocidental Francesa ou na África Equatorial Francesa), ou no sistema político metropolitano francês. A prática social francesa em relação aos africanos sugere que os franceses consideravam mais a cultura do que a ancestralidade cultural como o ingrediente fundamental da "francesia" (ou do "francesismo").

---

10 VAILLANT, J.G. *Black, French, and African*: A Life of Léopold Sédar Senghor. Cambridge: Cambridge University Press, 1990, p. 53.

O contraste entre franceses e ingleses: Senghor e Khama

Os ingleses e os franceses talvez possam ser mais nitidamente diferenciados quando olhamos para o modo como eles trataram dois africanos vindos de suas respectivas colônias: Léopold Sédar Senghor (1906-2001) do Senegal, uma colônia francesa na África Ocidental, e Seretse Khama (1921-1980) do Botsuana, uma colônia britânica no sul da África. Senghor foi o produto das melhores circunstâncias que o domínio colonial francês tinha a oferecer. Ele nasceu numa próspera família africana católica de comerciantes, foi para boas escolas missionárias francesas no Senegal e prosseguiu na Sorbonne, na França, onde ele se graduou em Filosofia e Literatura. Senghor viveu na França durante muitos anos e depois se ligou à política como um membro do Partido Socialista francês, chegando a se tornar um membro da Assembleia Nacional representando o Senegal. Senghor também representou a França durante um ano na Unesco (Organização das Nações Unidas para a Educação, a Ciência e a Cultura) e serviu como ministro em dois governos franceses no final dos anos de 1940. Quando Senghor se retirou da presidência do Senegal em 1980, ele escolheu viver na França até a sua morte em 2001. A experiência de Senghor, como logo se poderá ver, foi bastante diferente daquela de sua contrapartida numa colônia britânica. Seretse Khama, por outro lado, era filho de um rei – Sekgoma II[*] – do povo manguato[**], o maior subgrupo do povo tsuana[***], no que costumava ser chamado de Bechuanalândia (agora Botsuana). O seu pai morreu quando Khama tinha menos de cinco anos de idade. O tio de Khama, Tshekedi Khama, tornou-se regente até que Khama pudesse assumir o trono mais tarde. O jovem Khama foi para escolas missionárias em Botsuana, depois para uma faculdade negra em Fort Hare, e para a segregada Universidade de Witwatersrand na África do Sul. Mais tarde, ele prosseguiu na Universidade de Oxford, na Inglaterra, para estudar Direito, Política e Economia e se tornou advogado.

Num sentido real, tanto Senghor quanto Khama foram profundamente aculturados pelos valores europeus de suas respectivas potências coloniais, e os dois foram produto das mais refinadas instituições de ensino superior

---

[*] Sekgoma Khama II.
[**] Mangwato, bamangwato, nguato, ngwato, ngwatu.
[***] Tswana, abetswana, bechuana.

nas suas respectivas metrópoles. Senghor escreveu um grande número de ensaios e poemas sobre a sua dupla identidade como francês e como africano. A França, contudo, não era isenta de racismo. Na verdade, a sua experiência na França o levou a expressar uma filosofia da negritude, através da qual ele e seus companheiros intelectuais negros afirmaram o valor próprio da "negritude". Em todo caso, Senghor e também Khama encontraram e se apaixonaram por mulheres brancas e decidiram casar com elas. O casamento de Senghor com uma mulher branca não causou absolutamente qualquer sussurro, qualquer excitamento negativo na França. Os seus colegas deputados na Assembleia Nacional da França e o público francês reagiram positivamente a seu casamento. Era como se os franceses tivessem esperado o tempo todo que Senghor, como um refinado e brioso francês, embora com ancestralidade africana, casasse com uma mulher francesa. É impressionante que, na maioria das biografias de Senghor, nenhuma menção especial tenha sido feita ao seu casamento com uma mulher branca francesa.

Por outro lado, o casamento de Khama com uma mulher inglesa foi recebido com um desânimo total pelo governo britânico. Seu tio, o regente, também objetou vigorosamente e, de fato, tentou sem sucesso primeiramente parar o casamento, impedindo que ele ocorresse. Parafraseando as razões da recusa de Tshekedi Khama em aceitar o casamento do seu sobrinho, Michel Dutfield escreve:

> Seretse estava voltando as costas para os deveres e as obrigações para os quais ele tinha nascido. No costume dos manguatos, casar sem a permissão de seu pai era uma ofensa grave. Se você fosse o eventual chefe, casar sem a permissão da tribo atacava os fundamentos do governo. No viveiro da política tribal, o casamento de um chefe era o instrumento principal para forjar alianças, romper blocos de poder e ajudar a assegurar o futuro da tribo. Os manguatos tinham o direito de decidir quem deveria ser a sua futura rainha. Os monarcas europeus jamais puderam casar exatamente como lhes agradava[11].

O público britânico estava tão intrigado com a oposição muito vociferante ao casamento demonstrada pelo tio de Seretse em Botsuana que o protelou por causa da natureza incomum do casamento. Como Dutfield explica: "Os

---

[11] DUTFIELD, M. *A Marriage of Inconvenience*: The Persecution of Ruth and Seretse Khama. Londres: Unwin Hyman, 1990, p. 4.

negros, em 1948, eram, aos olhos da maioria das pessoas, inferiores e também um pouco misteriosos. Eles eram certamente não a espécie de pessoas com as quais as garotas brancas se casariam"[12]. Seretse retornou ao Botsuana onde, numa assembleia tradicional especialmente convocada, o seu povo decidiu aceitá-lo como sendo o seu líder e deu boas-vindas à sua esposa branca na comunidade como a sua futura rainha. O governo britânico não permitiria que Seretse fosse instalado no trono. Dutfield descreve claramente a forte oposição expressada contra o casamento pelos governos da África do Sul e da Rodésia do Sul (agora Zimbábue) – os dois países, então, comprometidos com a segregação racial e com a supremacia branca –, que viram este casamento misto entre um futuro líder negro de um país vizinho e uma mulher branca como um precedente perigoso. O governo britânico concordou com estes dois países, para proteger o seu relacionamento altamente valioso com eles, e planejou fazer isto de uma maneira que não pudesse parecer racial. De fato, a atitude oficial dos britânicos em relação ao casamento foi além de um simples ato de desaprovação por um governo em solidariedade com seus aliados. Os britânicos estabeleceram uma comissão para investigar ostensivamente se Khama estava ou não apto para ser o líder do seu povo (mas, na verdade, para levantar questões sobre a sua sanidade por casar com uma mulher branca). Eles o aliciaram para Londres, onde lhe foi dito que não seria permitido a ele retornar ao Botsuana, mas, ao contrário, seria mandado para o exílio para evitar que ele assumisse o seu papel tradicional como rei. A razão oficial dada foi que os maiores interesses do seu povo não seriam atendidos por esta tomada de posse. Estes interesses jamais foram definidos. O governo publicamente – mas de maneira insincera – negou que o seu casamento com uma mulher branca tivesse algo a ver com a maneira ignominiosa na qual ele estava sendo tratado. Seria permitido que ele retornasse ao Botsuana seis anos depois, em 1956, somente depois de ele ter renunciado ao seu direito ao "trono". Voltando ao Botsuana junto com a sua esposa como "pessoas privadas", Khama fundou o Partido Democrático da Bechuanalândia, que ganhou as eleições que foram realizadas quando foi concedida a independência do Botsuana pela Inglaterra. Khama se tornou o primeiro presidente de Botsuana em 1966 e logo depois disso foi condecorado pela rainha da Inglaterra. Não obstante, é justo concluir que, apesar de Khama ser de sangue "real" e ter sido educado na Univer-

---

12 Ibid., p. 44.

sidade de Oxford, os ingleses nunca puderam aceitá-lo como um indivíduo socialmente igual. O seu casamento com uma mulher branca tinha sido visto como um ato de impudicícia racial de sua parte. A diferença entre os modos como Senghor e Khama foram tratados ilustra a diferença perceptiva de raça entre os franceses e os ingleses. Os franceses estavam preparados e aceitaram Senghor como um francês negro, enquanto que os ingleses, através do seu governo, não puderam sequer pensar em Khama como um indivíduo socialmente igual, muito menos como um inglês negro.

A Teoria do Racismo Francês de Fanon

É claro ver por que os franceses sempre foram considerados como os mais esclarecidos entre os senhores imperialistas. Mas eles eram? Um novo olhar sobre como os franceses eram verdadeiramente esclarecidos é dado por Franz Fanon, um psiquiatra negro que nasceu na ilha de Martinica nas Índias Ocidentais (Caribe). Fanon diz que, como produto de circunstâncias familiares muito confortáveis na Martinica, ele cresceu achando e acreditando que era francês, até que foi para a França estudar Medicina com especialização em Psiquiatria. A França estava no processo de suprimir a luta armada argelina pela independência. Fanon estava extremamente curioso para saber por que o povo francês, que ele acreditava ser tão esclarecido, punha-se tão violentamente contra a demanda do povo argelino por liberdade e por seu próprio autogoverno. O total desdém e racismo demonstrados pelo povo francês em relação aos argelinos o chocaram. Havia também muito ódio em relação às pessoas africanas e árabes que viviam na França. Algo do antagonismo em relação aos árabes sem dúvida deve ter tido alguma relação com o crescente número de mortos infligidos às tropas francesas pelos rebeldes argelinos. O povo francês estava também frustrado com o fato de a Guerra da Argélia estar se arrastando por tanto tempo. Em todo caso, como a evidência do racismo francês se tornara mais óbvia, muitas pessoas negras começaram a reivindicar a sua identidade como pessoas de cor e a afirmar o seu valor como seres humanos.

Fanon parece ter se chocado com a reação francesa muito forte contra as declarações de proeminentes figuras literárias, como Aimé Césaire, de que eles estavam orgulhosos por serem negros[13]. No entanto, as observações de

---

[13] FANON, F. *Toward the African Revolution*. Nova York: The Grove Press, 1967, p. 17-27.

Fanon o levaram a teorizar que os franceses eram de fato tão racistas quanto as outras potências europeias ao somente aceitarem os povos colonizados, as pessoas de cor, somente quando eles desistiam da sua identidade cultural – quando, por assim dizer, eles cometiam um suicídio cultural. Ele percebeu que os franceses não tinham demonstrado absolutamente nenhuma tolerância racial em relação a africanos e árabes que escolheram preservar a sua cultura e a sua herança. Ele argumentou que aquilo que tinha sido caracterizado como sendo a tolerância francesa era somente uma forma do amor-próprio francês. Os franceses, concluía ele, aceitavam o povo colonizado apenas na medida em que este último refletia a cultura, os valores e as tradições franceses. Nesse sentido, então, os franceses eram tão desdenhosos e destruidores dos modos tradicionais dos povos africanos quanto os ingleses, os portugueses e os belgas. Uma evidência adicional de que os franceses não eram cegos para a cor, como amplamente se acreditava, pode ser encontrada no romance clássico *God's Bits of Wood* (*Pedaços de madeira de Deus**) de Ousmane Sembene, baseado na construção de uma estrada de ferro ao longo da vasta extensão do que ficou conhecido como a África Ocidental Francesa. As atitudes dos capatazes franceses em relação aos trabalhadores africanos da estrada de ferro estavam atadas ao racismo, à brutalidade e à indiferença encontrados nos outros senhores coloniais.

A Missão Portuguesa

Os portugueses eram etnocêntricos, alguns diriam racistas, em relação aos africanos. Eles também tinham uma "missão civilizatória" na África. Contudo, o seu conceito daquilo que constituía um português era uma combinação das ideias tanto dos franceses quanto dos ingleses. Isto incluía a ancestralidade e também a cultura. Um elemento fundamental da política social portuguesa na África (como em outros lugares do seu império, como no Brasil) era a apologia e a promoção da mistura de culturas e de raças através do casamento e da coabitação. Este processo era principalmente de sentido único, envolvendo homens portugueses e mulheres africanas. Havia muito abuso nesse sistema, especialmente naquilo que dizia respeito às mulheres africanas. A maioria das uniões nunca se tornava legal. Sem a força da lei, a maioria dos pais portugueses se recusou a aceitar responsabilidade por seus filhos de dupla raça. A

---

* No original em francês: *Les Bouts de Bois de Dieu*.

consequência disso foi que estes filhos de ligações inter-raciais não tinham uma forte identificação com a sociedade portuguesa, que se supunha que esta prática instilasse. Como se podia imaginar, os casamentos entre homens africanos e mulheres portuguesas eram raros e, na verdade, muito desaprovados.

A imagem de "tolerância racial" era cuidadosamente cultivada e elevada a uma filosofia do "luso-tropicalismo", cujos principais temas são resumidos por Gerald Bender, da seguinte maneira:

> Dado um único fundo cultural e racial da metrópole portuguesa, os exploradores e colonizadores portugueses demonstraram uma habilidade especial – não encontrada em qualquer outro povo no mundo – em se adaptar às terras e aos povos tropicais. O colonizador português, basicamente pobre e humilde, não teve as motivações exploradoras de sua contraparte nos países mais industrializados da Europa. Consequentemente, ele imediatamente entrou em relações cordiais com as populações não europeias que encontrou nos trópicos... A prova final da ausência de racismo entre os portugueses, no entanto, se encontrava no Brasil, cuja população mestiça grande e proeminente é um testemunho vivo da liberdade das relações sociais e sexuais entre portugueses e não europeus. O não racismo português é também evidenciado pela ausência na lei portuguesa da legislação racista da África do Sul e até recentemente dos Estados Unidos, que proíbe os não brancos a ocupações e instalações específicas etc. Finalmente, qualquer preconceito ou discriminação nos territórios inicial ou presentemente governados por Portugal pode ser marcado pelo preconceito de classe, mas nunca pela cor[14].

Esta era a ideologia do colonialismo português no papel, tal como defendida por aqueles que a favoreceram. A evidência histórica, contudo, indica que os portugueses se viam claramente como sendo superiores aos africanos. Relatou-se que um administrador colonial português nos anos de 1890 tinha se referido a um africano, a quem ele chamou de negro, como "esta criança grande – instintivamente má como toda criança –, embora dócil e sincera", enquanto o mesmo funcionário colonial se colocava a favor do trabalho forçado instituído por Portugal no seu vasto império em todo o mundo, dizendo que

---

14 BENDER, G.F. *Angola under the Portuguese*: The Myth and the Reality. Berkeley: University of California Press, 1978, p. 4.

era correto que o Estado obrigasse "estes rudes negros da África, estes párias ignorantes da Ásia, estes imbecis selvagens da Oceania a trabalhar..."[15]

A consequência desta política social portuguesa, ao longo de um período de tempo, foi a emergência de uma pirâmide social altamente estratificada, envolvendo portugueses de sangue puro no topo, gozando de todos os privilégios e direitos da cidadania portuguesa; um estrato muito pequeno (pessoas de raça misturada) no meio, a quem eram autorizados apenas alguns direitos; e os africanos de sangue puro que eram grandemente explorados e estavam submetidos a todo tipo de indignidades e abusos. Nas colônias portuguesas um africano podia ser considerado civilizado somente se ele "pudesse falar português, tivesse se despojado de todos os costumes tribais e fosse regular e remuneradamente empregado"[16]. Além disso, a população africana estava dividida em dois subgrupos: os *assimilados*, que tinham adotado basicamente o modo de vida português, tal como definido pela lei portuguesa, e os *indígenas* (nativos), a enorme maioria que não tinha desistido de toda a sua cultura, língua e modo de vida. Se ocorresse de você ser um *indígena*, exigia-se que você carregasse sempre um passe, provavelmente você seria convocado para os campos de trabalho, ou nas colônias ou nas minas da África do Sul, você ou seus filhos eram impedidos de frequentar escolas do governo, estavam sujeitos a horas de toque de recolher depois do anoitecer em certas cidades e áreas do campo, e eram segregados em muitas instalações sociais, como em teatros e em amenidades do conforto. Em algumas partes de Moçambique colonial, os indígenas podiam abrir contas em bancos nos postos dos correios (bancos governamentais), mas eles não podiam retirar o seu dinheiro sem a permissão do administrador colonial português local. Quanto mais imigrantes portugueses chegavam para estabelecer residência nas colônias, cada vez mais as autoridades achavam difícil distinguir entre os assimilados e os africanos. A segregação desabrochada se tornou a ordem do dia. Os assimilados se encontravam submetidos às mesmas indignidades que atingiam os africanos.

---

15 MONDLANE, E. *The Struggle for Mozambique*. Baltimore, MD: Penguin Books, 1969, p. 37.
16 Ibid., p. 40.

A Missão Belga

O rei da pequena Bélgica, Leopoldo II, conseguiu passar a perna em Portugal, na França, na Inglaterra e na Alemanha (assim como nos Estados Unidos) no sentido de reconhecer a sua revindicação a um enorme pedaço da África, aproximadamente noventa vezes o tamanho do seu próprio reino. A sua missão era "civilizar" os africanos. Patrice Lumumba, o primeiro chanceler da República Democrática do Congo, resume o número 29 do código colonial da Bélgica da seguinte maneira:

> A missão da Bélgica no Congo é essencialmente uma missão civilizatória. Ela tem um duplo objetivo. No plano moral, assegurar o bem-estar da população nativa e o seu desenvolvimento pela ampliação da liberdade individual, a firme renúncia da poligamia, o desenvolvimento da propriedade privada e o apoio a instituições e empresas que promovam a educação nativa e deem aos nativos uma compreensão e uma valorização das vantagens da civilização. No plano econômico, a missão da Bélgica é realizar o desenvolvimento da colônia para o benefício dos nativos e, com esta finalidade, trabalhar no sentido de uma organização cada vez mais completa do país, o que fortalecerá a ordem e a paz e garantirá a proteção e a expansão dos vários ramos da atividade econômica: agricultura, comércio e indústria[17].

Na verdade, aqueles africanos do Congo que foram educados nas escolas missionárias foram referidos como os *évolués* – "aqueles que 'evoluíram' da selvageria para a civilização"[18]. Para se qualificar como um *évolué*, um africano tinha de ter frequentado uma escola, exibir bom comportamento e ser firmemente contrário a estas práticas incivilizadas, como são a poligamia e a bruxaria. Estas condições eram tão vagas e tão indeterminadas que, quando o esquema foi introduzido entre 1948 e 1953, somente 500 congoleses podiam ser considerados como tendo alcançado os padrões culturais dos belgas[19].

Apesar do pequeno número de africanos qualificados, os brancos residentes eram ainda furiosamente contrários a qualquer possibilidade de igualdade social com os africanos. As autoridades belgas, então, introduziram ainda ou-

---

[17] LUMUMBA, P. *Congo, My Country*. Londres: Pall Mall, 1961, p. 11-12.
[18] READER, J. *Africa*: A Biography of the Continent. Nova York: Alfred Knopf, 1998, p. 633.
[19] Ibid., p. 633.

tro sistema, agora chamado de *immatriculation**. Patrice Lumumba diz que este segundo sistema acarretou "padrões" ainda mais rigorosos do que o anterior[20]. Um candidato ao *status* de civilizado tinha de ser "suficientemente educado e impregnado pela civilização europeia e se conformar com isso". Para determinar isto, os parentes e os amigos tinham de ser entrevistados e a casa do candidato inspecionada. Lumumba diz: "Qualquer lugar da casa, desde a sala de estar, o quarto de dormir e a cozinha até o banheiro era explorado de alto a baixo, para descobrir algo que fosse incompatível com as exigências da vida civilizada"[21].

Civilizar a África era somente um pretexto e um subterfúgio. O real motivo eram o lucro e a riqueza. Este é o modo como Bill Freund descreve a situação no solo do Congo:

> Em nenhum lugar da África o regime de força foi tão brutal e dramático como no Estado Livre do Congo de Leopoldo II. Como rei que ele era, Leopoldo conduziu o Estado Livre como um capitalista da era do barão assaltante. O sistema leopoldino tinha as suas raízes na busca do rei por lucros rápidos para criar a base de capital exigida pelo investimento de larga escala, especialmente no transporte. As florestas da bacia do Congo eram ricas em borracha de baixa qualidade, convenientemente excluída das disposições do comércio livre da Conferência de Berlim, e a borracha encontrou um mercado flutuante no Ocidente, quando o uso de bicicletas e depois dos automóveis se desenvolveu. Foi a borracha que, desde a metade dos anos de 1890, pagou o Estado Livre[22].

A República Democrática do Congo fornece um perfeito exemplo de uma parceria que envolvia a Igreja Católica, a administração colonial local e as companhias mineradoras que exploravam os recursos do país. Não havia praticamente nenhuma responsabilidade de ninguém em Bruxelas por aquilo que estava acontecendo com os africanos. A segregação social era a norma, mesmo para os africanos que supostamente atendiam aos padrões europeus. Aos africanos empregados era paga somente uma fração do que os belgas residentes estavam ganhando. De acordo com John Reader, "em 1955, por exemplo, mais

---

* Sistema de inscrição ou de identificação.
20 Ibid.
21 Ibid.
22 FREUND, B. *The Making of Contemporary Africa*: Development of African Society since 1800. Bloomington, IN: Indiana University Press, 1984, p. 115-116.

de um milhão de congoleses estavam com empregos pagos, mas a sua remuneração total mal excedia o total pago aos 20.000 belgas então trabalhando no país – uma média de salário de negro para branco proporcional de 1 para 40"[23].

As companhias do rei Leopoldo contrataram milícias armadas para penetrarem no campo e recrutaram à força trabalhadores para as plantações de borracha. Os africanos que resistiam eram açoitados ou tinham os seus membros cortados. As mãos decepadas eram então trazidas aos patrões dos recrutadores como prova da sua diligência no exercício do recrutamento[24].

O que surge da discussão acima mencionada a respeito da missão colonial, tal como refletida nas atitudes raciais entre os ingleses, os franceses, os portugueses e os belgas, é que os colonizadores tinham somente desprezo pelo povo africano, pela sua cultura e pelos seus valores. Todos eles foram para a África com o objetivo confessado de transformar o povo africano numa imitação dos europeus, enquanto se serviam dos recursos da África. Os franceses ofereceram a promessa de associação plena na comunidade francesa, se os africanos consentissem em concluir a sua aculturação. Os ingleses buscaram "elevar" os africanos, mas sem a promessa de igualdade social com os ingleses. Os portugueses deram um passo adiante ao desculpar ou talvez mesmo incentivar a miscigenação de mão única, na crença de que "mudar" um africano exigia a infusão da ancestralidade portuguesa, e assim um africano com algum sangue português era intrinsecamente superior àquele que não o tinha, mas obviamente ainda não uma pessoa igual socialmente ou com puro sangue português. Quanto aos belgas, "apesar de cumprir as condições que tinham prometido a integração, aos *évolués* era ainda negado o acesso ao mundo social e econômico dos europeus. Aos olhos dos belgas, eles ainda eram africanos – negros e inferiores"[25].

Estilos administrativos coloniais

Comparar e diferenciar os estilos de administração empregados pelas autoridades coloniais na África torna possível ver como cada potência europeia

---

23 READER, J. *Africa...* Op. cit., p. 654.
24 HOCHSCHILD, A. *O fantasma do rei Leopoldo*: Uma história de voracidade, terror e heroísmo na África colonial. São Paulo: Cia das Letras, 1999. Capítulo 8: "Onde os dez mandamentos não vigoram", p. 126-129.
25 READER, J. *Africa...* Op. cit., p. 654.

tentou adaptar o seu estilo a seus objetivos gerais na colônia. Nós já falamos, de uma maneira geral, sobre as razões políticas, culturais e econômicas da colonização. Agora sabemos que os franceses pretendiam transformar os africanos em pessoas francesas, uma vez que o processo de colonização tivesse sido completado. Os africanos aculturados então se tonariam parte da comunidade francesa maior. Os ingleses queriam "civilizar" os africanos, mas não até o ponto em que os africanos pudessem reivindicar a igualdade com os ingleses (já que isso era impossível). Os portugueses vislumbravam uma nova sociedade que incluiria os africanos assimilados que tivessem preferencialmente ancestrais portugueses. Portanto, parecia que o produto final destas experiências coloniais seria que os africanos sob o domínio francês e português se tornariam parte integrante das comunidades europeias. Os africanos das áreas britânicas seriam finalmente deixados a si mesmos para conduzir os seus próprios governos utilizando as ideias aprendidas com os ingleses. Os belgas realmente não tinham ideia do que eles queriam que os africanos fossem, que tipo de relacionamento esperavam ter com estes. A promessa de integração feita para os *évolués*, ou seja, aos africanos aculturados, nunca foi cumprida. Os belgas parecem ter contado com uma permanência indefinida. Quando o povo congolês começou a exigir a independência, os belgas não tinham um plano de retirada. As coisas se desintegravam bastante rapidamente. A transferência aos africanos foi feita às pressas. Em trinta dias, o novo governo caiu como consequência de um motim armado, no qual os soldados estavam exigindo melhores salários e para serem liderados (comandados) por oficiais congoleses em vez de oficiais belgas. O envolvimento dos Estados Unidos no caos político e no assassinato de Lumumba foram largamente considerados como estando baseados na crença americana de que Lumumba era comunista. Os Estados Unidos, portanto, forneceram um grande apoio ao sucessor de Lumumba, o general Mobuto Sese-Seko*, que se transformou num dos autocratas mais brutais e corruptos da África.

Há ainda outra visão dos povos colonizados, que era ver os africanos como permanentemente inferiores, a exigir assim uma tutela de longo prazo pelas potências europeias. Esta foi a visão concretizada pelos colonos brancos da África do Sul sob o sistema do *apartheid*. Talvez se os alemães tivessem ficado na África por mais tempo, em vista do que eles fizeram com os outros na Europa durante o Terceiro Reich, e considerando a maneira brutal como eles responderam aos levantes anticoloniais no sudoeste da África (agora Namíbia)

---

* Joseph-Désiré Mobutu ou Mobutu Sese Seko Kuku Ngbendu wa Za Banga.

e no Tanganica (agora Tanzânia), é razoável supor que eles escolheriam confinar os africanos numa submissão permanente.

De qualquer maneira, podemos identificar quatro estilos ou abordagens administrativas que foram utilizados pelas potências coloniais na África: governo indireto, bastante associado aos ingleses; governo direto associado à França, à Alemanha e a Portugal; governo de empresa, rigorosamente ligado aos belgas; e, finalmente, uma abordagem híbrida que eu chamaria de governo indireto de empresa, ligado aos esforços imperiais de Cecil John Rhodes no sul da África.

Governo indireto

Os ingleses sempre alardearam que eles foram para a África não para criar bretões negros, mas antes para compartilhar suas habilidades, valores e sua cultura, com a esperança de que algum dia o povo africano fosse capaz de conduzir as suas próprias comunidades usando os instrumentos aprendidos e adquiridos com os ingleses. O estilo administrativo britânico foi formulado mais sistematicamente por um eminente governador colonial chamado Lord Frederick Lugard, que o pôs em prática quando foi governador-geral da Nigéria na virada do século. Lugard chamou este estilo de "governo indireto". Dito de maneira sucinta, esta abordagem implicava identificar a estrutura de poder local: os reis, os chefes ou os líderes assim identificados seriam então convidados, coagidos ou subornados para se tornarem parte da estrutura administrativa colonial, ao mesmo tempo retendo considerável poder político sobre as pessoas nas suas próprias áreas. Nas áreas em que as "tribos" e os chefes "tribais" não existiam, os ingleses os criaram. De fato, em Tanganica, onde os alemães precederam os ingleses, "chefes" e "tribos" totalmente novos foram criados onde eles não existiam. Foi assim que os "chefes autorizados" vieram a existir entre os ibos da Nigéria. Em troca por se tornarem parte da estrutura colonial, estes chefes recebiam frequentemente proteção, um salário, uma casa e vários donativos. Esperava-se que o chefe fizesse cumprir os regulamentos locais, coletasse impostos, fornecesse trabalho barato quando requerido, e fosse responsável diretamente perante o funcionário ou comissário distrital branco (inglês). A colônia era governada por um governador indicado pelo

Ministério das Colônias britânico* (chefiado pelo ministro do Ultramar**, um integrante do gabinete britânico***).

Os ingleses sempre sustentaram que o governo indireto se destinava a proteger e preservar os sistemas políticos, as tradições e as culturas dos africanos. Mas as potências coloniais descobriram muito cedo no jogo colonial que as áreas que eles confiscaram eram simplesmente muito grandes para serem governadas diretamente sem a ajuda dos próprios povos indígenas. Um chefe ou um rei africano era certamente uma ligação importante entre o povo africano e as autoridades coloniais. Ele compreendia a língua e a cultura do seu povo e se podia contar com ele para transmitir ordens e diretrizes. Dizia-se a ele que ele podia proteger melhor os interesses do seu próprio povo cooperando nesta restrita relação de poder. Além disso, num lugar como a Nigéria, onde havia poderosos governantes locais, como os emires do norte muçulmano, alguma acomodação tinha de ser feita para evitar conflitos prolongados. Além disso, reconhecer e se oferecer para trabalhar com os líderes locais não só tornava o custo de fazer funcionar as colônias permanecer baixo, mas também tornava possível aumentar a receita localmente. Tem sido sugerido que o "governo indireto" era simplesmente uma necessidade que os ingleses de alguma maneira conseguiram transformar numa virtude.

Uma consequência política importante do governo indireto era que ele consolidava a separação das identidades étnicas e restringia o desenvolvimento de uma consciência nacional ou colonial. Na verdade, o estilo servia muito bem aos interesses coloniais britânicos, permitindo a estes colocar os grupos étnicos uns contra os outros. A interação interétnica através dos sindicatos tradicionais ou das organizações políticas foi severamente restringida e desencorajada. Os ingleses temiam que as atividades nacionais pudessem levar a uma resistência em todo o país contra o domínio colonial. Por razões óbvias, permitiam-se as sociedades étnicas de assistência social, e em alguns casos elas eram encorajadas ativamente nas áreas urbanas. As sociedades de assistência social forneciam serviços sociais que as autoridades coloniais ou eram incapazes de fornecer, ou não estavam dispostas a prestar. Por exemplo, essas organizações ajudavam a assentar populações rurais que tinham migrado para

---

* British Colonial Office.
** Ou ministro das Colônias, Secretário de Estado para as Colônias.
*** Ou Conselho de Ministros.

as cidades à procura de trabalho e forneciam redes de apoio fundamentais para elas. Também existiam os clubes sociais para fornecer oportunidades e atender os funcionários públicos de nível baixo, dispor de chá (inglês) e estabelecer contatos e conversações sobre as coisas que os afetavam, de uma maneira civil agradável, tal como os ingleses desejariam que fossem. A Tanganyika African Asssociation, a precursora do movimento nacionalista de Tanganyica African National Union (Tanu), começou desta maneira. Não se permitia uma participação política significativa; o discurso político, tão vital em qualquer sistema, mas talvez mais naquele que estava se expandindo, não foi estimulado. Era, portanto, irrealista alguém esperar que os grupos étnicos que tinham sido jogados uns contra os outros por tanto tempo soubessem de repente como forjar uma nação do dia para noite quando veio a independência. Os incidentes de violência política interétnica nas antigas colônias britânicas podem ser em parte atribuídos ao governo indireto.

Os belgas ocuparam o Ruanda e o Burundi em 1916. Depois da Primeira Guerra Mundial, as duas colônias se tornaram um território tutelado chamado Ruanda-Urundi, sob o sistema de mandato da Liga das Nações. Os belgas encontraram um forte reino politicamente dominado pelo povo tutsi*, mas habitado pelos hutus**, que eram numericamente a maioria, e pela pequena comunidade do povo tua***. Os tutsis e os hutus compartilhavam a mesma cultura e a mesma língua. O arranjo era tal que era possível aos hutus subirem dentro desta sociedade, até mesmo a posições de liderança. Os belgas cooptaram os tutsis, convencendo-os de que eles eram não somente superiores aos Hutus, mas realmente diferentes. Esta era uma aplicação do governo indireto naquilo que este tinha de pior. Esta cooptação levou a que os Hutus fossem abertamente discriminados e criou uma animosidade e um ódio que se manifestaram nos horríveis massacres de 1959, 1972 e 1984, e no infame genocídio de 1994.

Governo direto

Os franceses, os portugueses, os alemães e os belgas (no Congo) exerceram um tipo altamente centralizado de administração chamado de "governo

---

* Tútsi, batutsi, tuti, batuti, watutsi.
** Hútus, bahutu, wahutu.
*** Twa, batwa, batua.

direto". Isto significava que o domínio europeu era imposto sobre os africanos sem considerar as relações políticas existentes entre os povos africanos. O Império Francês era governado diretamente de Paris através do governador. Os franceses utilizaram os chefes africanos, mas, diferentemente do Império Britânico, estes chefes eram indicados pelas autoridades francesas, na maioria das vezes por causa do seu apoio ao governo francês. Eles não vinham das famílias dominantes e, após a nomeação, não eram colocados nas suas regiões nativas. Eles não tinham poder sobre qualquer unidade do governo; os seus poderes eram grandemente reduzidos. Os franceses, com poucas exceções, não tentaram preservar a singularidade das várias instituições políticas africanas. Portanto, os africanos não foram balcanizados em chefaturas "tribais", como foram aqueles das áreas britânicas.

Na virada do século XX, os franceses federalizaram o seu império, não politicamente, mas estruturalmente. Havia duas federações: a África Ocidental Francesa, com base em Dakar (Senegal), abrangia oito colônias, oficialmente chamadas de territórios. Estas colônias eram Daomé (agora Benim), Mauritânia, Sudão Francês (agora Mali), Senegal, Guiné, Costa do Marfim, Alto Volta (agora Burquina Faso) e Níger. Cada território tinha uma assembleia territorial e estava sob a responsabilidade de um governador. Cada território era depois dividido em *cercles* (círculos), cada um deles sob um administrador, também chamado *Commandant de Cercle*. Alguns *cercles* foram depois decompostos em subdivisões sob um *Chef de Subdivision*. A África Equatorial Francesa tinha quatro territórios: Gabão, Médio Congo (ou Congo francês, atual República do Congo), Ubangui-Chari* (agora República Central-Africana) e o Chade. As duas federações tinham estruturas paralelas, exceto que na África Equatorial os territórios se tornaram regiões e os *cercles* se tornaram distritos. Depois da Primeira Guerra Mundial, Togo e Camarões tinham identidades separadas como territórios tutelados (Liga das Nações) governados pelos altos comissários franceses. Todos esses funcionários eram funcionários públicos indicados pelo governo francês. Todas as leis emanavam de Paris; as medidas decretadas pelas assembleias territoriais tinham de ser aprovadas pelo poder legislativo nacional francês em Paris. O governo direto francês tinha como resultado dar aos africanos do império a oportunidade de trabalharem juntos através das regiões e dos grupos étnicos. A visão de longo prazo era que as colônias fi-

---

* Oubangui-Chari.

nalmente se tornariam partes integrantes da França. Na verdade, começando em 1848, por um período de cerca de oito anos, foi concedido a uma comuna do Senegal o direito de eleger um representante para a Assembleia Nacional Francesa. No final dos anos de 1880, esta "franquia qualificada" foi estendida a outras três comunas. Alguns africanos de outros lugares do Império Francês gozaram de muitos direitos, e a execução séria da política de assimilação francesa fluiu com os caprichos da política francesa, com os furiosos debates nacionais sobre se isto era a coisa certa a fazer. De fato, o direito de votar era sempre restrito àqueles africanos que eram considerados como assimilados à cultura francesa. O governo direto não foi efetivado uniformemente em todo o império. Nas regiões governadas por governantes mais poderosos, como no Alto Volta, onde o povo mossi* tinha chefes fortes, ou no norte de Camarões, onde os emires maometanos eram muito poderosos, os franceses tinham de fazer sérias concessões políticas e governar através de governantes tradicionais.

Curiosamente, o resultado desta administração centralizada era que os africanos eram governados sem qualquer consideração da estratificação étnica existente. Os franceses impuseram uma interação forçada e uma submissão igual. A consolidação da fragmentação étnica não ocorreu. Isto não significa dizer que o conflito étnico não existia ou não existe na África francesa ou portuguesa. Trata-se simplesmente de sugerir que ele é menos pronunciado nas antigas colônias francesas, mas bastante notável nas antigas colônias do domínio português.

A administração centralizada de Portugal era muito mais rigorosa e mais estrita do que a administração francesa. Quando os africanos começaram a se agitar por autodeterminação, a resposta portuguesa foi declarar as suas colônias de Angola, Moçambique, Guiné-Bissau e as ilhas de Cabo Verde, São Tomé e Príncipe como sendo o "Portugal Ultramarino", ou seja, como províncias integrantes de Portugal que somente estavam separadas de Portugal geograficamente. Os portugueses não tinham qualquer intenção de conceder autogoverno às suas colônias. Tal como os franceses, eles também de uma só vez tornaram alguns africanos cidadãos de Portugal, mas a experiência não durou muito e teve de ser aperfeiçoada. O ditador português Antonio de Oliveira Salazar, que governou Portugal de 1932 a 1968, declarou que Portugal

---

* Mose, mosi, mosse, mole, molé, moussei, moshi.

e suas colônias constituíam "somente um Estado, um território, uma população, uma cidadania e um governo". Como a anterior discussão sobre a política colonial portuguesa claramente demonstra, o impacto do colonialismo português alienou a maioria dos africanos e os levou a rejeitar a visão romântica de Salazar sobre as colônias de Portugal.

O domínio alemão na África foi o mais breve de todos os regimes coloniais, tendo começado no final dos anos de 1880 e terminado com a assinatura do Tratado de Versalhes em 1919, depois da derrota da Alemanha na Primeira Guerra Mundial. Contudo, a presença alemã não passou despercebida. A sua administração colonial era altamente centralizada, com os governadores alemães ajudados pelos subordinados e funcionários africanos que tinham sido escolhidos a dedo, sem qualquer consideração pelas relações de poder tradicionais que possam ter existido na área nessa época. Como já foi apontado, os alemães criaram os seus próprios assistentes africanos, inclusive em lugares em que os africanos não costumavam ser governados por chefes. Os alemães, como retardatários na África, foram para as suas colônias com a ideia de explorar economicamente as áreas e maximizar o seu poder econômico até onde fosse possível. Deu-se aos oficiais militares e aos empresários privados poder e responsabilidade, mas a sua inépcia política logo se tornou evidente quando eles encontraram resistência local, que eles suprimiram cruelmente. Na Tanzânia, por exemplo, enormes fazendas foram estabelecidas em áreas adequadas para cultivar importantes culturas comerciais, como o sisal, o chá, o café e o algodão. O trabalho forçado foi instituído para fornecer trabalhadores para estas fazendas. Seguiram-se o descontentamento, a amargura e a resistência. A principal revolta ocorreu em Tanganica, que foi suprimida com a costumeira precisão alemã, mas com grande custo de vidas humanas. Outras revoltas aconteceram em outro grande arrendamento colonial no sudoeste da África, que também foram suprimidas impiedosamente. Depois da revolta de Tanganica, chamada "Rebelião Maji-Maji" (1905-1908), na qual se informou que aproximadamente 120.000 africanos perderam as suas vidas, os alemães decidiram introduzir algumas reformas de uma política colonial que eles chamaram de "colonialismo científico". Este termo extravagante se referia à política que convocava para o estabelecimento de um serviço colonial especial no escritório do chanceler alemão e para a promoção da ideia de que a colonização alemã podia ser aceitável para os africanos se os administradores coloniais alemães convencessem o povo africano de que eles tinham algo a ganhar com a colonização alemã. Com este fim, o governo alemão empreendeu vários projetos capitais, como a construção de rodovias, estradas de ferro e centros comerciais. Foi durante este período do "colonialismo científico" que a principal estrada de ferro foi construída, indo de Dar-es-Salaam (no litoral do Oceano Índico) até Kigoma (ao longo das margens do lago Tanganica). Assentamentos urbanos começaram a aparecer. Estradas foram construídas. A brutalidade diminuiu; os africanos estavam começando a sentir que os alemães eram bem-intencionados e que talvez eles (os africanos) devessem trabalhar com eles. Em 1914, explodiu a Primeira Guerra Mundial na Europa e a Alemanha foi derrotada. Perdendo esta guerra, a Alemanha também perdeu o seu império colonial na África.

Governo de empresa

Os belgas estão associados provavelmente com o tipo mais brutal de domínio colonial. Inicialmente, o Estado Livre do Congo foi estabelecido como um feudo pessoal e privado do Rei Leopoldo II da Bélgica e não como uma colônia oficial. Ele tinha o nome glamoroso de Estado Livre do Congo, mas não era nem livre nem um Estado no real sentido da palavra. O rei deu rédea solta aos homens de negócio belgas para irem explorá-lo. Eles desfrutavam de uma grande liberdade na condução da colônia, sem qualquer responsabilidade em relação a ninguém, exceto ao rei, cujo único interesse parece ter sido pagamentos em dia de *royalties*. A exploração era extensa e brutal; o trabalho forçado era excessivo. A escravidão virtual existia, visto que os africanos que resistiam à convocação para o trabalho ou que não trabalhavam duro o bastante eram açoitados em público ou tinham as suas mãos e orelhas cortadas. O tratamento dos africanos era tão chocante que as próprias potência imperiais foram obrigadas a apelar ao rei Leopoldo para fazer alguma coisa a respeito daquela situação. Como Lord Hailey afirmou: "Se os belgas quisessem evitar uma pressão internacional posterior e a possibilidade de intervenção das potências vizinhas mais poderosas, então evidentemente era necessário que ela estabelecesse um regime administrativo e judicial no Congo que evitasse ocorrências como aquelas que tinham levado o Estado Livre a esta crítica hostil"[26]. Os afro-americanos, sob a liderança de W.E.B. Du Bois*, também reagiram aos relatos desta brutalidade, levantando este problema no primeiro Congresso Pan-Africano em 1919 e submetendo petições para que os belgas se apressassem em tratar os africanos com humanidade.

Em 1904 foi indicada uma comissão para investigar as condições existentes no Congo e, como resultado de suas conclusões, o Congo foi anexado como uma colônia formal em 1908. Mesmo assim, os belgas pareciam não ter uma política colonial coerente. Esta ausência de visão colonial, se quiserem, é atribuível ao fato de que os belgas não tinham tido a experiência de governar as colônias que os ingleses e os franceses tiveram. Em 1919, as outras potências coloniais pareceram ter ficado suficientemente impressionadas com o que os belgas estavam fazendo para anexar Ruanda e Burundi ao Império Belga, tal como os territórios tutelados da Liga das Nações. O que parece ter sido elaborado era um sistema administrativo envolvendo uma coalizão dos homens de negócios e administradores belgas e o clero da Igreja Católica. A Igreja conduzia o sistema escolar, que punha a principal ênfase mais na educação religiosa do que no tipo de educação que teria permitido aos africanos desempenhar um papel maior nos assuntos políticos de seu país no futuro. Os homens de negócio dominaram a administração da colônia, assim como continuaram a extrair os minérios abundantes do Congo. Este é o tipo de governo que recebeu o nome de "governo de empresa".

O governo colonial belga via transferências maciças de riqueza vindas da República Democrática do Congo para os belgas. Os africanos receberam somente uma educação limitada, que permitia a eles ler a Bíblia, receber eficientemente as ordens dos missionários e trabalhar, no máximo, como funcionários na burocracia colonial. Os congoleses não estavam preparados para assumir o controle do seu país quando os belgas foram embora. Quando a independência foi concedida em 1960, a República Democrática do Congo representava uma interessante ironia: ela tinha uma alta taxa de alfabetismo (em termos da capacidade de ler e escrever) devido à educação missionária e, contudo, o país tinha somente uma faculdade de graduação. A República Democrática do Congo exemplifica o sucesso evangélico dos missionários; goza da honra de ser o país mais católico apostólico romano da África. O primeiro

---

26 Ibid.

* William Edward Burghardt Du Bois (1868-1963).

padre congolês foi ordenado em 1917 e o primeiro bispo foi consagrado em 1956. Na época em que os belgas foram embora em 1960, os congoleses se vangloriavam de ter mais de 600 sacerdotes em todo o país. A República Democrática do Congo também exemplifica a inépcia colonial; ela foi a menos preparada para o autogoverno e continua a estar entre os piores governos e os mais pobres países, apesar de ter uma das maiores reservas de minerais preciosos do continente.

Governo indireto de empresa

Cecil John Rhodes, um empresário britânico, em homenagem a quem as famosas bolsas de estudo para a Universidade de Oxford são chamadas, foi para a África do Sul no final dos anos de 1880. Ele tinha uma longa lista de diferentes objetivos pessoais e públicos a realizar, dentre os quais o mais ambicioso era estender o domínio colonial britânico da Cidade do Cabo até o Cairo. Ele quase conseguiu. Além de fazer fortuna adquirindo controle sobre a maior parte dos diamantes e do ouro do mundo, Rhodes, num período de apenas dez anos, de 1885 a 1895, tinha

> adquirido dois países, a Rodésia do Sul (agora Zimbábue) e a Rodésia do Norte (agora Zâmbia), que carregavam o seu nome. Ele deu proteção britânica ao Botsuana e ao Maláui, quase tomou Moçambique dos portugueses e Chaba* [uma província da República Democrática do Congo] do rei Leopoldo da Bélgica, manteve o Lesoto independente e evitou que o Transvaal dominado pelos africânderes de Paul Kruger se expandisse muito além das suas fronteiras tradicionais[27].

Na sua chegada ao sul da África, depois de um breve e menos gratificante namorico com a cultura do algodão como uma cultura comercial, Rhodes entrou para a mineração, tornando-se extremamente rico e adquirindo um enorme poder político como primeiro-ministro da província do Cabo. Em 1888, ele decidiu expandir o Império Britânico com esperanças de duplicar o sucesso econômico que ele tinha tido na África do Sul. Ele mandou vários as-

---

* Ou Shaba, atualmente província do Catanga ou Katanga.
[27] ROTBERG, R.I. *The Founder*: Cecil Rhodes and the Pursuit of Power. Nova York: Oxford University Press, 1988, p. 7.

sessores, liderados pelo seu parceiro de negócios, Charles Rudd, para o norte a fim de negociar alguns direitos de mineração com o rei africano chamado Lobengula do povo ndebele. Havia um sentido de urgência nesta viagem. Havia outros pretendentes de concessões mineradoras na área. Lobengula era um rei muito poderoso. Rhodes percebeu que se ele chegasse lá primeiro e obtivesse os direitos de mineração, as outras partes desta região seriam facilmente acrescentadas ao Império Britânico. Através de fraudes – assegurando ao rei que Rhodes e seus assessores não estavam interessados na terra, mas somente em cavar à procura de ouro – contra o rei africano que não sabia nem ler nem escrever e que decidiu confiar nos seus conselheiros, entre os quais se incluía um proeminente missionário, os assessores de Rhodes obtiveram um acordo, a Concessão Rudd, outorgando a ele o direito de mineração no atual Zimbábue. Isto foi o que Rhodes prometeu ao rei de ndebele e aquilo que ele conseguiu na Concessão Rudd:

> A Concessão Rudd começou com uma promessa de pagar a Lobengula 100 libras por mês em moeda inglesa e fornecer 1.000 rifles de culatra larga, junto com 1.000 cartuchos de munição adequada. Os primeiros 500 rifles e 40.000 cartuchos deviam ser entregues com alguma rapidez, o restante devia ser transferido "tão logo os... donatários tivessem começado a fazer funcionar as máquinas de mineração" no domínio de Lobengula. Rudd também prometeu colocar um barco a vapor armado no Zambezi (se Lobengula o quisesse, em vez de 500 libras). Em troca, o rei atribuía a Rudd e à companhia "a custódia completa e exclusiva sobre todos os metais e minerais situados e presentes nos meus Reinos Principescos e domínios, junto com um poder total para fazer as coisas que eles considerassem necessárias para conquistar e adquirir o mesmo e a manter e coletar e gozar os lucros e as rendas... vindos dos... metais e dos minerais". Lobengula também concedeu a Rudd e a seus parceiros autoridade para excluir todos os outros da procura de terra, ou dos privilégios de prospecção no seu reino[28].

Armado com este acordo, Rhodes estabeleceu uma empresa privada, a Companhia Britânica da África do Sul (ou British South Africa Company), e solicitou uma licença real. A licença deu a ele o direito de administrar a área que abrange o atual Zimbábue, a Zâmbia e o Maláui. Em 1890, os homens de

---

28 Ibid., p. 262.

Rhodes partiram para a região e em 2 de setembro de 1890 eles levantaram a Union Jack* numa cidade que eles chamaram de Salisbury (agora Harare, a capital do Zimbábue). Lobengula logo percebeu o que tinha sido feito com ele e com o seu país, quando os colonos brancos começaram a transferir e confiscar as terras africanas para aí se estabelecerem. Ele atacou os novos colonos em 1893, mas foi batido seriamente. Em 1896-1897, ocorreu uma rebelião mais sangrenta e mais generalizada envolvendo o povo ndebele e também os xonas (dos quais os ndebeles tinham conquistado o território), mas ela também foi esmagada barbaramente. De cerca de 1890 até 1923, a Companhia Britânica da África do Sul estabeleceu uma administração colonial – burocracia, polícia e cobrança de impostos sujeitas à sua empresa, mas utilizou o modelo britânico de governo indireto que já foi discutido. Havia poderosos reinos, como o Baroce** naquilo que agora é a Zâmbia, que foram reconhecidos como autoridades indígenas por Rhodes e aos quais depois foram atribuídas identidades coloniais separadas como protetorados britânicos. Os funcionários políticos a serviço da empresa privada apresentavam relatório para o Ministério das Colônias britânico como se fossem nomeados pelo governo. Em 1923, a empresa colonial da Rodésia se tornou de fato uma colônia autogovernada, permitindo aos residentes locais brancos conduzir a colônia sem qualquer interferência do Ministério das Colônias em Londres. Os colonos brancos locais esperavam finalmente que lhes fosse concedida a independência pelos ingleses, da mesma maneira que os brancos da África do Sul tinham obtido. Foi mesmo previsto que um arranjo federativo com a África do Sul devia ser feito para incluir as outras colônias britânicas da região, ou seja, o Botsuana, o Lesoto e a Suazilândia. Na falta deste, os líderes brancos do Zimbábue certamente esperavam dominar o Maláui e a Zâmbia. Na metade dos anos de 1950, uma federação de vida curta – chamada de Federação Centro-Africana*** – composta por Maláui****, Zâmbia***** e Zimbábue****** foi inaugurada, dominada pelas autoridades brancas baseadas no Zimbábue. Este desenvolvimento induziu o movimento nacionalista africano da federação a mudar a sua tática,

---

* A bandeira do Reino Unido.
** Barotse, Barotze, Barotse, Rotse (posteriormente Barocelândia, Barotzelândia, Barotseland).
*** Federação das Rodésias e Niassalândia.
**** Na época, Niassalândia.
***** Na época, Rodésia do Norte.
****** Na época Rodésia do Sul.

dispersar e começar a pressionar mais por um governo africano para cada país separadamente do que para toda a federação.

A economia do colonialismo

As políticas e práticas econômicas específicas das potências coloniais concederam uma forte credibilidade à Teoria Econômica do Imperialismo, ou seja, que a colonização tinha tudo a ver com a ganância e muito pouco, ou nada, a ver com a raça ou a religião. O que temos tentado mostrar é que havia outras importantes dimensões para o fenômeno do colonialismo e que, além disso, havia uma intercorrelação dinâmica entre os fatores envolvidos. As sete políticas e práticas econômicas específicas das quais vamos falar são as seguintes:

1) Expropriação da terra;

2) Exploração do trabalho;

3) A introdução de culturas comerciais e da economia de monocultura;

4) Tributação injusta;

5) A introdução de trabalho imigrante vindo da Índia;

6) Transferência da riqueza mineral da África para a Europa;

7) A ausência de industrialização.

Expropriação da terra

Ninguém disse isto melhor do que Lord Hailey*, ao descrever a importância da terra para os povos africanos:

> Não é fácil para aqueles que somente conhecem os países industrializados do mundo ocidental perceber a significação da posição ocupada pela terra aos olhos da maioria dos povos da África. Os antropólogos descreveram o laço místico que une os africanos ao lar daqueles espíritos ancestrais que continuam, como eles acreditam, a desempenhar um papel ativo na sua vida cotidiana. Os juristas apontam que o chefe tribal recebe sua autoridade em grande parte pelo fato de que ele é na

---

* William Malcolm Hailey (1872-1969).

guerra o defensor das terras da tribo e na paz o árbitro das diferenças que surgem a respeito da sua utilização[29].

Como já foi descrito no capítulo 2, a terra era apropriada comunalmente. As pessoas exerciam o direito de usá-la, mas *não* possuí-la ou dispor dela como quisessem. Foi este costume de propriedade comunal da terra e a crença de que a terra não era uma mercadoria, ou simplesmente um fator econômico de produção que podia ser comprado e vendido, que tornavam os povos africanos extremamente sensíveis ao que os europeus faziam quando obtinham o seu controle. O que os colonizadores faziam era determinar as melhores terras disponíveis e tomá-las para si. A lógica de tomar a terra era muitas vezes baseada na ideia jurídica ocidental de que o governo tem o direito de tomar qualquer terra que queira no interesse público. Mas o governo não era representativo dos africanos e não tinha sido estabelecido por eles; o governo colonial simplesmente considerava que estava agindo no melhor interesse dos "nativos", soubessem os africanos disso ou não. Outra razão dada para tomar a terra dos africanos era que os africanos a tinham dado de presente através de acordos e tratados. A interpretação destes tratados era prerrogativa do governo colonial, sem consideração do que os chefes africanos achavam. Na maioria desses casos, o chefe achava que ele estava concedendo aos recém-chegados o direito de usar a terra, mas *não* de possuí-la ou dispor dela. A terceira razão para arrebatar a terra africana era que ela pertencia a alguém, porque quando os colonizadores chegaram ninguém a estava ocupando na ocasião. Esta interpretação era nitidamente inaceitável para os africanos, que, na maioria dos casos, podem ter usado a terra antes e simplesmente se deslocado para outra localidade para dar tempo à terra de se renovar. Qualquer que possa ter sido a razão oficial, a apropriação europeia da terra africana estava afinal baseada no clima e na qualidade do solo e nas expectativas futuras de cultivar o terreno. Na África Ocidental, devido em grande parte a um clima inóspito, a imigração europeia não foi incentivada. Por esta razão, aí muito pouca terra era tirada dos africanos. Em geral, menos de 0,5% da terra foi tirada, comparado com muito mais que era tirado em outras partes da África. No Gana, cerca de 5% da terra foi tomada do povo africano por causa das concessões de mineração. Na Nigéria, a Royal Niger Company estabeleceu grandes plantações para produzir café de óleo de palma (dendê). Na África Oriental, Central e Sul,

---

[29] HAILEY, L. *An African Survey*. Op. cit., p. 685.

onde alguns climas eram mais agradáveis, alguns solos mais férteis e alguns ambientes mais adequados para o assentamento europeu, as autoridades coloniais incentivaram a imigração branca. Os incentivos eram fornecidos sob a forma de concessões livres de noventa e nove anos e de empréstimos a juros baixos. A terra adquirida pelos colonos estrangeiros variava de algumas centenas de acres a centenas de milhares de acres. Entre os mais ricos empresários e colonos britânicos, com os maiores latifúndios no Quênia colonial, por exemplo, estavam Lord Delamere* e o comandante E.S. Grogan**. Lord Delamere tinha sido atraído para a África com uma oferta inicial de 100.000 acres de terra (dez vezes acima do limite que tinha sido estabelecido pela administração colonial) e o Comandante Grogan com 64.000 acres. Aos africanos que tinham ocupado aquelas terras antes de os europeus chegarem não se permitia mais caçar ou pescar naquelas terras, ainda que elas não estivessem sendo utilizadas na ocasião. A infração dos regulamentos era rigorosamente punida. As queixas mandadas para as autoridades coloniais na Europa pelos africanos afetados eram ignoradas. Kenyatta*** foi um dos africanos mandados por seu povo para pressionar o governo britânico pessoalmente, no sentido de fazer devolver a terra aos seus proprietários africanos legítimos (os quicuios). Ele viveu na Inglaterra de 1929 até 1946, durante esse tempo ele casou com uma mulher inglesa, estudou na London School of Economics e palestrou para ouvintes britânicos sobre as condições existentes no Quênia colonial, ganhando muita simpatia para a causa africana entre os liberais ingleses do Partido Trabalhista e a Sociedade Fabiana. Não obstante, ele não teve absolutamente sucesso na sua missão de fazer o governo britânico discutir a questão da terra. Depois de retornar ao Quênia, apesar da admissão da sua posição como líder do povo queniano, ele nunca pôde impor o tom moderado que tinha até então caracterizado o movimento africano no Quênia. Enquanto a convocação para a liberdade africana aumentava e o movimento nacionalista crescia em força, a perda da terra se tornou a mais grave queixa do povo queniano contra as autoridades coloniais.

---

* Hugh Cholmondeley (1870-1931).
** Ewart Scott Grogan (1874-1967).
*** Jomo Kenyatta.

Exploração do trabalho

Logo ficou claro que os colonos não tinham mão de obra suficiente para trabalhar a terra e teriam de decidir sobre as medidas para gerar esta mão de obra necessitada. Alguns africanos, percebendo que não podiam mais viver fora da sua terra, inscreveram-se para trabalhar para os fazendeiros brancos; outros se deslocaram para as cidades florescentes e para os centros de comércio, para procurar outros tipos de trabalho; outros ainda migraram para outros lugares. As condições de trabalho eram horrorosas. Uma publicação de 1931 no Quênia relatou que era "aceita como uma coisa natural que os fazendeiros, os donos de plantação e os administradores da propriedade de vez em quando infligissem castigo corporal, geralmente com um chicote feito de couro de rinoceronte... por insolência, roubo, deserção, preguiça, danos ou outras coisas"[30]. Não era incomum que os fazendeiros brancos vigiassem os seus trabalhadores com rifles, atirando para o alto de vez em quando, ou nos pés dos trabalhadores, para aterrorizá-los e fazer que trabalhassem com mais afinco. Os salários eram extremamente baixos, insuficientes para fazer muita diferença nas vidas dos africanos. Os salários eram determinados exclusivamente pelos fazendeiros, depois pelos governos coloniais completamente dominados pelos próprios colonos, e estavam baseados na quantidade de trabalho realizado. Com padrões repetidos nos trabalhadores da fazenda em todos os lugares, frequentemente se usava um trabalhador homem, sua esposa e filhos para completar a cota de trabalho do dia. Somente o trabalhador homem era pago. O pagamento era em parte em dinheiro e em parte em rações de comida. O trabalho agrícola não era tão atraente e a escassez de mão de obra continuou. Algo tinha de ser feito. Precisava-se seriamente de uma política de trabalho.

Contudo, os muitos europeus estabelecidos na África não foram o bastante para maximizar a extração de riqueza que as autoridades coloniais desejavam. Em certos lugares, os ingleses puderam utilizar os senhorios indígenas existentes. Freund diz:

> Onde eles pareciam como óbvias alternativas aos colonos em certas partes da África, os regimes coloniais sonhavam em transformar as aristocracias nativas em fazendeiros capitalistas e beneficiar os senho-

---

30 VAN ZWANENBERG, R.M.A. *Colonial Capitalism and Labor in Kenya 1919-1939*. Nairobi: East African Literature Bureau, 1975, p. 69.

rios. Estes senhorios tinham sido frequentemente capazes de impor tributos, taxas e trabalho às populações dominadas no passado[31].

Zanzibar e Buganda fornecem bons exemplos destas tentativas dos britânicos de cooptar os senhorios africanos. Ao mesmo tempo, por exemplo, havia aproximadamente 4.000 propriedades no reino do Buganda possuídas pelos próprios africanos, produzindo algodão para exportação. A colheita de exportação em Zanzibar era de dentes de alho.

Imposto da cabana e o imposto eleitoral

Havia realmente duas razões para introduzir impostos na África colonial. Uma era para levantar uma receita para pagar o custo de fazer o governo funcionar nas colônias e também os serviços rudimentares para as comunidades de pequenos colonos. A política das potências coloniais era que as colônias deviam arcar com uma parte cada vez maior da carga financeira para fazer funcionar as colônias, em vez de ter de contar com as verbas vindas da metrópole. A necessidade de gerar renda local cresceu ainda mais depois da Segunda Guerra Mundial, quando os países europeus estavam quase na bancarrota por causa desta guerra. A segunda razão era forçar mais africanos para o mercado de trabalho. Embora as autoridades coloniais afirmassem que a imposição de impostos não tinha nada a ver com tentar explorar a mão de obra africana, que era somente para aumentar a receita e que os africanos tinham ampla oportunidade de recusar o trabalho, a relação entre o imposto e as demandas de mão de obra não podem ser negadas. O imposto tinha de ser pago em moeda europeia, e a única maneira que possibilitava obter o dinheiro era reunir a força de trabalho colonial, ou como mão de obra numa fazenda europeia, ou como trabalhador de um negócio na cidade. O primeiro tipo de imposto a ser introduzido foi o imposto da cabana, cobrado em cada cabana encontrada num típico vilarejo africano. No Quênia, o imposto da cabana foi introduzido em 1901, e simultaneamente em outras partes da África. Este imposto produzia mais trabalhadores, mas não o suficiente. Havia um pouco de resistência ao imposto. Ele infligiu sofrimento aos africanos e era perturbador para o seu tradicional modo de vida, esgotando os seus tradicionais meios de sustento. O

---

[31] FREUND, B. *The Making of Contemporary Africa*. Op. cit., p. 125.

povo massai da África Oriental, que tinha uma tremenda quantidade de riqueza no seu rebanho, foi forçado a vender o seu rebanho para obter dinheiro e assim pagar os seus impostos. Já que os africanos sabiam que o dinheiro coletado não estava sendo usado para o seu próprio benefício, em algumas comunidades, como um modo de demonstrar a sua resistência aos impostos, as pessoas determinaram o quanto de imposto elas tinham aferido e mandavam somente trabalhadores o bastante para obter a quantia requerida para pagar o imposto e depois saíam. Em resposta a este tipo de resistência, as autoridades coloniais aprovaram (em 1910 no Quênia) um imposto eleitoral (*poll tax*), que era cobrado de cada africano homem com idade de dezesseis anos ou mais. Havia muito abuso no recolhimento desses impostos, quando os jovens homens, com não mais de dezesseis anos, mas julgados como tendo pelos agentes de recrutamento africanos e incapazes de pagar, eram levados para campos de trabalho por não terem pago o imposto. Os anciãos das casas eram responsáveis tanto pelo imposto da cabana quanto pelo imposto eleitoral. No Estado Livre do Congo e nas colônias portuguesas, as autoridades coloniais cobravam cargas extras, num esforço de utilizar os impostos para desencorajar os homens de terem esposas extras, mas este desincentivo não parece ter tido sucesso. Em todo caso, o impacto líquido dos impostos extras foi que mais africanos se inscreveram para trabalhar.

Recrutamento de mão de obra

A escassez de mão de obra continuou a afligir as colônias desde a virada do século em diante e especialmente entre as duas guerras mundiais. Na África Oriental, o fim da Primeira Guerra Mundial coincidiu com o aumento dos imigrantes europeus. Muitos dos recém-chegados eram veteranos de guerra incentivados a se instalar nas colônias e recompensados com terra selecionada por seus sacrifícios na guerra. Os novos imigrantes precisavam de trabalhadores agrícolas. As indústrias e os negócios existentes precisavam de trabalhadores para recomeçar as suas operações depois da guerra. O governo colonial também queria mão de obra para trabalhar nas estradas de ferro, nos portos e em outros projetos de investimento. O recrutamento de trabalho forçado, então, foi introduzido como política de governo. Os africanos seriam inscritos pelos escritórios governamentais de mão de obra, que mandariam caminhões para as aldeias e as cidades. Os trabalhadores recrutados seriam então transportados para muitas milhas longe das suas casas, por períodos que variavam de alguns meses até alguns anos. Além disso, os chefes africanos e os chefes de aldeia foram recrutados para produzir cotas determinadas de trabalhadores. Milhares e milhares de trabalhadores foram recrutados desta maneira. Por exemplo, anualmente entre os anos de 1920 e 1950, mais de 40.000 trabalhadores foram recrutados à força para trabalhar nas minas da Rodésia. As condições de trabalho, como já descritas, eram terríveis, o pagamento era extremamente miserável e muitos trabalhadores morreram, ou em acidentes relacionados ao trabalho ou de doenças contraídas nos campos de trabalho. Davidson estima que no espaço de trinta e três anos, entre 1900 e 1933, cerca de 30.000 trabalhadores africanos morreram nas minas da Rodésia[32]. Todas as potências coloniais europeias empregaram trabalho forçado, embora houvesse leis nos registros que proibiam isto, e de tempos em tempos questões foram levantadas sobre o problema de forçar os africanos a trabalhar contra a sua vontade. No Império Francês, o trabalho forçado não parou até depois da Segunda Guerra Mundial. No Império Português ele continuou até a época em que os africanos começaram a lutar por sua independência no início dos anos de 1960.

Tanto no caso do imposto quanto no caso do recrutamento forçado, era praticamente impossível aos africanos resistirem. Se você não pagasse o seu imposto, você seria pego pela polícia administrativa (que percorria as aldeias procurando pelos sonegadores de imposto), rapidamente condenados e sentenciados a um trabalho duro, o que significava que você acabaria trabalhando nos mesmos projetos para os quais tinha sido convocado. Como trabalho presidiário, você não era pago. Se você tentasse fugir do recrutamento, você era assediado e caçado pelo escritório de mão de obra ou pela polícia do chefe, determinados a garantir que a cota de mão de obra recrutada do chefe seria atendida. Quando você era pego, a sua situação era muito pior por ter tentado resistir à ordem de se inscrever. De qualquer forma, você acabava fornecendo a mão de obra que era buscada.

Mais uma vez, havia todos os tipos de razões apresentadas para forçar as pessoas a se inscreverem para o trabalho. O pretexto era que se ensinava aos africanos, considerados tradicionalmente preguiçosos, o valor do trabalho

---

[32] DAVIDSON, B. *Modern Africa*. 2. ed. Nova York: Longman, 1989, p. 17.

árduo (ainda que o trabalho não os beneficiasse diretamente), que era correto que o governo obrigasse as pessoas a trabalhar em projetos que eram do interesse público, como rodovias, estradas de ferro e outros projetos de investimento (também, ainda que as pessoas não se beneficiassem diretamente com isso). Os chefes desempenhavam um importante papel no projeto do trabalho forçado. O recrutamento de mão de obra acelerou a percepção do povo africano de que os chefes eram parte integrante do estabelecimento colonial. Muitos deles estavam, mais do que nunca, distantes do seu próprio povo.

Havia quatro consequências principais do recrutamento de mão de obra que merecem menção. Uma era a ruptura que a prática causava aos africanos e ao seu modo de vida. Homens capazes eram separados das suas famílias por longos períodos de tempo. Isto era psicologicamente estressante, especialmente para os velhos, as mulheres e as crianças deixados para trás. A segunda, o projeto significava que os trabalhadores mais saudáveis da aldeia eram frequentemente aqueles que eram levados para os campos de trabalho. O resultado era a falta de força masculina de trabalho nas aldeias. A produção de alimentos declinou significativamente. Isto trouxe a fome. A terceira, os recrutados eram homens. Isto significava que os assentamentos eram invariavelmente instalações totalmente masculinas, exatamente como os albergues dos trabalhadores das minas da África do Sul ainda são hoje. Quando muitos homens eram separados de suas famílias por longos períodos de tempo, atividades como a prostituição e a homossexualidade masculina floresciam. A prostituição próxima aos assentamentos de trabalho significava que o pouco dinheiro que os trabalhadores obtinham às vezes acabava sendo gasto em cerveja e obtenção de favores sexuais das mulheres. Por último, o projeto de mão de obra servia para distanciar os chefes do seu próprio povo, um desenvolvimento que erodia a sua autoridade, destruía as instituições e as relações tradicionais e provou ser problemático no desenvolvimento político posterior.

Economias de culturas comerciais e monocultura

Na medida em que os brancos estavam principalmente interessados em culturas comerciais para atender as necessidades industriais dos seus países de origem, eles introduziram culturas comerciais, como o cacau, o café, o sisal, o chá e o algodão. Os países da África Ocidental, como Gana, Costa do

Marfim, Nigéria e Camarões, que eram adequados para produzir café e cacau, especializaram-se nessas culturas. Países como Gana, República Democrática do Congo e Rodésia (i. é, Zâmbia e Zimbábue), que tinham minerais, foram explorados extensivamente. Grandes quantidades de terra eram dedicadas às culturas comerciais. Dois pontos principais são dignos de nota aqui. Primeiro, as culturas comerciais não eram culturas de alimento; estas foram deixadas de lado, e como resultado disso a fome começou a grassar nas áreas que tinham sido previamente autossuficientes na produção de alimento. Segundo, a especialização em culturas comerciais significava que a economia colonial estava baseada em uma única ou duas culturas, com graves consequências para a economia da África depois que a colonização formalmente acabou. Para acentuar a exploração, os africanos que queriam se juntar ao crescimento das culturas comerciais para se beneficiarem viram que eles não podiam, porque não se permitia que eles competissem com os colonos estrangeiros. Aos africanos no Quênia, por exemplo, não se permitia que produzissem chá ou café até os anos de 1950, quando ficou óbvio que os dias do domínio colonial estavam contados. Na África Ocidental os lavradores africanos produziam culturas comerciais. Algumas prosperaram, especialmente aquelas que podiam utilizar trabalhadores dos grupos étnicos mais fracos ou mais fragmentados. Muitas não prosperaram, particularmente se elas não cumprissem as cotas determinadas. Se a cota de alguém para um ano corrente não pudesse ser cumprida, ele teria uma cota maior a pagar no ano seguinte. Alguns lavradores utilizaram os seus próprios recursos para comprar colheitas dos outros para assim atender a sua cota determinada. Eles também encontraram outro obstáculo: a ausência de crédito. Como Davidson diz:

> [...] mesmo os lavradores mais bem-sucedidos frequentemente tinham dívida, porque os seus custos de produção não eram cobertos pelos preços que eram pagos. A sua dívida se tornou pior pela ausência geral de quaisquer instalações adequadas de empréstimo de dinheiro dos bancos. Mesmo as lavouras de cacau da Costa do Ouro (de Gana), embora produzindo a maior parte do cacau do mundo naquela época, estavam frequentemente em dívida, em grande parte porque elas não tinham acesso a crédito barato[33].

---

33 Ibid.

Finalmente, todas as culturas comerciais produzidas tinham de ser exportadas para o "país mãe", ao preço que era estabelecido pelo monopólio paraestatal do governo colonial.

Proibição do comércio e das comunicações interafricanas

Antes da colonização, os africanos estavam comerciando e fazendo intercâmbio entre si. Todo o comércio interafricano foi abruptamente interrompido com o advento da era colonial. Todo comércio devia ser realizado somente com as potências europeias. As colônias francesas comerciavam com a França, as colônias britânicas com a Inglaterra, as colônias portuguesas com Portugal, e assim por diante. Como já vimos, os países africanos se tornaram produtores de culturas comerciais ou minerais destinados aos mercados e fábricas europeus. Todas as comunicações e instalações bancárias estavam integradas naquelas da potência colonial. Era impossível a dois africanos que vivessem em duas cidades africanas separadas por uma fronteira colonial falar entre si diretamente pelo telefone. Uma chamada de telefone de Kilembe, no Uganda, teria de ir a Londres, na Inglaterra, depois para Bruxelas, na Bélgica, e depois para Kilembe na República Democrática do Congo. E isto seria proibitivamente dispendioso. O dinheiro utilizado era de moeda europeia e, portanto, não facilmente obtido ou trocável. As consequências de longo prazo deste arranjo foi que os países e as comunidades africanos foram cortados uns dos outros. Ainda hoje, é ainda mais fácil voar da África para a Europa do que entre os países africanos. As economias africanas estavam tão entrelaçadas com as economias das potências coloniais europeias que, depois da independência, os estados africanos não podiam realmente comerciar uns com os outros. Todos estavam produzindo produtos primários e não o que os outros países africanos precisavam. Eles não podiam comerciar entre si quando estavam produzindo os mesmos produtos agrícolas ou extraindo minérios, já que eles não tinham a tecnologia ou o conhecimento para processá-los. Levou mais de trinta anos para que os Estados africanos começassem a diversificar as suas economias, assim como os seus parceiros de comércio, e começassem a mudar as suas instalações de comunicação para que eles pudessem se comunicar diretamente uns com os outros. O estabelecimento desta relação econômica dependente não podia ter sido uma conspiração deliberada para destruir a viabilidade econômica dos estados africanos independentes, mas os resultados mostram claramente que a Europa não tinha os interesses africanos em mente quando eles os colonizaram.

Mão de obra imigrante

Como foi aludido antes, as potências coloniais africanas continuaram a experimentar dificuldades com a mão de obra africana. Os europeus achavam que os africanos eram avessos ao trabalho árduo e que eles eram incapazes de se adaptar à nova ordem social e econômica que estava sendo introduzida pelas potências europeias. Os ingleses e franceses não perceberam totalmente a significação política da resistência africana às políticas coloniais de mão de obra. O comportamento africano não tinha nada a ver com a simples preguiça. Na verdade, os povos africanos a quem foram dadas oportunidades de se beneficiar significativamente com a economia colonial, como os fazendeiros de cacau da África Ocidental, os produtores de café do norte da Tanzânia ou os produtores de algodão do Uganda, trabalharam muito duramente e prosperaram. De qualquer maneira, os ingleses, que controlavam este vasto império mundial, decidiram aliviar os seus problemas de mão de obra na África atraindo trabalhadores contratados do subcontinente asiático. Milhares de indianos foram embarcados para a África Oriental e para o sul da África com contratos de até dez anos. Outros vinham por si próprios, sentindo melhores tempos no exterior do que nas suas próprias terras natais abarrotadas. Eles ouviram falar dos sucessos dos mercadores indianos que vieram anteriormente para a costa da África Oriental, ao redor de Mombassa e na Ilha de Zanzibar, desde o início dos anos de 1800. Muitos indianos trabalhavam em empregos de construção, como motoristas de ônibus ou trens, policiais ou funcionários públicos.

Quando os seus contratos expiravam, alguns voltavam para a Índia, mas muitos decidiram ficar, e nos quarenta ou cinquenta anos seguintes se tornaram beneficiários do favoritismo britânico. Os incentivos econômicos eram fornecidos sob a forma de empréstimos. Na medida em que muitos deles eram instruídos e especializados em negócios quando vieram, os indianos encontraram oportunidades na África que eles não tinham tido encontrado no seu próprio país. Eles sem dúvida trabalhavam muito, mas recorriam muito à mão de obra barata fornecida por africanos que, na virada do século, estavam começando a afluir para as cidades e centros de comércio. Havia muito espaço para a expansão dos negócios, e eles se expandiram, estabelecendo centros de distribuição e lojas de varejo em aldeias distantes na zona rural africana. Além disso, como trabalhadores migrantes, os indianos davam poucos problemas para os ingleses. Querendo desempenhar algumas das tarefas oficiais mais desagradáveis para fazer funcionar as colônias, os indianos ajudaram a isolar os ingleses do contato direto com os africanos. A tendência cultural interna dos indianos de se conservarem e interagirem com os africanos somente nas habilidades impessoais, como comerciantes, empregadores, ou funcionários do governo, as suas atitudes racistas em relação aos africanos (que eram instigadas neles pelos europeus) e o seu eventual controle das economias locais nos países africanos tenderam a aumentar o ressentimento africano em relação a eles. Mais tarde, quando os africanos começaram a se movimentar pela independência, muitos indianos hesitaram quando solicitados para se juntarem na luta. Aqueles que se juntaram, assinando as publicações africanas no Quênia, como *Sauti ya Mwafrika* (A Voz Africana) e *Habari za Dunia* (Notícias Mundiais) – tão importantes na mobilização da opinião africana contra o domínio colonial –, foram totalmente acolhidos pelo povo africano[34]. Alguns indianos pareciam abertamente favorecer mais o *status* sob o domínio britânico do que se submeter ao que eles perceberam como tendo um futuro incerto sob a inexperiente liderança africana.

O embarque dos indianos para a África tinha dois importantes efeitos de longo prazo, que continuam a reverberar na zona rural africana. Um é que os indianos vieram a dominar as economias locais dos países africanos, na medida em que era praticamente impossível aos africanos assumi-las. Os indianos dominavam o comércio varejista interno e externo, eles eram favorecidos pelos bancos, no que diz respeito ao crédito, e gozaram do apoio do governo colonial. Além disso, a maioria dos seus negócios era familiar e, portanto, difícil que a polícia regulasse. Foi criada uma impressão muito forte de que os indianos não se importavam com o povo africano e estavam ali somente para explorá-los até onde fosse possível. Em segundo lugar, na medida em que muitos indianos se deram tão bem comercialmente sob o domínio britânico, e prosperaram, eles pareciam se equivocar a propósito da questão da luta pela independência. Os africanos acusaram os indianos de serem antiafricanos, de terem favorecido o colonialismo e de não terem os interesses dos países africanos no coração. O fato de que muitos indianos optaram pela cidadania (no papel) britânica, embora continuassem a residir nos países africanos, confirmou as piores suspeitas dos africanos sobre os indianos. Esta incompreensão

---

34 SEIDENBERG, D.A. *Uhuru and the Kenyan Indians*: The Role of a Minority in Kenya Politics. Nova Deli: Vikas, 1983.

e desconfiança fermentadas entre os dois grupos irromperam quando, no início dos anos de 1970, Idi Amim Dada (o primeiro ditador ugandense) escolheu expulsar todos os asiáticos de Uganda, incluindo aqueles que tinham adquirido a cidadania ugandense. Amim foi grandemente aplaudido pelo povo africano por esta decisão. Mas a tensão entre os indianos e os africanos continua até agora em países como o Quênia, a Zâmbia e o Zimbábue. Nos últimos anos, os quenianos indianos se tornaram mais ativos politicamente, candidatando-se para o parlamento e fazendo parcerias de negócios com os ricos africanos quenianos.

Falta de industrialização

Finalmente, dos muitos planos que as potências coloniais tinham para civilizar e modernizar a África, nenhum deles parece ter incluído a modernização. Na verdade, à luz de nossa discussão da prática colonial, teria sido uma contradição em termos se a industrialização fosse ativamente buscada pelos europeus na África. Precisava-se muito de matérias-primas como café, algodão e cacau para processamento nas fábricas da Europa. Este padrão de produção africana de matérias-primas que são processadas na Europa, e depois reexportadas como produtos finais para a África a preços que os africanos mal poderiam se dar ao luxo, continuou a caracterizar uma dimensão essencial das relações econômicas entre a África e a Europa até agora.

Contudo, quando ficou claro, depois da Segunda Guerra Mundial, que o domínio colonial estava próximo do fim, as potências coloniais começaram a pensar nos meios de revitalizar as economias das colônias. Alguns estudiosos africanos afirmaram que este desenvolvimento econômico limitado era empreendido para persuadir os novos líderes emergentes de que a colonização tinha beneficiado os africanos e de alguma maneira permitiria uma partida amigável da África que preservasse os interesses coloniais. Esta questão será discutida em alguma extensão no capítulo seguinte, sobre a descolonização e a luta pela independência.

O domínio colonial beneficiou os africanos?

Quanto ao fato de a colonização ter ferido ou não ou ter atendido ou não o povo africano, este é um assunto sobre o qual tanto os africanos quanto os europeus possuem sentimentos muito fortes. Esta é uma questão que continuará a ocupar as paixões intelectuais de estudiosos e nunca poderá ser resolvida plenamente. Grande parte da discussão anterior sobre a colonização focou o lado negativo do registro. Vamos resumir estas questões e depois observar, em conclusão, algumas das contribuições positivas que a colonização proporcionou à África.

Pelo lado negativo, as seguintes questões são relevantes e valem a pena observar. Havia uma exploração maciça da África em termos de esgotamento de recursos, exploração da mão de obra, tributação injusta, ausência de industrialização, proibição do comércio interafricano e introdução de economias de monocultura ou de um único mineral. A exacerbação das rivalidades étnicas, que especialmente os ingleses, através da execução da política colonial de "governo indireto", exploraram para promover o controle colonial, continuou a ecoar nos conflitos pós-independência na África. A alienação e a destruição dos padrões tradicionais africanos de autoridade, através do uso de chefes nas funções coloniais, tornaram a tarefa da construção nacional muito mais difícil. A criação de fronteiras artificiais foi fonte de muito sofrimento nos estados africanos quando os conflitos políticos irrompiam de tempos em tempos por causa de reivindicações e de contra-alegações territoriais. A destruição da cultura e dos valores africanos por causa da imposição de religiões estranhas e o implacável ataque contra os valores africanos implantados pelas escolas missionárias contribuíram para uma mentalidade de tédio e dependência e para a perda de confiança em si mesmos, nas suas instituições e na sua herança. (A consequência de longo prazo do autodesprezo é refletida e discutida nos escritos de Franz Fanon.) A negação da participação política dos africanos colonizados retardou o desenvolvimento político pós-colonial, assim como o uso excessivo de força na resolução de problemas políticos foi transferido para o período pós-colonial.

Há alguns líderes políticos que percebem que, colocada na balança, os africanos se beneficiaram da experiência colonial. Curiosamente, os líderes dos dois países que nunca foram formalmente colonizados pela Europa – o falecido Imperador Hailé Selassié da Etiópia e o falecido Presidente William V.S. Tubman da Libéria – tentaram explicar a pobreza econômica dos seus países dizendo que eles nunca se beneficiaram da colonização como o fizeram os outros países africanos. Há outros líderes notáveis, como o presidente fundador da Costa do Marfim, Felix Houphouet-Boigny, que perceberam que os africanos deviam ser gratos por terem sido colonizados, porque sem a colonização a África ainda estaria atrasada em muitas áreas do empreendimento humano.

De um modo geral, há cinco benefícios da colonização com os quais muitos estudiosos provavelmente concordariam. Primeiro, a introdução da medicina ocidental, que fez uma incrível diferença nas taxas de sobrevivência da população africana. De fato, o crescimento rápido da população africana começou durante a era colonial. Segundo, a introdução da educação formal, por mais antiafricana que ela possa ter sido em muitos países, merece atenção, porque ela ajudou a ampliar a perspectiva dos africanos e a destravar o potencial oculto do povo africano. Tanto a educação quanto a assistência médica foram fornecidos pelos missionários. Quase todos os líderes que surgiram depois da Segunda Guerra Mundial para liderar as colônias africanas no sentido da independência adquiriram as suas habilidades teóricas e organizacionais da educação colonial. Os jovens ativistas políticos puderam desafiar o *status quo* e fazer exigências para a restauração da dignidade e da liberdade africanas, usando ideias políticas e morais profundamente enraizadas na educação ocidental. Terceiro, a pequena infraestrutura que as autoridades coloniais estabeleceram se tornaram a base sobre a qual os novos líderes africanos construíram as suas novas instituições nacionais. Rodovias, estradas de ferro, portos, telefones, energia elétrica e sistemas de água e redes de esgoto foram todos construídos inicialmente para servir a comunidade colonial branca ou apoiar assentamentos urbanos muito pequenos. Os africanos adquiriram importantes habilidades trabalhando para as burocracias coloniais. Mais tarde, a sua experiência foi importante para ajudar a manter estes serviços durante o período frequentemente tumultuado da transição política e depois. Quarto, a introdução do islamismo e do cristianismo no povo africano simplificou grandemente a espiritualidade africana e criou uma nova base para que os africanos com diferentes experiências se unissem. Os africanos são pessoas muito espirituais que acreditavam em Deus e na vida depois da morte com os espíritos ancestrais. Não estava claro, contudo, o que se precisava fazer para encontrar a salvação (definida como sendo um com Deus ou estar completamente em paz depois que se morria e se passava para o espírito do mundo). O papel dos espíritos ancestrais era extremamente significativo e requeria rituais contínuos e elaborados para pacificá-los ou para suplicar a eles. Este tipo de herança espiritual, embora satisfazendo emocional e espiritualmente, tolhia de muitas maneiras o desenvolvimento do pensamento e da ciência racionais.

O cristianismo moderno, apesar do seu misticismo residual, era apresentado como um pacote completo e autônomo de regras e procedimentos. Ele definia em termos simples por que os seres humanos foram criados, a existência da vida eterna depois da morte e como viver a vida na terra de maneira a ficar seguro de uma vida maravilhosa depois da morte. Abraçando uma dessas denominações cristãs, em troca por desistir de sua herança e prática espirituais, os africanos se libertavam essencialmente das incertezas dos sacrifícios e rituais diários, das cerimônias de purificação que eram tradicionalmente requeridas. Os africanos foram libertados da crença de que tudo o que acontecia a alguém na vida era devido totalmente à intervenção dos espíritos, uma crença que exigia frequente consulta dos médiuns para determinar o que se devia fazer para pacificar aqueles espíritos e que era também excessivamente fatalista. Inerente a esta libertação era a noção da salvação individual. Embora estas religiões estrangeiras exigissem que os seus adeptos evangelizassem e conquistassem mais convertidos a suas crenças, no final o indivíduo era salvo ou amaldiçoado com base naquilo que ele tinha feito ou deixado de fazer ao seguir as doutrinas das várias crenças. Este individualismo, naturalmente, destruiu o *ethos* coletivo e o tecido social da comunidade tradicional africana, porém, isto tornava possível o progresso individual e pessoal. O cristianismo e o islamismo criaram uma nova base para a organização e a rede da comunidade. E estas organizações religiosas trabalharam para melhorar as condições de vida das pessoas em muitas áreas. Elas promoveram a alfabetização, a assistência médica e a autoajuda. Criaram uma nova base para que os africanos se juntassem e se ajudassem mutuamente, tal como eles tradicionalmente faziam.

Quinto, ao impor fronteiras arbitrárias para os povos africanos, os países foram criados com uma "canetada". A colonização pode ter encurtado consideravelmente o processo de formação do Estado em algumas regiões. Nos tempos passados, os estados se formaram lenta e penosamente, quando os líderes travavam guerras e anexavam os seus vizinhos mais fracos. Há uma grande evidência de anexações militares que ocorreram na África e certamente em outros lugares do mundo. Desde a independência, alguns Estados africanos – Somália e Etiópia, Quênia e Somália, Líbia e Chade, Marrocos e Argélia – lutaram entre si para pelas fronteiras herdadas. Houve guerras civis brutais na Nigéria, no Sudão, na Somália, em Serra Leoa, na Libéria, na República Democrática do Congo e na Costa do Marfim, para citar apenas alguns casos. Os líderes africanos hesitaram em colocar a questão das fronteiras coloniais na sua agenda. Ela abriria a caixa de Pandora. Se novas crises não ocorrerem – o que não parece provável no momento (2008), dada a escalada de crises no Ruanda, no Zimbábue, em Dafur e no Chade –, desse modo poupando o povo africano de mais dor, sofrimento e morte, então o colonialismo pode reivindicar algum crédito.

O nacionalismo africano e a luta pela liberdade

> *O primeiro-ministro britânico Harold Macmillan fez um famoso discurso para todo o parlamento branco sul-africano em fevereiro de 1960, no qual ele declarou que havia um vento de consciência africana soprando através do continente africano, um vento que os europeus na Europa e na diáspora (i. é, os colonos brancos na África) deviam reconhecer o que ele significava. Macmillan estava levantando uma questão intrigante: se a colonização era boa para os africanos, tal como os europeus tinham afirmado durante todo o tempo, por que então alguns africanos pegaram em armas para lutar por sua liberdade? De onde vinha esta consciência política?*

Introdução

O nacionalismo africano é um sentimento subjetivo de parentesco ou afinidade compartilhado pelos descendentes do povo africano. É um sentimento baseado em normas culturais compartilhadas, instituições tradicionais, herança racial e uma experiência histórica comum. E uma experiência histórica duradoura compartilhada por quase todos os africanos era a opressão colonial, discutida no capítulo anterior. Junto com este sentido de identidade compartilhada está um desejo coletivo de manter os próprios valores culturais, sociais e políticos, independentemente do controle externo.

Vale a pena enfatizar que o nacionalismo africano, tal como o nacionalismo em outros lugares do mundo, não é novo; ele é tão velho quanto os tempos antigos. De fato, na África, ao contrário da visão comum da África na intelectualidade ocidental, o nacionalismo africano antecede o colonialismo. Nos anais da história africana encontramos comunidades africanas organizadas com um sentido muito forte de identidade, preparadas para defender a sua integridade territorial e cultural contra aqueles que desejariam destruí-la ou miná-la. Por exemplo, quando o grande rei africano Mansa Musa do Mali fez uma peregrinação a Meca em 1324-1325, o povo jalofo – que foi violentamente colocado sob o reino do Mali – aproveitou a oportunidade de se rebelar contra o reino do Mali. O povo jalofo estava expressando um nacionalismo, uma identidade nacional separada e um desejo de autogoverno na sua própria terra. Nós também sabemos que os africanos não aceitaram passivamente o domínio europeu, que era estranho e destrutivo da ordem social africana. A resistência efetiva levantada contra a colonização europeia pelo povo axante do Gana, pelo povo hehe da Tanzânia, ou pelo povo zulu da África do Sul sugere que um sentido muito forte de identidade nacional estava já em vigor – e uma forte determinação de não sucumbir a qualquer outra autoridade, exceto a sua própria. O rei do povo iaô da Tanzânia tinha o seguinte a dizer para um comandante alemão que tinha sido mandado a ele para afirmar a reivindicação colonial alemã do seu país em 1890:

> Eu tenho escutado as suas palavras, mas não encontrei nenhuma razão por que eu deveria obedecer você – antes, eu prefiro morrer. [...] Se é a amizade que você deseja, então, estou pronto para isto, hoje e sempre; mas ficar submetido a você, isto eu não posso. [...] Se é uma guerra que você deseja, então, eu estou pronto, mas nunca serei seu súdito. [...] Não vou cair aos seus pés, pois você é uma criatura de Deus assim como eu... Eu sou o sultão aqui na minha terra. Você é o sultão lá na sua. Contudo, escute, eu não digo a você que você deve me obedecer; pois eu sei que você é um homem livre. [...] Quanto a mim, eu não irei até você, e se você for forte o bastante, então, venha me buscar[1].

---

1 BOAHEN, A. *African Perspectives on Colonialism*. Baltimore, MD: Johns Hopkins University Press, 1987, p. 23-24.

Um rei do Gana, do reino Axante, Prempeh I, no mesmo tom, declinou da oferta britânica de proteção – um eufemismo para o controle colonial. Ele disse que o seu reino desejava permanecer em termos amigáveis com todos os povos brancos e fazer negócios com eles, mas ele não via razão por que o reino Axante deveria um dia se comprometer com esta política do governo britânico. Os ingleses tomaram o país de qualquer maneira, o rei foi exilado por vários anos para uma ilha do Oceano Índico por sua não cooperação, e violentas tensões entre o Povo Ashanti e os ingleses continuaram por noventa anos, até o começo do século XX. O rei do povo mossi de Burquina Faso disse a um comandante francês: "Eu sei que os brancos querem me matar para tomar o meu país, contudo, você alega que eles me ajudarão a organizar o meu povo. Mas eu acho o meu país bom do jeito que ele é. Eu não preciso deles. Eu sei o que é necessário para mim e o que eu quero. Eu tenho os meus próprios comerciantes. [...] Também se considere afortunado por eu não mandar cortar a sua cabeça. Vá embora agora, e, sobretudo, nunca volte"[2]. Os franceses nunca foram embora e os mossis perderam o seu país. Um líder do povo nama* da moderna Namíbia disse aos alemães: "O Senhor estabeleceu vários reinos no mundo. Portanto, eu sei e acredito que não é pecado ou crime que eu deseje permanecer como chefe independente da minha terra e do meu povo"[3]. Os alemães também não ficaram impressionados. Os ocidentais, por suas próprias razões, escolheram chamar estes grupos de "tribos", apesar do fato de muitos deles serem extremamente grandes e com instituições sociais e políticas bem-estruturadas. Uma forte evidência mostra que estes grupos eram nações que ocupavam territórios específicos, que eles estavam querendo defender quando eram ameaçados ou atacados. Os sentimentos expressos pelos reis e pelos líderes não demonstram senão um nacionalismo de um povo que queria relações com os estrangeiros, tal como aquelas que existem entre iguais, ou então ser deixados em paz.

Os sentimentos de grupo que surgiram na Europa Oriental em seguida ao colapso do comunismo são claramente uma manifestação de nacionalismo, não diferente daquele que foi visto na África às vésperas da disputa pelo continente. Quando a União Soviética desmoronou, as suas antigas repúblicas cin-

---

2 Ibid., p. 25.
* Namaqua, namakwa, namaqa, naman, namã, nawakwa.
3 Ibid.

diram, algumas delas enfrentando conflitos internos, enquanto vários grupos buscavam recuar para os seus enclaves linguísticos e culturais. A Iugoslávia se desintegrou, lançando o seu povo numa sórdida guerra civil. A Tchecoslováquia se dividiu em 1992 por intermédio de um acordo para a sua divisão em dois países: a República Tcheca e a Eslováquia. O que conecta todos estes grupos é uma herança comum, baseada na religião, na língua e na experiência histórica. A experiência histórica de viver sob a hegemonia estrangeira ou ser governado por partidos políticos manipulados por uma potência externa foi uma poderosa força motriz subjacente nas tentativas nacionais separatistas na Europa Oriental, tal como foi na África moderna.

Nacionalismo africano moderno

Depois que o domínio colonial foi firmemente estabelecido, os africanos continuaram a demonstrar muitas formas de desavença e resistência. Na medida em que a África foi fatiada em diferentes colônias, quando a resistência se aglutinou as organizações que se formaram para protestar contra vários elementos do domínio colonial estavam frequentemente baseadas num território submetido a uma potência colonial (como a França, a Inglaterra ou a Alemanha). Já que era virtualmente impossível aos africanos se organizarem numa base rural, as organizações regionais ou étnicas se tornaram a maior opção prática. Na medida em que o colonizador era europeu e o colonizado era africano, estas organizações vieram a ser vistas, particularmente pelos estrangeiros, quase totalmente em termos raciais. Isto serviu aos interesses das potências coloniais, para que eles não somente colocassem os grupos étnicos uns contra os outros, mas também para que pudessem descrever os mais combativos e francos como sendo contra os brancos.

A Revolta dos Mau-Mau* contra o domínio britânico no Quênia é um exemplo perfeito de um movimento que foi apresentado na mídia ocidental como uma rebelião sem objetivo e fanaticamente violenta, inclinada a matar e estropiar qualquer pessoa branca somente para se divertir. Essa interpretação racial era simplista e errada. O objetivo dessa interpretação era divorciar a luta das queixas legítimas que a embasavam. Como eu já indiquei, os colonizado-

---

* Rebelião Mau-Mau, Insurreição Mau-Mau.

res europeus tinham alguns motivos raciais para capturar os territórios africanos, mas os africanos simplesmente queriam os seus territórios de volta e a liberdade de viver as suas vidas como quisessem. Este surto de nacionalismo africano foi abastecido por vários fatores catalisadores, além da própria experiência colonial opressiva: as igrejas missionárias, a Primeira Guerra Mundial, a Segunda Guerra Mundial, a ideologia do pan-africanismo e a Liga das Nações/Nações Unidas. Cada um desses fatores será agora discutido.

Opressão colonial

Como foi já indicado no capítulo anterior, a colonização foi uma experiência muito negativa, exploradora e opressiva. Os africanos tinham péssimas recordações desta experiência, ainda que alguns possam parecer que foram beneficiados materialmente. Eles foram humilhados, a sua cultura denegrida e distorcida e a sua terra confiscada. Os imigrantes europeus, que eram incentivados a virem para a África como fazendeiros pioneiros e a quem foram dados grandes pedaços de terra para a lavoura, obrigaram os africanos a fornecer mão de obra barata, o que resultou em sérias consequências para as comunidades africanas. Grandes plantações foram estabelecidas para produzir culturas comerciais. Como podia alguém não esperar que os africanos se rebelassem contra isso depois de um certo tempo? De fato, exatamente no começo da ocupação colonial, a resistência africana assumiu a forma de revolta armada. Os timenés* e os mendes** de Serra Leoa se revoltaram contra o imposto da cabana. Os povos nama e herero da Namíbia se revoltaram contra a tomada alemã da sua terra, o que, por sua vez, levou ao trabalho forçado. No Congo do rei Leopoldo, a resistência ao trabalho forçado foi tão intensa que foi exigido dos recrutadores de mão de obra que trouxessem de volta com eles membros e orelhas humanos amputados, como prova de que os africanos que não queriam trabalhar praticamente de graça estavam fadados a perder os seus membros. Estes tipos de revolta eram típicos da "resistência primitiva", levantes espontâneos e locais. Eles não foram bem-sucedidos militarmente – por razões óbvias, incluindo a ausência de uma base organizacional rural – e foram brutalmente suprimidos. Mais tarde, as pessoas adotaram estratégias que

---

* Tenme, teminis, atenme, timne, temene, timmannee, timani.
** Meni, mendi, mendê, koso, kossa, kosso, hulo, huro.

eram mais moderadas e empregaram meios convencionais. Foram formadas associações com o propósito de chamar atenção para queixas específicas: salários baixos, instalações de educação e de saúde precárias, preços inadequados de culturas comerciais produzidas pelos lavradores africanos, ausência de oportunidades de negócio e ausência de representação nos conselhos políticos locais. Quando estas reformas foram frustradas pelos colonos estrangeiros, que detestavam gastar qualquer dinheiro com os "nativos" ou compartilhar qualquer poder com os africanos, ou quando os funcionários coloniais na metrópole decidiam que os africanos não estavam prontos para as reformas, os africanos finalmente começaram a pensar no autogoverno como sua resposta.

Foi sugerido que o conceito de liberdade política era estranho ao povo africano, que os africanos eram tradicionais e não tinham qualquer sentido de democracia. As sociedades africanas, certamente, eram sociedades coletivas nas quais as necessidades e os direitos das comunidades como um todo precediam aqueles dos indivíduos. Mas o *ethos* coletivo não devia ser equiparado a uma ausência de valorização da liberdade individual. Como foi explicado no capítulo 2, algumas comunidades africanas utilizavam muitas consultas numa atmosfera de debate e discussão irrestritos. Os líderes eram escolhidos e tornados responsáveis por suas ações. Aqueles que resistiam aos desejos e demandas do seu povo eram muitas vezes derrubados ou substituídos. Em algumas sociedades, o governo hereditário era permitido somente na medida em que os líderes agissem de acordo com os padrões aceitos e sancionados por suas comunidades. Quando um líder era incompetente ou traía a confiança do povo, sendo injusto ou cruel, ele era derrubado e outro líder era escolhido de uma casa ou família diferente.

Igrejas missionárias

O cristianismo esteve na África por um longo período de tempo, muito antes que o seu proselitismo trouxesse os missionários para a África. A introdução do cristianismo na África remete aos tempos romanos, quando o escritor do Evangelho de Marcos fundou a Igreja Cristã Cóptica em Alexandria, como foi explicado no capítulo 3. O islamismo se tornou uma força muito mais disseminada, mais ou menos do século VIII em diante, ajudado por jihads (guerras santas) contra aqueles que resistiam à conversão. O comércio lucrativo e a imigração contribuíram para a retirada cristã para os planaltos da Etiópia, onde a Igreja Cóptica sobrevive até os dias de hoje.

A Igreja Católica foi introduzida na África pelos portugueses no final dos anos de 1400 em Benim e logo se estendeu para o Congo e Angola. Nessa época, o proselitismo cristão parece ter sido absolutamente útil ao facilitar o estabelecimento da presença portuguesa na África com propósitos comerciais. Os chefes ou os reis africanos que foram abordados também viam o potencial político de usar o cristianismo para unificar os seus impérios e fortalecer as suas próprias posições. Richard Hull capta a reciprocidade evidente de interesses entre os pregadores e os governantes tradicionais, da seguinte maneira:

> O obá, ou rei do Benim, enfrentou inicialmente os portugueses em 1486. Os exploradores europeus ficaram imediatamente impressionados pela vastidão do império, pela força de seus governantes e pela possibilidade de transformar o Estado num poderoso aliado [sic] comercial cristão. Benim, por outro lado, maravilhou-se com os artigos portugueses de comércio, como o armamento moderno e as ferramentas para a agricultura, com os tecidos finos e com as histórias de um distante Império Português. Ambos viam vantagens mútuas através do estabelecimento de relações diplomáticas[4].

Estas relações entre os africanos e os portugueses (como foi explicado no cap. 3) depois azedaram, quando os portugueses começaram a buscar um papel mais intrusivo nos assuntos políticos internos dos reinos, quando tentaram alterar os costumes africanos, como a poligenia (que permitia ao rei manter o seu poder e influência formando alianças). Nos outros países africanos, os missionários cristãos ou precediam as aquisições coloniais, ou vinham imediatamente depois de um país ter sido declarado uma colônia. As autoridades coloniais achavam que o cristianismo tinha um efeito pacificador sobre o povo africano, com sua ênfase nas questões espirituais sobre os assuntos mundanos. As nossas vidas nesse mundo são tão curtas, os missionários diziam, que realmente não importa o que os governantes coloniais fazem a nós. O que importa é o que fazemos na preparação para a outra vida, para a vida eterna.

A Igreja cristã também servia para reconciliar as comunidades africanas em desintegração, duramente atingidas pela política colonial, sem atacar as

---

[4] HULL, R.W. *Modern Africa*: Continuity and Change. Englewood Cliffs, NJ: Prentice Hall, 1980, p. 1.

causas radicais da desintegração. Um exemplo disso foi a derrota devastadora sofrida pelo povo da Tanzânia na chamada Rebelião Maji-Maji de 1905-1908. Os africanos escolheram resistir ao opressivo colonialismo alemão. Os alemães derrubaram a revolta. Quando estava tudo acabado, 120.000 africanos tinham perdido suas vidas. A destruição foi tão completa que os africanos perderam inclusive a fé nos seus espíritos ancestrais. Foi assegurado a eles através dos seus líderes que eles seriam devidamente protegidos por seus ancestrais na batalha. Em total consternação e desânimo, que se seguiram à devastadora derrota, a maioria daquelas pessoas se voltou para o cristianismo. O mesmo fenômeno, a perda de fé nas instituições religiosas tradicionais, é demonstrado no filme de Sembene Ousmane, Emitaï (1971), no qual os africanos do Senegal durante a Segunda Guerra Mundial foram forçados a ser "voluntários" do Exército francês e a entregar a sua subsistência (o arroz) para as autoridades coloniais francesas. Quando as mulheres escondiam o arroz e eram capturadas pelas autoridades francesas e mantidas reféns até que concordassem em entregar o arroz, os seus homens, na clandestinidade, se reuniam e faziam sacrifícios para os seus ancestrais e os seus deuses, pedindo a eles a garantia de que os seus meios de vida não seriam destruídos. Além disso, eles acreditavam que dar o arroz para as autoridades coloniais seria uma grave violação das suas tradições sociais. Como o impasse continuasse, um por um, os homens começaram a vacilar na sua fé. Eles começaram a imaginar por que, nesse momento de necessidade crítica, os seus espíritos ancestrais não vinham em seu auxílio. Talvez os seus deuses não fossem afinal verdadeiros deuses. Talvez as dúvidas abertamente expressas por alguns deles possam ter indignado os seus deuses, levando-os a recusar vir em socorro das pessoas. O boicote acabou. Os homens foram tornados responsáveis pela rebelião e finalmente mortos, apesar de terem cedido às exigências francesas. Novamente aqui, como na situação da Tanzânia, o cristianismo ofereceu consolo diante de uma grande tragédia nacional. A próxima relação simbiótica entre os missionários cristãos e as autoridades coloniais continuou por todo o período da hegemonia colonial na África.

O papel catalisador da Igreja em desenvolver o nacionalismo africano surgiu da educação que as escolas da Igreja forneciam na África colonial. Em muitas colônias africanas, as escolas missionárias eram as principais instituições educacionais e o custo de educar africanos era frequentemente arcado totalmente pelas missões. Em outras colônias, o governo colonial fornecia os fundos, mas a equipe de ensino e o currículo eram da responsabilidade das missões.

A educação missionária tinha três modestos objetivos: primeiro, fornecer a alfabetização básica que permitiria aos africanos absorver a educação e o treinamento religiosos e ajudar assim na divulgação do Evangelho; segundo, transmitir os valores da sociedade ocidental, sem o que os missionários acreditavam que os africanos não poderiam progredir; terceiro, elevar o nível de produtividade dos trabalhadores africanos (tanto os semiqualificados quanto os eclesiásticos), sem necessariamente autorizá-los o bastante para desafiar o domínio colonial. A educação missionária era, geralmente, inadequada, especialmente na sua ênfase sobre a educação religiosa, que a sociedade ocidental já achava que era anacrônica. Mas, por mais limitada ou falha que fosse, era suficiente para excitar o apetite do povo africano por mais educação e para despertar a sua consciência política. No Quênia Central, por exemplo, as pessoas quicuio estavam fascinadas pelas possibilidades oferecidas por uma boa educação, mas elas estavam tão insatisfeitas com a educação missionária fornecida pelas missões anglicanas e escocesas que começaram a fundar as suas próprias escolas. Os pais africanos queriam uma espécie de educação que dotasse os seus filhos com mais do que simplesmente a capacidade de ler a Bíblia e escrever nas suas próprias línguas indígenas. Eles queriam que os seus filhos adquirissem as habilidades intelectuais e as capacidades linguísticas necessárias para lutar pela terra que tinha sido tirada dos seus pais pelos colonos e colonizadores europeus. Os pais também queriam que os seus filhos tivessem sucesso no mundo do homem branco, cujo vislumbre tinha sido fornecido pela educação colonial, assim como a missionária. Quando as autoridades coloniais restringiram o número de escolas conduzidas por africanos, alguns pais mostraram a sua desconfiança, mantendo os seus filhos fora das instituições missionárias.

Os africanos desenvolveram um enorme respeito pela educação moderna. Eles acreditavam, corretamente, que as autoridades coloniais deviam mais apropriadamente lidar com um porta-voz africano educado do que com um que não fosse. Ajudava muito se um emissário africano mandado para pleitear uma causa do seu povo fosse também fluente numa língua europeia relevante. Em 1929, Jomo Kenyatta do Quênia foi escolhido por seu povo para ir à Inglaterra e apresentar as suas queixas às autoridades britânicas. O seu povo esperava que ele exercesse uma forte impressão sobre os ingleses e os convencesse de que os africanos educados, como ele próprio, não somente estavam prontos para arcar seriamente com suas responsabilidades políticas, mas talvez também fossem capazes de fazer funcionar um governo. Durante a sua longa estada na Inglaterra, Keniatta estudou na Universidade de Londres, produzindo o *Facing Mount Kenya* (De frente para o Monte Quênia), um livro no qual ele não somente interpretou a vida e a cultura dos quicuios para o mundo ocidental, mas também documentou a devastação cultural que tinha ocorrido ao povo quicuio nas mãos da administração colonial. Além disso, ele defendeu apaixonadamente o desejo e o direito do seu povo de reconquistar a sua terra e se autogovernar. Além disso, ele viajou por toda a Inglaterra falando para as pessoas inglesas simpáticas que queriam ouvir a respeito da injustiça colonial no Quênia. Evidentemente, ele contribuiu para a cristalização de grupos britânicos, como a Sociedade Fabiana, como organizações anticoloniais. Estas sociedades mais tarde não somente emprestaram o seu apoio a organizações anticoloniais no Império Britânico, mas também contribuíram para a mudança de opinião na Inglaterra contra o permanente colonialismo. A ascensão de Kenyatta à proeminência e eventualmente à liderança do Quênia foi grandemente auxiliada por seu domínio da língua inglesa.

Outro africano, cujo domínio e controle de uma língua europeia se tornaram um fator essencial na sua carreira política, foi Léopold Sédar Senghor, o falecido primeiro presidente do Senegal. Senghor foi educado em escolas da missão católica no Senegal e depois estudou na Sorbonne, na Universidade de Paris. Ele atravessou todos os degraus até se tornar uma figura política importante no sistema colonial francês, e, apesar da controvérsia política que frequentou a sua articulação de ideias, como a ideia de negritude, ele foi um intérprete significativo da cultura africana para o mundo de fala francesa. Durante toda a sua vida ele gozou de grande respeito e admiração como filósofo, poeta e escritor entre os intelectuais franceses e no mundo de fala francesa em geral. Em 1984, Senghor se tornou o primeiro africano a ser um membro premiado na exclusivista Academia Francesa. Esta é "a mais elevada honra que a França pode conferir aos seus estadistas e homens [sic] de letras"[5].

A educação missionária, então, tinha uma dupla consequência para os africanos: ela dava a eles habilidades com as quais articulavam as suas de-

---

5 VAILLANT, J.G. *Black, French, and African*: A Life of Léopold Sédar Senghor. Cambridge, MA: Harvard University Press, 1990, p. 1.

mandas e questionavam a legitimidade das autoridades coloniais; ela também se tornou um meio poderoso da aculturação africana dos valores cristãos (e políticos) ocidentais, valores que os africanos incorporaram muito inteligente e engenhosamente, para a total surpresa do senhor colonial, ao debate político sobre as suas lutas pela liberdade. Como Ali Mazrui colocou: "A destruição da cultura africana 'pagã' foi naturalmente acompanhada pelas tentativas de substituí-la com *alguns* aspectos do modo de vida inglês. Junto com tornar os meninos e meninas cristãos honestos, este foi um importante objetivo dos educadores cristãos"[6]. Ele conclui que a educação missionária foi talvez muito mais bem-sucedida em produzir um novo africano culto do que um cristão coerente. O impacto da Igreja cristã é evidente em todo o continente africano.

A maior parte da primeira geração de líderes africanos, entre eles Julius Nyerere (Tanzânia), Jomo Kenyatta (Quênia), Léopold Senghor (Senegal), Kenneth Kaunda (Zâmbia), Nnamdi Azikiwe (Nigéria) e Hastings Kamuzu Banda (Maláui), foi produto da educação missionária nos seus próprios países. Na África do Sul, os africanos que organizaram o primeiro movimento político nacional para atender às necessidades dos africanos e se opor à iminente legislação racista que era contemplada pelo governo de minoria branca em 1912 eram pastores. No Quênia, as escolas independentes que os líderes religiosos africanos abriram eram bastante políticas, no sentido de articular as queixas do seu povo, assim como de combinar as crenças locais e cristãs. Não surpreende que o governo colonial tratasse essas escolas como um risco muito sério para a sua segurança.

Outro sentido no qual a Igreja influenciou o crescimento do nacionalismo africano estava na doutrina e no conteúdo dos seus ensinamentos. A doutrina cristã enfatizava o parentesco espiritual das pessoas, a ideia de que todos os seres humanos, sem consideração de cor e nacionalidade, eram filhos de Deus e iguais aos olhos de Deus – portanto, dotados com um direito de serem tratados e serem vistos com bondade e consideração. A Igreja, contudo, não conseguiu traduzir esta doutrina na prática. Ela era desdenhosa dos africanos e de sua cultura. Comportava-se como se não esperasse que os africanos notassem a contradição entre a benevolência da doutrina e a violência do racismo exibido por alguns missionários. Nos meus treze anos de educação missionária

---

[6] MAZRUI, A.A. *Political Values and the Educated Class in Africa*. Berkeley: University of California Press, 1978, p. 27.

na África, não ouvi uma vez sequer um padre ou um monge pronunciar uma palavra de crítica ao domínio colonial. Na verdade, o interesse dos alunos nos assuntos políticos e a frequente discussão de questões políticas eram desaprovados e frequentemente punidos. Os missionários excluíam os africanos de qualquer papel significativo no funcionamento das igrejas. Eles mantinham uma distância social discreta em relação aos africanos, interagindo com eles de uma maneira padronizada, e pregando o Evangelho ou ensinando os alunos africanos, simplesmente como um trabalho a ser realizado, não como uma vocação sagrada. Os missionários que tinham filhos, por exemplo, preferiam mandá-los para o exterior para lá se educarem do que para as mesmas escolas com as crianças africanas. Isto pode ter sido justificado na virada do século, quando as instalações educacionais na África eram precárias e primitivas, mas não na metade do século XX. Na África Oriental, Central e Sul, onde os colonos europeus tinham as suas próprias escolas, os missionários preferiam mandar seus filhos para escolas racistas exclusivistas, nunca levantando qualquer objeção moral à existência destas escolas segregadas. Os missionários fizeram poucas tentativas para aprender e compreender as tradições e valores africanos, embora eles escrevessem bastante sobre os africanos. Eles menosprezavam os rituais, os costumes e as línguas africanas e, em alguns casos, tentaram deliberadamente destruir as instituições africanas. Herskovits diz:

> Em igualdade de condições, os africanos em todo lugar vieram a preferir educação escolar com patrocínio secular. Uma razão para isto... era que em escolas leigas eles eram menos submetidos a uma permanente difamação da sua própria cultura. Nas escolas missionárias, muitos aspectos dos modos de vida africanos, que continuaram a ser altamente valorizados, ou eram importantes para o funcionamento da sociedade, particularmente os costumes associados com o comportamento sexual e com o casamento, caíam na desaprovação dos missionários, e foram combatidos nas salas de aula[7].

Não houve qualquer tentativa nessas escolas de considerar as questões frequentemente levantadas em defesa de certos costumes e rituais africanos. Quando os africanos, em defesa da poligenia, apontaram para a primeira tradição bíblica da poligamia, os missionários responderam simplesmente citando

---

[7] HERSKOVITS, M.J. *The Human Factor in Changing Africa*. Nova York: Alfred A. Knopf, 1962, p. 247.

o dogma da Igreja sobre a monogamia como a única prática sancionada por Deus. Quando alguns procuraram continuar a veneração dos seus espíritos ancestrais junto com os rituais cristãos, os missionários os ameaçavam com a expulsão ou a excomunhão da Igreja. Mesmo o uso da música e da dança tradicionais no culto era severamente desencorajado como bárbaro e pagão.

Exceto por atos dispersos e isolados de desafio ou oposição de alguns missionários em relação ao trabalho forçado ou ao abuso físico dos africanos, as igrejas, em geral, queriam que os africanos acreditassem que a colonização era empreendida para o bem dos africanos. Eles exaltavam o "propósito colonial", qualquer que ele fosse. Além disso, alguns missionários serviram como apologistas dos governos coloniais. Por exemplo, relatou-se que o reverendo Robert Moffat, um missionário na África Central, advertiu o rei Lobengula do povo ndebele para que aceitasse a Concessão Rudd, embora ele soubesse das intenções imperiais extremas de Cecil Rhodes de capturar as terras africanas ao norte do rio Limpopo. Muitos africanos, naturalmente, suportaram bastante este tipo de tratamento, acreditando que a obediência, a submissão e o "voltar a outra face" eram necessários para a salvação espiritual. Outros começaram a se ofender por serem tratados como seres humanos inferiores e decidiram que estava na hora de pedir a voz dirigindo as instituições religiosas. Eles fundaram as suas próprias igrejas, igrejas separatistas, onde podiam interpretar as escrituras de uma maneira que não denegrisse as suas culturas e a sua herança e onde as pessoas podiam gozar de sua "autoexpressão religiosa". Estas igrejas separatistas incluíam a Igreja Chilembwe em Maláui, as igrejas Kimbangu e Kitawala naquilo que agora é chamado de República Democrática do Congo, e a Igreja Tembu na África do Sul. Os colonialistas chamavam estas igrejas de "cultos".

Exemplos dramáticos de igrejas cristãs separatistas com uma clara agenda política foram aquelas igrejas construídas no Quênia Central, que romperam com as missões escocesas e inglesas. Além das diferenças em relação à doutrina, os quenianos estavam preocupados com a educação colonial em geral:

> [A educação colonial] não era destinada a preparar os jovens para o serviço de seu país. Ao contrário, ela era motivada por um desejo de inculcar os valores da sociedade colonial e treinar os indivíduos para o serviço do Estado colonial...

Isto significava que a educação colonial induzia atitudes de desigualdade humana e, na prática, sustentava a dominação dos fracos pelos fortes, especialmente no campo econômico[8].

Na verdade, não foi nenhuma surpresa que, durante a revolta africana contra os ingleses conhecida como Mau-Mau, aquelas escolas conduzidas pelas igrejas independentes fossem discriminadas através de medidas punitivas. Elas eram acusadas de subversão, por ajudarem e instigarem o "terrorismo" Mau Mau, e foram fechadas.

A linha anticlerical que corre através de alguns escritos intelectuais africanos é atribuível a esta percepção de que as missões cristãs eram antiafricanas e simpáticas à pilhagem colonial do continente africano. Kofi Awoonor escreve:

> A propagação da fé cristã sempre significou a consolidação do poder imperial. O imperador romano Justiniano incentivou a cristianização de todos os chefes africanos que buscavam a sua boa vontade. Ele inclusive conferiu investiduras com mantos e títulos honoríficos aos chefes que abraçavam a Igreja. A propaganda religiosa era um aspecto essencial da expansão imperial, e as potências coloniais há muito compreenderam a importante verdade de que era mais barato no longo prazo usar a Bíblia do que o poder militar para assegurar os seus domínios distantes[9].

A Igreja cristã se tornou um catalisador involuntário no desenvolvimento do nacionalismo africano, dotando intelectualmente os africanos para lutar por sua liberdade e apresentando as disparidades entre a doutrina e a prática, de maneira a fazer despertar os africanos que esperavam um tratamento igual e justo depois que eles foram aculturados.

A primeira e a segunda guerras mundiais

Um poeta africano, Taban Lo Liyong, uma vez disse que os africanos tinham de agradecer a três homens brancos por sua liberdade política e independência. Nietzsche, Hitler e Marx; Nietzsche por inventar a noção de super-homem, a raça superior; Hitler por tentar executar a ideia de Nietzsche na

---

[8] NYERERE, J.K. "Education for Self-Reliance". In: NYERERE, J.K. (ed.). *Ujamaa*: Essays on Socialism. Nova York: Oxford University Press, 1968, p. 44-45.
[9] AWOONOR, K. *The Breast of the Earth*. Nova York: Nok, 1975, p. 21.

Alemanha com a perspectiva de estendê-la globalmente, assim dando início à mais destrutiva guerra que o mundo um dia testemunhou; e Marx por levantar a consciência dos oprimidos e das massas coloniais da África, ao universalizar o conceito de exploração econômica dos seres humanos[10]. Embora Lo Liyong não faça explicitamente a conexão entre a liberdade africana e os três homens, não há como negar o fato de que as duas guerras mundiais tiveram um tremendo impacto no nacionalismo africano, de várias maneiras significativas.

Em primeiro lugar, os africanos foram selecionados para servir nas duas guerras – um milhão deles na Primeira Guerra Mundial e dois milhões na Segunda Guerra Mundial. Somente os ingleses puderam alistar cerca de 700.000 africanos para lutar do seu lado na Segunda Guerra Mundial. A ironia de utilizar africanos "não livres" para lutar contra o imperialismo alemão e para morrer pela liberdade dos países aliados não foi perdida nos soldados africanos que observavam a ação militar na Europa, no Oriente Médio e na própria África. Eles aprenderam habilidades militares modernas na batalha e demonstraram capacidade de liderança. Muitos deles realizaram atos de coragem e resistência que iriam banir de uma vez por todas quaisquer noções racistas de que os africanos, em nenhuma hipótese, poderiam se comparar com os europeus. Quando a guerra acabou, os veteranos africanos perceberam que tinham aprendido pelo menos o direito de serem tratados com respeito. Basil Davidson cita um soldado nigeriano que escreveu da Índia para sua casa durante a guerra:

> Todos nós soldados no exterior estamos voltando para casa com novas ideias. Foi dito a nós aquilo pelo que lutar. Isto é, a "liberdade". Nós queremos a liberdade, nada senão a liberdade[11].

Os veteranos africanos se ofenderam muito com a ausência de gratidão demonstrada por seus senhores coloniais. Muitos veteranos ingleses foram recompensados pelo que fizeram para salvar a Inglaterra e seu império, com pensões e ofertas generosas de terra quase de graça nas colônias. Aos soldados africanos foram dados apertos de mãos e passagens de trem para a viagem de volta para casa. Eles podiam ficar com os seus uniformes cáquis e nada mais. Estes soldados africanos, depois de voltarem para casa, estavam querendo usar as suas novas habilidades para auxiliar os movimentos nacionalistas que lu-

---

10 Conversa do autor com Taban Lo Liyong na Universidade de Nairóbi, verão de 1972.
11 DAVIDSON, B. *Modern Africa*. 2. ed. Nova York: Longman, 1989, p. 66.

tavam por liberdade e que estavam começando a tomar forma nas colônias. O serviço do exército colonial tornou possível para os africanos de diferentes regiões da mesma colônia se encontrar e chegar a se conhecer uns aos outros, um importante passo na derrubada das barreiras étnicas e para o desenvolvimento de identificação compartilhada com o seu país como um todo.

Além das habilidades militares e de liderança adquiridas e do aguçamento das contradições que havia no fato de africanos colonizados lutarem na guerra para salvar os seus senhores coloniais da tirania de um outro homem branco (Hitler), as duas guerras mundiais tiveram uma dimensão psicológica muito importante. Na medida em que a conquista da África tinha sido realizada de uma maneira plena e efetiva, o mito da superioridade e da invencibilidade do homem branco aumentou. O homem branco, através de sua política de segregação racial nas colônias e do seu tratamento severo dos "nativos", tinha de fato alimentado este mito. Ele se comportou na África com impunidade, como se não houvesse nada que os africanos pudessem fazer a respeito. A experiência da guerra mudou tudo isso, pelo menos para os soldados africanos que tinham lutado lado a lado com o homem branco. Os africanos observaram que, na guerra, o homem branco sangrava, chorava, ficava assustado e, quando atingido, morria como qualquer outro. Eles também viram que ele demonstrava uma gama de emoções e capacidades que os africanos sabiam que eles próprios tinham. Ficou claro para os africanos que debaixo da pele não havia diferença entre eles e os europeus. Nas palavras de um nacionalista do Zimbábue, Ndabaningi Sithole: "Essa descoberta, pois na verdade abrir os olhos era uma descoberta, teve um impacto psicológico revolucionário na África"[12]. A partir desse ponto, seria impossível convencer os africanos de que os europeus eram uma espécie de "super-homem". Os soldados africanos também ouviram sobre os sucessos militares espetaculares dos japoneses contra os russos; estas façanhas, de um suposto povo não europeu inferior, serviu também para quebrar o mito. As guerras, na verdade, ajudaram a estimular o nacionalismo africano.

Num nível pessoal, esse mito da superioridade branca estava tão incorporado na minha alma que nem mesmo eu tinha consciência dele até que vim para os Estados Unidos. No Quênia, eu tinha frequentado uma escola de se-

---

[12] SITHOLE, N. *African Nationalism*. 2. ed. Nova York: Oxford University Press, 1968, p. 47.

gregação racial para africanos. As escolas europeias sempre fizeram o melhor nos exames nacionais seguidos pelas escolas asiáticas. As escolas africanas vieram pela retaguarda. Parece como se eu tivesse aceitado a ideia de que os europeus eram naturalmente mais inteligentes do que os outros grupos raciais. Durante o primeiro ano de faculdade nos Estados Unidos, eu fiz como calouro um Curso de Física, no qual eu era o único aluno negro. Meu companheiro branco de laboratório não era bom em Física. Passei muitas horas tentando ajudá-lo nos exercícios de laboratório. Eu disse para um grupo de alunos africanos, uma noite, que eu tinha ficado surpreso com o fato de o aluno branco ser lento. Os alunos africanos caíram na risada. "O que você esperava?", um deles perguntou. "Eles são exatamente como nós. Alguns deles são extremamente brilhantes, alguns deles são muito estúpidos". Foi assim que a minha vinda para os Estados Unidos desmistificou a raça branca. Agora compreendo como a segregação racial era utilizada tanto no Quênia como em outros lugares (especialmente na África do Sul) para proteger e perpetuar o mito da superioridade própria da raça branca. As pessoas brancas tinham medo de que, se fosse dado a todos uma oportunidade igual para competir ou lutar juntos, o mito simplesmente não pudesse subsistir por muito tempo.

Finalmente, as condições econômicas deterioraram consideravelmente nas colônias, durante e entre as duas guerras mundiais: alta taxa de desemprego, acelerada migração rural-urbana resultando em cidades superpovoadas, escolas e instalações de saúde inadequadas. Todos os recursos eram desviados para o esforço de guerra, e os africanos foram obrigados a produzir mais para alimentar a Europa, mesmo quando não estivessem produzindo o bastante para se alimentar. Os africanos eram mais taxados e o trabalho forçado se tornou mais generalizado. As potências coloniais europeias ficaram física e economicamente exaustas depois das duas guerras mundiais. Desse modo, elas não estavam querendo ou podendo comprometer recursos essenciais para melhorar as terríveis condições sociais e econômicas nas colônias africanas. Elas não estavam dispostas militarmente a suprimir os movimentos nacionalistas que tinham sido estimulados pela devastação da guerra. Depois da Segunda Guerra Mundial, a Inglaterra e também a França estavam buscando uma saída honrosa da África. Hitler, um homem imbuído de uma ideologia racista, determinado a construir um Estado de arianos puros, precipitou a Segunda Guerra Mundial e comprometeu os seus pares europeus numa exaustão total, na guerra mais destrutiva e dispendiosa que o mundo já vira. Era certamente nesse sentido que o poeta Lo Liyong acreditava que Hitler tinha ajudado a inspirar a luta africana pela independência.

Pan-africanismo

Três nomes muitas vezes associados com o pan-africanismo são Henry Sylvester-Williams, W.E.B. Du Bois e Marcus Garvey. George Padmore dá o crédito a Sylvester-Williams, um advogado das Índias Ocidentais (Caribe), por dar origem à ideia do pan-africanismo, uma ideologia que consiste em dois elementos fundamentais: a herança comum de pessoas descendentes de africanos em todo o mundo e a incumbência dos povos africanos de trabalhar pelos interesses e pelo bem-estar uns dos outros em qualquer lugar. Sylvester-Williams, alarmado pela frenética expansão do domínio colonial em curso em toda a África e pelo tratamento racista dos africanos então vivendo em Londres, decidiu convocar os africanos para uma reunião em 1900 para protestar contra essas ações junto ao governo britânico e também para apelar às pessoas inglesas decentes para que fizessem tudo que pudessem "para proteger os africanos das depredações dos construtores de impérios"[13]. Esta reunião deu surgimento à palavra "pan-africanismo", para dramatizar a necessidade deles de trabalhar juntos para melhorar as condições, enfrentando-as como pessoas de cor. Logo depois da reunião, Sylvester-Williams retornou às Índias Ocidentais onde ele morreu um ano depois. A responsabilidade de continuar o trabalho começado por Sylvester-Williams caiu sobre o Dr. W.E.B. Du Bois, um intelectual e ativista social e político afro-americano. Num certo sentido, é irônico que o movimento pan-africano, incorporando a unidade de todas as pessoas descendentes de africanos (ou de ascendência africana), tivesse suas origens fora da África, especificamente nos Estados Unidos e no Caribe. Du Bois percebeu que as pessoas negras do Novo Mundo, para se libertarem da discriminação racial e do racismo exaltado, deviam reivindicar as suas raízes africanas e ficar orgulhosas da sua herança. Ele acreditava que as pessoas que não fossem orgulhosas de quem elas eram nem conscientes do lugar de onde elas vieram não podiam combater com sucesso os estereótipos amontoados sobre elas por outros grupos raciais.

---

[13] PADMORE, G. *Pan-Africanism or Communism*. Nova York: Anchor Books/Doubleday, 1972, p. 96.

Du Bois foi levado a resgatar os movimentos pan-africanos por dois fatores. Um era a informação vinda da África, que mostrava que os africanos estavam sendo severamente maltratados por resistirem à exploração colonial, especialmente no Congo Belga, onde relatos indicavam que os africanos que se recusavam a se inscrever como mão de obra estavam sendo fisicamente torturados e mutilados. Du Bois sentiu que alguma coisa tinha de ser feita para fazer cessar esta brutalidade contra os africanos. O segundo fator era a necessidade de buscar algum reconhecimento pelas importantes contribuições que os veteranos africanos tinham feito na Primeira Guerra Mundial. Somente os veteranos europeus foram recompensados generosamente por seus esforços, enquanto os africanos que tinham lutado valentemente e ajudado a libertar as colônias alemãs não foram honrados de maneira nenhuma. Especificamente, Du Bois queria que as potências europeias adotassem uma Carta dos Direitos Humanos para os Africanos como uma recompensa pelos sacrifícios que eles fizeram durante a guerra, lutando pelas potências aliadas. Em 1919, não teria sido permitido que um congresso pan-africanista, o primeiro de cinco outros congressos organizados por Du Bois, ocorresse em Paris, se não fosse pela intervenção de um proeminente africano, Blaise Diagne, do Senegal. Como o primeiro africano a servir no parlamento francês, Blaise Diagne usou a sua influência junto ao primeiro-ministro francês para consolidar a permissão para a realização da conferência. As potências aliadas, reunidas para assinar o Tratado de Versalhes, não eram absolutamente simpáticas a esta grande reunião de pessoas negras. Os Estados Unidos estavam com medo de que Du Bois pudesse usar o fórum internacional para tornar públicos os linchamentos de pessoas negras nos Estados Unidos. Os europeus não queriam nenhuma publicidade negativa associada com as ações brutais e repressivas dos seus governos nas colônias africanas. E nenhuma das potências aliadas queria ver as proezas autênticas de soldados negros ressaltadas nesta reunião, por medo de ofender os soldados brancos e o público europeu. Esta conferência e as outras quatro que Du Bois organizou influenciaram o crescimento do nacionalismo africano de várias maneiras significativas.

Du Bois foi profético quando ele previu no seu livro de 1903, *The Souls of the Black Folk* (As almas da gente negra), que a principal questão do século XX seria a questão racial. Como a maioria dos intelectuais, Du Bois percebeu que o preconceito e o racismo em relação às pessoas de cor estavam baseados na ignorância. Esta teoria muito negativa e falsa que tinha sido escrita sobre os africanos para justificar a colonização, já que a maioria das pessoas no mundo ocidental realmente achava que os africanos não tinham valor, não tinham passado e não tinham feito qualquer contribuição para a civilização humana. Du Bois percebeu, portanto, que era importante educar os ocidentais. Ele passou toda a sua vida como um ativista intelectual que expunha as questões que afetavam os africanos globalmente.

Infelizmente, nos Estados Unidos o movimento pan-africano foi marcado por uma intensa e amarga rivalidade entre Du Bois e Marcus Garvey, apesar da concordância em relação à premissa básica da sua luta (ou seja, que a falta de orgulho racial entre as pessoas negras era o ingrediente fundamental que faltava na luta pela igualdade racial). Diferentemente de Du Bois, Garvey era um purista racial; ele tinha um profundo desprezo pelos negros, tal como Du Bois, que tinham uma herança racial mista, e ele achava que a melhor maneira de reparar as aflições das pessoas negras era retornar à África. Diferentemente dos intelectuais que acreditavam que todas as pessoas eram basicamente boas e podiam ser construídas para amar as outras através da educação, Garvey era um executor. Usando o *slogan* "A África para os africanos, no próprio continente e no exterior"*, Garvey fundou a Associação Universal para o Progresso Negro (AUPN)** na Jamaica em 1914 e a transferiu para os Estados Unidos em 1916. Ele esperava que a AUPN se tornasse um movimento de massa poderoso com o objetivo de retornar à África (para estabelecer um reino africano na Etiópia, que rivalizaria em grandeza com qualquer outra civilização branca que já tenha existido). Ele começou uma série de empreendimentos (incluindo um navio mercante), adotou uma bandeira para a raça negra (vermelha, preta e verde), introduziu um hino nacional africano com música marcial (que falava da Etiópia como a terra dos nossos antepassados, que os nossos exércitos estavam prontos para invadir e libertar), e fundou um jornal, *The Negro World* (publicado em inglês, francês e espanhol). Garvey tinha carisma e comandou um grande número de seguidores entre as pessoas negras tanto dos Estados Unidos quanto da África. Ele pressionou as potências aliadas para

---

* No original "African for the Africans... at home and abroad!", traduzido por Elisa Larkin Nascimento em "Lutas africanas no mundo e nas Américas". NASCIMENTO, E.L. *A Matriz Africana no Mundo* (coleção Sankofa, volume 1). São Paulo: Editora Selo Negro, 2008.
** Universal Negro Improvement Association and African Communities League (UNIA).

deixá-lo possuir as primeiras colônias alemãs na África, para que ele pudesse mostrar ao mundo o que as pessoas negras eram capazes de fazer. Ele estava confiante de que a AUPN podia fazer progredir os chamados territórios sob mandato, muito melhor do que os europeus e os sul-africanos (a quem tinha sido concedido um mandato na Namíbia) um dia fizeram. Se os Aliados não dessem a ele o controle sobre as colônias de mandato, ele insistia que teria de expulsá-los pela força. Apesar do fato óbvio de que Garvey não tinha força militar adequada para capturar qualquer parte da África, as suas ameaças foram o bastante para se certificar de que nenhuma potência imperial jamais permitira a ele colocar os pés em solo africano. Sob pena de uma multa enorme e de uma sentença de prisão longa, o *Negro World* foi proibido na maior parte da África como um documento subversivo. O seu relacionamento com a elite negra dos Estados Unidos, que não concordava com o seu purismo racista nem com o seu radicalismo político, continuou a se deteriorar. Ele foi condenado por fraude postal ligada às suas atividades comerciais e, depois de cumprir uma sentença curta, deportado para a sua Jamaica nativa, onde ele não pôde reverter o rápido declínio no destino da sua organização. Apesar de suas dificuldades pessoais e legais nos Estados Unidos e do seu eventual eclipse, acreditou-se que Garvey tinha reabilitado psicologicamente a cor "negra", inculcando nas pessoas negras em todo o mundo uma aguda consciência das suas raízes africanas e criando "um real sentimento de solidariedade internacional entre os africanos e as pessoas de origem africana"[14].

Ao mesmo tempo, Du Bois continuou com a sua estratégia de realizar conferências internacionais. O Congresso Pan-Africano de 1919 concluiu com uma petição às potências aliadas para colocar as antigas colônias alemãs sob a supervisão internacional, de modo a prepará-las para o autogoverno. A Liga de fato adotou o sistema de mandato, uma medida que era conforme o espírito e a intenção desta petição. Foi também adotada uma resolução pedindo que as potências europeias protegessem os africanos dos abusos de toda espécie e estabelecesse um escritório subordinado à Liga para se certificar de que as demandas legítimas das pessoas africanas fossem atendidas. O Congresso Pan-Africano também pediu que fosse proporcionada educação, que a "escravidão", o trabalho forçado e a punição corporal fossem declarados

---

[14] OLISANWUCHE, E.P. *Pan-Africanism*: The Idea and the Movement, 1776-1963. Washington. DC: Howard University Press, 1982, p. 78.

ilegais e que fosse permitida alguma forma de participação política. Estas eram demandas moderadas.

O Congresso Pan-Africano de 1921 foi conduzido em três sessões realizadas em Londres, Bruxelas e Paris, respectivamente. A primeira sessão reiterou as mesmas demandas do Congresso de 1919. Contudo, nessa época, essas exigências foram apoiadas por uma eloquente afirmação a respeito da igualdade própria dos seres humanos. Vale a pena citar longamente esta "Declaração ao Mundo" entregue por Du Bois, presidente da conferência:

> A igualdade absoluta das raças, física, política e social, é a pedra fundadora do progresso mundial e humano. Ninguém nega as grandes diferenças de dom, capacidade e realização entre os indivíduos de todas as raças, mas a voz da ciência, da religião e da política prática é a primeira a negar a existência apontada por Deus de super-raças ou de raças naturalmente, inevitavelmente e eternamente inferiores. Que numa vasta extensão de tempo, um grupo pudesse na sua técnica industrial, ou organização social, ou visão espiritual, ficar algumas centenas de anos atrás de outro, ou ficar descontinuamente à frente, ou vir a diferir decididamente em pensamento, realização e ideal, isto é muito mais a prova da riqueza essencial e da variedade da natureza humana do que a prova da coexistência de semideuses e macacos com forma humana. A doutrina da igualdade racial não interfere na liberdade humana; antes ela a preenche. E de todos os vários critérios pelos quais massas de homens no passado sofreram preconceitos e foram classificados, aquele da cor da pele e da textura do cabelo é certamente o mais fortuito e idiota...[15]

A segunda sessão foi transferida para Bruxelas e imediatamente topou com controvérsias. A imprensa belga alegou que a conferência era de inspiração comunista e que, se ocorresse de se realizar, ela incitaria os "incorrigíveis das várias tribos na colônia" (significando, naturalmente, os africanos do Congo dominado pelos belgas). Permitiu-se finalmente que a sessão acontecesse, embora brevemente, somente para endossar as resoluções e as afirmações já passadas na sessão de Londres. A terceira sessão então se deslocou para Paris, onde foi presidida pelo senhor Blaise Diagne, do Senegal, atraindo um grande

---

15 PADMORE, G. *Pan-Africanism or Communism*. Op. cit., p. 108.

número de africanos vindos das colônias francesas. Aqui, mais uma vez, as exigências de reformas foram reafirmadas e, além disso, Du Bois foi escolhido para apresentar uma outra petição à Liga das Nações, pedindo que a Liga investigasse o tratamento de pessoas de descendentes de africanos no mundo e estabelecesse um mecanismo para melhorar as suas terríveis condições. Estas sessões foram realizadas nas capitais de três países europeus com colônias na África, para sensibilizá-los em relação às situações prevalecentes nas suas colônias.

O Congresso Pan-Africano de 1923 foi realizado numa época em que a rivalidade de Du Bois com a organização de Marcus Garvey estava no seu auge. O comparecimento foi muito menor do que nas conferências pan-africanas anteriores, apesar de a sessão em Londres ter sido dirigida por proeminentes socialistas ingleses, como Lord Oliver e o professor Harold Laski. Além de reiterar as exigências de reformas coloniais, esta sessão também exigiu um processo justo (incluindo tribunais de júri) para os africanos acusados de crimes nas colônias e o término dos linchamentos nos Estados Unidos. Por causa dos estudos e dos relatos indicando que o trabalho forçado e a escravidão virtual existiam nas colônias portuguesas na África, Du Bois e seus companheiros decidiram realizar a segunda sessão da Conferência de 1923 em Lisboa. A esperança era que esta sessão pudesse ser capaz de se articular e fornecer algum apoio aos poucos africanos que estavam estudando em Portugal.

O Congresso Pan-Africano de 1927 foi realizado em Nova York. Vários acontecimentos de alguma importância para a comunidade negra estavam ocorrendo nesta época. Primeiro, a AUPN de Marcus Garvey estava prestes ao colapso e era iminente um término da rivalidade amarga e divisionista entre Du Bois e Garvey. Segundo, foi permitido ao governante supremo do povo axante do Gana, o rei Prempeh I, que ficou durante anos exilado nas Ilhas Seychelles por se recusar a cooperar com os ingleses, voltar para o seu país. Isto levantou a moral dos conferencistas, e aumentou a estatura da convenção o fato de o rei axante mandar representantes para a reunião de Nova York. Terceiro, a iminente depressão econômica nos Estados Unidos viu as contribuições financeiras para o trabalho de Du Bois diminuírem pouco a pouco. Ele tinha contado com o apoio financeiro da pequena, mas leal classe média afro-americana, que logo foi ameaçada com a ruína econômica. Antes que a comunidade mundial pudesse se recuperar da Depressão de 1929-1937, ela foi mergulhada numa outra grande guerra. O desejo de Du

Bois de realizar o próximo Congresso Pan-Africano em solo africano tinha de ser adiado indefinidamente, na medida em que as condições econômicas na África eram ainda mais severas do que aquelas existentes na Europa ou nos Estados Unidos. Além disso, quando o governo francês ficou sabendo do plano de Du Bois, ele se opôs inflexivelmente a que qualquer reunião fosse realizada em qualquer uma de suas colônias. Foi somente em 1945 que o próximo Congresso Pan-Africano pôde ser realizado.

Preparativos elaborados foram feitos para o Congresso Pan-Africano de 1945, a ser realizada em Manchester, na Inglaterra. Mais africanos estavam envolvidos nela do que antes, sendo Londres o centro de um grande número de estudantes africanos que estudavam na Inglaterra nesta época. O comitê da conferência foi presidido pelo dr. Peter Milliard (Guiana Inglesa) e T.R. Makonnen (Guiana Inglesa) era o tesoureiro; George Padmore (Índias Ocidentais) e Kwame Nkrumah (Gana), secretários políticos; Peter Abrahams (África do Sul) era o secretário de publicidade e Jomo Kenyatta (Quênia) era o secretário da conferência. Pela primeira vez, os partidos políticos, os sindicatos, as ligas de jovens e as associações de estudantes africanos mandaram representantes. A lista de participantes incluía aqueles que representavam o Conselho Nacional da Nigéria e de Camarões (CNNC), o Partido Trabalhista de Granada (Índias Ocidentais), o Partido Nacional do Povo das Índias Ocidentais, o Movimento Juvenil Nigeriano, o Congresso Africano da Niassalândia (Maláui), o Congresso Nacional Africano (CNA) da África do Sul e a Associação de Lavradores da Costa do Ouro. A lista de participantes individuais foi lida como um "quem é quem do mundo negro" e incluía, além dos planejadores da conferência, Wallace Johnson (Serra Leoa), o chefe Obafemi Awolowo (Nigéria), o chefe H.O. Davies (Nigéria), J.E. Taylor (Gana), o dr. Hastings Banda (Maláui), a sra. Amy Ashwood Garvey (então representando o Movimento de Mulheres da Jamaica) e Jaja Wachukwu (Nigéria). Algumas dessas pessoas continuaram a levar os seus países à independência. Em geral, o encontro foi a maior e mais representativa conferência pan-africana jamais realizada. Foi um coroamento para Du Bois, então universalmente admitido como o "Pai do pan-africanismo", que viajou vindo de Nova York para se juntar ao congresso.

As deliberações do congresso foram muito amplas no seu alcance. Foram apresentados relatos sobre as condições das pessoas negras na África, nos Estados Unidos, nas Índias Ocidentais e na Inglaterra. Algumas resoluções reafirmaram as exigências feitas pelas conferências anteriores, mas ainda não executadas pelas potências coloniais; outras expressaram a solidariedade das pessoas descendentes de africanos com outras pessoas oprimidas e colonizadas, particularmente os vietnamitas, os indonésios e os indianos que estavam, nesta época, ativamente envolvidos nas suas lutas pela liberdade. Esse Congresso Pan-Africano foi importante por várias razões: como já foi notado, foi a mais assistida pelos africanos do continente. Muitos daqueles que assistiram continuaram a levar os seus países à independência, tornando-se presidentes, primeiros-ministros ou membros do gabinete de ministros. Ela marcou uma transformação do Movimento Pan-africano de um movimento de protesto – que buscava reformas moderadas, incluindo o direito de formar um sindicato, receber um salário decente, votar nos representantes dos conselhos locais, ter assistência médica e moradia, e assim por diante – para um "instrumento" dos movimentos nacionalistas africanos que lutavam pelo autogoverno. A ideia de independência ecoou através de todas as discussões na conferência. Apresentou-se informação sobre outras lutas em outros lugares do mundo, que estavam sendo travadas contra as mesmas potências coloniais que os africanos estavam enfrentando, e os participantes puderam extrair algumas lições que deviam ser aplicadas às lutas africanas. A conferência permitiu aos africanos presentes desenvolver laços e relacionamentos entre si, que os ajudaram mais tarde a organizar o seu povo quando eles voltaram para casa. Os ativistas africanos que assistiram ao congresso disseram que eles foram inspirados pelas resoluções aprovadas e incentivadas e pelo apoio moral que eles receberam uns dos outros.

Quando se olha para os primeiros quarenta e cinco anos desse século, pode-se identificar três importantes objetivos do pan-africanismo, cada um deles coincidindo com um específico período de tempo. O pan-africanismo começou como um movimento de protesto contra o racismo sofrido pelas pessoas negras no Novo Mundo, lentamente foi estendido como um instrumento para travar uma luta anticolonial dedicada a realizar o autogoverno africano na África, e terminou como um sonho ou uma inspiração para os líderes e intelectuais africanos que esperavam que talvez no futuro os estados africanos pudessem ser federados como os Estados Unidos da África. Na verdade, o pan-africanismo era a inspiração que havia atrás dos esforços do dr. Kwame Nkrumah, quando, logo depois de se tornar primeiro-ministro do novo Estado independente do Gana em 1957, ele começou a convocar em 1958, em Acra, o que devia ser chamado de o Sexto Congresso Pan-Africano. Ele o chamou de Conferência dos Povos Africanos*. Ela atraiu novos líderes e mais militantes, como Patrice Lumumba do Congo e Tom Mboya do Quênia. O sentimento neste encontro era alegre. A questão então não era se toda a África iria ficar livre, mas quando. Em 1963, Nkrumah, o Imperador Hailé Selassié da Etiópia e Gamal Abdel Nasser do Egito foram fundamentais para a fundação da Organização da Unidade Africana (OUA), um fórum de reunião para todas as novas nações africanas independentes. Muitos obstáculos ideológicos tinham de ser superados. Havia conservadores e radicais entre os líderes independentes africanos; havia aqueles que queriam uma organização muito forte como sendo o fundamento de um governo continental e aqueles que estavam interessados numa associação muito mais frouxa de Estados soberanos. Os principais compromissos tinham de ser feitos e a OUA acabou sendo uma organização continental não tão forte como alguns queriam, mas foi certamente um passo simbólico importante no sentido do sonho de uma unidade pan-africana.

Muita coisa aconteceu nos últimos quarenta e cinco anos que entorpeceu o otimismo sobre uma eventual unificação do continente africano. A OUA continuou sendo uma organização fraca, até que ela foi substituída em 2001 pela União Africana. Contudo, o sonho da unidade pan-africana continua a existir, pelo menos na retórica dos políticos e dos diplomatas africanos. No final, a contribuição do pan-africanismo para o desenvolvimento bem-sucedido do nacionalismo africano e para a consciência das pessoas descendentes dos africanos em todo o mundo, para ajudá-los a assegurar um sentido de conexão com suas raízes africanas, foi muito significativa.

A Liga das Nações e as Nações Unidas

Depois da Primeira Guerra Mundial, a comunidade mundial ficou tão abalada pela imensa destruição trazida por esta guerra que ela decidiu estabelecer uma nova organização mundial para tentar prevenir a explosão de uma nova guerra mundial. Os Estados Unidos desempenharam um papel de liderança na fundação da Liga das Nações, embora o país nunca tenha se juntado a ela, um

---

* No original: All-African Peoples' Conference ou Conferência de Acra.

fato frequentemente mencionado como tendo contribuído para a ineficácia e a eventual morte da Liga. A Liga estabeleceu um sistema de mandato sob o qual as colônias da África e de outras partes que tinham sido governadas pelos combatentes perdedores da Primeira Guerra Mundial, a Alemanha e a Turquia, podiam ser transferidas como mandatos para as potências aliadas vencedoras. Estas transferências estavam baseadas em duas condições: que esses territórios sob mandato fossem administrados com uma visão que enfim garantisse a sua independência, e que as potências europeias encarregadas desses territórios sob mandato apresentassem relatos de progresso anual à Liga a respeito do que eles estavam fazendo no sentido de preparar os territórios para um eventual autogoverno. Nesse ponto, estava já sendo previsto que o autogoverno devia ser reconhecido às colônias alemãs, como Tanganica, Togo, Camarões, Namíbia, Ruanda e Burundi. Contudo, Tanganica, a metade ocidental do Togo e a porção sudoeste de Camarões estavam sob mandato da Inglaterra, enquanto a metade oriental do Togo e a porção oriental de Camarões foram para a França. Ruanda e Burundi estavam sob mandato da Bélgica, enquanto a África Sudoeste (cujo nome foi depois mudado para Namíbia) estava sob mandato da África do Sul. Era, portanto, somente uma questão de tempo para que essa ideia de autodeterminação fosse estendida também às outras colônias. Na prática, os territórios sob mandato não eram governados muito diferentemente das outras colônias, e não havia como a Liga das Nações obrigar as potências mandatárias a buscar políticas progressistas.

O fato de a maior guerra mundial explodir no espaço de vinte anos a partir da formação da Liga comprova a fraqueza dela. Os objetivos e os princípios da Liga não eram enunciados claramente o bastante e a Liga não possuía mecanismos institucionais para resolver conflitos globais (estas deficiências foram mais tarde retificadas na Carta das Nações Unidas). O jovem Imperador Hailé Selassié da Etiópia foi profético na sua declaração na reunião de emergência da Liga das Nações, depois da invasão, sem qualquer provocação, do seu país pela Itália em 1936, quando ele disse que a sociedade mundial, que parecia paralisada para agir em face desta agressão flagrante, tinha fracassado miseravelmente em justificar a sua existência e estava destinada à extinção. Três anos depois desta afirmação, a guerra eclodiu na Europa quando a Alemanha se ocupou da conquista da Europa e da expansão do Terceiro Reich. Em 1941, os Estados Unidos foram obrigados a entrar na guerra quando os japoneses atacaram Pearl Harbor. Quatro anos depois de os Estados Unidos terem entrado na guerra, aproximadamente 36 milhões de pessoas (incluindo soldados e civis) perderam as suas vidas, enquanto que a Europa e o resto do mundo suportavam uma destruição física incalculável e a ruína econômica.

Exatamente quando isso aconteceu, depois da Primeira Guerra Mundial, a comunidade mundial estava mais uma vez em face do desafio de estabelecer uma nova ordem mundial que tentasse prevenir mais outra conflagração numa escala ainda maior. Quarenta e seis estados, incluindo os Estados Unidos, se encontraram em São Francisco e produziram a carta fundadora da Organização das Nações Unidas. O sistema de mandato da Liga foi transformado no sistema de tutela das Nações Unidas, supervisionado pelo Conselho de Tutela. Posteriormente a Itália perdeu totalmente o seu império africano, quando a Eritreia foi passada para a Etiópia, que a anexou. A Somália italiana se tornou um território tutelado pelas Nações Unidas, e a Líbia foi transformada num "reino autogovernado" sob os auspícios da Grã-Bretanha.

A Carta das Nações Unidas, no Artigo 62, orientava o seu Conselho Econômico e Social para "fazer recomendações com o propósito de promover o respeito e a observância dos direitos humanos e das liberdades fundamentais para todos"[16]. Em 1948, as Nações Unidas aprovaram a Declaração Universal dos Direitos Humanos, que explicitava um conjunto de direitos de que todos os seres humanos eram portadores, independentemente de sua nacionalidade ou raça. No Artigo 73, em relação aos territórios não autogovernados, a carta das Nações Unidas encarregou importantes membros da organização mundial "para desenvolver o autogoverno, levar em devida consideração as aspirações políticas dos povos e ajudá-los no desenvolvimento progressivo das suas livres instituições políticas, de acordo com as circunstâncias particulares de cada território e seus povos e seus vários estágios de progresso"[17]. Apesar do cinismo demonstrado por alguns estudiosos em relação à ênfase das Nações Unidas nos direitos humanos e da amarga controvérsia sobre se as Nações Unidas tinham ou não o direito de pedir às potências coloniais relatórios periódicos sobre as colônias, os artigos 62 e 73, não obstante, representaram uma afirmação moral e política inequívoca no sentido de que a colonização era, então

---

16 JACOBSON, H.K. *Networks of Independence*: International Organization and the Global Political System. 2. ed. Nova York: Alfred A. Knopf, 1984, p. 439.
17 Ibid., p. 441.

como agora, inaceitável na comunidade internacional e que todas as colônias europeias na África e na Ásia tinham o direito fundamental de se governarem.

As Nações Unidas se viram sendo usadas cada vez mais pela liderança emergente dos movimentos de independência das colônias africanas como um fórum para pressionar pelo direito dos povos de serem livres. Várias agências das Nações Unidas coletaram informação sobre as condições nos territórios não autogovernados. Os porta-vozes destes países utilizaram o fórum fornecido pelas Nações Unidas para divulgar dados pertinentes e pedir apoio. Os Estados socialistas, como a União Soviética, a Alemanha Oriental e a Tchecoslováquia, ideologicamente contrárias ao colonialismo e ao imperialismo, e os países recém-independentes, como a Índia, estavam mais do que querendo estender a assistência moral e material aos movimentos nacionalistas africanos.

Ainda que o sentimento de liberdade nacional fosse nobre, as potências coloniais não eram totalmente receptivas a esta noção. Portugal, por exemplo, sem qualquer temor de desaprovação dos seus aliados europeus, mobilizou-se imediatamente para declarar que as suas colônias africanas (Angola, Moçambique, Guiné-Bissau, São Tomé e Príncipe e Cabo Verde*) não eram colônias, mas antes províncias ultramarinas e, portanto, fora do alcance de supervisão das Nações Unidas. Não obstante, através das Nações Unidas, a comunidade internacional permaneceu na sua posição, condenando o colonialismo e oferecendo apoio àqueles que lutavam pela liberdade. As Nações Unidas continuaram a ser um catalisador na promoção da independência, dos direitos humanos e da alfabetização. Ela deu esperança a milhões de pessoas trabalhadoras, encorajando a adoção de uma legislação trabalhista internacional progressiva e protegendo o direito dos trabalhadores de formar sindicatos para melhorar as suas condições de trabalho. O relatório das Nações Unidas, que se opunha coerentemente ao *apartheid* na África do Sul e ajudava os Estados recém-independentes africanos a andarem com os seus próprios pés, é bem conhecido.

Movimentos de independência

Muita coisa tem sido dita sobre o fato de que o nacionalismo africano não era tão parecido com aquele da Europa, porque não havia Estados como aqueles da Europa quando ocorreu a colonização. Há, contudo, muitos grupos

---

* O autor se esqueceu de incluir o arquipélago de Cabo Verde como uma das províncias ultramarinas portuguesas.

africanos com fortes identidades históricas e sociais comparáveis aos grupos étnicos e nacionais da Europa. Quando as autoridades coloniais desenharam as fronteiras, eles não prestaram nenhuma atenção às distribuições reais dos vários povos nacionais e comunidades étnicas; assim, as entidades geográficas que tinham sido elaboradas por conveniência dos europeus abrangiam uma diversidade de povos. As colônias etnicamente homogêneas eram raras. Porém, o que é importante para a nossa discussão é que diversos grupos africanos, sendo governados por uma autoridade colonial, puderam, através de seus líderes, forjar um sentido de pertencimento a esta entidade geográfica.

Em termos políticos, o nacionalismo africano começou a se afirmar principalmente depois da Segunda Guerra Mundial. As organizações através das quais o nacionalismo foi canalizado eram diferentes e heterogêneas. William Tordoff identifica sete grupos socioeconômicos, cada um deles com os seus próprios interesses fracionais para proteger, porém, decidindo apoiar iniciativas destinadas a assegurar direitos políticos maiores e mesmo a independência para o país[18]. Estes sete grupos eram os seguintes:

1) Grupos profissionais, consistindo de advogados e médicos, que tendiam a ser aliados dos comerciantes e dos contratadores ricos.

2) Professores, escriturários e pequenos comerciantes – ou, em termos marxistas, a pequena burguesia – que estavam preocupados com o *status quo* e ansiosos por verem o sistema transformado, para que eles assim pudessem melhorar a si mesmos e talvez também ajudar os outros.

3) A burocracia colonial, incluindo os africanos ocidentalizados que foram os beneficiários imediatos da "africanização" das posições de topo do governo quando veio a independência.

4) Os trabalhadores urbanos, interessados em melhorar os seus salários e as suas condições de trabalho através de sindicatos (alguns dos quais eram afiliados a partidos políticos emergentes, ao passo que outros não).

5) Pequenos lojistas, pequenos comerciantes e vendedores ambulantes que compunham o "setor informal" das economias coloniais.

6) Os agricultores de culturas comerciais, alguns dos quais eram ricos, e todos eles constituíam um segmento poderoso e importante de africanos.

---

[18] TORDOFF, W. *Government and Politics in Africa*. Bloomington, IN: Indiana University Press, 1984, p. 51-52.

7) Os camponeses, que trabalhavam nas suas pequenas lavouras no campo e produziam a maior parte do alimento consumido no país. As preocupações dos camponeses tinham a ver com a agricultura; eles protestavam contra as políticas que controlavam os preços de mercado dos seus produtos nos mercados urbanos, restringiam a posse de gado, ou cobravam taxas exorbitantes por diminuição do rebanho.

"O nacionalismo africano era, portanto, composto de uma quantidade de elementos diferentes, representando às vezes interesses econômicos interligados, mas frequentemente divergentes, que se uniam temporariamente numa 'luta' anticolonial"[19].

A luta nacionalista foi travada, em parte, por associações religiosas, sindicatos e organizações militares, assim como por partidos políticos. No caso das associações religiosas, as igrejas missionárias na África estavam proximamente identificadas com o governo colonial desde o início. Muitos paroquianos africanos fugiram para poderem praticar os seus costumes: ritos funerários, celebrações de casamento, modos de vestir, e assim por diante. A primeira cisão das igrejas ocorreu na Nigéria e na África do Sul, no começo dos anos de 1890. Havia também as igrejas sionistas que foram fundadas por indivíduos carismáticos que reivindicaram ter recebido um chamado divino para levar o seu povo à salvação política. Elas são parecidas com os grupos fundamentalistas atuais e se caracterizavam pela espontaneidade e pelo nacionalismo. Exemplos destas igrejas foram as igrejas Kimbangu* e Kitawala** no Congo. No Quênia, havia a *Dini ya Musambwa* (Religião dos espíritos) fundada por Elijah Masinde, que pregava contra o domínio colonial e atacava as religiões estrangeiras como um desvio dos modos antigos e reverenciados dos africanos. Ele fez campanha pela autenticidade cultural e era fortemente simpático ao levante Mau-Mau. Ironicamente, mesmo depois da independência, Masinde não abrandou os seus ataques contra o governo, acreditando que o governo de Kenyatta era tão não africano quanto o seu antecessor colonial. Masinde passou grande parte da sua vida na prisão, até a sua morte há alguns anos atrás[20]. Como se poderia esperar, achava-se que os líderes dos movimentos religiosos radicais eram também hostis, e eles foram presos ou executados.

---

19 Ibid., p. 53.
* Liderada pelo líder religioso Simão Kimbangu (1887-1951).
** Liderada pelo profeta Bushiri Lungundu (1911-1945).
20 SIMIYU, V.G. *Elijah Masinde*: A Biography. Nairobi, Quênia: East African Educational, 1997, p. 14-35.

Os sindicatos e as associações militares foram formados quando as cidades começaram a crescer, particularmente depois da Segunda Guerra Mundial, e os africanos nas áreas urbanas começaram a formar associações para ajudar os recém-chegados das áreas rurais com acomodações, empregos, dinheiro para os gastos e uma rede de apoio de indivíduos vindos do "país". Nas colônias britânicas, estas espécies de associações "tribais", com interesses provincianos e bases religiosas, eram incentivadas, porque elas atendiam àquelas necessidades que as autoridades coloniais não tinham recursos ou tendência para atender. Os sindicatos também começaram a se organizar numa base setorial, já que não se permitia a eles se tornarem "nacionais" ou políticos. Os líderes sindicais perceberam que, sem a força dos membros vindos de uma base nacional, eles não seriam fortes o bastante para melhorar as condições de trabalho dos seus membros. Além disso, os líderes destas organizações se tornaram uma fonte de onde as organizações políticas podiam surgir. Em alguns casos, os próprios sindicatos se tornaram indistintos dos movimentos nacionalistas. Por exemplo, Tom Mboya, do Quênia, começou a sua carreira como chefe do Sindicato dos Trabalhadores do Governo Local* em Nairóbi, quando também servia como funcionário da União Africana do Quênia** (UAQ). A UAQ foi banida durante o levante Mau-Mau contra os ingleses. Quando Mboya foi eleito secretário-geral da Federação Trabalhista do Quênia*** (FTQ) em 1963, ele atacou as medidas coloniais draconianas que incluíam a remoção em massa de famílias africanas das suas casas, a prática da "punição coletiva" e a introdução do *kipande* (o livro de passaporte) para controlar o movimento de africanos no país. A elevação de Tom Mboya à posição de secretário-geral da União Nacional Africana do Quênia (Unaq)****, o partido que levou o Quênia à independência em 1963, foi uma consequência natural da sua extraordinária experiência como organizador de mão de obra e ativista.

Sékou Touré, da Guiné, também começou a sua carreira política como sindicalista. Como secretário-geral da Confederação Geral dos Trabalhadores (CGT-Guiné)*****, ele utilizou os sindicatos africanos para a educação política e a mobilização de massa. Durante uma longa greve em 1953, ele enfatizou que a unidade dos trabalhadores era essencial para qualquer sucesso

---

* No original: Kenya Local Government Workers' Union.
** No original: Kenya African Union (KAU).
*** No original: Kenya Federation of Labour (KFL).
**** No original: Kenya African National Union (KANU).
***** No original: Conféderation Générale des Travailleurs (CGT-Guinée).

e pregou contra o "tribalismo". Touré e seus companheiros afirmaram que "o movimento sindicalista... devia se integrar como nacionalista e revolucionário e não como uma força reformista dentro do contexto de outras forças progressistas. O seu papel em todos os momentos é político"[21]. As habilidades adquiridas na organização sindical se tornaram criticamente importantes na elevação de Touré ao topo da liderança do Partido Democrático da Guiné (Parti Démocratique de Guinée: PDG). Na Nigéria, em Marrocos, em Camarões e em Zâmbia os sindicatos queriam mais manter a sua autonomia e se concentrar nas questões econômicas do que se alinhar com partidos políticos.

Muitos desses partidos políticos começaram como grupos de interesse compostos de funcionários públicos africanos educados, advogados, médicos e pastores, na maioria das vezes vivendo em áreas urbanas. Eles eram originalmente moderados, razoáveis e interessados somente em reformas limitadas; eles não eram movimentos de massa e não tentaram substituir o governo colonial. Um dos primeiros desses grupos foi a Sociedade de Proteção dos Direitos dos Aborígenes fundada em 1897, no Gana, para assegurar que o povo africano não iria perder os seus direitos à terra. O Congresso Nacional da África Ocidental Britânica, composto de africanos educados vindos das colônias britânicas da África Ocidental da Costa do Ouro (Gana), Nigéria, Serra Leoa e Gâmbia, queria que o direito de votar fosse estendido aos africanos educados. O seu líder, um advogado respeitado com o nome de Casely Hayford, uma vez disse que "Os nossos interesses como povo são idênticos àqueles do Império".

Alguns partidos políticos começaram como movimentos de juventude. Um excelente exemplo seria o Movimento de Juventude Nigeriano (MJN)*, que começou como o Movimento de Juventude de Lagos (MJL)** em 1934, formado apressadamente por jovens para protestar contra o estabelecimento de uma faculdade africana em Lagos, que exigia o mesmo espaço de tempo de treinamento, mas apenas emitiria certificados em vez de diplomas universitários. Ele não tinha uma filiação tradicional com uma universidade britânica, o que significava que a sua educação e diplomas seriam considerados inferiores àqueles de outras escolas nigerianas. O MJL se transformou no Movimento de Juventude Nigeriano, que angariou o apoio de todas as partes da Nigéria, exce-

---

21 DAVIES, I. *African Trade Unions*. Baltimore: Penguin Books, 1996, p. 88.
* No original: Nigerian Youth Movement (NYM).
** No original: Lagos Youth Movement (LYM).

to no norte, e expandiu sua agenda para incluir o protesto contra a legislação discriminatória e a pressão pela africanização do serviço público. O dr. Nnamdi Azikiwe liderou o Movimento de Juventude Nigeriano num determinado momento, mas as querelas políticas dentro da organização obrigaram que ele a deixasse, levando consigo alguns dos líderes para estabelecer o Conselho Nacional da Nigéria e de Camarões (CNNC)* em 1944. A outra facção do movimento uniu forças com os grupos culturais Iorubás para formar um partido de oposição, o Grupo de Ação, sob a liderança de Obafemi Awolowo. Exemplos de outros partidos políticos que surgiram dos clubes de jovens foram a União Democrática Africana (UDA)** fundada em 1946, na África Ocidental Francesa, a Convenção Unida da Costa do Ouro (Cuco)***, fundada em 1947 no Gana, e o Congresso Africano da Rodésia do Norte (Carn)**** formado em 1948.

Os franceses acreditavam que, com a assimilação, os povos africanos finalmente permaneceriam dentro da comunidade maior das nações francesas, sob a liderança da França. Assim, eles patrocinaram os partidos políticos nas colônias enquanto seções dos partidos nacionais franceses. Por exemplo, o Partido Gaullista (PG) francês***** e o Movimento Republicano Popular (MRP)****** patrocinaram o Partido Republicano do Daomé (PRD)*******, no Benim (1951), muito tempo depois que o Partido Socialista Francês já tinha estabelecido uma seção no Senegal (1936). Foi através do patrocínio dos socialistas franceses que Léopold Senghor abriu o seu caminho nas fileiras políticas para ser um deputado francês.

Na África britânica se permitiam as organizações africanas somente se elas fossem comitês sociais e de bem-estar ou organizações regionais. A política britânica do "governo indireto" impedia a capacidade dos africanos nas colônias de estabelecer organizações nacionais, ou poderem trabalhar com outros fora da sua região. Quando o Conselho Nacional da Nigéria e de Camarões (CNNC) começou em 1944, era uma federação de associações étnicas e clubes literários e sociais. Em 1951, ele conseguiu se transformar num partido polí-

---

* No original: National Council of Nigeria and the Cameroons (NCNC).
** No original: Rassemblement Démocratique Africain (RDA).
*** No original: United Gold Coast Convention (UGCC).
**** No original: Northern Rhodesian African Congress (NRAC).
***** No original: Parti Gaulliste (PG).
****** No original: Mouvement Républicain Populaire (MRP).
******* Parti Républicain du Dahomey (PRD).

tico admitindo membros individuais. O CNNC não conseguiu causar muito impacto nas regiões norte e oeste da Nigéria, mas, ao contrário, se tornou fortemente identificado com o povo ibo da Nigéria Oriental (sob a liderança de Nnamdi Azikiwe). Na Nigéria Ocidental, o chefe Obafemi Awolowo combinou partes do Movimento de Juventude da Nigéria com uma organização cultural iorubá chamada Egbe Omo Oduduwa num novo partido político chamado Grupo de Ação (GA), que veio a estar quase totalmente identificado com o povo iorubá. Na parte norte da Nigéria, uma área ferrenhamente muçulmana e conservadora, Abubakar Tafawa Balewa recuperou o que havia restado da Associação Progressiva dos Indivíduos do Norte (Apin)* e a transformou numa organização cultural hauçá chamada de o Congresso do Povo do Norte (CPN). Quando o apoio político dos emires muçulmanos poderosos, mas conservadores, como o Sardauna de Socotô, foi assegurado, o CPN se transformou num partido político. A política colonial da Nigéria, desde o início dos anos de 1950 até a realização da independência da Inglaterra em 1960, foi certamente influenciada pela existência desses três principais partidos políticos: o CNNC, o Grupo de Ação e o CPN, cada um deles representando um dos três maiores grupos étnicos da Nigéria.

Na Tanzânia, a Associação Africana da Tanganica (AAT)** foi formada em 1929 como um grupo de discussão, consistindo de professores e funcionários públicos de nível inferior, que se encontravam frequentemente e compartilhavam as suas experiências e ideias. Não se permitia a eles qualquer atividade política e eles não se envolveram em política até depois da Segunda Guerra Mundial. Em 1954, um jovem universitário graduado de nome Julius Nyerere decidiu transformar a AAT na União Nacional Africana da Tanganica (Unat)***, um partido político de massa constituído para falar das demandas emergentes do povo africano e para pressionar pela independência. Alguns partidos menores foram formados antes da Tanganica ficar independente da Inglaterra em 1961, mas eles foram esmagados pela Unat nas urnas, e Nyerere se tornou um pensador político persuasivo e articulado; algumas de suas ideias serão discutidas no próximo capítulo.

---

* No original: Northern Elements Progressive Association (NEPA).
** No original: Tanganyka African Association (TAA).
*** No original: Tanganyka African National Union (TANU).

No Quênia, de acordo com a prática britânica de desencorajar as organizações nacionais, várias pequenas organizações tribais regionais foram formadas no começo do século para protestar contra políticas coloniais específicas, mas elas se tornaram alvos da repressão colonial. A Associação de Bem-Estar dos Contribuintes de Kavirondo (Abeck)* foi formada nos anos de 1920 por africanos vindos da parte ocidental do país, em torno do lago Vitória (compreendendo os luos e os luhyas), para protestar contra a tributação injusta e as regulações de terra, mas eles escolheram falar de suas queixas mais publicamente do que simplesmente ir pelos canais oficiais. Havia também cisões dentro da organização devido às diferenças étnicas e religiosas. O Abeck teve uma vida política muito curta. Harry Thuku formou a Associação os Jovens Quicuios (AJQ)** em 1922 para protestar contra a expropriação da terra quicuio, antes que as autoridades se pusessem contra ele. Ele perdeu o seu emprego na cidade de Nairóbi e foi posteriormente detido e banido para um remoto deserto na parte norte do Quênia. A Associação dos Jovens quicuios (AJQ) foi logo sucedida pela Associação Central Quicuio (ACQ)***, que depois se tornou a União Africana do Quênia (UAQ)****, destinada a ser uma organização territorial tanto no seu programa quanto na sua estridente retórica do nacionalismo queniano; finalmente, devido à efetiva repressão colonial, a UAQ nunca pôde estabelecer uma base firme fora da região central do país. Como o ritmo das mudanças políticas se acelerou, especialmente em seguida à emergência e à supressão do levante Mau-Mau, Tom Mboya, utilizando sua base como sindicalista, estabeleceu o Partido da Convenção do Povo (PCP). A União Nacional Africana do Quênia, que tem dominado a política queniana até hoje, foi formada em março de 1960. O seu apoio veio principalmente do povo quicuio na província central e do povo luo na parte ocidental do país, em torno do lago Vitória. Em junho de 1960, vários grupos étnicos menores, temendo a dominação dos dois maiores grupos (isto é, os quicuios e os luos) e com apoio material da pequena, mas economicamente influente comunidade de colonos brancos, formaram a União Democrática Africana do Quênia (Udaq)*****. Os grupos étnicos menores eram representados pela Aliança

---

* No original: Kavirondo Taxpayers' Welfare Association (KTWA).
** No original: Young Kikuyo Association (YKA).
*** No original: Kikuyo Central Association (KCA).
**** No original: Kenya African Union (KAU).
***** No original: Kenya African Democratic Union (KADU).

Nacional (AN)*, pela Frente Unida Massai (FUM)**, pela União do Povo da Costa Africana (UPCA)*** e pelo Partido do Povo Africano (PPA)**** queniano. Uma consequência de longo alcance da política colonial britânica pode ser vista na mistura de grupos políticos representando diferentes grupos étnicos se unindo, para dar fim ao domínio colonial, com uma experiência muito limitada de terem trabalhado juntos num nível nacional.

Ainda que isso não fosse exposto claramente, parece que os ingleses não tinham qualquer intenção de deixar os africanos finalmente se autogovernarem naquelas colônias habitadas por um número significativo de colonos britânicos. Na África do Sul, seguindo uma história de hostilidades entre o governo britânico e os colonos brancos, o poder foi finalmente transferido para os brancos, que não fariam qualquer esforço para assegurar constitucionalmente que os direitos dos outros grupos raciais no país fossem protegidos. Na Rodésia do Sul, agora Zimbábue, os colonos brancos se atribuíram o autogoverno interno em 1923, significando com isso que a colônia era responsável por tudo, exceto pela defesa e pelas relações exteriores, que permaneceram nas mãos do governo britânico. Em 1953, o governo britânico auxiliou no estabelecimento de uma federação de Zâmbia, Zimbábue e Maláui sob o controle da minoria de colonizadores brancos. Cinco anos depois a federação sucumbiu, mas os brancos conseguiram manter o seu controle do Zimbábue e unilateralmente declararam a sua independência da Inglaterra em 1965. Levou quinze anos de luta de guerrilha e milhares de vidas para que o povo do Zimbábue separasse o seu país da minoria branca da Rodésia. No Quênia, os colonos britânicos não somente dominaram totalmente a política do país, mas também influenciaram fortemente a política colonial britânica para o Quênia.

Conclusões

Embora a grande maioria dos Estados africanos tivesse alcançado a independência pacificamente através da negociação, não obstante, faz muito sentido se referir ao processo de transição do colonialismo à independência como

---

* No original: The National Alliance (TNA).
** No original: Masai United Front (MUF).
*** No original: Coast African People's Union (CAPU).
**** No original: African People's Party.

uma luta. Aos africanos nunca foi perguntado: Quando vocês desejam se tornar independentes? Eles tinham de exigir a independência, eles tinham de se mobilizar para isto. Muitos "agitadores" foram para a cadeia; alguns deles foram banidos dos seus próprios países por longos períodos de tempo. Costumava-se dizer que o caminho mais seguro para se tornar primeiro-ministro de um país africano de fala inglesa era através da prisão. Na verdade, Kenyatta (Quênia), Nkrumah (Gana), Banda (Maláui) e muitos outros passaram um tempo nas prisões coloniais antes de se tornarem líderes dos seus próprios países.

No caso das colônias portuguesas, Portugal lidou com as demandas africanas pela independência simplesmente anexando as colônias e as declarando províncias "ultramarinas" de Portugal. A total recusa por parte de Portugal de acolher o pensamento de que os africanos não eram portugueses e deviam realmente querer governar os seus próprios países levou os nacionalistas a empreender lutas armadas prolongadas.

Muitos fatores mediaram a luta pela independência: a educação colonial, as igrejas, as ideias e as manifestações de apoio de indivíduos de ancestralidade africana através do movimento Pan-Africano, a exposição ao mundo através das guerras mundiais e, naturalmente, o fórum brevemente fornecido pela Liga das Nações e depois pelas Nações Unidas. É interessante observar que a Igreja cristã e a educação colonial, instrumentos essenciais das "missões civilizatórias" dos europeus na África, também inadvertidamente se tenham tornado instrumentos que os africanos utilizariam na luta pela liberdade. Apesar do impacto atomizador das políticas de dividir e dominar empregadas pelas autoridades coloniais, que já descrevemos, é notável realmente que o povo africano tenha sido capaz de promover movimentos relativamente unificados. A luta espelhava todas as contradições das sociedades africanas que existiam antes do colonialismo e que persistiram desde a independência.

Em todo caso, mais de quarenta anos de independência mostram que a liberdade conquistada das potências europeias era somente o começo de um longo e tortuoso processo de libertação, de construção e consolidação nacional e institucional, e de desenvolvimento econômico, um processo que começou com os sistemas de partido único e economias socialistas, e agora, no começo do século XXI, enfrenta a globalização econômica e os sistemas políticos multipartidários. O capítulo seguinte dará uma olhada nos primeiros trinta anos da experiência dos países africanos como estados independentes.

Independência africana: os primeiros trinta anos

Relatou-se que Kwame Nkrumah, o primeiro presidente do Gana, disse: "Primeiro busque o reino político e as outras coisas irão se somar a isso". Pode-se imaginar, depois da transferência do poder, os líderes africanos, quase em pânico, se perguntando: "E agora?" Os primeiros trinta anos da independência africana são um estudo da confusão e da desorientação diante da montanha de problemas herdados: fragmentação de identidades, expectativas de massa muito grandes de riqueza, saúde e educação imediatas.

Introdução

A transferência de poder pelos colonialistas europeus – a real entrega da autoridade e do controle políticos das burocracias do Estado e dos recursos para os líderes e para os partidos nacionalistas africanos – realmente começou no início dos anos de 1950. Isto não levou necessariamente a mudanças nas instituições políticas que os africanos herdaram, ou na orientação básica das pessoas comuns em relação aos novos líderes que exerciam a autoridade e o poder sobre elas. Na grande maioria dos casos, os líderes africanos assumiram cargos e posições sem alterar as instituições e as estruturas básicas dos velhos estados coloniais. Ainda pior, as constituições sob as quais os líderes africanos assumiram o poder foram negociadas entre os líderes nacionalistas e dos Estados coloniais europeias, sem a consulta ou o envolvimento dos cidadãos do novo país. A elaboração de uma Constituição é um dos estágios mais importantes no desenvolvimento de um Estado-nação. É um processo que permite que o povo decida não somente qual a forma do governo é adequada para ele, mas também quais os limites que devem ser colocados a este governo e a exata natureza da relação entre o povo e o seu governo.

Este capítulo fornece uma visão global, com exemplos, dos processos que levaram à transferência do poder depois da descolonização (1945-1965), das principais questões e problemas que os africanos herdaram junto com o autogoverno (1956-1965), das escolhas políticas e econômicas feitas pelos líderes depois da independência e uma avaliação dos primeiros trinta anos de independência.

A grande maioria das colônias africanas experimentou uma transferência de poder pacífica (i. é, negociada) para os líderes africanos. Aquelas que passaram por lutas armadas prolongadas e sangrentas pela libertação nacional incluem a Argélia, o Zimbábue, a Namíbia e as colônias portuguesas de Moçambique, Angola, Guiné-Bissau, São Tomé e Príncipe. O Congresso Nacional Africano (CNA) da África do Sul travou uma luta armada durante aproximadamente trinta anos, mas finalmente o governo de minoria branca decidiu negociar um governo democrático inclusivo com o CNA e com outros grupos políticos que eram contra o *apartheid*. A Eritreia, a primeira colônia italiana, que foi anexada pela Etiópia depois da Segunda Guerra Mundial, travou uma luta implacável para se separar da Etiópia. Ela ganhou a sua liberdade em 1993, depois da desintegração do governo marxista que derrubou o governo autocrático do Imperador Hailé Selassié em 1976.

A descolonização e a transferência de poder

Os diferentes sistemas coloniais instituídos pelos europeus na África levaram a diferentes processos de descolonização, mas tanto nas colônias britânicas quanto nas colônias francesas da África Ocidental os processos de descolonização se enraizaram e se aceleraram rapidamente depois da Segunda Guerra Mundial.

Centralização do poder

No Gana moderno, então conhecido como Costa do Ouro, uma nova constituição foi promulgada em 1946. Pela primeira vez, os africanos teriam a maioria das cadeiras no poder legislativo da colônia, e os representantes das regiões dos axantes e do norte e do território tutelado inglês do Togo serviam no Conselho Executivo do governador inglês. Em janeiro de 1948 ocorreram distúrbios de massa na parte sul da colônia, levando o governo britânico a designar uma Comissão de Inquérito composta inteiramente de africanos. Acreditando que a causa subjacente dos distúrbios era a frustração popular com a administração colonial, a Comissão decidiu ultrapassar a sua incumbência, sugerindo algumas mudanças constitucionais. Uma sugestão era que o poder Legislativo da colônia fosse ampliado e eleito por voto popular, e a segunda era que o conselho executivo do governador se transformasse em Gabinete de ministros, sendo dadas responsabilidades políticas essenciais aos africanos. Os ingleses aceitaram estas sugestões e começaram a executá-las gradualmente com base na nova Constituição de 1951. O Conselho Executivo se expandiu, de modo a incluir onze membros, dos quais três eram ingleses e oito africanos; seis dos africanos tinham responsabilidades ministeriais.

Em 1951, foram realizadas eleições gerais na colônia, nas quais dois partidos políticos concorreram – a Convenção Unida da Costa do Ouro (Cuco, um partido mais antigo liderado pelo dr. J.B. Danquah) e a Convenção do Partido do Povo (CPP), que rompeu com a Cuco, e foi depois liderada por Kwame Nkrumah. A eleição foi vencida com folga pelo CPP, e Nkrumah se tornou líder dos assuntos de governo no poder legislativo. Em 1952, foi dado a ele o título de primeiro-ministro, e depois ele se tornou o chefe daquilo que os ingleses chamaram de autogoverno interno, significando com isso que o governo de Nkrumah era responsável por todas as questões estatais, exceto a defesa e as relações internacionais. No mesmo ano, foi formado o Movimento de Libertação Nacional (MLN), representando os interesses do povo axante (Ashanti) e o norte, com o objetivo de manter as identidades étnicas e a autonomia regional depois da independência. O MLN favoreceu enormemente uma constituição federal e a introdução de uma segunda câmara do poder Legislativo (um senado), que aumentaria o seu "impacto" no Gana independente. Nas eleições de 1956, realizadas como preparação para a independência que tinha sido prometida no início de 1957, o MLN foi derrotado nas urnas. A CPP ganhou a maioria das cadeiras em todo país, exceto no norte (a base do MLN). Em 1957, a CPP estava a caminho de exercer um completo controle político central sobre todo o Gana independente.

Em 1957, seguindo uma tradição estabelecida desde o século XIX no Canadá, na Austrália, na Nova Zelândia, na Índia, em Burma e em outras antigas possessões coloniais britânicas, Gana se tornou um domínio independente na Comunidade Britânica (uma frouxa associação das antigas colônias que se tornaram independentes). O domínio do Gana tinha um governador-geral representando a rainha da Inglaterra como chefe titular do Estado, mas Nkrumah, enquanto primeiro-ministro, tornou-se o chefe do governo. Logo depois, Nkrumah transformou com sucesso a sua posição naquela de presidente executivo, seguindo um precedente estabelecido na Índia, a primeira colônia britânica a ficar independente depois da Segunda Guerra Mundial. Depois, Quênia, Uganda, Zâmbia, Maláui e outras seguiram um padrão semelhante. No Quênia, por exemplo, Jomo Kenyatta serviu como primeiro-ministro durante o primeiro ano de independência sob uma constituição regional (chamada *majimbo* em Swahili), com um governador geral inglês; mas no ano seguinte a constituição foi emendada, prevendo uma única câmara legislativa e uma presidência poderosa num sistema político altamente centralizado (unitário).

Esta mudança do *status* de domínio para o *status* de república foi precursor dos tipos de governo autocrático pessoal que vieram a caracterizar grande parte das lideranças políticas africanas desde a independência. Essas tendências no sentido da centralização foram justificadas com base no fato de que cada país africano precisava projetar a sua identidade nacional e afirmar a sua soberania e independência honrando o seu próprio chefe de Estado, não um monarca estrangeiro, como o representante mais elevado da nova nação. A criação de chefes de Estado indígenas foi um primeiro passo importante naquilo que se transformou num longo e difícil processo de construção nacional da África independente.

Regionalismo e separatismo: Nigéria

Os processos de descolonização e transferência de poder na Nigéria britânica foram um pouco mais complicados devido ao grau muito alto de diversidade étnica (mais de 300 grupos diferentes). Sob o domínio britânico, a colônia consistia de três unidades regionais reunidas num frouxo sistema federal. A administração colonial britânica operava como se cada uma dessas três regiões fosse uma área homogênea, o que nitidamente não ocorria.

Enquanto o norte era dominado pelos poderosos emires muçulmanos, havia também muitos não muçulmanos lá. O povo iorubá constituía a maioria da população na região ocidental, mas muitas pessoas que viviam no delta do rio Níger e no Benim não eram iorubas. Da mesma maneira, a região ibo da Nigéria Oriental incluía pessoas que não eram ibos. Depois do estabelecimento da colônia britânica de Lagos em 1862, foi montado um conselho legislativo nomeado. Subordinado ao Governador Frederick Lugard, foi fundado um Conselho Nigeriano em 1913-1914 para representar as regiões sul e norte da Nigéria, mas ele era apenas consultivo e não era representativo do povo. Foi somente em 1942 que as reformas foram iniciadas, prevendo assembleias regionais, e pessoas do norte se transformaram na corrente dominante da vida política colonial nigeriana. Em 1946, novas reformas na constituição da Nigéria resultaram num conselho legislativo ampliado, cujos membros, nesta época, eram nomeados pelas "autoridades nativas" das três regiões indicadas do país (Norte, Oeste e Leste). Esta série de reformas constitucionais também criou conselhos executivos regionais sob a presidência de vice-governadores. As críticas à Constituição de 1946 imediatamente vieram à tona e persistiram – por exemplo, porque os legisladores eram essencialmente mais nomeados do que eleitos diretamente, porque os poderes das assembleias regionais eram vagos e porque a relação entre as assembleias regionais e o poder Legislativo central não era claramente explicitada. Depois de extensas consultas, uma nova constituição foi promulgada em 1951.

Mesmo com essa nova Constituição, os nigerianos continuaram a ter problemas ao trabalharem juntos, já que não havia nenhum partido político nacional e nenhuma agenda nacional. Cada grupo regional parecia querer perseguir os seus próprios interesses. Lord Hailey observou assim:

> A oposição ao controle britânico tinha previamente fornecido a ligação comum entre os partidos e os interesses concernidos e, com a expectativa abrangente de sua eliminação, o espírito do particularismo regional, quando não de separatismo, cresceu muito rapidamente. Era impossível assegurar a unidade entre os ministros no governo central, ou realizar uma política comum[1].

---

1 HAILEY, L. *An African Survey*. 1956, p. 311 [Ed. rev.: Nova York: Oxford University Press, 1957].

Negociações difíceis se seguiram nos anos de 1950, resultando na eventual formação de uma federação subordinada ao governador-geral. Cada região era chefiada por um governador e possuía uma assembleia legislativa eleita. Cada um dos três principais partidos políticos continuou a representar e controlar a sua própria região: o Conselho Nacional da Nigéria e Camarões (CNNC) administrava a Região Leste, o Grupo de Ação (GA) conduzia a Região Oeste e o Congresso do Povo do Norte (CPN) mantinha o poder na Região Norte. As ligações comuns entre estas três regiões e partidos permaneceram frágeis. Desde 1960, a história da Nigéria independente tem sido uma busca pelos meios de estabelecer e fortalecer estas ligações e criar uma forte identidade nigeriana.

Regionalismo e separatismo: África Oriental

No Quênia, no Uganda e na Tanganica, onde as políticas do "governo indireto" de Lord Lugard orientaram as políticas coloniais britânicas, a independência foi precedida também por eleições multipartidárias, embora as eleições em toda a colônia viessem muito mais tarde na África Oriental Britânica do que no Gana ou na Nigéria. Os processos de descolonização no Uganda colonial – onde vários reinos pequenos, porém orgulhosos (como Bunioro*, Toro e Ancolé**) se ofenderam com a proteção especial concedida ao Reino de Buganda pelos ingleses durante os tempos coloniais – foram particularmente cruéis. Quando começaram os preparativos para o autogoverno africano do Uganda, o *kabaka* (rei) de Buganda esperava receber um tratamento totalmente especial por parte dos ingleses. Ele veementemente resistiu a qualquer sugestão para que Buganda fosse incorporado ao Uganda como uma entidade subordinada e ameaçou se separar totalmente de Uganda. Na metade dos anos de 1950, os ingleses o mandaram para o exílio na Inglaterra por não cooperar com as autoridades coloniais, mas o seu exílio serviu somente para tornar o rei um herói ainda maior no seio do seu povo. Depois das eleições de 1961 que precederam a independência, Milton Obote, chefe do Congresso dos Povos do Uganda (CPU)***, formou uma aliança apressada com o partido monarquista

---

* Bunyoro, Bunyoro-Kitara.
** Ankoly, Ankole, Nkore, Nkoly, Nyankole.
*** No original: Uganda People's Congress (UPC).

do rei, o Kabaka Yekka (KY). O CPU de Obote queria um governo central forte para um Uganda independente, enquanto o Kabaka Yekka estava interessado principalmente em alimentar os interesses da monarquia de Buganda e tornar o povo de Buganda um povo separado, um povo separado, quase soberano. Depois da independência em 1962, o compromisso de Obote permitiu que o *kabaka* conservasse o seu trono em Buganda e assumisse responsabilidade como um presidente não executivo da República do Uganda. Logo depois, contudo, este casamento de conveniência entre o CPU e o KY começou a tropeçar.

As políticas coloniais britânicas que favoreciam Buganda tinham contribuído para a persistência de tendências separatistas, que levaram, na década posterior à independência, a um golpe militar. No início do período colonial, dois países que pertenciam ao reino de Bunioro foram transferidos para o reino de Buganda, como recompensa pela cooperação deste último com os britânicos. Apesar de protestos repetidos e enérgicos à Inglaterra através do rei de Bunioro e de uma ativa resistência armada dos habitantes destes "países perdidos", os ingleses escolheram não devolvê-los a Bunioro. Durante a conferência constitucional que levou à transferência de poder, foi inserida uma disposição na constituição que transferia estes países para o governo central, na pendência de um *referendum* para determinar se o povo queria permanecer em Buganda, voltar a Bunioro ou se tornar um distrito totalmente separado. Os habitantes dos dois países votaram por retornar ao seu anterior reino de Bunioro. O *kabaka* de Buganda, na sua condição oficial de presidente do Uganda, tinha já preparado o palco para um confronto latente maior, com imensas consequências para o país como um todo, recusando-se a assinar documentos que davam o controle dos países perdidos ao governo central até mesmo depois do *referendum*. Além disso, o *kabaka* e seus adeptos começaram a se queixar de que Obote, na sua tentativa zelosa de fortalecer o governo central, estava infringindo os poderes de Buganda. Obote realmente nunca tinha pretendido permitir um sistema federal no Uganda. Como a maioria dos seus contemporâneos no continente, ele acreditava num governo central forte.

Quando o parlamento do Uganda votou no sentido de estabelecer uma comissão para investigar acusações de corrupção contra o primeiro-ministro Obote e contra o ministro da Defesa e vice-comandante do Exército Idi Amim, havia rumores de que o *kabaka* tinha instigado esta investigação para pedir ajuda externa e derrubar Obote. Em 1966, quando Obote rapidamente derrubou o rei, havia cinco membros do seu gabinete presos, e indicou a si próprio como presidente executivo do país. Ele também começou a traçar uma nova Constituição, que proibia todos os reinos tradicionais, tornou Uganda um Estado unitário e reduziu o parlamento de Uganda a um "carimbo" (aprovando qualquer coisa que Obote apresentasse a ele). Somente alguns anos mais tarde, antes que ele tivesse estabelecido uma clara direção da nova liderança nacional, o próprio Obote, estando fora do país para participar da cúpula da Commonwealth* em Singapura, foi derrubado pelo homem semianalfabeto a quem ele tinha elevado ao topo do comando da sua instituição militar: o General Idi Amim Dada.

Descolonização nas colônias francesas

Nos territórios africanos franceses, o processo de descolonização foi um pouco diferente. A França tentou executar a sua política de assimilação com as reformas constitucionais de 1946, que conferiram à cidadania francesa a todas as pessoas de suas colônias, mas a política de assimilação encontrou considerável resistência na África do Norte e na colônia insular de Madagascar. Na verdade, o povo muçulmano da África do Norte há muito se ressentia com a tentativa de destruição de sua língua e do seu modo de vida através da imposição da cultura francesa. Em 1956, a França tinha estendido a independência ao Marrocos e à Tunísia, intensificando a determinação dos argelinos de eventualmente se governarem e enfraquecendo todos os argumentos que justificariam a independência do Marrocos e da Tunísia, mas não da Argélia.

Depois disso aconteceram muitos debates sobre o que fazer com o Império Francês, especialmente em relação a então recente perda humilhante da Indochina e à rebelião anticolonial da Argélia (1954-1962). Quando o General Charles de Gaulle se tornou presidente da Quinta República da França em 1958, ele tentou alimentar a reconciliação na África colonial francesa e moldar uma política coerente. Ele solicitou um *referendum* nas colônias francesas, incluindo a Argélia, para ver se os africanos queriam que os seus países permanecessem associados à França ou se tornassem nações independentes. No *referendum* todas as colônias africanas francesas (incluindo a Argélia) votaram

---

* Comunidade de nações ex-colônias do Império Britânico, com exceção de Moçambique e Ruanda.

pela visão de De Gaulle de uma comunidade internacional francesa unida liderada pela França – exceto a Guiné, que votou pela total independência. O governo francês reagiu com irritação e punitivamente, cortando os seus laços com a Guiné, retirando todas as pessoas francesas e levando consigo todo o seu equipamento, incluindo máquinas de escrever e telefones. O tratamento áspero dispensado à Guiné foi um testemunho eloquente do paternalismo francês. Como Franz Fanon teria dito, os africanos eram amados somente se eles se tornassem franceses e fizessem exatamente como os franceses diziam que eles deviam fazer. Não obstante, a visão de De Gaulle de conservar a liderança francesa na África foi logo abandonada. Em 1960, a política colonial francesa mudou no sentido de favorecer a independência de todas as colônias africanas. Até mesmo para a sua estimada colônia da Argélia foi concedida a independência em 1962, depois de oito anos de guerra de guerrilha.

Alguns africanos franceses, particularmente do Senegal, tinham votado regularmente nas eleições francesas desde 1848, e o primeiro representante africano da África Ocidental, Blaise Diagne, foi eleito para a Assembleia Francesa em 1914. Depois das reformas constitucionais de 1946, outras colônias começaram a mandar representantes para o parlamento francês, assim como para as assembleias territoriais, e os partidos políticos listados nas cédulas eram chefiados por líderes africanos, que tinham relações próximas com os partidos franceses. Junto com o sistema representativo proporcional francês, os africanos votaram tanto para candidatos individuais quanto para partidos. Esta experiência significava que os partidos africanos na África colonial francesa estavam melhor organizados, gozavam de um consenso político maior nos seus países, e a maioria estava menos etnicamente fragmentada do que as suas homólogas na África colonial inglesa. Depois da Segunda Guerra Mundial, os africanos puderam participar da política colonial em três níveis – no parlamento francês em Paris, no nível regional nas colônias (isto é, nas federações da África Ocidental Francesa e da África Equatorial Francesa), e nas próprias colônias tomadas individualmente. Graças também ao sistema administrativo colonial francês de "governo direto", o poder dos chefes tradicionais (um elemento divisionista nas colônias britânicas) tinha sido essencialmente destruído.

Apesar do esmagador voto "sim" no *referendum* de 1958, o governo francês decidiu emendar a sua constituição em 1959 e permitir que as suas colônias reivindicassem a independência. A mudança talvez tenha sido muito abrupta, pois nem todos os líderes africanos queriam a independência imediatamente. Houphouët-Boigny da Costa do Marfim queria uma federação com a França, acreditando que este arranjo asseguraria um desenvolvimento econômico mais rápido para o seu povo. A França conduziu as negociações com cada país particularmente, e foram firmados acordos militares e econômicos para recompensar aquelas nações que escolheram permanecer dentro de uma comunidade francesa modificada (uma associação de Estados soberanos independentes de fala francesa, um pouco parecido com a comunidade britânica). Laços próximos entre a elite governamental francesa e as suas homólogas francofônicas continuam até hoje. Estes laços permanecem muito mais fortes do que aqueles entre a elite política britânica e a sua liderança africana anglofônica independente.

Problemas na independência

Quando os líderes e os partidos nacionalistas assumiram as rédeas do poder na independência, eles herdaram graves problemas que iriam modelar o curso posterior da política no continente. Entre os principais problemas estavam as elevadas expectativas do povo pelo desenvolvimento e pela prosperidade nacionais, contra o pano de fundo de problemas econômicos aparentemente intratáveis e divisões territoriais e étnicas que iriam depois levar à instabilidade política.

Expectativas populares

As altas expectativas da população africana se originavam parcialmente das promessas extravagantes feitas pelos líderes nacionalistas no processo de concorrer pelo apoio popular. Durante as campanhas eleitorais que levaram à independência, muitos políticos prometeram realizar mudanças dramáticas na vida das pessoas. Eles prometeram que, uma vez que a independência fosse alcançada, os partidos nacionalistas trariam bons empregos, casas decentes, cuidado básico com a saúde e livre educação universal. Em lugares como o Quênia, com significativos colonos europeus nitidamente influentes, os africanos esperavam que, quando os europeus abandonassem o país – como se esperava que muitos fizessem – as suas casas e fazendas seriam distribuídas pelo povo. Embora houvesse muita euforia no ar, muitas pessoas não perceberam que não bastariam casas ou empregos disponíveis, nem haveria fundos adequados para pagar a educação e a saúde que tantas pessoas desesperadamente precisavam. Os líderes políticos do Quênia não explicaram o fato de que, ainda que os colonos escolhessem retornar à Europa, a sua propriedade não poderia ser simplesmente confiscada para distribuição livre pela população indígena. Este confisco indiscriminado não seria legal ou de direito e não seria tolerado pelas antigas potências coloniais ou pelas instituições internacionais.

O desapontamento se mostrou tão logo as pessoas descobriram que os seus líderes não podiam cumprir todas as suas promessas. As terras, as casas e os negócios europeus que se tornaram disponíveis para compra foram comprados por africanos que tinham o dinheiro para comprá-los (profissionais, homens de negócio bem-sucedidos, grandes fazendeiros e os próprios políticos). Jomo Kenyatta, o primeiro chanceler do Quênia, percebeu que a ânsia pela terra, a principal queixa expressada repetidamente pelas pessoas na sua longa e amarga resistência contra o colonialismo britânico, excedia de muito a terra disponível e não poderia facilmente ser satisfeita. Na verdade, durante as negociações da independência, o governo britânico tinha decidido proteger os interesses dos proprietários de terra ingleses no Quênia, insistindo para que o governo independente do Quênia comprasse essa terra a preço de mercado. Para adoçar o trato, foram fornecidos empréstimos ao próximo governo para permitir que ele comprasse a terra e a distribuísse aos camponeses sem terra. Assessores econômicos (também fornecidos pelos ingleses) disseram a Kanyatta que não havia bastante terra a ser doada e que não seria economicamente prudente tomar as grandes propriedades europeias – geralmente mecanizadas e muito eficientes – e dividi-las em pequenos lotes para doar aos camponeses sem terra. As consequências desta redistribuição, eles avisaram, deveria ser uma drástica redução da produção de alimento e da produtividade agrícola. Como resultado, Kenyatta tomou pequenas parcelas de terra de tempos em tempos e as retirou para a redistribuição. Sempre que uma distribuição de terra era agendada, ele se certificava de que a ocasião fosse totalmente publicada na mídia controlada pelo governo, para mostrar aos quenianos que ele estava, de fato, cumprindo a promessa feita aos camponeses sem terra pelo partido governante, a União Nacional Africana do Quênia (Unaq). Em todo caso, estas questões de propriedade nunca foram resolvidas, mesmo no seio do partido governante (Unaq), onde políticos radicais, liderados pelo vice-presidente Oginga Odinga, percebeu que o acordo de terra que Kenyatta tinha feito com os ingleses traía os interesses dos quenianos que perderam as suas terras para os colonos brancos. Odinga finalmente rompeu com Kenyatta e com a Unaq por causa desta questão em 1966 e formou um partido de oposição chamado União dos Povos do Quênia (UPQ)*. O assassinato do Ministro da Economia Tom Mboya e os distúrbios que se seguiram na esteira desse assassinato em 1969 forneceram a desculpa que o governo de Kenyatta precisava para banir a UPQ e colocar Odinga numa longa prisão sem julgamento.

Ausência de desenvolvimento econômico

A era colonial deixou a maioria dos africanos analfabeta e a maioria das colônias dependente das exportações de uma só cultura comercial ou de um pequeno número delas cultivadas somente em algumas partes de cada novo Estado. Em 1960, menos de 20-30% de africanos sabiam ler ou escrever. Países como a Etiópia e a Somália tinham índices de alfabetização muito baixos, em torno de 10-15%, enquanto o índice do Congo era de 40% – mesmo que a maioria daqueles que sabiam ler não possuísse as habilidades necessárias para construir um novo país. Como outros africanos colonizados, os congoleses foram educados em escolas missionárias, onde o principal objetivo dos missionários era permitir que os congoleses lessem a Bíblia e realizassem um trabalho religioso. Em 1960, quando os belgas transferiram o poder para Patrice Lumumba, o novo primeiro chanceler do país, havia declaradamente somente um médico educado no país! A ausência de cidadãos suficientemente educados significava que os novos líderes da África independente deveriam enfrentar um duplo desafio: a alocação de recursos para promover a educação e o treinamento tão desesperadamente precisado pelo povo e encontrar mão de obra capacitada necessária para ajudar a manter as nascentes infraestruturas funcionando efetiva e produtivamente. A dependência das potências europeias, as mesmas potências das quais os africanos tinham ostensivamente se livrado, se tornava inevitável, se é que as economias nacionais africanas queriam se desenvolver.

Além das questões ligadas à educação inadequada, os novos líderes africanos enfrentavam questões ainda mais constrangedoras sobre que tipo de educação o seu povo precisava. A educação na época colonial era orientada no sentido das necessidades das autoridades europeias. Ela justificava o do-

---

* No original Kenya People's Union (KPU).

mínio colonial, inculcava valores sociais estrangeiros, afastava os africanos das suas próprias culturas e preparava os africanos para os tipos de empregos que as nações recém-independentes não estavam ainda prontas para oferecer. Na independência, os governos africanos tinham de decidir se continuariam com o tipo de educação fornecida pelas escolas missionárias e pelos governos coloniais, ou se dariam início às mudanças que deveriam servir melhor as suas nações no futuro. Para a maioria dos países africanos, não havia tempo suficiente para considerar cuidadosamente estes problemas, e eles escolheram protelar a questão. Uma nova nação – a Tanzânia – contudo, decidiu enfrentar a questão educacional diretamente. Como o seu presidente, Julius Nyerere, indicou: "Somente quando esclarecermos sobre o tipo de sociedade que estamos tentando construir é que poderemos indicar um serviço de educação que se preste aos nossos objetivos"[2]. Tendo decidido que o socialismo africano, baseado em valores tradicionais de cooperação e de família extensa, era a visão mais apropriada para o futuro desenvolvimento do país, os líderes da Tanzânia iniciaram as mudanças necessárias no seu sistema educacional.

As economias nacionais que os líderes africanos herdaram da era colonial eram muitas vezes baseadas em mercadorias agrícolas de exportação – como o café, o cacau, o chá, o amendoim, o sisal ou o algodão – que serviam para enriquecer as economias europeias, embora alguns países africanos também exportassem minerais, como o ouro (do Gana) e o cobre (da Zâmbia e da República Democrática do Congo). Na época da independência, quase todos os países africanos tinham desenvolvido economias que eram extremamente vulneráveis e pesadamente dependentes dos mercados das antigas potências coloniais; as suas exportações ganharam as divisas necessárias para comprar equipamento e tecnologia dos países industrializados do Ocidente. Se elas exportassem colheitas, minerais ou as duas coisas, as novas nações independentes africanas seriam incorporadas à economia internacional, para atender principalmente, como na época colonial, às necessidades dos europeus. Quando Gana, por exemplo, se tornou independente em 1957, a sua economia estava mais ou menos no mesmo nível da economia da Coreia do Sul. Nos anos de 1990, contudo, a Coreia do Sul alcançou a prosperidade econômica como um país recém-industrializado, ao passo que Gana declinou para um dos países menos desenvolvidos do mundo.

---

2 NYERERE, J.K. "Education for Self-Reliance". In: NYERERE, J.K. (ed.). *Ujamaa*: Essays on Socialism. Nova York: Oxford University Press, 1968, p. 44-75.

A experiência econômica das nações independentes da África durante os últimos trinta anos esteve enraizada na sua contínua dependência das mercadorias agrícolas de exportação ou de minerais cujos preços flutuavam frequentemente no mercado mundial. Isto levou a termos de intercâmbio firmemente declinantes com as nações avançadas do Ocidente na medida em que estes preços de mercado e os termos de intercâmbio eram determinados por forças fora do controle dos africanos. A reestruturação das novas economias nacionais, para além dos produtos primários orientados para a exportação, teria sido impedida desde a independência pela necessidade de ganhar divisas estrangeiras para fornecer os serviços essenciais (p. ex., serviços de saúde e educação), ou para desenvolver a infraestrutura requerida pelo desenvolvimento econômico. Em todo caso, tornou-se difícil para as nações africanas independentes executarem os seus planos de desenvolvimento sem saber quanto dinheiro as suas exportações iriam render de um ano para o outro. Deve-se afirmar que a corrupção oficial, embora ela exista em vários graus nos países ricos e pobres em todo o mundo, teve efeitos particularmente deletérios na capacidade dos governos africanos de fornecer os serviços básicos para o seu povo em matéria de educação e de assistência médica, ou mesmo manter a fraca infraestrutura herdada das autoridades coloniais.

Além disso, a distribuição das culturas comerciais agrícolas e da mineração foi previamente projetada de acordo com as necessidades das potências coloniais ou das comunidades de colonos locais, ao longo das linhas de infraestrutura (como estradas, ferrovias, telecomunicações e energia elétrica). Assim, algumas áreas em cada colônia eram, no momento da independência, "mais desenvolvidas" do que outras. Depois da independência houve frequentes conflitos em cada novo país como consequência da concorrência de recursos nacionais escassos, colocando as necessidades das áreas "menos desenvolvidas" contra as "mais desenvolvidas". As consequências deste desenvolvimento desigual pode ainda ser visto na maioria das nações africanas, em termos de distribuição da infraestrutura, e nas amplas disparidades na disponibilidade de serviços de educação e saúde.

Fronteiras arbitrárias

Os novos líderes nacionalistas africanos também enfrentavam os problemas das fronteiras artificiais que dividiam os seus países. Praticamente todas as fronteiras na África fragmentam os grandes grupos étnicos entre os países.

Os massais estão divididos entre o Quênia e a Tanzânia; os hauçás estão dispersos em toda a África Ocidental; os somalis estão localizados na Etiópia, no Quênia, no Djibouti e na Somália; os evês estão divididos entre Togo e Gana; e os congos* podem ser encontrados na República Democrática do Congo, na República do Congo e em Angola. Dada a existência de aproximadamente 2.000 grupos étnicos, cada um com sua própria língua, rituais e normas sociais, ninguém, nem mesmo os próprios africanos, podia ter traçado fronteiras nacionais perfeitas no continente africano. Contudo, dividir grandes grupos étnicos em muitos estados diferentes ou colocar grupos com uma história de hostilidades mútuas juntos num único país (como no Chade ou no Sudão) contribuiu para o espectro de irredentismo e guerras civis que consumiram os recursos já escassos.

Houve guerras destruidoras entre a Somália, o Quênia e a Etiópia, porque o povo somali foi dividido pelas fronteiras coloniais (herdadas pelos governos independentes). Os líderes da Somália, durante os primeiros trinta anos de independência, procuraram unir todos os somalis num único país, reivindicando a província de Ogaden na Etiópia, a província nordeste do Quênia e todo o Djubuti.

Alguns estados independentes buscavam as vagas pretensões históricas de territórios vizinhos, como foram a reivindicação do Marrocos de todo o Saara Ocidental e a reivindicação da Líbia da faixa de Aozou no norte do Chade. Apesar destes conflitos permanentes, os Estados independentes africanos foram extremamente avessos a buscar uma revisão abrangente das fronteiras africanas. Os líderes perceberam que a questão das fronteiras nacionais era uma caixa de Pandora que podia liberar pretensões e contrapretensões infinitas. Os africanos não eram diferentes de outros grupos nacionais em virtude de sua fidelidade àqueles que compartilham a sua língua, a sua religião e a sua cultura. O desafio que os líderes nacionalistas africanos enfrentavam a este repeito era como criar lealdades nacionais nos novos países. Este processo foi demorado e doloroso e ficou comprometido por causa das contradições da retórica dos líderes africanos e da sua tendência de favorecer os seus próprios grupos étnicos.

---

* Bacongo, bakongo, kongo.

No interior das fronteiras de cada país, a fragmentação interétnica, às vezes referidas na terminologia política doméstica africana como "tribalismo", foi muito nitidamente herdada da política colonial dos ingleses de "governo indireto". O governo indireto apoiou lealdades fundamentais a grupos de parentesco menores ao fortalecer a posição dos chefes e os incorporando como líderes "tribais" na estrutura colonial. Nos lugares em que não havia "tribos" e "chefes", os ingleses os inventaram e indicaram "chefes autorizados" (*warrant chiefs*) para administrar essas novas entidades. A maioria dos chefes tendia a restringir a visão política do seu povo; eles eram pagos para cobrar impostos, recrutar mão de obra e aplicar as leis britânicas nas "tribos". O chefe nacionalista nigeriano Obafemi Awolowo apontou que "...o governo indireto... atuou com severidade para restringir a articulação dos nigerianos progressistas" e que "a liberdade individual foi seriamente restringida" pelos chefes[3]. Era irrealista esperar que os povos que tinham sido governados pelos colonialistas britânicos separadamente como "tribos", com o pretexto de preservar os seus valores e as suas instituições tradicionais, poderiam facilmente cooperar com outros grupos étnicos na África independente. Na Nigéria colonial, por exemplo, o Movimento da Juventude Nigeriana dos anos de 1930, com ramificações em todo o sul da Nigéria, se rompeu em duas facções que representavam respectivamente os interesses "tribais" dos iorubas e dos ibos, ao passo que os nigerianos do norte, subordinados aos poderosos emires muçulmanos, não tinham absolutamente qualquer ligação com o Movimento de Juventude. No Quênia, entretanto, grupos políticos como a Associação Central Quicuio (ACQ)* e a Associação dos Contribuintes do Kavirondo do Norte (ACKN)** também estavam baseados etnicamente, e não se permita que tivessem ligações com grupos de fora de suas "tribos", e quando eles tentaram trabalhar juntos, foram declarados ilegais e banidos.

É totalmente possível que, quando a democratização plena chegar para os diferentes países africanos independentes, alguns grupos étnicos possam começar a sonhar em criar Estados separados, e novos micronacionalismos deverão surgir. Por exemplo, na esteira das concessões feitas pelo ex-presidente

---

3 AWOLOWO, C.O. "Early Political Organization in Nigeria". In: CARTEY, W. & WILSON, M. (eds.). *The Africa reader*: Independent Africa. Nova York: Vintage Books, 1970, p. 80.

* No original: Kikuyu, Central Association (KCA).

** No original: North Kavirondo Taxpayers Association (NKTA).

Kenneth Kaunda, no sentido de permitir um sistema multipartidário (1991), o povo lozi*, do oeste da Zâmbia, começou a se mobilizar por um Estado separado próprio. O desafio de responder às demandas dos micronacionalistas e dos líderes "tribais", embora também respeitando os direitos democráticos dos cidadãos de falar livremente e se reunir livremente, irá sobrecarregar seriamente a capacidade dos Estados africanos independentes não somente para manter as suas fronteiras territoriais herdadas, mas também para estabelecer a democracia. Retornaremos a este ponto no próximo capítulo, quando falarmos a respeito da luta pela democracia e pelo mercado livre.

Instabilidade política

Muitas explicações foram dadas para a onipresença da instabilidade e da violência políticas na África independente, incluindo a rivalidade interétnica e a competição econômica por recursos econômicos escassos. Além disso, Claude Ake** apontou a corrupção política e a disposição dos políticos africanos em lançar mão de medidas extremas para alcançar os seus objetivos políticos e conservar o poder. A autoridade política durante o domínio colonial tendia a fomentar e a recompensar as "autoridades nativas" bajuladoras dentro dos sistemas coloniais hierárquicos, onde o poder supremo ficava geralmente com os governadores europeus. Já que esses sistemas autoritários não abriam espaço para os políticos africanos progressistas, aqueles que escolhiam se tornar politicamente ativos eram geralmente rotulados de "agitadores". Negava-se a esses "agitadores" a possibilidade de participar legal e livremente das atividades políticas, mas, depois da Segunda Guerra Mundial, o seu principal objetivo era assumir todo o poder político das autoridades coloniais europeias. Depois da independência, muitos líderes não tinham qualquer intenção de compartilhar essa autoridade com ninguém mais; antes, eles temiam pelo que poderia acontecer a eles caso perdessem a posse das rédeas do governo.

Muitos líderes nacionalistas africanos, não tendo sido expostos às "tradições democráticas" de sua herança pré-colonial ou das metrópoles europeias, estavam determinados a não dividir o poder e a não deixar ninguém de-

---

* Barotse, Balozi, Barotsi, Barotze, Barozi, Barutse, Barutsi, Malozi, Marotse, Marutse, Rotse, Rozi, Rutse, Silozi.
** Claude Ake (1939-1996), cientista político nigeriano.

safiá-los. De fato, a estratégia de mobilização de massa utilizada pelos movimentos nacionalistas, de apelar para os camponeses na sua luta pela independência, não promoveu a troca de ideias normalmente associada a uma política abertamente democrática. Geralmente, os partidos nacionalistas e os movimentos de libertação não eram instituições democráticas; eram antes organizações coesas destinadas a tirar o poder político das autoridades coloniais.

A política democrática é um "jogo de soma variável", no qual o vencedor adquire somente algum poder e é preparado para compartilhá-lo com os outros. Os líderes africanos frequentemente se viam como participantes num jogo de "soma zero" da política, no qual os ganhos de um lado são sempre obtidos à custa do lado oposto. Os países africanos independentes que herdaram o sistema multipartidário britânico (o "Modelo Westminster"), com uma oposição parlamentar e um judiciário e serviço público independentes, achavam que as suas divisões étnicas e regionais tornavam difícil discutir as diferenças políticas, embora também trabalhassem cooperativamente na política nacional.

Em muitos países independentes, a minoria ou os partidos de oposição eram pressionados para que se dissolvessem e se fundissem com os partidos do governo. O Quênia, por exemplo, tornou-se independente em dezembro de 1963, com um sistema bipartidário, com a União Nacional Africana do Quênia (Unaq), de Kenyatta, no controle do governo, e a União Democrática Africana do Quênia (Udaq)*, minoritária como um partido de oposição; mas havia tanta pressão e intimidação exercidas sobre a oposição que somente um ano mais tarde, com absoluta frustração, os líderes da oposição decidiram dissolver a Udaq e se juntar à Unaq. Em 1966, quando importantes diferenças políticas e ideológicas dentro da Unaq não puderam ser resolvidas e o vice-presidente Oginga Odinga se demitiu para formar um partido de oposição – a União do Povo do Quênia –, o governo, liderado pela Unaq, reagiu raivosamente e determinou novas eleições. Os candidatos da UPQ foram assediados, intimidados e tratados como traidores. Os seis candidatos da UPQ que venceram nesta eleição suplementar continuaram a ser perseguidos. Finalmente, nos distúrbios generalizados que ocorreram na esteira do assassinato do Ministro da Economia Tom Mboya, os funcionários do governo da Unaq encontraram

---

* No original: Kenya African Democratic Union (KADU).

uma perfeita desculpa para proibir o partido e prender sem julgamento Odinga e seus companheiros e adeptos. Depois disso, o uso discriminatório pela Unaq de detenção sem julgamento contra os críticos do governo se tornou supérfluo para impor a lei num Estado de partido único. Depois que Kenyatta morreu em 1978, o seu sucessor, Daniel Arap Moi, continuou com o mesmo padrão. Em 1982, depois da tentativa de golpe de Estado, Moi acolheu uma moção do parlamento para tornar o Quênia um Estado de partido único *de jure*. Desde então, até 1991, era ilegal que qualquer um criticasse o governo de partido único ou sugerisse que devessem existir outros partidos políticos.

Na África Centro-Sul, a Zâmbia e o Zimbábue oferecem exemplos correlatos de como outros partidos políticos dominantes tentaram absorver ou abolir os blocos de oposição. Harry Nkumbula da Zâmbia, chefe da oposição no Congresso Nacional Africano (CNA)*, foi derrotado na independência pelo Partida União Nacional da Independência (Puni)** de Kenneth Kaunda e precisou dissolver CNA antes que ele pudesse se juntar ao governo dominado pelo Puin. Em 1971, o amigo íntimo de Kaunda e primeiro vice-presidente, Simon Kapwepwe, formou o Partido Progressista Unido (PPU). No decorrer do ano seguinte, o PPU foi também banido pelo governo e Kapwepwe foi detido sem julgamento. Kaunda permaneceu como presidente de Zâmbia até 1991, quando um forte movimento pró-democrático o obrigou a reconhecer os partidos de oposição, e ele foi derrotado pelo líder de sindicalista Frederick Chiluba em eleições abertas.

Robert Mugabe, o líder nacional do Zimbábue desde a independência (1980), colocou-se contra o movimento continental pró-democracia no início dos anos de 1960 e procurou impor o governo de partido único no seu país. A luta implacável entre a União Nacional Africana de Zimbábue (Unaz)*** de Robert Mugabe e a União do Povo Africano de Zimbábue (Upaz)**** de Joshua Nkomo – que alternadamente atuaram ou como aliados ou com inimigos, durante a longa luta armada contra o governo de minoria branca da Rodésia de Ian Smith (1965-1980) – também levou a uma aliança forçada depois da independência. Não foi permitido a Nkomo atuar como membro da oposição,

---

* No original: African National Congress (ANC).
** No original: United National Independence Party (UNIP).
*** No original: Zimbabwe African National Union (ZANU).
**** No original: Zimbabwe African People's Union (ZAPU).

porque o governo liderado pelo Unaz – a aliança agora referida como Unaz-FP (Unaz-Frente Patriótica) – frequentemente utilizou de força excessiva para lidar com as pessoas do Zimbábue que apoiavam Nkomo. Num determinado momento, o próprio Nkomo teve de fugir para o exterior, temendo por sua vida. Enquanto a disposição de usar força letal para preservar seu poder se intensificava, Nkomo trazia e armazenava armas e munição (como preparativo, supostamente, para empreender algum tipo de tentativa armada pelo poder). Mesmo quando Nkomo permaneceu como um alto ministro no governo de Mugabe, Mugabe continuou a exprimir intenções de proclamar um Estado de partido único *de jure* (supostamente para promover a unidade nacional do Zimbábue). Este propósito encontrou uma grande resistência, tanto dentro do seu próprio partido quanto em todo país, o que forçou Mugabe a desistir da ideia de impor um sistema de partido único no país, ainda que ele acreditasse nesse momento que o Zimbábue devesse ser um Estado de partido único.

De um modo geral, então, os novos países africanos e os seus líderes enfrentaram dois problemas na independência – um político e o outro econômico. O seu desafio político era como ampliar a sua legitimidade popular construindo estruturas e ideologias nacionais coesas. O seu objetivo econômico era fazer crescer a produtividade, de modo a melhorar o bem-estar material das pessoas comuns africanas que tinham experimentado por tanto tempo uma aguda privação e pobreza durante o período colonial.

Escolhas políticas depois da independência

Ao enfrentar os vários problemas políticos e econômicos com que tiveram de lidar durante os anos que se seguiram à independência, muitos líderes nacionalistas africanos procuraram adquirir "legitimidade" para produzir unidade e ganhar apoio de todos os cidadãos nos seus novos países, introduzindo regimes de partido único. Muitos também escolheram buscar o desenvolvimento econômico, adotando efetivamente vários sistemas de socialismo africano (como algo contrário à forma do capitalismo europeu que eles experimentaram sob o domínio colonial). Embora os regimes de partido único e o socialismo africano possam ter surgido para fornecer soluções de curto prazo, no longo prazo estas abordagens realmente criaram dificuldades que continuaram a supurar até os anos de 1980 – dificuldades que se refletiram em grande número de golpes militares, guerras civis e refugiados na África independente.

Sistemas de partido único

Muitos argumentos foram avançados pelos líderes africanos para explicar a razão por que um sistema de partido único era mais adequado para os Estados africanos independentes do que um sistema multipartidário. Os líderes africanos citaram o risco permanente do "tribalismo", ou aquilo que os europeus orientais chamam de "micronacionalismo". Eles propuseram que permitir mais de um partido incentivaria as pessoas a formar partidos mais em torno de interesses "tribais" ou micronacionais do que de questões nacionais. É na verdade justo dizer que grande parte dos conflitos políticos na África brotou de demandas por benefícios econômicos e políticos que foram expressos em termos étnicos. Como William Tordoff escreveu:

> As tribos, ou mais precisamente, os grupos linguísticos regionais... eram veículos de expressão simbólica da concorrência política e econômica; em outras palavras, o "tribalismo", que é um conceito tão insatisfatório na ciência política como na antropologia social, era o idioma dentro do qual a concorrência local acontecia. Os líderes locais adotaram a identificação local, jogando com as emoções dos seus seguidores para ganhar apoio e votos[4].

Claude Ake sugeriu que essas diferenças étnicas regionais frequentemente surgiram das sociedades em que "os 'laços de sangue' eram a base da organização social. Nessas comunidades, o *status* era mais concedido do que alcançado, os grupos primários dominavam a interação social e o desenvolvimento de grupos secundários era na melhor das hipóteses rudimentar". Estas estruturas sociais, herdadas do passado, tornam "lenta e difícil a integração social e política dos membros de diferentes grupos primários na sociedade"[5].

Assim, a insistência no partido único atendia a uma opção natural de construir novas identidades nacionais e de combater as tendências dos líderes locais no sentido de criar muitos partidos políticos concorrentes baseados na filiação familiar ou linguística regional. Os líderes africanos também afirmaram que a cultura política na África da época da transição para a independência era totalmente imprópria para os sistemas multipartidários, ou

---

[4] TORDOFF, W. *Government and Politics in Africa*. Bloomington, IN: Indiana University Press, 1984, p. 81-82.
[5] AKE, C. "Explaining Political Instability in New States". *Journal of Modern African Studies*, vol. 11, n. 3, 1973, p. 354.

para "o padrão cuidadosamente articulado do governo parlamentar baseado nos exemplos europeus"[6]. Essa visão foi anunciada eloquentemente por Julius Nyerere:

> Só pode haver uma razão para a formação desses partidos [de oposição] num país como o nosso – o desejo de imitar a estrutura política de uma sociedade totalmente diferente. Além disso, o desejo de imitar onde as condições não eram adequadas para a imitação pode facilmente nos levar a um problema. Experimentar e importar a ideia de uma oposição parlamentar para a África pode muito provavelmente levar à violência – porque os partidos de oposição tenderiam a ser vistos como traidores pela maioria do nosso povo, ou, na melhor das hipóteses, isto levaria a manobras insignificantes de grupos de "oposição" cujo tempo é gasto na inflação de diferenças artificiais com alguma aparência de realidade em prol da preservação da democracia[7].

Embora estas percepções parecessem razoáveis, os regimes de partido único na África independente eram cada vez mais desafiados por movimentos pró-democráticos, especialmente nos anos de 1990. Os estados de partido único, impostos às pessoas em diferentes países, sem se comprometer com qualquer mecanismo consultivo para assegurar o consentimento popular, não promoveram a unidade nacional prevista pelos líderes nacionalistas dos anos de 1960. Ao contrário, muitos líderes nacionalistas utilizaram o fantasma do "tribalismo" como uma desculpa para desenvolver sistemas extremamente autocráticos, para sufocar a discussão social, para alimentar cultos da personalidade e para assegurar que eles permaneceriam no cargo indefinidamente. Como Christian Potholm escreveu em relação ao governo de partido único de Nkrumah no Gana independente:

> Nkrumah tomou uma sociedade essencialmente pluralista com uma longa história de liberdade individual e realização pessoal e tentou governá-la através de métodos cada vez mais arbitrários. Ele progressivamente proibiu qualquer oposição formal, sufocou a dissidência e, cercando-se de um grupo de bajuladores e assessores brancos exilados, desligou-se do seu povo e ignorou o crescente afastamento deles do seu regime. Ele não se aventurou a muita mobilização política de-

---

6 DAVIDSON, B. *Which Way Africa*. 3. ed. Nova York: Penguin Books, 1973, p. 112.
7 Ibid., p. 113-114.

pois da independência e geralmente desconsiderou a necessidade de engajar politicamente o povo de Gana. Como resultado, o PCP*, inicialmente um verdadeiro partido de massa, gradualmente definhou[8].

À medida que Nkrumah obtinha mais poder, os antigos aliados e associados se levantaram para se opor a ele. Ele respondeu decretando o Ato de Detenção Preventiva, que deu a ele a autoridade para deter, sem julgamento ou direito de apelação, aqueles que discordavam dele, e muitos patriotas proeminentes do Gana, como o Dr. J.B. Danquah e Ako Adjei, se viram atrás das grades sem o devido processo legal. Ao estabelecer uma guarda de segurança para se proteger e uma extensa rede de segurança para espionar as pessoas suspeitas de discordar de suas políticas ou de se opor a ele, Nkrumah convidou agentes soviéticos para ajudá-lo a fazer funcionar essas elaboradas operações de segurança. Ele aparelhou um *referendum* submetido ao povo, ganhando apoio eleitoral para dar direito ao presidente de contratar e despedir juízes. Ali Mazrui, que descreveu Nkrumah como uma espécie de czar leninista, afirma que ele "destruiu a democracia no Gana que ele próprio, mais do que qualquer outro homem, tinha ajudado a criar"[9]. Quando ele também tomou para si o título de *Osagyefo* ("o Redentor Abençoado"), pareceu a alguns que Nkrumah também queria adquirir poderes mágicos para se proteger contra os adversários políticos[10]. Em todo caso, este título aumentou o sentido da invencibilidade política de Nkrumah e contribuiu para um culto da personalidade. Mazrui conclui: "Os mitos de esplendor czarista e liderança sagrada de Nkrumah deviam ter servido para o propósito do desenvolvimento do Gana. Mas Nkrumah levou isto longe demais. Ele parecia ter se tornado tão obsessivo com os seus próprios mitos de grandeza, que toda a organização do PCP perdeu a sua eficiência interna"[11].

Em diferentes circunstâncias, outros países africanos recém-independentes também estabeleceram governos de partido único. Uganda independente,

---

* No original: Convention People's Party (CPP) ou Partido da Convenção Popular, em tradução livre para o português.
8 POTHOLM, C. *The Theory and Practice of African Politics*. Englewood Cliffs, NJ: Prentice Hall, 1979, p. 52-53.
9 MAZRUI, A.A. & TIDY, M. *Nationalism and New States in Africa*. Nairobi, Quênia: Heinemann, 1984, p. 61.
10 POTHOLM, C. *The Theory and Practice of African Politics*. Op. cit., p. 116.
11 MAZRUI, A.A. & TIDY, M. *Nationalism and New States in Africa*. Op. cit., p. 61.

uma colcha de quatro reinos orgulhosos e grandes grupos étnicos, herdou dos ingleses uma estrutura federal que permitia considerável autonomia a diversos reinos. Como foi mencionado anteriormente, Milton Obote, o primeiro chanceler do Uganda, via a existência destas grandes unidades políticas no Uganda como um claro obstáculo no seu caminho para atingir um forte governo unitário. Obote renunciou a um compromisso político para preservar o posto cerimonial de presidente do Uganda pelo de *kabaka* de Buganda. Ele derrubou o rei, suspendeu a constituição, aboliu todas as monarquias no país e assumiu a presidência do país, transformando-a numa poderosa autoridade executiva. Na Zâmbia independente, o povo lozi foi governado como um protetorado chamado Barotselândia*, onde o seu rei (o *litunga*), o seu primeiro-ministro (o *ngambela*) e os seus assessores gozavam de significativa autonomia e nutriam esperanças de chefiar o seu país como um Estado separado, uma vez que os ingleses fossem embora. Contudo, Kenneth Kaunda conseguiu cooptar esta liderança indígena num governo central com ele próprio no comando, assegurando-se de que muitos indivíduos lozis mantivessem postos importantes tanto no governo quanto no Partido da União Nacional da Independência (Puni), o partido governante. Kaunda posteriormente rechaçou os esforços de outros zambianos de formar grupos políticos, detendo e assediando arbitrariamente os adversários políticos até 1991, quando ele foi pressionado para convocar uma eleição multipartidária genuinamente competitiva – que ele perdeu.

Tendências semelhantes apareceram no Quênia, onde os ingleses concederam uma Constituição federal, baseada no *majimbo* (significando "regiões" em suaíli. A Udaq esperava que um sistema regional acalmasse as preocupações dos grupos étnicos menores, que temiam a hegemonia dos dois maiores blocos étnicos do Quênia, os quicuios e os luos da Unaq. Um ano depois da independência, depois da "dissolução voluntária" da Udaq, o governo da Unaq de Kenyatta desmantelou a Constituição do "majimbo" junto com as assembleias regionais eletivas. O senado original do Quênia, composto de quarenta e um delegados (um de cada distrito no país na época da independência), foi fundido com a câmara mais baixa, transformando desse modo um parlamento bicameral num parlamento unicameral. Kenyatta se tornou o presidente executivo, o posto de primeiro-ministro foi totalmente abolido e o governo local recuou para as estruturas da época colonial (incluindo os comissários

---

* Bulozi, Barozi, Lyondo.

distritais e provinciais, assim como os "chefes"). As autoridades do governo local se tornaram extensões do novo governo central do Quênia, com amplos poderes discricionários para manter "a lei e a ordem". A prisão de Odinga e o banimento da UPQ criou um Estado de partido único *de facto* em 1969, e o governo da Unaq se declarou um Estado de partido único *de jure* em 1982.

O mesmo movimento no sentido do governo de partido único ocorreu na África independente francófona, embora o governo de partido único tenha surgido lá inclusive antes da independência, começando com as reformas de 1946, que permitiram aos africanos colonizados formar partidos políticos e votar nas eleições gerais. Em 1962, quando a França tinha concedido a independência a todas as suas antigas colônias africanas, muitos desses partidos se tornaram fortes o suficiente para esmagar a sua oposição. Esta era a situação da (Costa do Marfim) Côte d'Ivoire, Guiné e Mali. Durante a descolonização (1948-1962), muitos líderes nacionalistas da África francesa se juntaram à União Democrática Africana (UDA); cada colônia tinha uma sessão do UDA. Félix Houphouët-Boigny, que foi um dos fundadores da RDA, estabeleceu o Partido Democrático da Costa do Marfim (PDCM)* como uma sessão na Côte d'Ivoire. O PDCI inicialmente assumiu uma postura um pouco radical em relação à França, mesmo sofrendo alguma repressão governamental, até que ele absorveu muitos partidos étnicos menores e praticamente surgiu como o partido nacionalista dominante na Costa do Marfim. Depois que Houphouët-Boigny forneceu o apoio necessário para Guy Mollet formar um governo socialista na França em 1956, eleições foram realizadas na Costa do Marfim em 1957, nas quais o PDCM capturou *todas* as sessenta cadeiras da sua própria assembleia legislativa, assim como as duas cadeiras da Costa do Marfim na Assembleia Francesa. Na Guiné do pós-guerra, onde Sékou Touré começou sua carreira nacionalista como um militante sindicalista afiliado à Confederação Geral dos Trabalhadores (CGT) francesa e ajudou a formar o Partido Democrático da Guiné (PDG)** como um braço da RDA, o PDG venceu cinquenta e seis das sessenta cadeiras para a assembleia legislativa local em 1957, esmagando dois partidos menores de base étnica. Em 1958, o PDG levou a Guiné a votar "não" no *referendum* de De Gaulle, perguntando se os africanos desejavam ou não se juntar a uma "comunidade" internacional francesa. A Guiné foi a única

---

* No original: Parti Democratique de la Côte d'Ivoire (PDCI).
** No original: Parti Democratique de Guinée (PDG).

colônia francesa a ter declinado do convite de se juntar. Logo depois, os dois partidos menores se fundiram ao PDG de Touré e um regime de partido único nasceu na Guiné independente. Tal como Nkrumah, o presidente Sékou Touré atribuiu para si mesmo títulos que levaram a um culto à personalidade; na imprensa controlada pelo governo, se referiam a ele como o "Fiel e Supremo Servidor do Povo", o "Doutor das Ciências Revolucionárias" e o "Libertador dos Povos Oprimidos". Histórias semelhantes de estados de partido único, com diferentes particularidades, podiam ser contadas a respeito do Senegal, Mali, Camarões e da maioria dos outros países africanos francófonos independentes.

Socialismo africano

Na época da independência, a nova liderança africana procurou estabelecer sistemas econômicos e instituições que desenvolvessem as suas economias nacionais e transformassem a vida das pessoas para melhor. Na medida em que o capitalismo colonial tinha drenado os seus recursos e deixado o seu povo desprovido, muitos líderes africanos se voltaram para as políticas então formuladas. A ânsia das pessoas por educação e a sua necessidade desesperada de assistência médica para curar doenças comuns eram esmagadoras, e as expectativas populares de que as promessas feitas pelos políticos nacionalistas seriam cumpridas eram assustadoramente altas. O período da descolonização não tinha dado tempo suficiente para os nacionalistas africanos pensarem especificamente sobre que tipos de sistemas econômicos eles queriam construir e sobre como eles poderiam alcançar melhor o crescimento econômico; era muito mais fácil fazer campanha contra o colonialismo do que descobrir as complexidades de como promover economias nacionais autossustentadas no mundo moderno.

As sociedades e as economias africanas foram mudadas pela experiência colonial de tal maneira, que o povo e seus líderes estavam somente começando avaliar plenamente. A opção que os africanos enfrentavam não era entre ressuscitar os sistemas econômicos "tradicionais" que existiam antes de os colonizadores chegarem ou manter os sistemas econômicos moldados pela presença colonial. Os sistemas tradicionais mudaram drasticamente e os sistemas coloniais fracassaram no desenvolvimento das economias africanas. Os próprios líderes nacionalistas africanos tinham passado pelos sistemas educacionais coloniais e tinham ficado expostos ou aculturados pelas ideias políticas e sociais ocidentais. Eles cobiçavam o modo de vida material que tinham visto os europeus desfrutar, ou como colonos na África ou nos seus próprios países na Europa. Contudo, no seu desejo de afirmar a sua autonomia e se distanciar das políticas coloniais o máximo que pudessem, os novos líderes nacionalistas tentaram combinar elementos da teoria socialista e os valores "tradicionais" africanos em diferentes políticas – o que eles chamavam de socialismo africano. O objetivo dessas ideologias era construir nações nas quais haveria um alto grau de igualdade social e econômica, onde as terras que tinham sido expropriadas dos africanos seriam ou recuperadas pelos seus donos originais ou dadas àqueles que estavam em condições de fazê-las funcionar para o benefício de todos.

Durante os anos de 1960, foram travados debates filosóficos sobre o exato significado do socialismo africano. Havia na verdade diferentes tipos de socialismo, ou apenas um socialismo "científico", que tinha sido inicial e plenamente exposto pelo próprio Karl Marx? Era possível para as sociedades africanas, sem classes social e economicamente definidas, e somente com um mínimo de tecnologia industrial moderna, mudar imediatamente para a produção socialista moderna sem primeiro passar por um estágio capitalista de desenvolvimento? Os líderes africanos compreendiam o suficiente sobre as sociedades socialistas existentes na Europa Oriental e na China para imitá-las com sucesso? Seria possível para os países africanos adotar o socialismo, embora também mantendo relações próximas com as potências ocidentais?

Apesar da incerteza sobre as respostas a estas questões, a maioria dos líderes nacionalistas africanos declarava instituir políticas econômicas baseadas nas suas várias versões do socialismo africano. O conceito era não somente moderno, mas parecia também ser a melhor ideologia econômica para alimentar uma reestruturação radical das economias coloniais africanas, e seus subjacentes princípios morais eram convincentemente atraentes. Os países socialistas não tinham estado envolvidos na opressão colonial dos africanos; a maioria deles veio abertamente em auxílio dos africanos durante a guerra pela independência; então fazia muito sentido buscar neles ajuda. Muitos líderes nacionalistas africanos equiparavam o capitalismo com a experiência negativa e exploradora do domínio colonial. Eles temiam que, buscando o caminho do desenvolvimento capitalista, exacerbariam as desigualdades sociais e políticas, gerando assim conflito político.

Vários governos africanos independentes declararam que eles estavam seguindo políticas socialistas quando, de fato, não estavam. O governo liderado pela Unaq de Kenyatta declarava ser socialista e inclusive produziu um artigo intitulado *Socialismo africano e sua aplicação no planejamento do Quênia*. Este artigo era vago quanto ao significado do socialismo africano. Ele levantou muitas questões econômicas e políticas, sugerindo que o governo da Unaq não estava seguro do que se precisava fazer para realizar o socialismo, ou com o que um Quênia socialista se pareceria. Num exame rigoroso, as políticas econômicas nacionais estabelecidas pela Unaq não eram nem africanas nem socialistas, já que Kenyatta e o Ministro da Economia Tom Mboya decidiram continuar com o sistema econômico herdado dos ingleses. Antes de ser assassinado em julho de 1969, o próprio Mboya admitiu que ele próprio achava que as políticas socialistas levariam à pobreza. Ele afirmou que aquilo de que os africanos precisavam eram políticas econômicas que incentivassem a produção de mercadorias que obteriam reservas estrangeiras, melhorariam a economia nacional e aumentariam os padrões de vida das pessoas. Mboya disse, brincando, que o socialismo significava igual distribuição de riqueza, não igual distribuição de pobreza, e que uma nação não podia distribuir riqueza sem primeiro criá-la.

Dos muitos líderes africanos que começaram a construir novas economias nacionais buscando políticas que refletissem o socialismo africano, Julius Nyerere da Tanzânia, Kwame Nkrumah do Gana, Sékou Touré da Guiné e Léopold Senghor do Senegal são os mais notáveis.

Tanzânia

Embora cada um destes líderes desenvolvesse diferentes ideologias que eles descreviam como sendo o socialismo africano, o conceito de *ujamaa* (termo suaíli para "familiaridade", "família extensa") de Julius Nyerere era traduzido mais clara e concretamente tanto na política quanto na ideologia (especialmente entre 1967 e 1973). Durante o primeiro ano de independência da Tanzânia, Nyerere definiu os amplos esboços da *ujamaa*, que ele descreveu como sendo "a base do socialismo africano". Ele admitiu que cada país africano devia desenvolver o seu próprio tipo de socialismo, uma versão que fosse bastante adequada às suas particulares condições históricas, sociais e políticas. Nyerere afirmou que antes da colonização o povo da Tanzânia vivia em redes familiares extensas que adotavam uma ética coletiva, na qual todos compartilhavam dos seus recursos, eram donos de alguma terra em comum e trabalhavam nas suas terras cooperativamente para prover as necessidades de toda a comunidade. Tomando alguma "licença oratória", ele declarou que não havia divisões de classes; todos eram trabalhadores, e ninguém explorava ninguém. Para acionar o seu desígnio ideológico no próprio país, Nyerere citou um provérbio suaíli: *Mgeni siku mbili, siku ya tatu, mpe jembe* ("Trate o seu convidado como convidado durante dois dias; no terceiro dia, dê a ele uma enxada"). Como ele escreveu em 1962:

> Uma das maiores realizações socialistas da nossa sociedade foi o sentido de segurança que deu a seus membros, e a universal hospitalidade na qual eles podiam confiar. [...] A base dessa grande realização socialista foi esta: que se tinha como algo adquirido o fato de que cada membro da sociedade – com restrição apenas das crianças e dos doentes – contribuiu com a sua justa parte de esforços no sentido da produção de riqueza. Não somente o capitalista, ou seja, o explorador de terra, era desconhecido na sociedade africana tradicional, mas não tivemos esta outra forma de parasita moderno – o vadio, ou ocioso, que aceita a hospitalidade da sociedade como seu "direito", mas não dá nada em troca! A exploração capitalista era impossível. A vadiagem era uma desgraça impensável[12].

Admitindo que nenhuma sociedade africana tradicional gozou de total igualdade econômica, ele, não obstante, argumentou que historicamente aqueles que possuíam maiores recursos ajudavam as suas comunidades em períodos de necessidade – como durante as fomes e as calamidades, quando eles compartilhavam livremente com os outros. Esta Tanzânia pré-colonial igualitária, na qual Nyerere acreditava, foi interrompida pela imposição de uma nova ordem colonial que começou nos anos de 1890. Na medida em que a sociedade da Tanzânia sob o domínio colonial permaneceu na sua maior parte rural, pré-industrial e subdesenvolvida – com abundância de terra e mão de obra e nenhum interesse de classe indígena esmagador, e com seu povo ainda vivendo em grupos de parentesco –, Nyerere estava certo de que era to-

---

12 NYERERE, J.K. "Ujamaa – The Basis of African Socialism". In: NYERERE, J.K. (ed.). *Ujamaa*: Essays on Socialism. Nova York: Oxford University Press, 1968, p. 5.

talmente possível construir um novo tipo de sociedade socialista na moderna Tanzânia. Em 1962, ele afirmou o seguinte:

> O fundamento e o objetivo do socialismo africano é a família extensa. O verdadeiro socialista africano não olha para uma só classe de homens como seus irmãos e a outra como seus inimigos. [...] Ele antes olha para *todos* os homens como seus irmãos – como membros de sua família cada vez mais extensa. É por isso que o primeiro artigo do "credo" da Unat* é: *Binadamu wote in ndugu zangu, na Afrika ni moja.* Se isto fosse colocado originalmente em inglês, deveria ser: "Eu acredito na fraternidade humana e na unidade da África".
>
> Portanto, a *"Ujamaa"*, ou seja, a "Familiaridade", descreve o nosso socialismo. Ela é o oposto do capitalismo, que procura construir uma sociedade feliz com base na exploração do homem pelo homem; e ela é também oposto do socialismo doutrinário, que procura construir a sua sociedade feliz com base numa filosofia do inevitável conflito entre os homens[13].

Mais concretamente definidas na Declaração de Arusha (1967), as políticas da *Ujamaa* de Nyerere procuravam atingir os seguintes objetivos:

1) Total igualdade humana e ausência de classes econômicas com grandes disparidades de renda e benefícios.

2) Democracia política na qual se permitiria aos indivíduos votar em eleições abertas nos candidatos de sua escolha, e na qual qualquer um, dentro de certas regras, poderia concorrer a um cargo eletivo nos níveis local, regional ou nacional.

3) Salários justos e equitativos por trabalho realizado.

4) A erradicação de todas as formas de exploração e a prevenção da acumulação de riqueza incompatível com a natureza de uma sociedade sem classes.

5) Propriedade pública da economia, isto é, todas as empresas, fábricas, indústrias deviam ser propriedade do Estado, para fazer avançar a justiça econômica para todos.

---

* O "credo" da Unat é a primeira das cinco partes na qual foi dividida a Declaração de Arusha, que definiu a base do "socialismo africano" tanzaniano, construído a partir do conceito de *ujamaa*.

13 Ibid., p. 11-12.

6) Respeito por certa quantidade de propriedade privada, como pertences pessoais e bens domésticos, contanto que a quantidade não seja o bastante para dar ao proprietário influência indevida e capacidade de explorar as outras pessoas.

7) Liberdade política básica de expressão, associação, movimento e culto, *dentro do contexto da lei*[14].

O esforço de Nyerere foi uma tentativa genuína de estabelecer uma nova sociedade na Tanzânia independente, que extrairia dos princípios mais elevados a sua velha ordem, e as culturas tradicionais tinham de oferecer as diretrizes éticas para o desenvolvimento moderno.

Politicamente, Nyerere estabeleceu uma democracia de partido único. Os únicos partidos de oposição à Unat nas eleições pré-independência (1958-1961) baseavam as suas plataformas no "racismo" (que, tal como o "tribalismo", Nyerere e a Unat tentaram erradicar da Tanzânia independente) e não ganharam nenhuma cadeira. Os procedimentos da seleção dos candidatos para as eleições parlamentares eram relativamente abertos. Para concorrer ao parlamento, era preciso ser membro do partido (aberto a todos os cidadãos da Tanzânia) e obter pelo menos vinte e cinco assinaturas dos membros do partido no distrito eleitoral que o candidato aspirante queria representar. Depois disso, o Comitê da Conferência Distrital da Unat entrevistava os candidatos e votava para selecionar dois ou três candidatos oficiais para o parlamento em cada circunscrição. Desde as eleições parlamentares de 1965, as eleições nacionais posteriores (realizadas a cada cinco anos) foram muito concorridas, resultando em considerável rotatividade dos membros do parlamento e do Gabinete de ministros – especialmente daqueles que se achavam distantes dos eleitores ou eram corruptos nas suas funções. Havia alguma restrição de discussão durante as campanhas: os candidatos eram proibidos de apelar para sentimentos étnicos, religiosos ou regionais. A discussão de outras questões, contudo, era ampla o bastante para ganhar para a Tanzânia uma bem merecida reputação como uma democracia de partido único que funciona.

Depois que a Tanganica Continental (independente em 1961) juntou-se à ilha de Zanzibar (que se tornou independente em 1963) para formar uma

---

14 NYERERE, J.K. "The Arusha Declaration". In: NYERERE, J.K. (ed.). *Ujamaa*: Essays on Socialism. Nova York: Oxford University Press, 1968, p. 13.

República Federal Unida da Tanzânia (1964), Zanzibar foi governada pelo Partido Afro-Shirazi (PAS* o único partido legítimo nas ilhas), enquanto a Unat conduzia o governo na Tanganica continental. Em 1977, depois de negociações meticulosas e longas preparações, os dois partidos se fundiram para formar o Chama cha Mapinduzi (CCM, ou seja, o Partido Revolucionário). O CCM restringiu severamente a adesão ao partido e treinou os membros do partido para se tornarem funcionários do governo. Antes da fusão dos dois partidos políticos em 1977, os órgãos executivos do partido eram bastante representativos da sociedade da Tanzânia como um todo – incluindo a União Nacional dos Trabalhadores da Tanzânia (UNTT)**, a Organização Nacional das Mulheres (ONM)***, a União Cooperativa da Tanzânia (UCT)****, a Liga da Juventude da Unat (LJU)*****, Associação de Pais da Tanzânia (APT)******, junto com as universidades, a Associação das Câmaras de Comércio (ACC)*******e a maioria dos distritos eleitorais regionais.

A implementação da *ujamaa* conclamou o Estado a desempenhar um papel muito forte no desenvolvimento da economia agrícola do país. Como o próprio Nyerere indicou, a Tanzânia era "uma sociedade rural onde o progresso dependeria grandemente dos esforços das pessoas na agricultura e no desenvolvimento das aldeias"[15]. Já que a Tanzânia possuía muita terra e mão de obra, mas pouco capital, a produção agrícola seria o primeiro alvo do desenvolvimento nacional. As aldeias da *ujamaa*, estabelecidas pelas famílias camponesas, trabalhariam junto com as cooperativas de produção, praticando trabalho cooperativo e tomada de decisão comunitária. Entre 1967 e 1973, a função do governo nacional era simplesmente dar orientação e apoio para a criação dessas aldeias. De acordo com o Código de Liderança da Declaração de Arusha, os líderes partidários e governamentais não podiam manter estoque numa empresa privada, ser membro do quadro de diretores de uma empresa privada, possuir mais de uma fonte de renda, ou ser um proprietário

---

* No original: Afro-Shirazi Party (ASP).
** No original: National Union of Tanzanian Workers (NUTA).
*** No original: National Women's Organization (UWT).
**** No original: Cooperative Union of Tanzania (CUT).
***** No original: TANU Youth League (TYL).
****** No original: Tanzania Parents Association (TAPA).
******* Association of Chambers of Commerce (ACC).
15 NYERERE, J.K. "Education for Self-Reliance". Op. cit., p. 52.

de terra. Depois de 1967, os funcionários do governo e do partido se tornaram cada vez mais planejadores centrais e burocratas parasitas (semigovernamentais), com a responsabilidade de regular a produção, a distribuição e o mercado de culturas comerciais, como o café, o chá e o sisal.

Na metade dos anos de 1970, contudo, os funcionários do governo e do partido foram além, dando orientação e apoio para as aldeias da *ujamaa*. Começando em 1964, os funcionários supervisionavam os movimentos de massa dos tanzanianos rurais desde as casas ancestrais até as novas "Aldeias de desenvolvimento", que eram mais bem servidas de estradas e de outras infraestruturas. Havia uma resistência espalhada contra esta política de "aldeamento". Os tanzanianos rurais estavam rigorosamente ligados à sua terra ancestral, e as novas aldeias de desenvolvimento estavam localizadas em estradas distantes dos campos mais produtivos. Quando os burocratas do CCM vieram para estas novas aldeias para supervisionar as políticas de desenvolvimento, eles eram autocratas, ordenando que os aldeões cumprissem as suas diretivas. As pessoas locais não queriam ser deslocadas e mandadas, e a produtividade rural começou a cair no final dos anos de 1970.

Entretanto, o setor de serviço social da Tanzânia, financiado principalmente através da ajuda externa, essencialmente dos países escandinavos – cresceu imensamente nas áreas rurais. O sistema educacional do país (totalmente reformado em 1967) cresceu especialmente rápido, de modo que em 1980 mais de 90% das crianças em idade escolar da Tanzânia estavam assistindo aulas regularmente. As turmas de educação de adultos também ajudaram a aumentar a taxa de alfabetismo da Tanzânia acima de 80%, tornando-a uma das mais elevadas em toda a África. Farmácias médicas gratuitas e fornecimento de água limpa se tornaram disponíveis a muitas pessoas do campo, pela primeira vez, nas novas aldeias de desenvolvimento, e a relação de renda entre os mais altos salários governamentais e o salário-mínimo foi reduzida de 6 para 1. Não obstante, a produtividade declinante entre os camponeses gerou menor renda nacional e tornou impossível para a Tanzânia continuar sustentando o seu setor de serviço social.

A economia nacional começou a estagnar quando as agências paraestatais ineficientes substituíram as cooperativas de produção com base local e os serviços de transporte. Nos anos de 1980, a economia nacional da Tanzânia estava experimentando um crescimento negativo. Os burocratas ficaram mais entrincheirados e corruptos. A inflação subiu enquanto a moeda nacional perdia valor. O pequeno negócio foi conduzido através de canais oficiais e o estado de ânimo público despencou. Incapaz de reembolsar o juro dos empréstimos de ajuda externa dos anos de 1980, a Tanzânia não podia pedir emprestado dinheiro suficiente para manter até mesmo os projetos de desenvolvimento em andamento nos anos de 1980, e muito menos expandir este desenvolvimento. Os trabalhadores camponeses, não mais no controle das suas próprias vidas econômicas, ressentiram-se com os funcionários do partido e do governo que ganhavam muito mais, viviam melhor do que eles e continuavam a mandar neles.

Os tanzanianos, cujo exército nacional repeliu com sucesso uma invasão do ditador do Uganda Idi Amim e o expulsou totalmente de Uganda em 1979, não puderam suportar o custo de 500 milhões de dólares da guerra. Apesar de os preços de petróleo da Opep subirem, Nyerere se recusou a aceitar os Programas de Ajuste Estrutural (PAE) impostos à Tanzânia pelo Banco Mundial e pelas agências doadoras. As condições dos PAE tinham de ser atendidas pelos países pobres para que pudessem reprogramar as suas dívidas e se qualificarem para o auxílio adicional externo. Percebendo que as suas políticas econômicas tinham levado a Tanzânia independente à falência, Nyerere se demitiu como presidente em 1985 para tornar possível ao seu sucessor, Ali Hassan Mwinyi, aceitar e executar as reformas dos PAE exigidas pelas instituições financeiras internacionais.

Gana

Se Nyerere acreditava que as sociedades tradicionais africanas eram sem classes e que um novo tipo de desenvolvimento socialista baseado nos valores e tradições africanas era factível, Kwame Nkrumah do Gana independente não achava que houvesse algo como o socialismo africano. Influenciado enormemente pelos marxistas europeus, Nkrumah afirmou que as sociedades africanas sempre tinham tido classes e interesses de classe:

> Hoje, a expressão "socialismo africano" parece defender a visão de que a sociedade africana tradicional era uma sociedade sem classes, imbuída com o espírito do humanismo, e expressar a nostalgia deste espírito. Esta concepção do socialismo constrói um fetiche da sociedade comunal africana. Mas uma sociedade africana idílica e sem

classes (na qual não haveria nem ricos nem pobres), gozando de uma serenidade narcotizada, é certamente uma simplificação fácil; não há qualquer evidência histórica ou mesmo antropológica de qualquer sociedade assim. Temo que as realidades da sociedade africana sejam algo mais sórdido. Todas as evidências disponíveis vindas da história da África, até a véspera da colonização europeia, mostram que a sociedade africana não era sem classes, nem era destituída de uma hierarquia social. [...] A colonização merece ser acusada por muitos males na África, mas certamente não foi precedida por uma Idade de Ouro africana ou um paraíso. Um retorno à sociedade pré-colonial africana evidentemente não é digno do talento e dos esforços do nosso povo[16].

Nos primeiros anos de sua liderança política no Gana (chamada de Costa do Ouro pelos colonialistas britânicos), Nkrumah enfatizou os elementos comuns da sociedade africana tendo em vista um Gana unificado e independente. Mas o racismo e as discriminações que ele encontrou nos Estados Unidos quando foi para a faculdade, juntamente com orientação das ideias radicais dos pan-africanistas Marcus Garvey, George Padmore, W.E.B. Du Bois e C.L.R. James, o convenceram de que as sociedades pré-coloniais africanas possuíam classes e que tradicionalmente os interesses com base na classe tinham sido reforçados durante a época colonial. De 1961 até 1966, quando o seu governo do Partido da Convenção Popular (PCP) foi derrubado, Nkrumah tentou implementar políticas marxista-leninistas sob a rubrica do socialismo africano. Nem a sua retórica, nem as suas políticas eram tão coerente e concretamente articuladas quanto aquelas de Julius Nyerere. Como T.C. McCaskie observou:

> Até o início dos anos de 1960, o PCP representava uma mistura muito maldefinida de ideias: nacionalismo, um "socialismo" muito vago e nebulosas concepções da "africanidade" e da solidariedade com outros países em desenvolvimento. Estes conceitos experimentaram um refinamento considerável no primeiro período. As ideias pan-africanistas, junto com um maldefinido "socialismo africano", foram fundidas numa ideologia chamada "Nkrumahlismo". O componente pan-africano foi fomentado pelo próprio Nkrumah de maneira práti-

---

16 NKRUMAH, K. "African Socialism Revisited". In: CARTEY, W. & KILSON, M. (eds.). *The Africa Reader*: Independent Africa. Nova York: Vintage Books, 1970, p. 202-203.

ca; ele patrocinou a primeira de uma série de conferências sobre esta questão em Acra em 1958: o "socialismo" foi aperfeiçoado a partir de várias considerações. Ele foi, num certo sentido, a extensão lógica do nacionalismo "estatal" – a ideia de que o poder do Estado devia ser utilizado para africanizar os principais setores da economia. Ele foi também uma resposta de Nkrumah, entre outros líderes africanos, ao que ele via como sendo uma grave escalada do aventureirismo neocolonialista ocidental no antigo Congo Belga em 1960[17].

Alguns anos antes da sua morte, escrevendo da Guiné, onde ele tinha se refugiado depois da sua derrubada, Nkrumah escreveu mais aberta e raivosamente como um revolucionário marxista, defendendo a luta armada para realizar o socialismo e o total desligamento das economias africanas do sistema capitalista ocidental e da dependência "neocolonial".

Durante a fase socialista da sua liderança no Gana independente, Nkrumah via o PCP como um partido de massa e como a única organização política legítima do país – embora pareça que havia muito pouca participação de massa nela. Os adversários políticos foram duramente tratados, e a polícia secreta se certificava de que qualquer ameaça ao poder de Nkrumah seria afastada. Os líderes nacionais que sobreviveram à versão do socialismo africano de Nkrumah conseguiram isso agindo como bajuladores. Nkrumah jogou os indivíduos e as facções uns contra os outros para mantê-los desequilibrados e explorar suas inseguranças. Ele destruiu a integridade dos militares criando uma guarda presidencial separada e a favorecendo sistematicamente em comparação com o estabelecimento militar regular. No decorrer desse processo, Nkrumah ficou afastado do seu próprio povo e hostilizou grandemente os militares e os líderes de outras importantes instituições nacionais.

Economicamente, Nkrumah optou por não nacionalizar as indústrias básicas, uma abordagem geralmente privilegiada pelos socialistas doutrinários. De fato, no início dos anos de 1960, ele assinou um acordo com uma empresa americana para construir uma fábrica de alumínio utilizando a eletricidade produzida pela usina hidrelétrica da barragem de Akosombo. Ele tentou, sem sucesso, atrair investimento estrangeiro estabelecendo um parque industrial

---

17 McCASKIE, T.C. "Ghana Recent History". In: SYNGE, R. & McCASKIE, T.C. (eds.). *Africa South of the Sahara 1990-1991*. Londres: Europa Publications, 1990, p. 507.

na cidade de Tema[18]. Ele criou paraestatais – empresas estatais em parceria com empresas estrangeiras. Foram estabelecidas agências estatais para administrar e comercializar a produção de culturas comerciais, como o cacau. Os lavradores produtores de cacau foram obrigados a vender o seu produto para as agências estatais a preços que eram muito mais baixos do que aqueles encontrados no mercado internacional. A produção de cacau do Gana começou a cair à medida que cada vez mais lavradores decidiram que produzi-lo como uma cultura comercial não era mais lucrativo. Na época da independência (1957), Nkrumah herdou a economia mais saudável da África Ocidental e podia livremente usá-la em projetos que ele percebia que eram importantes para fazer avançar as conexões nacionais e pan-africanistas. Ele organizou uma importante Conferência dos Povos da África em 1958, quando construiu caras instalações para a conferência. No mesmo ano, ele estendeu uma ajuda financeira considerável para a Guiné depois da desastrosa ruptura econômica deste país com a França. Utilizando a ajuda americana, ele financiou a construção de uma grande usina hidrelétrica no rio Volta, um projeto ambicioso, mas dispendioso, que Gana precisava, mas que não pôde nem dispor nem utilizar eficientemente. Entretanto, como os preços de cacau do mercado internacional estavam declinando, Nkrumah começou a pedir grandes empréstimos do exterior. Depois de 1961, a vociferante retórica anti-imperialista de Nkrumah alarmou mais ainda os países ocidentais, cuja ajuda ele continuava a buscar. Em 1965, quando ele buscou mais de 2 bilhões de dólares em ajuda financeira das nações ocidentais, ninguém estava querendo ajudá-lo. Na época em que Nkrumah foi derrubado em fevereiro de 1966, a economia do Gana estava falida e o preço do cacau estava no seu nível mais baixo.

Guiné

Outro líder socialista africano, cuja ideologia era grandemente derivada do pensamento marxista, foi Sékou Touré da Guiné, que começou a sua carreira política como sindicalista. Embora ele acreditasse numa África comunal muito parecida com aquilo que Nyerere descreveu, ele também percebeu que os interesses de classe e a exploração de classe tinham surgido na Guiné

---

[18] LEGUM, C. *Africa Since Independence*. Bloomington, IN: Indiana University Press, 1999, p. 23.

durante a época colonial, citando os chefes africanos como um exemplo de uma classe gananciosa e opressiva que tinha sido fortalecida pelo colonialismo francês. Uma vez que estas classes opressivas fossem eliminadas, Touré estava certo de que um retorno a um passado comunal sem classes era tanto possível quanto altamente desejável. Ele estava também comprometido com um regime de partido único. Desde a época da primeira constituição da Guiné independente de 1958, o Partido Democrático de Guinée (PDG)* de Touré era o único partido legal no país. Nesta época, o PDG era realmente um partido de massa, com aproximadamente a metade dos adultos da Guiné conservando a sua filiação a ele. As avaliações de filiação eram automaticamente deduzidas de um pagamento por todos os trabalhadores sindicalizados e mandado para a tesouraria do partido. Inicialmente, Touré era avesso a seguir estritamente os princípios do marxismo-leninismo, que os seus companheiros mais radicais no PDG exigiam que ele fizesse. Ele falou sobre o socialismo africano como uma "comunocracia", em termos não diferentes da *ujamaa* de Nyerere. Em 1968, contudo, ele instituiu o marxismo-leninismo e criou cerca de 8.000 Poderes Revolucionários Locais (PRL's)**, com ramificações em praticamente todas as aldeias da Guiné. Idealmente, estes PRL deviam ampliar a base da democracia do partido e envolver as pessoas no nível da base, onde elas seriam consultadas em todas as decisões que afetassem as suas vidas. Na prática, contudo, os PRL simplesmente criaram uma grande camada de funcionários do partido – perto de 300.000 deles no todo – que se beneficiavam das quotas e dos proventos remetidos pelos cidadãos da Guiné. Os PRL não trouxeram o PDG de Touré para perto das pessoas comuns, já que a tomada de decisão estava ainda centralizada no Escritório Político Nacional do PDG, presidido pelo próprio Touré.

Na medida em que Touré foi o único líder nacionalista franco-africano a fazer uma campanha desafiadora contra o *referendum* de Charles De Gaulle em 1958 e vencer, ele ganhou o respeito e a admiração dos intelectuais esquerdistas e de outros militantes nacionalistas em toda a África. Infelizmente, o voto "não" da Guiné irritou o orgulho de De Gaulle e os franceses deixaram a Guiné abruptamente. Diante da assustadora tarefa de ter de construir uma infraestrutura totalmente nova com deploráveis condições econômicas, Touré passou a maior parte dos anos de 1960 tentando permanecer no poder. Man-

---

* No original: Parti Democratique de Guiné (PDG).
** No original: Pouvoir Révolutionnaire Local (PRL).

ter a segurança estatal se tornou o principal objetivo do PDG, e o poder ficou centralizado sob o domínio do PDG, alarmando muitos guineanos. Touré se tornou cada vez mais intolerante diante de qualquer crítica e lançou ataques contra os seus adversários políticos. A detenção sem julgamento se tornou o *modus operandi* de lidar com os críticos do governo. Um terço das pessoas da Guiné fugiu para os países vizinhos, e havia relatos generalizados de tortura nas prisões da Guiné. Diallo Telli, um nacionalista da Guiné e o primeiro secretário-geral da Organização da Unidade Africana (OUA) (continental), foi morto de fome na prisão, porque não apoiava totalmente Touré. Dada a estatura internacional de Telli, Touré temeu que Telli pudesse se tornar o foco de uma forte oposição doméstica.

Em termos de desenvolvimento econômico, Sékou Touré inicialmente confiou na assistência técnica vinda da União Soviética e da China. Os soviéticos ajudaram a Guiné com a mineração de bauxita, enquanto os chineses ensinaram aos guineanos novas técnicas de produção de arroz. O governo de Touré nacionalizou os bancos, as companhias de seguros e a manufatura e coletivizou a agricultura. A coletivização foi rejeitada pelos camponeses, que continuaram a passar mais tempo cuidando de suas pequenas parcelas privadas do que trabalhando nas grandes fazendas do Estado. A produção de alimento da Guiné caiu drasticamente, o que exigiu a compra de alimentos importados, deixando pouco ou nenhum dinheiro para o desenvolvimento econômico e para o investimento. Em 1979, Touré começou a abrandar a sua postura de linha-dura marxista em relação aos países ocidentais. Ele fez visitas de Estado à França e aos Estados Unidos, pedindo às empresas privadas para considerarem o investimento na Guiné. Na época em que morreu em 1984, Sékou Touré tinha abandonado grande parte da sua retórica marxista e muitas das suas políticas socialistas africanas.

Senegal

Léopold Senghor, outro socialista da África Ocidental, expressou uma visão ideológica única que informava o tipo de socialismo que ele defendia e tentou implementar no Senegal. Durante os anos de 1930 e de 1940, Senghor foi fundamental ao desenvolver o conceito de negritude (*négritude ou blackness*). Isto foi uma reação ao racismo europeu em relação aos africanos na Europa e às contínuas afirmações dos europeus de que os africanos eram pessoas inferiores que não tinham história e que também não tinham dado qualquer contribuição significativa para a civilização mundial. A negritude era uma afirmação do valor e da dignidade próprios das pessoas de descendentes de africanos. Assim como o poeta das Índias Ocidentais (Caribe, mais precisamente na Martinica) Aimé Césaire, Senghor reagiu às afirmações europeias sobre a inferioridade dos africanos, afirmando que o valor dos africanos estava principalmente no fato de eles serem um povo emocional, empírico e humanista – ao contrário dos europeus, que eram mecanicistas, racionais e calculistas. Como a vida na Europa tinha se tornado desumana, afirmou Senghor, a contribuição dos africanos para a comunidade mundial do futuro seria a sua capacidade de humanizá-la e fornecer uma antítese à alienação e ao vazio espiritual da moderna vida ocidental. A "negritude" como um movimento intelectual nunca foi compreendido o bastante na África de fala inglesa, em parte porque os intelectuais africanos discordavam do seu preceito de que os africanos eram menos racionais e do implícito corolário de que eles eram menos inteligentes do que os europeus. Wole Soyinka, Prêmio Nobel de Literatura da Nigéria (1986), repudiou totalmente o conceito de negritude ao dizer: "A negritude é bastante idiota. Afinal de contas, um tigre não gasta o seu tempo andando por aí para expressar a sua negritude". Além disso, havia o sentimento de que a "negritude" era uma ideologia elitista inventada pelos africanos que foram aculturados pela cultura francesa e que viam os africanos e a cultura africana através de olhos europeus.

Como presidente do Senegal (1960-1980), Senghor afirmou que as suas ideias sobre a negritude iam além de uma simples afirmação do valor próprio do povo africano, argumentando que a negritude era uma base sobre a qual se podia desenvolver o socialismo africano. Como socialista, mas não marxista, ele afirmou que as sociedades pré-coloniais africanas estavam baseadas na comunidade e não possuíam classes e que ele procurava recuperar os tipos de democracia econômica e de liberdade espiritual que tinham alicerçado aqueles valores tradicionais. Procurando realizar o socialismo africano no Senegal independente, Senghor acreditava que o seu desafio não era acabar com a exploração do homem pelo homem, mas evitar que ela se espalhasse, pois ele admitia que o capitalismo já existia no Senegal colonial e não podia ser eliminado simplesmente por um decreto governamental. Ele percebia que os valores capitalistas murchariam quando o socialismo africano florescesse no Senegal independente e que, embora o desenvolvimento senegalês exigisse capital e tecnologia externos, ele não dominaria a vida camponesa africana. Ele continuou a manter relações próximas com os antigos dominadores franceses, enquanto tentava construir a unidade nacional e o desenvolvimento econômico, defendendo o socialismo africano com base na comunidade.

Capitalismo africano

Nos anos de 1960, enquanto os seus líderes estavam forjando novos sistemas econômicos, a maioria dos países africanos achava elegante afirmar que eles estavam buscando uma forma de socialismo africano. Eles acreditavam que o socialismo asseguraria que os trabalhadores africanos se beneficiariam do seu trabalho e restaurariam a equidade e a justiça. Contudo, na prática, muitos desses países praticavam o capitalismo (sistemas de mercado livre), ou alguma variante de economia mista. O Quênia foi uma nação que optou pelo capitalismo, embora insistindo que estava realmente praticando o socialismo africano.

Como foi mencionado anteriormente, em 1965, o governo queniano publicou um documento oficial intitulado *Socialismo africano e sua aplicação no planejamento do Quênia*. Este documento afirmava que "o nosso país se desenvolveria com base nos conceitos e na filosofia do socialismo democrático africano. Rejeitamos tanto o capitalismo ocidental quanto o comunismo oriental e escolhemos para nós uma política de não alinhamento afirmativo"[19]. Ainda que esta afirmação possa indicar alguma confusão entre política econômica e política externa, fica claro que Jomo Kenyatta, o primeiro presidente do Quênia, não tinha qualquer intenção de reestruturar drasticamente a sociedade queniana. O método de vincular a economia do Quênia ao capitalismo ocidental começou no final do século XIX, quando a Companhia da África Oriental Britânica se estabeleceu como autoridade governamental naquilo que depois se tornou uma colônia inglesa. Na época em que o Quênia foi declarado uma colônia da Coroa em 1920, dezenas de milhares de colonos ingleses foram atraídos para o Quênia na expectativa de receberem enormes fazendas. Através da tributação e do recrutamento de mão de obra, os africanos foram obrigados a se juntar à economia monetária como trabalhadores ou camponeses, produzindo culturas comerciais para o mercado externo. Os

---

19 GOVERNMENT OF KENYA. *African Socialism and Its Application to Planning in Kenya*. Nairobi: Government Printer, 1965, p. i.

colonos eram extremamente poderosos na colônia do Quênia e conseguiram atrair corporações multinacionais, como a Brook Bond (que construiu grandes fazendas de chá), a Bata Shoe Company e a Lonrho. Os colonos e as corporações multinacionais encontraram aliados entre os comerciantes asiáticos e os empresários africanos. Em 1963, a economia queniana foi incorporada com sucesso à economia capitalista ocidental. Qualquer tentativa de reestruturá-la teria significado tirar o poder desfrutado não somente pelos colonos brancos, mas também pelos comerciantes asiáticos e profissionais africanos, e eles resistiriam energicamente a isso.

Diferentemente dos países socialistas, que invariavelmente procuravam se apoderar "dos altos comandos da economia", o Quênia escolheu não nacionalizar a indústria. No início, Kenyatta e seus companheiros sabiam que a nacionalização certamente afugentaria os investidores externos e aceleraria a transferência de recursos para o exterior pelos colonos asiáticos e ingleses. Assim, o governo embarcou numa política deliberada de atrair os especuladores internacionais, garantindo a eles que os seus investimentos estariam seguros. Uma legislação adequada foi aprovada, estendendo condições atrativas para as empresas que escolhessem ficar e investir no Quênia. A ênfase foi colocada na africanização da economia. Isto simplesmente significava que, tal como a esquerda exilada inglesa, suas posições seriam assumidas pelos quenianos descendentes de africanos com educação, capital e habilidades adequadas. O governo também deu início a medidas para adquirir empresas dos estrangeiros que quisessem vendê-las, ou para dar incentivos aos empresários africanos para se tornarem homens de negócio. Para dar uma oportunidade aos incipientes negócios africanos, os asiáticos – fossem eles cidadãos quenianos ou residentes com passaportes ingleses – ficaram restritos no que diz respeito ao lugar onde eles podiam estabelecer negócios, ou mesmo a quais mercadorias eles podiam comerciar[20]. Kenyatta decidiu contra uma devolução de larga escala de terras para os camponeses sem terra, cuja propriedade tinha sido retirada pelos colonos estrangeiros. Assessores exilados disseram a Kenyatta que a produtividade agrícola sofreria grandemente se uma grande quantidade de terra, que tinha sido anteriormente cultivada mecanicamente com alta produtividade, fosse subdividida em pequenas parcelas e dada aos camponeses de

---

20 LEYS, C. *Underdevelopment in Kenya*: The political Economy of Neocolonialism, 1964-1971. Berkeley: University of California Press, 1974, p. 151.

graça ou a preços de concessão. Por razões políticas, alguma terra foi comprada pelo governo e dada a camponeses sem terra, mas a maior parte dela foi deixada aos proprietários para vender àqueles que tivessem dinheiro para comprá-la.

Em nome do governo, as agências semigovernamentais, como a Kenya Tea Development Corporation, a Kenya Tourist Development Authority e a Coffee Board of Kenya, assumiram setores da economia anteriormente dominados por firmas estrangeiras. Em alguns casos, as agências paraestatais entraram em parceria com as empresas estrangeiras.

Estas agências foram estabelecidas por diversas razões. Uma era transferir efetivamente a propriedade da economia queniana dos monopólios estrangeiros para o controle nacional queniano. A segunda era facilitar o investimento em áreas que tinham necessidades humanas prementes, mas que não eram lucrativas o bastante para atrair o setor privado. Isto ocorreu no caso da educação, da assistência médica, da habitação e do transporte. Sozinhas, as demandas do mercado não são suficientes para gerar desenvolvimento econômico nos países pobres. O Estado deve investir em educação e serviços sociais para fornecer aos cidadãos habilidades que trouxessem emprego para eles. Ele também deve construir uma infraestrutura (estradas, comunicações) sobre a qual o crescimento econômico possa ocorrer. Infelizmente, as agências semigovernamentais se tornaram ineficientes e corruptas, com isso atraindo a atenção dos doadores de ajuda estrangeiros e das instituições financeiras internacionais para as SAPs. O problema não era o planejamento excessivo do governo, mas antes a politização das próprias paraestatais. Os líderes políticos começaram a usar estas agências para criar falsos empregos enquanto a produtividade declinava, e se tornou necessário subsidiá-las com recursos públicos para mantê-las funcionando. Ao invés de contribuir para o crescimento econômico, estas paraestatais se tornaram o maior ralo da riqueza do país.

A orientação capitalista do Quênia estava apoiada pela confiança extremamente grande nas recomendações e na ajuda ocidentais. Na verdade, inclusive o documento oficial sobre o socialismo africano[21] teria sido escrito por um assessor exilado no ministério do Planejamento Econômico. Um pressuposto básico do planejamento do desenvolvimento econômico era a dependência da assistência direta dos países ocidentais industrializados. A assistência era

---

21 GOVERNMENT OF KENYA. *African Socialism and Its Application to Planning in Kenya*. Op. cit.

dada na forma de pessoal altamente capacitado, empréstimos em condições favoráveis oferecidos a taxas de juros baixas com longos períodos de carência, subsídios orçamentários e empréstimos regulares a taxas de bancos comerciais. Tecnocratas altamente capacitados começaram a chegar em grande número. Estas pessoas eram quase sempre pagas com fundos de ajuda internacionais e empréstimos com taxas reduzidas – levantando uma questão interessante sobre se a ajuda monetária paga aos nacionais dos países doadores era realmente benéfica para os países pobres ou para o próprio país doador.

Se através do não alinhamento o Quênia pretendia aparecer como a única forma africana de sistema econômico, ele não teve sucesso. O Quênia era não alinhado somente na retórica e na sua adesão ao Movimento dos Não Alinhados, mas não certamente em termos de suas relações econômicas e políticas. Na Guerra Fria e na extensão e intensidade de suas atividades diplomáticas e internacionais, o Quênia estava claramente do lado do Ocidente. Os grupos dentro do Quênia que mostrassem qualquer simpatia pelo socialismo ou que defendessem laços fortes com o Oriente foram impiedosamente reprimidos.

O que deu errado na África independente?

No início desta discussão foi feita uma afirmação de que os líderes africanos enfrentaram dois desafios principais quando eles assumiram as rédeas do poder nos seus respectivos países: criar Estados-nação fortemente unificados, onde talvez nenhum existia, e melhorar as condições materiais dos seus povos, estabelecendo sistemas econômicos produtivos que ajudariam as pessoas comuns a realizar as suas esperanças e sonhos de uma vida melhor no futuro, depois de toda privação e negligência da era colonial. Estes desafios significavam que, depois que toda a euforia psicológica por ter "conquistado" a independência diminuísse, estes líderes tinham de mostrar resultados concretos.

Sistemas de partido único

No domínio da política, os líderes africanos, na independência, tentaram moldar nações unificadas a partir dos muitos grupos étnicos existentes em cada país, alguns dos quais tinham mantido instituições e identidades distintas em toda a época colonial. Tendo forjado as constituições da independência nas capitais europeias, esses líderes não voltaram à estaca zero depois da independência e não engajaram os seus cidadãos no exercício de fazer a Constituição, durante a qual deveria ter ocorrido uma séria discussão nacional sobre o tipo de sistema político nacional que o povo queria, sobre quais deveriam ser as prioridades do desenvolvimento e sobre quais sacrifícios deveriam ser feitos e por quais segmentos da sociedade. Foi um erro o fato de os países africanos não terem passado por essa importante experiência "nacional". Eles teriam aprendido muito mais a respeito de si próprios do que sabiam antes. Eles teriam construído uma visão do seu futuro juntos. Achando que estavam construindo nações coesas, muitos líderes escolheram fazer uma mudança na Constituição que eles tinham de fato herdado e deixar o resto virtualmente intacto: eles estabeleceram sistemas de partido único com severos limites às liberdades políticas básicas, sem as quais a democracia não podia se enraizar ou prosperar. Os líderes admitiram que o povo africano precisava de um governo central muito forte. Eles admitiram que os líderes, por definição, sabiam tudo e que não precisavam consultar o povo sobre nada. Eles admitiram que os africanos não tinham quaisquer diferenças sociais ou políticas, já que todos eles eram negros e tinham sido igualmente oprimidos sob o domínio colonial. E eles admitiram que os sistemas multipartidários destruiriam de alguma maneira a liderança nacional e levariam estas diferenças regionais, religiosas e étnicas supostamente "artificiais" a sair do controle. Como se viu, com governos altamente centralizados, os funcionários locais do governo eram reduzidos a atuar como agentes do governo nacional na manutenção da lei e da ordem e a transmitir de cima as diretrizes do governo para os cidadãos na parte inferior. Partidos únicos poderosos, compostos de pessoas que viviam de pagamentos de filiação – coletados muitas vezes à força dos homens e das mulheres comuns – tentaram se garantir para que não houvesse desafios a seu controle do poder estatal.

Cultos da personalidade

Houve tentativas deliberadas de criar cultos à personalidade em torno dos líderes políticos, com designações altamente pomposas – os piores exemplos são talvez o título auto-outorgado de "Osagyefo", significando o "Redentor", de Nkrumah e o de "Doutor das Ciências Revolucionárias", de Touré. Em todo caso, fosse o título de "Mwalimu" (para Nyerere da Tanzânia) ou "Mzee" (para Kenyatta do Quênia), a intenção era transmitir a imagem de um líder onisciente, onipotente e benevolente – nitidamente acima da lei, acima da censura e sem par – que devia ser obedecido sem questionamento. Se alguém tinha dúvida de que é importante ter "uma visão", a África é a prova de que países liderados por indivíduos que não têm uma visão ficam simplesmente emperrados. Alguns países são governados ad hoc, arrastando-se dia a dia de um orçamento desequilibrado para outro. Nestes países, os processos de tomada de decisão são rotineiramente improvisados. Os líderes normalmente não têm ideia sobre para onde eles pretendem levar os seus países no futuro, nunca tentam levantar a questão de por que os muitos grupos étnicos e culturais no país precisam uns dos outros, ou sobre que tipo de sociedade eles gostariam de ter realizado no final do seu mandato. Na verdade, nenhum desses líderes jamais contemplou estar fora do cargo. Os líderes africanos poderiam ter usado a euforia da independência e a boa vontade então gerada para forjar as formas de lidar com queixas históricas das pessoas jogadas juntas pelo destino colonial, administrar e mediar as diferenças e resolver conflitos, alguns dos quais foram previstos nos primeiros estágios da independência. Essas oportunidades foram perdidas.

Golpes de Estado e guerras civis

A principal consequência de tudo isso foi que o continente africano experimentou mais golpes militares do que qualquer outro, o último deles ocorrido na Mauritânia em agosto de 2005, quando o Presidente Taya foi assistir ao funeral do rei Faud da Arábia Saudita. Mais da metade dos Estados africanos tiveram regimes militares desde a independência, muitos suportaram longas guerras civis e vários deles, como o Sudão e a República Democrática do Congo, continuam assim. A guerra civil nigeriana (1967-1970), por exemplo, aconteceu quando o povo ibo do sudeste procurou se separar da Nigéria, então sob um governo militar, para criar a sua própria República de Biafra. Esta separação provocou a matança de milhares de pessoas ibos do norte; esta chacina foi incitada por um golpe militar anterior (1966), durante o qual os oficiais do exército ibo mataram um popular primeiro-ministro do norte. Durante a Guerra de Biafra mais de 2 milhões de vidas ibo foram perdidas.

A guerra civil também continuou intermitentemente no Sudão desde 1960, resultando na morte de mais de um milhão de pessoas. Os sudaneses do norte, sem levar em conta as tradições dos seus vizinhos do sul, procuraram impor a lei islâmica aos seus compatriotas do sul, que não queriam se tornar muçulmanos. Os sudaneses do sul não exigiram um Estado separado; eles somente desejavam viver ou como cristãos ou de acordo com os seus costumes tradicionais. Muitas tréguas, feitas quando a autonomia regional foi reconhecida no sul, desmoronavam sempre que a liderança sudanesa do norte tentava estabelecer o islamismo como a religião e a ideologia oficiais do Estado. Para completar esta intolerância religiosa, os sulistas continuaram sujeitos a uma brutalidade indizível, incluindo escravidão, a compra e a venda da maioria das crianças sulistas pelos nortistas, uma prática que sugere que os nortistas não viam os sulistas como seres humanos iguais. A crise em Dafur, no Sudão Ocidental, na qual milícias armadas pelo governo sudanês atacaram e mataram civis inocentes, estupraram as mulheres e queimaram as suas aldeias, expôs o racismo institucional contra os sudaneses de pele escura. Estimativas da faixa de mortos se elevaram a meio milhão de pessoas. Mais de 300.000 pessoas ficaram sem casa.

As guerras civis que se seguiram à independência mandaram para a morte mais moçambicanos e angolanos do que todas as prolongadas lutas de libertação contra o domínio colonial português juntas. O caos político e a miséria econômica caminhavam lado a lado na África, como em outros lugares, e as nações devastadas pela guerra que costumavam se alimentar a si próprias foram reduzidas a esperar os comunicados das agências internacionais de ajuda humanitária.

O ditador de um longo período que se chamava General Mobuto Sese Seko do Zaire foi finalmente deposto em maio de 1997 por Laurent-Desire Kabila, que, depois de um breve mandato de três anos, não tendo podido unir o seu diversificado país, foi morto por seus próprios soldados e substituído por seu jovem filho, Joseph Kabila. O Kabila mais velho renomeou o país como República Democrática do Congo. A maldição da riqueza mineral que se encontra no subsolo do Congo atraiu os Estados vizinhos, o que tornou as coisas ainda piores. Ruanda e Uganda apoiaram os insurgentes, enquanto Angola e Zimbábue apoiaram o governo de Kabila. Os primeiros esforços de mediação, primeiro pelo falecido Julius Nyerere (o primeiro presidente da Tanzânia) e posteriormente por Nelson Mandela (primeiro presidente da África do Sul democrática), não tiveram sucesso. Negociações posteriores, patrocinadas pelos

Estados Unidos, produziram uma trégua incerta, apesar de que os exércitos estrangeiros nunca deixaram completamente o Congo, especialmente a sua região oriental rica de recursos[22].

Guerras por fronteiras nacionais envolvendo a Somália, a Etiópia, o Marrocos, a Argélia, a Líbia e o Chade levaram a lutas armadas entre africanos que viviam em diferentes países. Ditaduras assassinas no Uganda independente, na República Centro-Africana e na Guiné Equatorial também custaram coletivamente milhões de vidas. Mesmo os países sem óbvias diferenças raciais, étnicas e linguísticas, como a Somália, o Ruanda e o Burundi, desintegraram-se com tremendas perdas de vidas humanas, na maioria das vezes porque os líderes não tinham uma visão clara de como encontrar os meios de resolver as queixas e as questões das diferenças antes de o conflito realmente explodir. Não há nada de valor nacional duradouro a mostrar dos muitos anos de governo de Mohamed Syad Barre na Somália de 1969 a 1990. Durante as longas guerras de libertação nacional e suas consequências, milhões de outros africanos na Argélia, em Moçambique, em Angola e em outros lugares morreram. Essas guerras resultaram inevitavelmente em devastação econômica.

Refugiados

Desde a independência, a população de refugiados da África cresceu continuamente. Dos mais de 14 milhões de refugiados em todo o mundo em 1988, aproximadamente um terço deles pode ser encontrado em quinze países africanos. Se incluirmos os refugiados internos – pessoas obrigadas a deixar as suas casas por causa das guerras civis ou da repressão governamental, mas que permanecem dentro das suas fronteiras nacionais – a África representa mais da metade de todos os refugiados do mundo[23].

Economias centralizadas

Economicamente, os governos africanos independentes estabeleceram uma variedade de formas de socialismo ou capitalismo de Estado africano. De

---

22 MEREDITH, M. *The Fate of Africa*: From the Hopes of Freedom to the Heart of Despair, a History of 50 Years of Independence. Nova York: Public Affairs, 2005, p. 539-544.

23 BRUCE, M.R. "The World's Unwanted". *The Wall Street Journal*, vol. 23, 28/09/1989, p. A22.

qualquer maneira, os imperativos do desenvolvimento faziam parecer lógico que os governos deviam orientar e controlar as suas novas economias nacionais, e a maioria deles estabeleceu corporações semigovernamentais chamadas agências paraestatais. Estas paraestatais orientavam a produção e o comércio de culturas de mercado, a maioria das quais tinha sido introduzida durante a época colonial, e elas deviam permanecer com os principais ganhadores de divisas da África. As paraestatais compravam estas culturas comerciais dos lavradores – frequentemente a preços baixos, o que frustrava os incentivos para fazer crescer a produção – e as vendia por preços extremamente mais elevados no mercado mundial. Embora se achasse que a receita que os governos ganhavam dessa maneira aumentaria a riqueza nacional e garantiria os projetos de desenvolvimento, muitas agências governamentais foram conduzidas de maneira ineficiente. Elas não proporcionaram a ampliação dos serviços essenciais que prometeram aos lavradores, que eram frequentemente pagos por suas colheitas somente depois de inescrupulosas e longas demoras. As agências paraestatais, criadas aparentemente para aumentar a riqueza nacional em nome do público, eram ao contrário dirigidas por políticos para contratar mais funcionários do que o necessário, não obtiveram lucros e exigiram subsídios anuais do tesouro nacional para permanecer em atividade. As nomeações para as agências paraestatais estavam mais baseadas em ligações políticas do que nas qualificações profissionais dos nomeados. A compensação paga para os administradores destas paraestatais refletiram mais a influência política dos nomeados (em termos de proximidade com o presidente do país) do que o desempenho da agência. A corrupção se tornou a ordem do dia. Era isto que estava implicado na afirmação feita antes, ou seja, de que os governos africanos eram conduzidos *ad hoc*, de orçamento em orçamento, sem pensar na viabilidade a longo prazo das economias dos países.

Dívida externa

Nos anos de 1980, estava claro que as corporações governamentais estavam enfraquecendo as economias nacionais africanas e diminuindo gravemente qualquer esperança anterior de promover um crescimento econômico razoável e a prosperidade. O seu arrocho econômico foi exacerbado pelas condições econômicas internacionais adversas e pelos preços das mercadorias, aumentos agudos no preço do petróleo importado das nações da Opep, e pelas concomitantes recessões nos países industrializados ocidentais, assim como na África. Para se tornarem financeiramente solventes, os governos africanos ficaram dependentes da ajuda e dos empréstimos externos do Banco Mundial e do Fundo Monetário Internacional, dos países ocidentais e das Nações Unidas. Durante os anos de 1970, os empréstimos estendidos aos países africanos começaram a se acumular alarmantemente. No final dos anos de 1980, as dívidas compreendiam, em média, 87% do Produto Nacional Bruto dos países, ou 47% das suas exportações[24]. De acordo com o relatório das Nações Unidas, "entre 1970 e 2002, os países africanos receberam uns 540 bilhões de dólares em empréstimos, reembolsaram perto de 550 bilhões de dólares do principal e de juros, e ainda mantinham uma dívida de 295 bilhões de dólares no final de 2002"[25]. A pesada dívida internacional continuou a ser o principal obstáculo ao desenvolvimento econômico da África, visto que a maioria dos países se encontra gastando os seus parcos ganhos de divisas para pagar os juros da sua dívida. Além disso, muitas das economias nacionais da África independente foram devastadas pelas guerras.

Corrupção

Uma questão que vale a pena mencionar é a corrupção, que agora penetra na maior parte da África, e que tende a ficar pior a menos que algo seja feito. Certamente, quando as economias estão estagnadas e as pessoas estão vivendo uma época difícil para ganhar a vida, é extremamente alta a tentação entre os funcionários públicos de esperar ou exigir pagamento pelo desempenho de uma tarefa pela qual eles já estão sendo pagos. A ligação entre a pobreza e a corrupção não pode ser exagerada, particularmente nesta época de comunicações globais em que as pessoas em todo o mundo estão plenamente conscientes de quanto elas perdem comparado com as pessoas dos países mais ricos. A outra razão para a corrupção está baseada na expectativa das pessoas do funcionalismo público de cuidar das pessoas nas suas respectivas regiões, começando com os membros de suas famílias e depois aquelas do seu grupo étnico, sem consideração de mérito. Não houve qualquer tentativa de

---

[24] AFRICA RECOVERY UNIT. *African Debt*: The Case for Debt Relief. Nova York: United Nations, 1992.

[25] http://www.africafocus.org/docs04/debt0410.php – Acesso em 30/05/2006.

encontrar um equilíbrio correto entre o apoio à meritocracia, como um bom valor numa sociedade heterogênea, e a lealdade aos parentes da família extensa, também vista como um bom valor na África rica de tradição. Mesmo que a maioria das pessoas compreenda por que a corrupção existe, isto é importante para que haja uma discussão e um debate nacionais, não o tipo de debate no qual todos condenam a corrupção como uma coisa terrível que está corroendo a moral nacional e um sentido de justiça, mas aquele no qual as regras são elaboradas para evitar que a corrupção gere amargura entre os cidadãos de diferentes grupos e crie um círculo vicioso no qual cada geração de líderes parece obrigada a repetir aquilo que os seus antecessores fizeram. Um líder de visão pode iniciar uma discussão nacional sobre esta questão e demonstrar pelo exemplo como abordar a criação de uma sociedade na qual o mérito seja um componente importante da equidade e do jogo limpo.

HIV/Aids

O flagelo da epidemia de Aids foi catastrófico para os africanos que viviam abaixo do deserto do Saara. Isto é mencionado aqui por causa da enormidade da doença na África e do consequente impacto que ela teve no desenvolvimento econômico e social do continente. De acordo com as Nações Unidas, no seu relatório de 2007, das 33 milhões de pessoas em todo o mundo vivendo com o HIV, o vírus que causa a Aids, 22 milhões (cerca de 67%) delas estão na África Subsaariana, uma área que contém um pouco mais de 10% da população mundial. Aproximadamente 2 milhões de crianças na idade de quinze anos estão infectadas com o vírus. Na verdade, em todo o mundo, 90% das crianças com HIV são crianças africanas[26]. Por causa da pobreza, da ausência de educação, do mau planejamento, das condições associadas à United States Aid (Usaid) de ensinar somente a abstinência (sem mencionar o sexo seguro), e de algumas práticas culturais, os africanos não foram capazes de lidar efetivamente com a epidemia. Quando o presidente dos Estados Unidos Barack Obama assumiu o cargo em janeiro de 2009, ele imediatamente suspendeu as restrições impostas pela ajuda americana para lutar contra a epidemia de HIV/Aids.

---

26 *2006 Report on the global Aids epidemic* [Disponível em www.unaids.org/en – Acesso em 08/05/2009].

Tem sido dito que na metade dos anos de 1950, quando os governos africanos começaram a ganhar a independência, o seu nível de desenvolvimento econômico era o mesmo dos países asiáticos, como Taiwan, Coreia do Sul e Singapura, que estão agora surgindo como os Novos Países Industrializados (os NICs). A África está ainda no fundo da pilha econômica. As escolhas e as decisões econômicas e políticas ruins, a má administração econômica e a corrupção, a perda de visão por parte dos líderes e a ausência de discussão política aberta e de responsabilidade explicam a triste história da África.

Os ganhos da independência

Não seria totalmente justo, contudo, apresentar as atuais condições africanas como inexoravelmente sem esperança; na verdade, muitas nações africanas realizaram muita coisa desde quando alcançaram o autogoverno nos anos de 1950 e 1960. Um novo sentido de nacionalidade se enraizou na maior parte dos países africanos. Cada vez mais africanos vieram a se identificar como cidadãos dos seus novos países, e os líderes africanos assumiram a responsabilidade pelas políticas de desenvolvimento, algumas das quais se mostraram úteis. Tem havido maiores realizações no sentido de superar o micronacionalismo e o analfabetismo, mesmo em Estados multiétnicos nos quais as pessoas falam diferentes línguas e se identificam com diversos grupos de parentesco ou religiosos. No início dos anos de 1990, os sistemas políticos fortemente controlados e a centralização econômica – junto com as tendências dos governos de recorrer à força para impor a ordem – começaram a abrir espaço para as políticas pró-democracia e para o mercado livre. Este processo é o assunto do próximo capítulo.

Economicamente falando, tem havido sucessos impressionantes em países como Egito, Botsuana, Quênia, Gabão, Nigéria e outros. Os governos africanos independentes expandiram as infraestruturas nacionais, como instalações de comunicação, estradas pavimentadas, transporte ferroviário, centros de saúde rurais, escolas e universidades. Na verdade, foi notado que "o crescimento da educação na África nas décadas recentes foi fenomenal por qualquer padrão, e que as taxas de atendimento escolar frequentemente cresceram várias centenas de vezes"[27]. Embora três de cada cinco africanos ainda vivam no campo, as cidades cresceram imensamente desde a independência, e muitas se tornaram centros de negócios nacionais e regionais. Nos anos pós-coloniais, o aumento da população anual da África foi maior do que o aumento de qualquer outro continente, e as atitudes tradicionais favorecendo famílias grandes persistiram. Como as populações cresceram e a terra fértil se tornou escassa, mais africanos deixaram a segurança social das suas casas rurais à busca de emprego nas áreas urbanas. As crianças nascidas de assalariados nas áreas urbanas representam mais bocas para alimentar com rendimentos fixos ou declinantes inadequados, embora as crianças rurais ainda forneçam a mão de obra exigida nas lavouras. Uma maior disponibilidade de medicina moderna desde a independência contribuiu para as reduções drásticas nas taxas de mortalidade infantil, embora essas taxas permaneçam altas comparadas àquelas de outras partes do mundo. O planejamento familiar está chamando cada vez mais atenção dos funcionários do governo como um importante componente da política de desenvolvimento. Hoje, mais africanos perceberam melhorias nas suas vidas materiais mais do que antes, assim como viram subir o número daqueles que experimentam a fome e a pobreza. Contudo, apesar dos impressionantes avanços nos campos da educação e da assistência médica, a África como um todo permaneceu sendo o continente mais pobre do mundo – começando com o domínio colonial europeu um século atrás e continuando com a África independente de hoje.

---

27 MORRISON, D.G.; MITCHELL, R.C. & PADEN, J.N. (eds.). *Black Africa*: A Comparative Handbook. 2. ed. Nova York: Paragon House, 1989, p. 87.

A luta africana pela democracia e por mercados livres

> *A primeira-ministra Margaret Thatcher e o presidente Ronald Reagan foram os precursores dos Programas de Ajuste Estrutural (PAEs) como uma forma de transição para o capitalismo de livre-mercado e para a democracia. Estavam estes dois líderes, o Fundo Monetário Internacional e o Banco Mundial interessados no desenvolvimento e na prosperidade da África?*

Introdução

O veterano jornalista sul-africano Colin Legum caracterizou os anos de 1939 a 1970 como sendo uma era de romantismo na história africana moderna[1]. A escolha de 1939 é intencional. Este foi o ano em que a Segunda Guerra Mundial começou e com ela a compreensão de que a grande guerra na Europa, entre as potências europeias, iria ter repercussões profundas também na África. Na verdade, no capítulo 5, eu sugeri que a Segunda Guerra Mundial foi um acelerador do surgimento do nacionalismo africano, por duas razões principais. Primeiro, os soldados africanos que foram convocados para lutar na guerra adquiriram habilidades de liderança, aumentaram a sua consciência política e não estavam dispostos a retornar a seus países de origem como cidadãos de segunda classe. Muitos deles se tornaram atuantes nos movimentos nacionalistas, especialmente na África Ocidental. Segundo, no final da guerra,

---

1 LEGUM, C. *Africa since Independence*. Bloomington, IN: Indiana University Press, 1999, p. 1.

os colonizadores europeus começaram a ver escrito nos muros e a perceber que os seus dias na África como senhores coloniais estavam contados. Em resposta a isso, eles iniciaram algumas reformas, tais como permitir que fossem formados sindicatos e partidos políticos e estabelecer legislativos eleitos. Pela primeira vez, em muitos países, permitiu-se que os africanos concorressem a cadeiras nos legislativos nascentes para representar as massas africanas. Havia no ar um grande otimismo sobre o futuro. Com a liberdade política no horizonte, os políticos africanos achavam que a vida iria ficar melhor para o africano médio.

Legum se refere aos anos de 1970-1985 como sendo os anos da desilusão[2]. Este foi o período durante o qual foram tentadas as experiências políticas e econômicas de que já falamos: o sistema de partido único e as variedades de economias centralmente planejadas e popularmente referidas como economias socialistas. Nós agora sabemos que essas experiências foram fracassadas.

Legum acha que um período de realismo começou em 1988[3]. Realmente, em 1988, muitos líderes africanos, debaixo da enorme pressão dos governos ocidentais e das instituições financeiras internacionais, estavam já admitindo que as economias dos seus países tinham fracassado. As promessas de prosperidade e de vida melhor feitas às pessoas não foram cumpridas, e muitos desses líderes estavam buscando novos caminhos para reavivar as suas economias.

O realismo político dos africanos significava para a maioria deles voltar para a prancheta de modo a determinar com certeza o que deu errado. No período de vinte e sete anos entre 1966 e 1993, não menos de sessenta e três golpes militares ocorreram no continente africano, para não falar das guerras civis e das guerras de libertação nacional em lugares como o Zimbábue, a Namíbia, a África do Sul e as antigas colônias portuguesas de Angola, Moçambique e Guiné-Bissau[4]. Os soldados que nos golpes militares arrancaram o poder das ineptas autoridades civis não tinham ideia a respeito do que era a democracia. A violência e a repressão eram frequentes na maioria desses regimes militares. Milhares de pessoas também foram deslocadas internamente ou fugiram para outros países, para refúgios seguros nos países vizinhos, ou para

---

2 Ibid., p. 30.
3 Ibid., p. 50.
4 Ibid., p. 31-32.

a Europa e a América do Norte. Apesar de impor o predomínio da força, esses ditadores militares não puderam sequer fazer com que os trens circulassem nos seus horários. Seus desempenhos nos cargos, em termos de proteger os seus povos, prestar serviços básicos ou manter a infraestrutura eram tão ruins ou piores do que o dos regimes civis que eles substituíram.

A luta pela democracia

A discussão sobre a reforma dos sistemas políticos e econômicos africanos começou seriamente com a chegada ao poder da primeira-ministra Margaret Thatcher (1979-1990) da Grã-Bretanha e do presidente Ronald Reagan (1983-1991) dos Estados Unidos.

Questões a respeito da capacidade de os estados africanos fazerem isso por conta própria depois da independência surgiram desde a época em que os Estados coloniais europeus começaram a entregar o poder para as elites africanas. Como já foi indicado, os líderes africanos estavam buscando desde então fórmulas de sucesso. As economias centralizadas e os regimes de partido único não puderam proporcionar a prosperidade e a democracia pelas quais os povos africanos tinham lutado, que os seus líderes prometeram para eles. A queda dos regimes socialistas na Europa Oriental, o péssimo desempenho das economias africanas e a agressiva arte do Ocidente de vender as ideias de democracia e de mercado livre, tudo isso contribuiu para encorajar as pessoas africanas a falarem ousadamente contra as ditaduras nos seus próprios países. As exigências políticas das pessoas eram bastante modestas: levantamento das restrições à liberdade de reunião e de expressão; libertação dos prisioneiros políticos (quase todos aprisionados sem um processo devido); eliminação da corrupção no processo eleitoral (a maior parte disso tendo a ver com cédulas forjadas ou urnas violadas etc.); e permitir que outros partidos políticos disputassem as eleições.

Diferentes Estados africanos responderam a estas exigências de várias maneiras, positiva ou negativamente. Alguns, como Benim, Gâmbia, Ilhas Maurício, Senegal e Zimbábue, permitiram eleições competitivas nas quais mais de um partido político concorreu pelas cadeiras parlamentares. Benim escolheu se democratizar realizando uma conferência internacional, que de forma metódica guiou o país para eleições democráticas. A ironia do exercício no Benim foi que o ex-presidente Mathieu Kérékou, um antigo autodeclarado marxista, acabou sendo eleito presidente, mas um presidente cujos poderes foram grandemente encurtados pela nova Constituição[5]. Em outros países, como no Quênia, na República Democrática do Congo (anteriormente Zaire) e em Camarões, os líderes resistiram tenazmente às demandas por reforma.

Quênia: flertando com a democracia

Numa tentativa de apaziguar a opinião internacional, o presidente Moi do Quênia libertou prisioneiros políticos e realizou audiências em todo o país, presididas pelo vice-presidente, para determinar os tipos de reforma que as pessoas queriam. Um relatório foi submetido, mas Moi se recusou a liberá-lo para o público, argumentando que os quenianos não estavam ainda preparados para a democracia plena e que um sistema multipartidário faria ressurgir o "tribalismo". Moi parou no tempo e continuou a alertar o público com advertências de que uma repetição da limpeza étnica que ocorrera em 1992 poderia acontecer novamente. O presidente não podia sufocar os anseios das pessoas por liberdades democráticas básicas. Moi, contudo, concordou com duas reformas: a reinstituição do voto secreto nas eleições primárias e a restauração de um Judiciário independente. O voto secreto tinha sido deixado de lado nas eleições gerais de 1988 em proveito dos votantes enfileirados publicamente atrás dos retratos dos candidatos durante o chamado processo de nomeação. O candidato que atraísse mais de 70% daqueles enfileirados era declarado vencedor. Muitos eleitores, com medo de se alinhar atrás dos candidatos não favorecidos pelo governo de Moi, eram, de fato, privados de direitos. A independência do Judiciário tinha sido retirada logo depois que Moi se tornou presidente, quando o parlamento, sempre inerte e sempre obediente ao presidente, deu a ele o poder de indicar e demitir juízes. Agora, alguns juízes, exceto aqueles da Alta Corte e dos Tribunais de Apelação, estão ainda sendo indicados por uma Comissão de Serviço Judiciário e são inamovíveis.

No Quênia, Moi com relutância reconheceu outros partidos políticos, mas, tirando vantagem das divisões dentro dos partidos de oposição e com alguma fraude, ele conseguiu vencer as eleições gerais de dezembro de 1992.

---

5 SCHRAEDER, P.J. *African Politics and Society*: A Mosaic in Transformation. 2. ed. Belmont, CA: Wadsworth/Thompson Learning, 2004, p. 226-233.

O governo continuou a intimidar e a assediar os seus opositores, embora a imprensa fosse de alguma maneira mais livre do que era antes. Em junho de 1997, Moi respondeu com a força, matando dezenas de pessoas durante manifestações políticas. Ele ainda sustentava que os quenianos não estavam até então preparados para a democracia. No entanto, as igrejas e os grupos políticos e também outros grupos da sociedade civil continuaram a pressionar e conquistaram algumas reformas constitucionais, sendo que a mais importante delas limitava o presidente a dois mandatos de cinco anos, começando em 1992. Quando as eleições seguintes foram realizadas em dezembro de 1997, Moi conquistou ainda outro mandato, mas então estava claro que este seria o seu último. Os esforços dos apoiadores do presidente no parlamento para estender o mandato do cargo para três não teve sucesso. Em dezembro de 2002, quatorze dos mais de vinte partidos de oposição formaram uma coalizão chamada Coalizão Nacional do Arco-Íris (CNAI)*, que ganhou mais de 62% dos votos[6]. Encabeçando a lista da CNAI para a presidência do Quênia estava Mwai Kibaki, um velho político que serviu como ministro das Finanças do primeiro presidente do Quênia, Jomo Kenyatta, e como vice-presidente de Daniel arap Moi, o sucessor de Kenyatta.

Eleger um governo de coalizão não significava que a democracia tinha chegado ao Quênia. A transição para a democracia tinha apenas começado. O governo não foi capaz de entregar uma nova Constituição para o povo. Ele tinha prometido que faria isso nos primeiros 100 dias da sua nova administração. Um Comitê de Constituição do Quênia, presidido por um professor de Direito queniano, Yash Pal Ghai, traçou uma Constituição, que foi discutida e emendada numa conferência constitucional nacional. Em vez de o documento ser submetido diretamente aos eleitores, num *referendum*, para uma votação para cima ou para baixo, o parlamento decidiu emendá-la, restaurando para a presidência os poderes extensivos que tinham sido retirados. Esta e outras mudanças enfureceram e polarizaram os eleitores em dois campos, que utilizavam símbolos de frutas como seus *slogans*. O símbolo da banana representava aqueles que eram a favor da Constituição emendada pelo parlamento; o símbolo da laranja representava aqueles que se opunham ao documento

---

* No original: National Rainbow Coalition (NRC), também conhecida como National Alliance of Rainbow Coalition (NARC).

[6] Disponível em http://africanelections.tripod.com/ke.html – Acesso em 27/05/2010.

elaborado. Como era esperado, havia conotações étnico-tribais no debate. Quando os votos foram contados, o esboço de constituição foi derrotado e a coalizão CNAI caiu. Não há dúvida de que o fracasso do Governo Kibaki em entregar uma nova constituição se tornou uma das questões mais acaloradas discutidas durante a eleição geral realizada em 27 de dezembro de 2007.

O governo também prometeu atacar a corrupção, inclusive indo a ponto de nomear um czar anticorrupção que se reportava diretamente ao presidente. Em menos de dois anos, o czar anticorrupção fugiu para a Inglaterra e depois divulgou um relatório sugerindo que o governo não tinha sido realmente sério em livrar o país da corrupção. Ele revelou que tinha falado com o presidente sobre os obstáculos que ele estava encontrando no seu trabalho, mas o presidente não fez nada a respeito disso. Uma série de escândalos envolvendo o roubo de grandes somas de dinheiro veio à luz e foi objeto de acalorados debates nas eleições de 2007[7]. Para turvar ainda mais as águas, começaram a aparecer relatos que mostravam que o gabinete de Kibaki e os altos funcionários do governo eram na maioria membros do grupo étnico do presidente. O sentimento de outros quenianos, portanto, era que Kibaki estava conduzindo não um governo queniano, mas um governo quicuio. Quando as eleições foram realizadas e a Comissão Eleitoral do Quênia levou três dias para anunciar o vencedor, as pessoas suspeitaram de que havia ocorrido uma extensa fraude. O presidente Kibaki foi declarado vencedor, apesar de o seu partido particular, batizado de Partido da Unidade Nacional (PUN)* e os seus aliados estarem perdendo feio na sua candidatura para cadeiras na única câmara legislativa. Os observadores eleitorais, especialmente aqueles da União Europeia, disseram que o processo eleitoral não tinha sido transparente. A reação pública foi rápida e intensa. O que começou como raiva pública diante da fraude eleitoral, logo irracionalmente se transformou num enorme conflito étnico, visto que se presumia que o povo quicuio, em todas as partes do país, sustentava o presidente, e por isso ficou submetido a ataques severos por parte dos membros dos outros grupos étnicos, como os luos, os calenjins, os luhyas, que se aliaram com a oposição do Movimento Democrático Laranja (MDL)**.

---

7 *Map of Freedom 2006* [Disponível em http://www.freedomhouse.org – Acesso em 02/12/2011].

* No original: Party of National Unity (PNU).

** No original: Orange Democratic Moment (ODM).

No momento, a ordem foi restaurada e as negociações entre o PUN e o MDL estavam em curso, graças às habilidades diplomáticas do antigo Secretário-geral das Nações Unidas Kofi Annan, mas 1.500 quenianos perderam a vida e mais de 300.000 foram deslocados (i. é, se tornaram refugiados no seu próprio país). A organização norte-americana Freedom House (Casa da Liberdade) de Nova York classificou o Quênia em 2011 como sendo somente *parcialmente livre* ou *parcialmente democrático*[8].

Mugabe: "O Zimbábue pertence a mim"

Robert G. Mugabe*, o ditador do Zimbábue, que esteve no poder desde 1980, mostrou traços de extrema intolerância quando enfrentou uma rebelião na Matabelelândia, entre 1983-1984, em defesa do rival político de Mugabe, Joshua Nkomo. A reação internacional aos massacres da Matabelelândia foi de alguma maneira silenciada, devido à conduta tenaz da guerra de guerrilha de Mugabe que derrubou o governo de minoria branca de Ian Smith. Mugabe foi saudado como um herói nacional e admirado internacionalmente. Em 1987, ele se tornou o presidente em exercício do país. O cargo de primeiro-ministro foi então abolido. Apesar da sua popularidade nessa época, o parlamento se recusou a aceitar a sua exigência de um regime de partido único. Mugabe se tornou cada vez mais repressivo enquanto o seu partido político, a União Nacional Africana do Zimbábue-Frente Patriótica (Unaz-FP)**, ganhava cada vez mais cadeiras. Sanções foram impostas ao Zimbábue. O povo do Zimbábue suportou a fome e a violência direta do governo. Mugabe continuou a afirmar que o mundo ocidental estava lá para recolonizar o seu país. Numa conferência de imprensa, ele declarou que o Zimbábue pertencia a ele e que era melhor o Ocidente se acostumar com essa ideia. Acreditava-se que ele tinha sido reeleito em 2002 através da fraude. Depois, como nas eleições de 2008, o seu opositor foi Morgan Tsvangarai, um antigo sindicalista. Mugabe já havia indicado que iria concorrer à reeleição de 2012.

---

8 Disponível em http://www.bbcnews.com
* Que completou 92 anos em fevereiro de 2016.
** No original: Zimbabwe African National Union – Patriotic Front (ZANU-PF).

República Democrática do Congo

No Congo, o presidente Mobutu inicialmente suscitou esperanças ao prometer um sistema multipartidário. Quando os estudantes universitários continuaram a realizar manifestações e a exigir mais concessões políticas do governo, Mobutu desencadeou uma força militar selvagem sobre eles, e muitos estudantes foram mortos. O processo de reforma permaneceu estagnado no Congo até novembro de 1996, quando um grupo guerrilheiro com o nome de Aliança das Forças Democráticas para a Libertação do Congo-Zaire* (AFDLC) começou uma campanha armada para desalojar Mobutu do poder. Em menos de sete meses de campanha, os rebeldes, com apoio secreto do Uganda e do Ruanda, capturaram mais de dois terços do país. O governo de Mobutu tinha o apoio do Zimbábue, Angola e Namíbia. Apesar desse apoio, a ditadura brutal e cheia de corrupção de, então, 32 anos de Mobutu chegou a um ignominioso final em maio de 1997, quando o próprio Mobutu fugiu para o exílio (no Marrocos) e o líder rebelde Laurent-Désiré Kabila triunfalmente entrou em Kinshasa, onde ele foi instalado como presidente da recém-renomeada República Democrática do Congo. Kabila não pôde dar fim ao que era então claramente uma guerra civil, que custou ao país 2 milhões de vidas. Ele próprio foi assassinado em janeiro de 2001 por um dos seus próprios seguranças. O Kabila mais velho foi sucedido por seu filho, Joseph Kabila, então com apenas 29 anos de idade. O Kabila mais jovem provou ser politicamente mais sagaz do que seu pai, prometendo trabalhar pela paz e pelo fim da guerra civil. Ele assinou um acordo de paz com outros partidos políticos congoleses e grupos rebeldes armados em 2002 com a mediação sul-africana, e estava ansioso para realizar eleições livres e democráticas no sentido de aumentar a legitimidade do seu governo. Embora atrasadas pelo calendário dos acordos de paz, as primeiras eleições democráticas desde 1960 foram realizadas em 30 de julho de 2006. Havia 32 candidatos concorrendo para a presidência e 9.000 candidatos disputando as 500 cadeiras da assembleia nacional (a câmara baixa do legislativo nacional). Kabila obteve mais votos do que todos os outros dos seus opositores, mas não o bastante para evitar um segundo turno em outubro de 2006, no qual havia apenas dois candidatos:

---

* No original: Alliance of Democratic Forces for the Liberation of Congo-Zaire (AFDL ou ADFLC) e também Alliance des Forces Démocratiques pour la Libération du Congo (AFDL) ou Alliance des Forces Démocratiques pour la Libération du Congo-Zaïre (AFDLC).

Jean-Pierre Bemba do Movimento de Libertação do Congo (MLC)* e Joseph Kabila na lista do Partido do Povo para a Reconstrução e o Desenvolvimento (PPRD)**. Kabila ganhou o segundo turno. O seu partido também ganhou 40% das cadeiras na assembleia nacional, novamente, o maior conjunto de cadeiras, mas não o bastante para formar um governo em 2007 sem o apoio de alguns partidos de oposição[9]. Para tornar as coisas piores, a luta continua no Congo Oriental, em que os soldados do Ruanda declaradamente perseguem a milícia hutu escondendo-se em campos de refugiados para os quais os ruandeses tinham fugido para salvar as suas vidas. As matanças continuam. Ao mesmo tempo, empresários estrangeiros continuam a afluir para o Congo à busca de negócios lucrativos, enquanto que os países ocidentais pesam os riscos de ficar profundamente envolvidos no que está se transformando numa difícil transição para uma era pós-Mobuto.

As eleições gerais foram realizadas na República Democrática do Congo em novembro de 2011. Joseph Kabila foi declarado vencedor depois de um segundo turno. Na primeira votação, havia 11 candidatos concorrendo para presidente. Havia irregularidades que colocavam sob suspeita a legitimidade da eleição. Não havia qualquer evidência de que as coisas iriam ficar melhores num futuro próximo.

Camarões: a democracia de Paul Biya

Camarões tem a única distinção na África por ter duas línguas europeias – o francês e o inglês – como línguas oficiais do país. A República Unida de Camarões foi formada quando o setor britânico e o setor francês foram unificados em 1961. O primeiro presidente, Ahmadou Ahidjo, era autocrático, seguindo a tradição da primeira geração dos chefes de Estado africanos, e presidiu um sistema de partido único com a União Nacional Camaronesa (UNC)*** de Camarões. Em 1982, Ahidjo, acreditando que tinha uma saúde

---

* No original: Movement for the Liberation of the Congo (MLC) ou também Mouvement pour la Liberation du Congo (MLC).

** No original: People's Party for Reconstruction and Democracy (PPRD) ou também Parti du Peuple pour la Reconstruction et la Démocratie (PPRD).

9 Disponível em http://www.africafocus.org/docs11/drc1111.php – Acesso em 13/12/2011.

*** No original: Cameroon National Union (CNU) ou também Union Nationale Camerounaise (UNC).

frágil, inesperadamente se demitiu e foi sucedido pelo seu primeiro-ministro, Paul Biya. Biya chegou ao poder prometendo democracia e transparência, mas os conflitos com Ahidjo, que tinha mantido a presidência do partido dominante, podem tê-lo colocado num beco sem saída. Ahidjo foi forçado ao exílio, depois julgado à revelia e condenado por tentar derrubar o governo. Os adeptos de Ahidjo na Guarda Presidencial encenaram uma revolta fracassada contra Biya. Como resultado dessa tentativa de golpe, Biya se tornou cada vez mais repressivo – não obstante, mudou o nome do partido dominante para Movimento Democrático do Povo Camaronês (MDPC)* – e governou Camarões da mesma maneira autocrática do seu antecessor. Uma enorme pressão política o obrigou a permitir a oposição política, mas ele usou o aparelho estatal – a mídia controlada pelo Estado e uma rede elaborada de segurança – para ganhar as eleições em 1992, 1997, 2002 e 2007. Uma curta guerra com a Nigéria em 1994 e 1996 sobre a disputada península de Bakassi no Golfo da Guiné, que se achava que tinha ricos depósitos de petróleo, forneceu mais um pretexto para implantar o militarismo e utilizá-lo repressivamente contra os adversários políticos[10]. A Freedom House classificou os Camarões em 2010 como sendo não livre[11].

Apesar da resistência à mudança progressiva por parte dos Camarões, do Congo, do Zimbábue e do Quênia, uma reforma está ocorrendo, ainda que lentamente. Schraeder identifica quatro diferentes maneiras através das quais a transição para a democracia ocorreu[12]. Primeira, alguns países reformaram os seus sistemas políticos tornando o processo eleitoral mais competitivo, permitindo a formação de mais partidos políticos e a liberdade de lutar pelo apoio público. Embora Schraeder cite a África do Sul como o exemplo de um país que se democratizou através de eleições, não pode ser esquecido que aí uma luta armada foi travada desde o início dos anos de 1960 e que grupos políticos quase paralisaram o país através de manifestações e greves não violentas. Estas ações, que tiveram um apoio internacional sem precedentes, levaram a intensas negociações por vários anos pela libertação de Nelson Mandela da prisão

---

* Na verdade, Cameroon People's Democratic Movement (CPDM) e também Rassemblement Démocratique du Peuple Camerounais (RDPC).

10 "Country Profile: Cameroon [Disponível em http://newsvote.bbc.co.uk – Acesso em 24/08/2006].

11 Disponível em http://www.freedomhouse.org/uploads/special_report/99.pdf – Acesso em 01/12/2011.

12 SCHRAEDER, P.J. *African Politics and Society*... Op. cit., p. 226-233.

em fevereiro de 1990. Depois de intensas negociações, o governo de minoria branca concordou em realizar eleições, nas quais, pela primeira vez, todos os sul-africanos de todas as raças puderam votar. Aquelas eleições, realizadas em abril de 1994 e vencidas pelo Congresso Nacional Africano (CNA)*, abriu caminho para que Nelson Mandela se tornasse o primeiro africano a liderar uma África do Sul democrática.

O segundo método pelo qual a transição ocorreu foi aquele utilizado pelos líderes do Benim. Primeiro, contra o pano de fundo das manifestações de massa e greves de trabalhadores dos centros urbanos, uma conferência nacional de amplo espectro de líderes se viu no compasso de uma crise. A conferência conseguiu reduzir os poderes do presidente, se transformou num Legislativo temporário e conduziu novas eleições que introduziram um novo presidente e um novo Legislativo eleito.

O terceiro método é chamado de "democratização guiada" e se caracterizou por haver um líder que impunha a democracia no país. O ex-presidente Jerry Rawlings do Gana se encaixa nesse modelo. Como um jovem tenente da Aeronáutica, ele inicialmente derrubou o governo em 1979, levou a julgamento dois antigos oficiais militares que governaram o país de 1972 a 1979 – o coronel Ignatius Acheampong e o general Frederick Akuffo. Eles foram condenados por saquear o tesouro do país e oprimir o povo e foram imediatamente executados. Ele então organizou eleições nas quais um candidato civil – Hilla Limann – foi eleito. Dois anos mais tarde, ele decidiu que Limann tinha sido um presidente muito fraco, que não pôde melhorar as condições econômicas e políticas no país. Limann foi derrubado. Mais uma vez, Rawlings assumiu o governo. Nessa época, ele teve o tempo necessário para proibir os partidos políticos existentes, esboçar uma nova Constituição, mais uma vez legalizar partidos políticos, permitir uma imprensa livre e mesmo criar uma comissão independente de direitos humanos. Ele abandonou o seu uniforme militar, tornou-se um civil e concorreu para a presidência do país nas novas eleições que ele próprio organizou. Sem surpresa para ninguém, ele ganhou. Uma real semente de democracia deve ter sido plantada quando ele voluntariamente deixou o cargo no ano de 2002, depois de servir por dois mandatos de quatro anos estipulados na Constituição que ele ajudou a escrever. A Freedom House classificou o Gana desde 2003 como sendo democrático ou livre. O sucessor

---

* No original: African National Congress (ACN).

de Rawlings, John Kufuor, serviu por dois mandatos, e, em 2008, foi sucedido pacificamente por John Atta Mills. A democracia parece ter finalmente se enraizado no Gana[13].

O último método de reforma é aquele chamado de transição "cooptada"[14]. Na transição cooptada, os líderes geralmente aderem às demandas populares de democracia, permitindo previamente que novos partidos políticos se formem. Por razões táticas, eleições "antecipadas" são então convocadas. Dessa maneira, os partidos de oposição não têm tempo suficiente ou recursos adequados para levantar desafios dignos de confiança para o partido no poder. A mídia e os militares estão geralmente ainda sob firme controle do partido governamental. Um bom exemplo de uma transição cooptada é fornecido pela resposta do presidente fundador da Costa do Marfim, Félix Houphouët-Boigny, em 1990. Confrontado pela pressão popular para liberalizar o sistema político, ele se moveu rapidamente para fazer exatamente isto, e venceu a eleição daquele ano, reivindicando credenciais para introduzir a democracia no seu país. Esta transição cooptada não se realizou. Mais de dezoito anos depois, a Costa do Marfim é dilacerada por uma quase guerra civil entre o norte e o sul e é um dos dezenove países africanos considerados não livres pela Freedom House[15].

Há várias organizações que têm trilhado as reformas políticas que ocorreram na África desde que a campanha pela democracia começou no final dos anos de 1980. Cada organização tem o seu próprio esquema para determinar não somente que tipo de sistema político deve existir, mas também os estágios de transição para a democracia e os graus de comprometimento com a democracia. Na segunda edição deste texto, o autor contava com o trabalho do Carter Center na Emory University para classificar os Estados africanos. Nesta edição, a Freedom House (à qual repetidas referências já foram feitas) refinou os seus sistemas de classificação que renderiam um amplo consenso entre os intelectuais africanos.

A Freedom House é uma organização que tem publicado pesquisas do estado de liberdade em todo mundo desde o início dos anos de 1970. Ela utiliza duas amplas categorias de liberdade: direitos políticos e liberdades civis. Nas palavras da organização:

---

13 Disponível em http://www.bbcnews.com
14 SCHRAEDER, P.J. *African Politics and Society...* Op. cit., p. 231.
15 Disponível em http://www.freedomhouse.org/uploads.special_report99.pdf – Acesso em 01/12/2011.

Os direitos políticos permitem que as pessoas participem livremente no processo político, inclusive através do direito de voto, da competição para o serviço público e da eleição de representantes, que têm um impacto decisivo nas políticas públicas e são responsáveis perante o eleitorado. As liberdades civis permitem a liberdade de expressão e de crença, o direito de associação e organização, o Estado de direito e a autonomia pessoal sem a interferência do Estado[16].

A Freedom House afirma que a sua visão da liberdade não é culturalmente limitada e dependem em grande parte de normas derivadas da Declaração Universal dos Direitos do Homem[17]. Ela classifica os países em dez questões sobre direitos políticos e quinze questões sobre liberdades civis, que depois aparecem com uma pontuação composta de 1 a 7, "com 1 representando o grau mais elevado e 7 o grau mais baixo de liberdade". Cada par de direitos políticos e de liberdades civis é contabilizado para determinar o estatuto geral de ser "livre", "parcialmente livre" ou "não livre". Estes termos podem ser utilizados de maneira intercambiável com "democrático", "parcialmente democrático" e "não democrático".

Além desses termos, a Freedom House atribui a designação de democracia eleitoral a Estados que possuem sistemas políticos multipartidários competitivos, sufrágio universal adulto para todos os cidadãos, que contestam regularmente as eleições, engendrando o voto secreto e sem fraude eleitoral maciça, e acesso significativo dos principais partidos políticos aos eleitores através da mídia e de campanhas políticas abertas[18]. O fator determinante é o grau em que a última grande eleição para presidente e para o Legislativo realizada no país foi competitiva. Isto explica a designação da Libéria, por exemplo, como uma democracia eleitoral, embora o país surgisse de uma ditadura assassina, somente em 2003, quando Charles Taylor foi convencido a ir para o exílio na Nigéria. Ele está agora sendo julgado em Haia, acusado de crimes contra a humanidade não somente na Libéria, mas também na vizinha Serra Leoa, onde ele forneceu armas para a Frente Revolucionária Unida (RUF)*, notória por cortar os membros de civis que eles acreditavam não apoiá-los. Um governo transitório assumiu o controle. As eleições foram realizadas em novembro de

---

16 Disponível em http://www.freedomhouse.org/templatecfm?page=15
17 Ibid.
18 Ibid.
* No original: Revolutionary United Front (RUF).

2005 e a sra. Ellen Johnson Sirleaf, uma economista formada em Harvard, apareceu como vitoriosa, tornando-se, em janeiro de 2006, a primeira presidente mulher eleita no continente africano.

O Quadro 7.1 mostra as "medidas comparativas da liberdade" dos cinquenta e três países* africanos independentes. Nove deles são classificados como livres ou democráticos, vinte e quatro como parcialmente democráticos e vinte como sendo não livres.

Quadro 7.1
Países africanos independentes: medidas comparativas de liberdade

Livres	Parcialmente livres	Não livres
Benim	Burquina Faso	Argélia
Botsuana	Burundi	Angola
Cabo Verde	República Centro-Africana	Camarões
Gana	Comores	Chade
Mali	Djibuti	República do Congo
Maurício (Maurícia)	Gâmbia	(Congo-Brazaville)
Namíbia	Guiné-Bissau	República Democrática
São Tomé e Príncipe	Lesoto	do Congo (Congo-
África do Sul	Libéria	-Kinshasa)
	Madagascar	Costa do Marfim
	Maláui	Egito
	Mauritânia	Eritreia
	Marrocos	Etiópia
	Moçambique	Gabão
	Níger	Guiné (Guiné-Conacri)
	Senegal	Guiné-Equatorial**
	Seicheles	Líbia
	Serra Leoa	Ruanda
	Somalilândia (não reconhecida)	Somália
	Tanzânia	Sudão
	Togo	Suazilândia
	Uganda	Tunísia
	Zâmbia	Zimbábue

Fonte: Extraído de http://www.freedomhouse.org/template.cfm?page=415&year=2011 – Acesso em 15/12/2011.

* O Sudão do Sul, cuja independência ocorreu em 9 de julho de 2011, não está contabilizado.
** O autor não incluiu a Guiné-Equatorial (que está no estudo de 2011) na coluna dos não livres.

Reformas econômicas

Quando Reagan concorreu pela primeira vez para presidente dos Estados Unidos, o mundo estava experimentando uma grave recessão econômica. Reagan começou a sua presidência questionando as hipóteses que embasavam o fluxo de ajuda dos países industrializados do Ocidente para os países em desenvolvimento da África. Em retrospecto, a situação internacional era ideal para este homem com uma causa: promover as bênçãos do sistema de mercado livre. Ele pretendia liberar as energias do mercado livre na economia dos Estados Unidos. Reagan prometeu repetidamente tirar o governo das costas dos trabalhadores americanos para que pudessem colher os plenos benefícios do seu trabalho com o mínimo possível de regulações governamentais. Contudo, esta foi uma causa que ele tentaria vender também para o resto do mundo. (Se Reagan realmente alcançou estes objetivos de reduzir o governo e desregular a economia, esta é uma questão que continuará a ser debatida na política americana por algum tempo ainda.) Aquilo em que estamos interessados, contudo, é o impacto da sua retórica e das suas ações presidenciais no comportamento dos países africanos que foram recebedores regulares da ajuda americana.

Uma série de conferências foi realizada no início de 1981, proclamando uma mudança no modo como as nações industrializadas estavam ajudando os países pobres do mundo. Até então, especialmente na sequência de um relatório da Comissão Brandt sobre a crise econômica mundial que os países pobres enfrentavam nos anos de 1980 – o relatório foi publicado em 1980 com o título de *North-South, A Program for Survival* (Norte-Sul: Um Programa para a Sobrevivência) –, o consenso internacional tinha sido que os países ricos do Norte tinham colhido os benefícios, não explorando os países pobres, mas através do comércio e da obtenção de matérias-primas deles. Um relatório posterior da mesma comissão, publicado três anos depois, o *Cooperation for World Recovery* (Cooperação para a recuperação mundial), recomendou uma série de reformas que incluíam fornecer mais ajuda direta aos países pobres, abrindo mercados nos Estados ricos (a preços que eram justos e também suficientes para tirar da pobreza a vida das pessoas desses países) e reformando as instituições financeiras e econômicas internacionais. De qualquer maneira, em 1981, uma conferência norte-sul maior foi realizada em Cancun, no México. A delegação do Sul abrangia um conjunto de países que variava de Estados economicamente empobrecidos, como Bangladesh e Tanzânia, até aqueles ricos de recursos, como a Arábia Saudita e a Venezuela. Os outros, incluindo o país anfitrião, o México, eram a China, a Índia, a antiga Iugoslávia, as Filipinas, a Nigéria, a Costa do Marfim, a Guiana, a Argélia e o Brasil. As nações industrializadas representadas eram os países do G-7 (Estados Unidos, Grã-Bretanha, Alemanha, França, Itália, Japão e Canadá), juntos com a Áustria e a Suécia[19]. Nessa conferência, os países pobres fizeram quatro exigências básicas: uma parcela maior de indústrias de transformação a serem localizadas no interior de suas fronteiras; melhores preços para as suas exportações para os países mais ricos; tarifas protecionistas mais baixas de produtos, especialmente dos produtos agrícolas dos países pobres; e maior acesso ao capital de investimento internacional. Um último comunicado, numa linguagem típica de compromisso diplomático, expressou alguma compaixão pela situação econômica dos países do Sul e reafirmou o prognóstico dos economistas de que a situação nos países pobres era grave e exigia uma ação imediata. Reagan, um discípulo jurado do mercado livre, contudo, não desejava apoiar estas exigências, por mais razoáveis que elas soassem para todos. A sua inclinação era vender a "mágica do mercado". Ele acreditava que as nações pobres "queriam simplesmente uma política de tirar dos ricos e dar para os pobres"[20].

Depois de Cancun, a Agência Norte-americana para o Desenvolvimento Internacional (Usaid: United Nations Agency for International Development) confirmou que os Estados Unidos se colocavam contra qualquer reestruturação da economia mundial no sentido das linhas previstas nas exigências dos países do Terceiro Mundo, particularmente as demandas de melhores preços para os seus produtos e acesso ao capital de desenvolvimento. De acordo com Reagan, não havia nada de errado no sistema econômico internacional. Ele tinha funcionado muito bem para o mundo industrializado, então, por que não funcionaria igualmente bem para os países pobres? O problema estava com as economias dos países pobres: estes precisavam de reestruturação. Esta percepção não era nova. Na verdade, os países industrializados compartilhavam desta visão. Reagan foi talvez o primeiro presidente americano moderno que decidiu obrigar os outros países a seguir o sistema americano.

---

19 Disponível em http://newsvotebbc.co.uk – Acesso em 17/08/2006.
20 MATTHEWS, A.F. "World North-South Issues at the Cancun Conference". In: PHAU, C.T. (ed.). *World Politics 1982/1983* – Annual Editions. Guildford, CT: Dushkin, Group, 1982, p. 111.

A Agência Norte-americana para o Desenvolvimento Internacional (Usaid) começou a dirigir a sua ajuda para os países que tinham concordado em utilizar o mercado livre como sua principal abordagem para impulsionar o desenvolvimento[21]. O Banco Mundial, uma instituição na qual os Estados Unidos dominavam aproximadamente um quarto do poder de voto, acelerou o seu programa destinado a reestruturar as economias do Terceiro Mundo para torná-las mais eficientes. As precondições para os empréstimos do Banco Mundial incluíam:

1) Orçamentos governamentais equilibrados.

2) Cortes nos gastos sociais, especialmente na assistência médica e na educação.

3) Cortes profundos numa variedade de subsídios, particularmente os subsídios para os alimentos, tão comuns nas cidades e povoados da África.

4) Mais concessões dos países pobres para as corporações multinacionais, no sentido de aliciá-las para investir nos países africanos.

5) Permitir que as taxas de câmbio encontrassem o seu próprio nível, ao invés de estabelecê-las oficialmente, de modo a conter a perda de divisas para os países pobres através do mercado negro.

6) Vender as agências paraestatais (i. é, semigovernamentais) que fossem não lucrativas e que, portanto, não contribuíam para a receita do governo como se pretendia.

7) Reduzir as folhas de pagamento inchadas do governo através de cortes.

Algumas destas medidas estavam sendo já executadas antes de Reagan ser presidente. A Convenção de Lomé, por exemplo, publicou uma série de acordos assinados em 1976 entre vários países da África, do Caribe e do Pacífico e vários estados europeus para melhorar os termos de intercâmbio para os países pobres. A defesa ideologicamente vociferante de Reagan da "magia do mercado livre" simplesmente acelerou a adoção das reformas. Relutantemente e a duras penas, os governos africanos começaram a fazer acordos diante da possibilidade de que transferências diretas de recursos para os países pobres na forma de ajuda fossem diminuir e que, ao contrário, termos mais difíceis iriam ser atrelados a qualquer ajuda futura. Os últimos vinte anos presenciaram esforços maciços dirigidos no sentido de reestruturar as economias dos países pobres.

---

21 Ibid.

Os resultados foram inconclusos. O que sabemos é que os chamados Programas de Ajuste Estrutural (PAE)* promoveram um excessivo sofrimento das pessoas nos países africanos. Os pobres e os camponeses nestes países suportaram o peso dos esforços de reestruturação. Sem subsídios governamentais, os preços dos alimentos, do petróleo e de outras necessidades dispararam. Os trabalhadores foram declarados supérfluos e ficaram desempregados. As migrações para as cidades cresceram enormemente. As manifestações e as greves eram frequentes em muitos países africanos contra as dificuldades resultantes das reformas impostas. Os governos do Gabão, de Camarões, da Costa do Marfim e de outros países se tornaram mais fracos com estas ações.

Vamos agora voltar a nossa atenção para um par de iniciativas maiores que foram estabelecidas a partir do fracasso dos Programas de Ajuste Estrutural. No início do novo milênio, os governos do mundo – 189 deles – se encontraram nas Nações Unidas, assinaram uma Declaração do Milênio cuja pedra angular era atacar a pobreza. Nas palavras desta declaração, a comunidade internacional estava se comprometendo "com libertar nossos cidadãos, cidadãs e crianças das suas condições abjetas e desumanas de extrema pobreza". A declaração continha objetivos específicos chamados de os Objetivos de Desenvolvimento do Milênio (ODMs)**. Estes objetivos eram:

1) Erradicar a pobreza e a fome extremas.

2) Alcançar a educação primária universal.

3) Promover a igualdade de gênero e capacitar as mulheres.

4) Reduzir a mortalidade infantil.

5) Melhorar a assistência à maternidade.

6) Combater o HIV/Aids, a malária e outras doenças.

7) Assegurar a sustentabilidade ambiental.

8) Desenvolver uma parceria global para o desenvolvimento.

A comunidade internacional estabeleceu inclusive um prazo – o ano de 2015 – no qual eles esperavam que a pobreza, pelo menos, fosse reduzida à metade e a mortalidade e as doenças infecciosas infantis fossem erradicadas ou reduzidas significativamente[22].

---

* No original: Structural Adjustment Programmes (SAPs).
** No original: Miluennium Development Goals (MDGs).
22 Disponível em http://www.un.org/milleniumgoals – Acesso em 19/08/2006.

A partir de 2011, a quatro anos do prazo previsto, o que estavam fazendo os países africanos? Bem, parece que o alvo não seria atingido na data prevista. De acordo com um relatório abrangente sobre os ODMs preparados pelas agências afiliadas às Nações Unidas[23], é assim que a África está se saindo ao tentar atingir cada objetivo:

1) Ao tentar erradicar a pobreza e a fome extremas, os africanos experimentaram retrocessos desde 1990. O relatório admite que um enorme número de pessoas está "cronicamente com fome na África Subsaariana. Na verdade, "durante os anos de 1990, a pobreza extrema caiu na maior parte da Ásia, caiu lentamente na América Latina, mudou um pouco no norte da África e na Ásia Ocidental, cresceu e depois começou a declinar nas economias de transição (i. é, nas economias altamente centralizadas dos antigos Estados comunistas). Mas na África Subsaariana, que já tinha as maiores taxas de pobreza do mundo, a situação deteriorou ainda mais e outros milhões caíram na profunda pobreza"[24]. Em suma, os africanos estão ficando cada vez mais pobres. Por que esta extrema pobreza na África?[25] Bem, a resposta simples e direta é que os africanos não têm dinheiro. Eles não têm dinheiro porque eles não têm trabalho. Eles não têm trabalho porque nenhum está sendo criado. Os camponeses que cultivam a terra não produzem o bastante para ter um excedente para vender e ganhar algum dinheiro[26]. Como se as coisas não fossem ruins o bastante, o HIV/Aids teve um impacto devastador, matando um grande número de pessoas, a maioria delas no auge da sua vida. Os desastres naturais,

---

23 As organizações envolvidas na preparação do relatório do *status* dos Objetivos do Desenvolvimento do Milênio incluem: ILO, FAO, Unesco, WHO, Banco Mundial, Fundo Monetário Internacional, International Telecommunications Union, as Comissões Econômicas para a África [CEA] e as Comissões Econômicas para a Europa [CEE] das Nações Unidas, as Comissões Econômica e Social para a América Latina e o Caribe, para a Ásia e o Pacífico e para a Ásia Ocidental das Nações Unidas; o Programa Conjunto das Nações Unidas para o HIV/Aids; a Unicef, a Unctad, o Fundo de Desenvolvimento da Mulher das Nações Unidas, a Undp; a Unep, o Quadro de Convenção para a Mudança de Clima; o UNHCR, o Programa de Assentamentos das Nações Unidas, o Fundo de População das Nações Unidas, a União Interparlamentar, Oecd, e WTO [Disponível em http://unstats.un.org/unsd/mi].
24 *The MDGs Report 2005* [Disponível em http://unstats.un.org/unsd/mi/pdf/MDG%20 Book.pdf – Acesso em 25/12/2011].
25 Disponível em http://unstats.un.org/unsd/pdf/MDG%20Book.pdf – Acesso em 15/12/2011. A pobreza é definida em termos da proporção das pessoas vivendo com menos de US$ 1 por dia. Cf. "Introduction: Why Is Africa so Poor?" In: GUEST, R. (ed.). *The Shaked Continent*: Power, Corruption, and African Lives. Washington, DC: Smithsonian Books, 2004, p. 4-27.
26 Ibid., p. 7.

como a seca e as inundações, e os desastres "não naturais", como conflitos políticos armados, exacerbaram a situação, deslocando pessoas dos seus lares e transformando-as em refugiados nos seus próprios países[27].

2) Em relação ao segundo ODM de fornecer educação primária universal para todas as crianças, alguns países africanos fizeram algum progresso; contudo, comparado com o resto do mundo, a África ainda permanece atrasada. Mais de um terço das crianças africanas não tem acesso à educação. Em cinco países africanos, menos da metade das crianças pode encontrar lugar na escola[28]. Alguns dos fatores que se relacionam com a pobreza também explicam os obstáculos à educação dos jovens. As crianças vindas de famílias pobres não podem pagar para irem à escola. Elas têm de trabalhar para dar apoio a suas famílias. Quando os seus países estão em guerra, muitas crianças são deslocadas de seus lares e, portanto, não podem ir à escola, porque não há escolas nos campos de refugiados. Além disso, as altas taxas de mortalidade originadas da Aids significam que algumas crianças têm de sair da escola para cuidar dos seus irmãos menores, não têm ninguém para cuidar deles, ou simplesmente porque eles não têm professores. O relatório diz, por exemplo, que em 1999 aproximadamente 1 milhão de crianças perderam os seus professores em decorrência da Aids[29].

3) E a propósito de promover a igualdade de gênero e a capacitação das mulheres? Os dados mostram que muitos países africanos estreitaram a separação entre meninos e meninas quando se tinha acesso à educação. Mas novamente, onde a pobreza é severa, muitos pais preferiam mandar os seus filhos em vez de suas filhas para a escola. A importância da educação das meninas não pode ser subestimada. A capacitação das mulheres é imperativa para o desenvolvimento do país. É um desperdício da metade do talento humano para um país não educar as jovens mulheres. Uma pessoa sábia uma vez disse: "Quando se educa um homem, se educa um indivíduo, mas quando se educa uma mulher, se educa a família". Uma área que oferece alguma esperança para o futuro é a política. As mulheres africanas estão agora sendo representadas nos seus legislativos nacionais com maiores números do que antes. Na África, 14% das cadeiras nos legislativos nacionais são ocupadas por mulheres.

---

[27] Ibid., p. 9.
[28] Ibid., p. 10.
[29] Ibid., p. 11.

A média mundial é de 16%. É uma medida de algum sucesso o fato de que, entre 1990 e 2005, a representação das mulheres no parlamento africano tenha dobrado, subindo de 7 para 14%. Os africanos podem ficar orgulhosos pelo fato de que um pequeno país como Ruanda, que experimentou um dos piores genocídios dos tempos modernos, orgulha-se da maior representação feminina no seu legislativo: 53%. Nove países africanos – Burundi, Djibuti, Eritreia, Marrocos, Moçambique, Namíbia, África do Sul, Tunísia e Uganda – possuem provisões constitucionais reservando um certo número de cadeiras para as mulheres[30].

4) O quarto ODM é reduzir as taxas de mortalidade infantil. Novamente, a África lidera o mundo na mortalidade infantil. A taxa média de mortalidade infantil da África em 2011 era de 74 mortes para 1.000 nascimentos. A média mundial era de 44[31]. As doenças que representam a metade das mortes de crianças abaixo da idade de 5 anos são a pneumonia, a diarreia, a malária, o sarampo e a Aids. A má nutrição, tão intimamente ligada à pobreza, contribui para quase a metade das mortes[32].

5) O quinto objetivo é melhorar a assistência à maternidade. Aqui, o objetivo é reduzir de três quartos, entre 1990 e 2015, a taxa de morte de mulheres no parto. A África lidera o mundo nas taxas de mortalidade no parto, com mais da metade dos países registrando mais de 550 mortes por 100.000 nascidos vivos. Outra maneira de medir o risco da gravidez das mães africanas é observar que "as chances de morte durante a gravidez ou no parto ao longo da vida alcança o patamar de 1 em 16 na África Subsaariana, comparado com 1 em 3.800 no mundo desenvolvido"[33].

6) O sexto objetivo é combater a Aids, a malária e outras doenças. A Aids é o assassino número um dos africanos, seguida pela malária e pela tuberculose[34]. A malária parece prevalecer mais nos países mais pobres do mundo. A tuberculose, que um dia se pensou que estava erradicada, retornou, graças ao HIV e à Aids. As estatísticas mal começaram a capturar a extensão da devastação da Aids nas sociedades africanas. Um pouco mais de um décimo da

---

30 Ibid., p. 17.
31 *2011 World Population Data Sheet*. Washington, DC: Population Reference Bureau, 2011.
32 Disponível em http://unstats.un.org/unsd/mi/pdf/MDG%20Book.pdf – p. 18.
33 Ibid., p. 22.
34 Ibid., p. 26.

população mundial reside na África ao sul do Saara, e ainda assim esta cifra compõe aproximadamente dois terços de todas as pessoas com HIV. Dois milhões daqueles que possuem HIV são crianças abaixo da idade de 15 anos. Em outras palavras, nove de dez crianças com HIV estão na África Subsaariana[35]. No final de 2005, 1% da população adulta do mundo tinha o vírus. Há enormes variações nas taxas de infecção, oscilando de 0,1% na Tunísia até 33,5% na Suazilândia[36].

Robert Guest aponta isso mais diretamente:

> Em vários países do sul e do leste da África, um quinto ou mais de adultos carregam o vírus. Isto não significa que um quinto da população destes países morrerá de Aids. É pior do que isto. Quase todos aqueles que estão agora infectados morrerão nos próximos dez anos, mas antes de morrer eles infectarão outras pessoas. No Botsuana, a nação mais afetada, mais de um terço dos adultos carregam o vírus. O ex-presidente do Botsuana, Festus Mogae, lamentou em 2001 que, a menos que a epidemia fosse revertida, o seu país enfrentaria uma "extinção total"[37]. Ele não estava exagerando.

7) Em relação à sustentabilidade ambiental, há muitas questões relevantes a ser consideradas. Uma é a preservação das florestas, que estão sendo perdidas numa taxa alarmante, especialmente nos países pobres que dependem da madeira e do carvão vegetal como combustíveis. Outras questões incluem fornecer acesso à água potável, construindo instalações de saneamento básico para minimizar a poluição que principalmente torna as pessoas doentes, e melhorar a vida nas favelas que podem ser encontradas em todas as grandes cidades na África e em outros lugares do Terceiro Mundo. A África Subsaariana está ranqueada em terceiro (depois do sul e do leste da Ásia) no número de pessoas que vivem em favelas. A maioria dos países africanos não pode lidar com o influxo de pessoas vindas das áreas rurais à busca de vida melhor nas cidades. O Egito, o Senegal e a África do Sul estão entre os poucos países

---

35 *2006 Report on the Global Aids Epidemic*. Genebra: Unaids, 2006, p. 15 [Disponível em http://www.unaids.org – Acesso em 29/11/2011].
36 *2006 World Population Data Sheet*. Washington, DC: Population Reference Bureau, 2006, p. 5.
37 "Sex and Death". In: GUEST, R. (ed.). *The Shaked Continent*. Op. cit., p. 90.

africanos que empreendem medidas (provisão de água potável, eletricidade e saneamento básico) para melhorar a vida nas áreas de favelas[38].

8) O último objetivo é forjar uma parceria global nos esforços para enfrentar os problemas discutidos anteriormente. Essas parcerias devem envolver as ONGs (Organizações Não Governamentais), as corporações, as agências governamentais e as organizações internacionais. As parcerias são veículos adequados e importantes através dos quais se poderia atacar os enormes desafios da África. A ajuda é obviamente problemática, porque todos os objetivos mencionados exigiriam dinheiro para que fossem atingidos. As ONGs são decisivas para gerar recursos financeiros. A dívida externa, durante anos, criou sérios obstáculos aos países africanos no seu impulso para o desenvolvimento econômico. Um relatório da Conferência sobre o Comércio e o Desenvolvimento das Nações Unidas (Unctad) indicou que entre 1970 e 2002 a África recebeu 540 bilhões de dólares em empréstimos, mas pagou 550 bilhões de dólares do principal e de juros. No final de 2002, a África ainda devia 295 bilhões. Os números são ainda piores para o mais pobre dos pobres da África Subsaariana. Há um escoamento líquido de divisas de um continente que é extremamente pobre. Nem todo este endividamento pode ser atribuído à corrupção. A situação da dívida se tornou pior quando os PAEs estavam em pleno vigor e quando os governos africanos estavam sendo investigados pelo Banco Mundial e pelo Fundo Monetário Internacional[39]. O perdão da dívida é, portanto, crítico. A política monetária de tentar perdoar as dívidas devidas apenas pelos mais pobres dos pobres não é adequada.

Os países africanos também precisam de acesso a mercados nos países mais desenvolvidos. O livre-comércio não deveria ser uma transação de mão única, não deveria favorecer os parceiros de comércio ricos e não deveria ser considerado uma dádiva aos países pobres. É isso ainda o que ocorre quando se chega ao comércio livre, os países mais desenvolvidos tendem a se sair melhor do que os países pobres. É realmente do interesse de longo prazo dos países mais ricos – por exemplo, ao reduzir a imigração ilegal – ter relações econômicas que permitam aos países pobres prosperar.

---

38 Disponível em http://unstats.un.org/unsd/mi/pdf/MDG%20Book.pdf – p. 34.
39 *AfricaFocus Bulletin*, out./2004 [Disponível em http://www.unctad.org].

As indústrias famarcêuticas são parceiros vitais na luta contra o HIV/Aids, não somente abaixando o preço das drogas antirretrovirais, mas também permitindo a fabricação de versões genéricas, uma vez que as patentes tenham expirado.

Uma análise cuidadosa dos ODMs lança dúvidas sobre a possibilidade de que esses objetivos sejam alcançados no período de tempo postulado pela comunidade internacional. Além disso, ninguém previu a recessão econômica mundial de 2008-2009 e a crise monetária que os países europeus enfrentariam quando o ano de 2011 estava chegando ao fim. Ninguém sabe certamente quando a crise acabará e quanto dano seria infligido às frágeis economias dos países africanos.

Nova Parceria para o Desenvolvimento da África

A segunda iniciativa que vale a pena mencionar é a Nova Parceria para o Desenvolvimento da África – conhecida por sua sigla Nepad (New Partnership for Africa's Development). A Nepad é descrita como uma visão e uma estrutura estratégicas para a renovação da África. Esta é uma iniciativa puramente africana que surgiu das discussões na Organização da Unidade Africana (OUA)* continental – que não existe mais – quando se exigiu que cinco países propusessem "um quadro de desenvolvimento socioeconômico para a África"[40]. Ela foi programada para coincidir com a fundação da União Africana, que será discutida no próximo capítulo. Os cinco países encarregados de produzir o documento histórico foram a Argélia, o Egito, a Nigéria, o Senegal e a África do Sul. É interessante observar que os cinco incluem o país mais populoso (Nigéria) e o mais rico (África do Sul).

O documento da Nepad é mais detalhado do que o ODM das Nações Unidas. A afirmação introdutória do documento define o tom da seguinte maneira:

> Esta *Nova Parceria para o Desenvolvimento da África* é o testemunho dos líderes africanos, baseados numa visão comum e numa convicção firme e compartilhada de que eles tinham um dever premente de erradicar a pobreza e colocar os seus países, tanto individual quan-

---

* Criada em 1963 e, em 2002, substituída pela União Africana (UA).
[40] Disponível em http://www.nepadorg/2005/files/home.php – Acesso em 15/12/2011.

to coletivamente, no caminho do crescimento e do desenvolvimento sustentáveis e, ao mesmo tempo, participar ativamente na economia e nos organismos políticos mundiais. Este programa está ancorado na determinação dos africanos de se livrarem e ao continente do mal-estar do subdesenvolvimento e da exclusão no mundo globalizado[41].

O documento representa uma visão a partir da qual os líderes africanos querem considerar os seus países; um apelo ao povo africano para se afastar de uma mentalidade de dependência para uma perspectiva de confiança e eficácia; um reconhecimento de que a paz, a segurança e o governo democrático são a condição *sine qua non* para qualquer desenvolvimento econômico duradouro; o estabelecimento das prioridades para melhorar a infraestrutura, investir nas suas pessoas e reverter a evasão de talentos, fazendo com que os melhores e mais brilhantes do continente não migrem para os países mais ricos; a proteção do seu meio ambiente; a preservação da sua cultura (especialmente aqueles aspectos que representam o "conhecimento indígena"); o domínio da tecnologia; e o estabelecimento de parcerias mutuamente benéficas com as organizações internacionais e os países mais desenvolvidos.

Embora a Declaração da Nepad soasse arrojada e corajosa e fosse lançada com um grande estardalhaço, a primeira reação dos observadores veteranos da África é que provavelmente não muita coisa mudaria no continente no curto prazo. O genocídio de Dafur, no Sudão, permanece. Os 7.000 soldados para a manutenção da paz na União Africana não são páreo para a milícia sudanesa apoiada pelo governo. O governo sudanês se recusa a respeitar os termos das operações de manutenção da paz que permitiriam a eles realmente monitorar o cessar fogo que foi assinado entre os grupos rebeldes de Dafur e o governo. Além disso, a União Africana não tem dinheiro para manter as tropas no Sudão por muito mais tempo[42].

A fome impera, quase endêmica. Os Estados africanos têm sido incapazes de fazer algo para acabar com a catástrofe que se manifesta no Zimbábue, cuja economia sucumbiu e cuja moeda ficou sem valor, e onde o surto de cólera matou aproximadamente 1.000 pessoas no final de 2008 e 60.000 novos casos de cólera estão sendo previstos pelas agências internacionais. "Por que a

---

41 Disponível em http://www.nepad.org/history – Acesso em 15/12/2011.
42 POLGREEN, L. "With Little Authority, African Union Struggles with Its Mission in Dafur". *New York Times*, 09/09/2006.

catástrofe"?, se poderia perguntar. A resposta pode estar no presidente Robert Mugabe, que parece ter perdido a última eleição, mas se recusou a reconhecer a derrota. Fica claro, a partir do seu comportamento durante a crise em curso, que Mugabe não tinha a intenção de largar o cargo, mesmo que perdesse a eleição. Apesar de incitado pelo ex-presidente sul-africano Thabo Mbeki, que tentou mediar o conflito entre Mugabe e a oposição, Mugabe não negociou de boa-fé para a partilha do poder num governo de coalizão. A cólera continua a colher suas vítimas desamparadas, e as pessoas do Zimbábue continuam a abandonar o país, indo para a África do Sul à busca de comida, água potável e remédio.

Não há evidência de que a corrupção esteja declinando o bastante em países como a Nigéria, o Quênia, o Zimbábue e outros, que são listados todo ano pela Transparência Internacional entre os países mais corruptos do mundo.

Além disso, a iniciativa da Nepad contém as mesmas falhas que debilitaram outras iniciativas. O documento está virado para a elite, emprega uma abordagem de cima para baixo, não prevê a participação popular, parece excluir as organizações da sociedade civil, que proliferaram em grande número no continente e, enfim, ele está baseado na falsa premissa de que líderes corruptos podem ser confiáveis no sentido de que eles iriam se corrigir e defender a transparência[43].

Conclusões

Os quadros 7.1, 7.2 e 7.3 mostram que os países africanos, de um modo geral, responderam positivamente às exigências de mudança. Enquanto em 1988 somente dois Estados africanos foram julgados pela Freedom House como sendo livres ou democráticos, desde 2002, onze são agora considerados como sendo livres. O Quadro 7.2 mostra que vinte e três países são considerados como democracias eleitorais, embora em doze deles haja ainda deficiências suficientes para que esses países possam ser caracterizados sequer como parcialmente livres. Mesmo naqueles países que são parcialmente livres, mas que têm uma imprensa muito presente e liberdade de expressão, é difícil

---

[43] LOFCHIE, M.F. "A Review of Ian Taylor". *Nepad*: Toward Africa's Development or Another False Start. Boulder, CO: Lynne Reinner, 2005 [*Africa Today*, vol. 52, n. 4, 2006, p. 144-145.

imaginar o seu retorno a um passado autocrático. O gênio da liberdade saiu da garrafa. Muitos líderes acreditam que a democracia é uma boa coisa, mesmo que eles insistam no fato de que os seus países não estão ainda prontos para ela. Muitos países africanos estão agora preparados para atravessar o segundo turno das eleições multipartidárias. Um importante começo foi realizado, mas é somente um começo. A ideia de pessoas escolhendo líderes através do processo de competição está se enraizando, a imprensa é mais livre agora do que foi antes, os africanos podem agora manifestar os seus pensamentos mais livremente do que antes, há uma proliferação de partidos e movimentos políticos sendo formados. Mas a democracia é muito mais do que simplesmente eleições competitivas e liberdade de formar mais partidos políticos. Os valores que sustentam a democracia têm de inspirar o processo político e informar a capacidade dos africanos de negociar as suas diferenças, quaisquer que sejam essas diferenças.

Quadro 7.2
Democracias eleitorais africanas

Livres	Período
1. Benim	1. Burundi
2. Botsuana	2. República Centro-Africana
3. Cabo Verde	3. Comores
4. Gana	4. Quênia
5. Lesoto	5. Libéria
6. Mali	6. Madagascar
7. Maurício	7. Maláui
8. Namíbia	8. Moçambique
9. São Tomé e Príncipe	9. Níger
10. Senegal	10. Nigéria
11. África do Sul	11. Seicheles
	12. Serra Leoa

Fonte: Extraído dos dados do Quadro 7.1.

É também verdade que o colapso do comunismo teve um efeito salutar no desenvolvimento político da África. O colapso impediu que os modelos de regimes autoritários africanos fossem imitados. Os outros países perceberam que este "segundo vento de mudança", tal como o primeiro, sobre o qual um ex-primeiro-ministro britânico falou em 1960, não podia ser parado e que os líderes deviam também dar boas-vindas a ele ou ser varrido por ele, com a real possibilidade de perder o poder.

Quadro 7.3
Avanço rumo à democracia

Medidas de democracia/liberdade	Ano		
	1988 N. (%)	2002 N. (%)	2008 N. (%)
Livres	2 (4)	11 (21)	11 (21)
Parcialmente livres	16 (31)	22 (41)	23 (43)
Não livres	33 (65)	20 (38)	19 (36)
Total	51 (100)	53 (100)	53 (100)

Fontes: Os números dos anos de 1988 e 2002 foram retirados de SCHRAEDER, P.J. *African Politics and Society*. 2. ed., p. 231. Os números de 2008 foram obtidos em www.freedomhouse.org/template.cfm?page=415&year=2008.

A relação entre a política e a economia é muito mais clara agora do que era na época da independência, há mais de quarenta anos, quando derrotar o colonialismo era tratado talvez como a única questão e uma panaceia para os muitos problemas que as pessoas enfrentavam naquela época. Sabemos agora que as reformas econômicas sem a liberdade que chega com a democracia pode somente levar eventualmente à reincidência, à repressão e à incapacidade de lidar com as questões nacionais. Sabemos também que a pobreza abjeta torna a democracia mais difícil de sustentar e alimentar, e abre a possibilidade de líderes populistas, mas autocráticos, surgirem novamente com falsas promessas de prosperidade e liberdade.

Os próprios africanos iriam ter de assumir a liderança na mudança dos seus sistemas e no melhoramento de suas vidas. Eles não podem ficar à margem e serem meros espectadores. Anos de palavras simpáticas vindas do Ocidente nos fóruns internacionais, anos de ajuda estrangeira de todos os tipos e décadas de consultoria especializada dos exilados não tiraram os africanos da pobreza. Como Richard Sandbrook afirma em relação à reforma econômica:

> Os africanos devem olhar para as respostas domésticas às suas crises. As realidades da economia internacional e a imensidão dos problemas que as pessoas enfrentam obrigam a esta conclusão. Naturalmente, a ordem internacional não precisa de reforma. Mas devemos reconhecer

o poder econômico limitado da África – e assim a sua capacidade limitada para forçar ou se beneficiar de uma nova ordem internacional[44].

Sandbrook identifica três estratégias de reforma das economias africanas:

1) *Um objetivo de confiar no Estado como o principal planejador e motor.* O registro dos Estados africanos desde a independência mostra não somente que o Estado tem sido grandemente ineficiente, mas também que ele tem sido crivado de corrupção e de tomada de decisão destinada mais para servir interesses escusos do que o país como um todo. As experiências recentes no Gana, no Uganda e na República Democrática do Congo – para mencionar apenas três países gravemente devastados nos anos de 1970 e 1980 pelo conflito político interno e pela má administração econômica – provam que as comunidades locais podem fazer muito por conta própria sem esperar que um Estado todo-poderoso cuide delas. Nestes três países, as iniciativas locais levaram à expansão do chamado setor informal. Com o colapso do setor monetário, as pessoas das áreas rurais abandonaram as culturas comerciais para ganhar moeda estrangeira produzindo alimentos e criando gado e outros animais. Os habitantes das cidades achavam que eles não podiam viver dos seus rendimentos e salários, então eles se refugiaram nas áreas rurais para tentar viver das suas lavouras. Os artesãos locais começaram a produzir coisas – reciclando material descartável, como pneus usados, recipientes de metal e coisas semelhantes. Muitas dessas coisas, como utensílios, ferramentas e móveis que previamente tinham de ser comprados nas lojas modernas, que provavelmente as tinham importado do exterior, esgotaram assim as divisas estrangeiras que deviam ser destinadas, ao contrário, a adquirir coisas que realmente não podiam ser produzidas localmente.

2) *Utilizar o mercado livre.* Como foi apontado antes, o mercado livre era elogiado por Reagan, Thatcher e outros líderes ocidentais como sendo a salvação das economias africanas doentes. A adoção dessa estratégia resultaria no encolhimento do tamanho do governo e na diminuição de suas responsabilidades regulatórias. Na verdade, o mercado livre energizaria a autoconfiança implícita no setor informal. Os recursos consideráveis que costumavam ser

---

44 SANDBROOK, R. *The Politics of Africa's Economic Stagnation*. Nova York: Cambridge University Press, 1985, p. 148.

gastos para financiar a burocracia se destinariam agora a fornecer o tipo de incentivos assim descritos.

3) *Reabilitar o Estado*. Isso essencialmente significa racionalizar o Estado e torná-lo mais eficiente. O Estado seria responsável pela construção da infraestrutura (estradas, iluminação das ruas, telecomunicações, água, sistemas de esgoto); pelo fornecimento de serviços essenciais de assistência médica e educação; pelo recolhimento eficiente e justo de impostos; pelo estabelecimento de taxas de câmbio em níveis realistas que, com precisão, deviam refletir a saúde da economia; pela certeza de que as pessoas que trabalham para o governo seriam pagas em taxas alinhadas com o custo de vida. Isto desencorajaria a corrupção, que de maneira nenhuma existe somente na África, mas que é aí certamente mais encontrada do que na maioria das áreas economicamente desenvolvidas. Burocratas pobremente pagos tendem a compensar a escassez da sua remuneração extorquindo dinheiro por serviços que eles, para começar, são pagos para fornecer. E na medida em que eles são assim tão mal pagos, eles demonstram uma falta notável de entusiasmo no seu trabalho. Para citar Sandbrook: "A burocracia que funciona é parte de um processo de crescente secularização, complexidade organizacional, desenvolvimento econômico e alfabetização"[45].

Obviamente, as três estratégias funcionariam melhor se elas fossem acompanhadas ou executadas no clima daquelas reformas democráticas discutidas anteriormente.

---

45 Ibid., p. 155.

8

A África nos assuntos mundiais

Em que a África, com 53* membros nas Nações Unidas, contribuiu para a comunidade mundial? Como os africanos conseguiram manter a paz no continente e também usar os seus recursos e as suas cifras nas Nações Unidas para exigir voz no cenário mundial sobre os numerosos obstáculos que eles ainda enfrentam no combate à pobreza, nos conflitos mortais, na fome e na doença?

Introdução

Para grande parte da história moderna, a África, com seus muitos Estados, não tem sido um grande ator no cenário mundial. Se algo, o continente africano tem sido alvo das ações de outros países no sistema internacional. O principal contato no século XV entre a África e o mundo externo introduziu uma era de escravidão, que foi logo seguida por um período de imperialismo. Ambas as condições, consequências das sociedades pequenas, fragmentadas e tecnologicamente atrasadas da África, tiveram efeitos extraordinários nas sociedades africanas, efeitos que podem ser vistos no comportamento dos países africanos em relação às outras nações.

No capítulo 4, estabelecemos que, além de virem para a África para descobrir e aprender a respeito do "Continente Negro" e converter os "pagãos" africanos ao cristianismo, os europeus também queriam reivindicar suas terras, na forma de colônias e territórios dependentes, para os seus governantes. Por

---

* A África passou a contar com 54 países depois da independência do Sudão do Sul em julho de 2011.

que os países europeus veem os impérios como tão desejáveis? Havia algumas razões significativas, naturalmente. As colônias tinham um valor estratégico: os povos colonizados forneciam um grande reservatório de mão de obra para utilização nas maiores guerras que as potências europeias estiveram envolvidas nessa época ou deviam se envolver no futuro, e os territórios coloniais forneciam uma vantagem estratégica para as potências imperiais em virtude da sua localização. O estreito de Gibraltar (a porta de entrada para o Oceano Atlântico a partir do Mar Mediterrâneo), o cabo da Boa Esperança (no extremo sul do continente africano) e o Chifre da África são exemplos dessas áreas estrategicamente desejadas. O Egito se tornou importante, por exemplo, depois da construção do Canal de Suez, que liga o subcontinente indiano e a Europa. Outra razão é que as possessões coloniais conferiam *status* e prestígio. Ter um império permitia a um país europeu exercer o poder e a influência em áreas geográficas muitas vezes maiores do que o seu próprio tamanho. A sensação era inebriante. Como Naomi Chazan e seus colegas afirmaram em relação à França: "O Império Africano era uma das grandes façanhas da história francesa. Especialmente desde 1830, quando uma força expedicionária colocou os pés na Argélia, a África se agigantou muito na imaginação francesa e na visão mundial"[1]. Dever-se-ia acrescentar que a sensação do povo francês sobre si mesmo foi grandemente aumentada por suas conquistas imperiais.

A colonização criou imediatamente Estados na África e assegurou a sua total incorporação nas economias ocidentais na época em que eles se tornaram independentes. O padrão das relações internacionais da África ostenta uma marca dessa experiência colonial. As relações entre a França e a Inglaterra e as suas respectivas antigas colônias na África permanecem próximas e existem na forma de associações frouxas – a Comunidade Francesa e a Comunidade (Britânica) de Nações – mantidas através de um conjunto de acordos de ajuda estrangeiros, pactos militares e relações pessoais próximas entre os africanos e os líderes políticos europeus. No auge da era colonial, a França e a Inglaterra juntas controlavam aproximadamente três quartos do continente africano. Quando a era colonial chegou ao fim, a maioria das economias das colônias era possuída e controlada pelas potências europeias. Portanto, dever-se-ia esperar que as potências coloniais iriam tentar manter uma presença

---

1 CHAZAN, N.; MORTIMER, R.; RAVENHILL, J. & ROTHCHILD, D. *Politics and Society in Contemporary Africa*. 2. ed. Boulder, CO: Lynne Reiner, 1991, p. 379.

"neocolonial" nas suas ex-colônias, não tanto para ajudar os países recém-independentes, como eles insistiam em dizer, mas para salvaguardar a sua propriedade e os seus investimentos, que, aliás, eram muito grandes.

Isto não significa dizer que desde a independência não tem havido atrito entre os africanos e os seus antigos senhores coloniais europeus. Na verdade, as relações britânicas com as suas antigas colônias foram severamente testadas por uma série de crises que começaram ou se intensificaram nos anos de 1960. Durante a guerra civil nigeriana, um conflito altamente decisivo que durou de 1967 até 1970, a Grã-Bretanha foi objeto de duras críticas por escolher ficar do lado e fornecer armas para o governo federal nigeriano contra o Estado separatista do Biafra. O equívoco dos ingleses em reconhecer os direitos políticos dos africanos na sua colônia da Rodésia levou a sua minúscula minoria branca (menos de 5% da população nesta época), que dominou politicamente a colônia autogovernada desde 1923, a declarar unilateralmente a sua independência da Inglaterra em 1965. A resposta dos ingleses foi fria, limitada a impor sanções econômicas contra o regime de minoria ilegal. Os africanos queriam uma intervenção militar, afirmando que uma declaração unilateral de independência era somente uma rebelião contra a Coroa Britânica. As sanções ajudaram a enfraquecer o regime ilegal, mas não podia derrubá-lo. O povo africano da Rodésia reagiu, promovendo uma luta armada sangrenta e dispendiosa de quinze anos, mas finalmente ela foi bem-sucedida. A Grã-Bretanha foi responsável tanto pela destruição resultante da guerra de guerrilha quanto pela intransigência da minoria de líderes brancos, que se recusaram a negociar com os líderes africanos a luta militar pela liberdade. A longa guerra africana contra o *apartheid* na África do Sul, em face do envolvimento econômico essencial da Grã-Bretanha nele, presenciou desacordos agudos expressos durante os encontros de cúpula da Comunidade Britânica. Este foi um período difícil nas relações entre a Grã-Bretanha e os países africanos. Às vezes parecia como se a Comunidade Britânica fosse desmoronar.

Os franceses não tiveram também um trânsito fácil. Eles foram mandados abruptamente para fora da Guiné em 1958, quando ela votou por seguir o seu próprio caminho no famoso *referendum* de Charles De Gaulle, pedindo que as colônias africanas da França escolhessem entre a independência e a associação (dependente) com a França. Supunha-se que a reação punitiva da França contra a Guiné serviria como lição para outros países que fossem tentados a morder a mão francesa que os alimentava. A saída abrupta da França inflamou a rivalidade entre os Estados Unidos e a União Soviética na Guiné, e a Guiné se voltou para a antiga União Soviética para pedir ajuda. Durante muitos anos os franceses foram acusados de insensibilidade ao testar as suas armas nucleares no deserto da África Ocidental, em total desconsideração do bem-estar do povo africano ou da sua soberania. Eles foram também acusados de manter fortes contatos e ajudar a sustentar regimes autocráticos, como a República Centro-Africana, sem levar em conta o sofrimento do povo africano.

Deixando de lado estas dificuldades, as antigas colônias da África continuaram a interagir mais frequentemente com os seus recentes dominadores do que reciprocamente ou com outros países. É impossível, portanto, falar do papel dos Estados africanos no mundo sem considerar como esse papel foi mediado por sua experiência colonial e pelas relações pós-coloniais.

Quando os Estados africanos se tornaram independentes, eles esperavam usar o cenário internacional para realizar quatro coisas: primeiro, consolidar as suas posições como estados soberanos independentes; segundo, mediar o conflito ideológico entre o Ocidente capitalista e o Oriente socialista-comunista através de uma política de "não alinhamento positivo"; terceiro, atrelar os recursos da comunidade internacional às suas necessidades prementes de desenvolvimento; e quarto, por causa da sua própria experiência colonial difícil, ajudar a defender a causa da paz e a compreensão entre raças e nações. Os líderes políticos africanos pareciam inconscientes e, portanto, despreparados para a reação do mundo industrializado e das antigas potências coloniais a esse novo mundo lotado de Estados africanos prontos para se afirmar e ávidos por desempenhar um importante papel. Os europeus não tinham perdido os seus impérios por vontade própria. Alguns deles estavam preocupados com a sua perda e com a mudança repentina no seu *status* internacional. Portugal, por exemplo, em face do fervor nacionalista que varria o continente e das exigências de independência por seus próprios povos dominados na metade dos anos de 1950, tinha tentado evitar a luta africana declarando que Moçambique, Angola, Cabo Verde e Guiné-Bissau e ainda as ilhas de São Tomé e Príncipe não eram absolutamente colônias, mas antes províncias ultramarinas – e, portanto, partes integrantes – de Portugal, e que era redundante falar dessas áreas se tornando independentes. O cenário estava assim organizado para uma luta armada dispendiosa e brutal. Além disso, a antiga União Soviética, que tinha sido mantida fora da África colonial, estava se preparando para disputar uma posição no continente. Como anti-imperialista e socialista, a União Soviética se apresentava aos Estados recém-independentes como um modelo mais apropriado para um rápido desenvolvimento econômico e progresso social do que o Ocidente. Mais uma vez, os Estados africanos não pareciam ter um modo coerente de responder à rivalidade ideológica que assomava no horizonte entre o Ocidente e o Oriente, entre os Estados Unidos e a União Soviética. Todos esses desenvolvimentos estavam prestes a tornar o cenário internacional um lugar muito tumultuado e a exacerbar o dilema entre a necessidade de identidade nacional e a necessidade prática de manter algum tipo de laço com os antigos senhores coloniais.

As páginas seguintes fornecerão uma explicação do impacto dessa rivalidade ideológica nos Estados africanos, da sua decisão de se juntar ao Movimento dos Países Não Alinhados (MNA)*, do papel desempenhado pela Organização da Unidade Africana (OUA), de como os Estados Unidos e a antiga União Soviética deram forma ao comportamento dos Estados africanos tanto fora do continente quanto dentro dele, e apresentarão um breve sumário das novas instituições da União Africana, formada em 2001 para substituir a OUA.

A Guerra Fria

Durante a Guerra Fria, um período marcado pela intensa rivalidade ideológica entre os Estados Unidos e a antiga União Soviética, tudo o que os africanos fizeram foi visto pelos estrangeiros através do prisma daquele conflito, em termos dos interesses estratégicos globais das duas superpotências. Tornou-se difícil para os líderes africanos conceber livremente programas econômicos e políticos que fossem melhor adequados às suas necessidades. E na medida em que os estados africanos precisavam da introdução de recursos materiais vindos dos países mais desenvolvidos do Ocidente, os líderes africanos se sentiram obrigados a favorecer um lado em detrimento do outro, ou ideologicamente ou em termos de política específica ou concessões materiais. A Somália é um desses países. De 1968 até 1977, por razões estratégicas, ela manteve relações próximas com a União Soviética, culminando num tratado de amizade em 1974[2]. Quando os soviéticos não puderam mais ajudar o regime da

---

* No original: Non-Aligned Movement (NAM).
2 NOGEE, J.L. & DONALDSON, R.H. *Soviet Foreign Policy since World War II*. Nova York: Pergamon, 1983, p. 182.

Somália a prosseguir a sua política externa da "Grande Somália", ela se voltou para o Ocidente.

Em outros casos, a ajuda dada não era bem o que era precisado ou pedido, mas antes o que servia aos interesses dos próprios estados doadores. Por exemplo, a ajuda devia ser dada para melhorar a produção agrícola em algum país africano, mas com a condição de que o dinheiro fosse usado para comprar equipamento agrícola avançado do país doador. O país doador se beneficia aumentando as vendas de tecnologia agrícola, que o país recebedor pode não estar ainda bem-preparado para usar efetivamente. E a transação aparece no registro como ajuda para o país pobre.

Em muitos Estados africanos a política interna era influenciada pela Guerra Fria, visto que os Estados Unidos ou a União Soviética sustentavam facções políticas que estavam mais próximas de suas posições ideológicas, ou que podiam e queriam promover os interesses das superpotências. A disputa pública entre as duas lideranças políticas no Quênia dos anos de 1960, Tom Mboya (assassinado em 1968) e Oginga Odinga (o primeiro vice-presidente do Quênia e pai do atual primeiro-ministro do Quênia), foi um exemplo clássico da furiosa disputa política por representação. Mboya fazia o papel de lacaio dos americanos, com uma extensa rede de contatos privados e governamentais nos Estados Unidos, enquanto Odinga, com sucesso, solicitou a assistência da União Soviética para projetos políticos e econômicos no Quênia[3]. A repressão no Quênia (como na verdade em outros países, como a República Democrática do Congo, a Somália e o Sudão) foi defendida pelos líderes políticos, alegando que as restrições eram necessárias para combater o comunismo subversivo. Repressão, corrupção e má administração eram frequentemente toleradas pelos doadores de ajuda do Ocidente, contanto que os estados recebedores fossem considerados baluartes contra a propagação do comunismo.

Jeane Kirkpatrick, a defensora intelectual da chamada revolução de Reagan, que depois serviu como embaixadora dos Estados Unidos nas Nações Unidas, inventou uma distinção entre regimes que eram caracterizados como totalitários e aqueles que eram referidos como autoritários. De acordo com Kirkpatrick, os Estados autodeclarados marxistas eram totalitários e, portanto, totalmente hostis aos interesses americanos, enquanto que os Estados de

---
[3] LAIDI, Z. *The Super-powers and Africa*: The Constraints of a Rivalry, 1960-1990. Chicago: University of Chicago Press, 1990, p. 9.

direita, anticomunistas – mas também repressivos –, como a República Democrática do Congo* do general Mobutu, a Nicarágua, na América Central, de Anastasio Somoza e a era do *apartheid* da África do Sul sob o domínio da minoria branca, eram autoritários e, portanto, merecedores da ajuda americana. Em outras palavras:

> Os governos autoritários – tradicionais e modernos – tinham muitos defeitos e uma virtude significativa: o seu poder é limitado, e onde o poder do governo é limitado, o dano que ele pode causar é também limitado. Assim é a sua duração no cargo. Os sistemas autoritários não destroem todas as bases alternativas numa sociedade. A persistência do poder econômico e social disperso torna aqueles regimes menos repressivos do que um sistema totalitário e fornece as bases da sua eventual transformação. Os regimes totalitários, pelo contrário, ao reivindicar um monopólio de poder sobre todas as instituições, eliminam as elites concorrentes e alternativas. Esta é a razão por que a história fornece não um, mas numerosos exemplos da evolução dos regimes autoritários para democracias (não somente Espanha e Portugal, mas também a Venezuela, o Peru, o Equador e Bangladesh, entre outros) e nenhum exemplo de transformação democrática de regimes totalitários[4].

A lógica aqui – que o tempo provou ser falsa – é que os governos autoritários podiam mudar e que os governos totalitários não podiam. Cyrus Vance, o ex-secretário de Estado dos Estados Unidos no governo do Presidente Jimmy Carter, num artigo altamente crítico do apoio aos governos repressivos de Kirkpatrick, a parafraseou ainda mais sucintamente. Ele disse que Kirkpatrick, de fato, queria dizer que as "autocracias anticomunistas toleravam as desigualdades sociais, a brutalidade e a pobreza, enquanto que as autocracias totalitárias revolucionárias (leia-se marxistas) criam estas coisas"[5]. Daí a tentativa corajosa, embora pretensiosa e talvez cínica, de convencer a opinião pública nos Estados Unidos de que a repressão política no Congo era algo muito diferente da repressão na Guiné, porque uma ocorreu num regime de ala direita e a outra num Estado autodenominado marxista. Na verdade,

---

* Á época conhecido como Zaire.
4 KIRKPATRICK, J. "Human Rights and American Foreign Policy". In: PHAU, C.T. (ed.). *World Politics 82/83* – Annual Editions. Guildford, CT: Dushkin, 1982, p. 16-19.
5 VANCE, C. "The Human Rights Imperative". In: ROURKE, J.T. (ed.). *Taking Sides*. 3. ed. Guildford, CT: Dushkin, 1991, p. 235.

alguns governos africanos foram derrubados pelos Estados Unidos simplesmente porque eram marxistas, não necessariamente porque fossem hostis aos interesses americanos[6]. Felizmente, os acontecimentos no mundo nos últimos vinte anos provaram que Kirkpatrick estava totalmente errada. Os regimes anteriormente totalitários da Europa Oriental estão em vias de se transformarem em democracias – por isso o termo "democracias em transição" –, e a dimensão dos direitos humanos na política externa norte-americana continua a tornar possível para os Estados Unidos exercerem alguma influência construtiva nas mudanças que ocorrem naqueles países. Infelizmente, porém, até o início dos anos de 1990, a visão de Kirkpatrick continuou a modelar a política de Washington em relação a países como Angola e Moçambique, onde os Estados Unidos forneceram assistência financeira para grupos rebeldes, como a Unita (sua sigla portuguesa da União Nacional para a Total Independência de Angola) em Angola e a Renamo (Resistência Nacional Moçambicana) em Moçambique. A consequência desta assistência foi permitir a grupos rebeldes brutais infligir sofrimentos incalculáveis a civis e elevar o nível dos conflitos para o patamar de guerras civis. Tanto Moçambique quanto Angola, apesar de sua confissão de marxismo, continuaram a expressar uma vontade de estabelecer uma relação mais próxima com os Estados Unidos. Eles não somente moderaram a sua política econômica para favorecer os interesses americanos, mas também mostraram o desejo de conversar com os seus opositores políticos. A República Democrática do Congo continuou a receber apoio norte-americano, apesar do fim da Guerra Fria e apesar de promessas somente vagas de democratização iminente[7].

O Movimento dos Países Não Alinhados (MNA)

Foi dito que o fundamento e a base ideológica do MNA tinham sido estabelecidos em 1955 na Conferência Afro-asiática de Bandung, na Indonésia, sediada pelo presidente Sukarno da Indonésia e assistida pelo presidente Josip Broz Tito da Iugoslávia, pelo presidente Gamal Abdel Nasser do Egito e pelo

---

6 ATTWOOD, W. *The Reds and the Blacks* – A Personal Adventure. Nova York: Harper & Row, 1967.
7 CARPENTER, T.G. "The U.S. and the Third World Dictatorships: A Case for Benign Detachment". In: ELLIOTT, J.M. (ed.). *Third World* – Annual Editions. Guildford, CT: Dushkin, 1991, p. 123-127.

primeiro-ministro Jawaharlal Nehru, da Índia, que se tornaram as principais figuras do movimento. O próprio MNA não foi formalmente lançado senão em 1961, em Belgrado, na Iugoslávia[8]. Tendo surgido da tutela colonial ou das cinzas da Segunda Guerra Mundial, os novos países queriam se unir para promover os seus interesses e proporcionar importantes contribuições para a comunidade mundial. Percebendo que a rivalidade entre os Estados Unidos e a antiga União Soviética por influência no Terceiro Mundo estava se tornando mais litigiosa, estes novos países esperavam usar as suas cifras para mediar entre as duas potências nucleares líderes, mas preservando a sua independência recém-conquistada.

Para este fim, os países não alinhados protestaram contra os testes nucleares no solo da África e em outros lugares do Terceiro Mundo. Eles também assumiram posições corajosas contra o despejo de resíduos tóxicos e nucleares no solo africano e o transporte de drogas experimentais e não testadas para a África para utilização em pessoas africanas. Eles emitiram comunicados e declarações sobre conflitos que se tornaram piores por causa do envolvimento das superpotências, em lugares como a Nicarágua, o Camboja e El Salvador, e protestaram contra o armamento de ambos os lados na guerra de dez anos (1980-1990) entre o Irã e o Iraque. Além disso, eles defenderam a causa dos movimentos de libertação que ainda não tinham obtido sucesso em libertar os seus países do colonialismo. Foi atribuído o *status* de observador aos movimentos de libertação, como a Organização do Povo do Sudoeste Africano da Namíbia (Opsan)*, a Frente Patriótica (FP) do Zimbábue** e a Organização para a Libertação da Palestina (OLP)***, para manifestar suas queixas e buscar apoio para sua causa. Além disso, os países não alinhados resolveram trabalhar pelo estabelecimento de uma nova ordem econômica internacional, na qual os países mais ricos deviam ser convencidos ou pressionados a estender ajuda incondicional aos novos estados mais pobres e a melhorar os termos de intercâmbio para os países pobres, no sentido de que esses países pudessem obter melhores preços para as suas exportações agrícolas e minerais. Eles esperavam que na nova ordem econômica internacional seria permitido a eles

---

8 SINGHAM, A.W. (ed.). *The Nonaligned Movement in World Politics*. Westport, CT: Lawrence Hill, 1977.
* No original: South West African People's Organization of Namibia (SWAPO).
** No original: Patriotic Front (PF) of Zimbabwe.
*** No original: Palestine Liberation Organization (PLO).

finalmente participar em todas as principais organizações políticas e econômicas das Nações Unidas como parceiros iguais e ganhar maior acesso à tecnologia e à educação nos países industrializados.

Por causa da forte oposição dos países industrializados, a nova ordem econômica internacional não se concretizou, mas o MNA tornou possível a existência de outro grupo, a Comissão Sul-Sul, organizada pelo falecido ex-presidente Julius Nyerere da Tanzânia, com a esperança de promover a autoconfiança entre os países pobres e explorar caminhos em que eles seriam capazes de se ajudarem mutuamente sem a tradicional dependência dos países ricos. Os estados africanos, que praticamente constituíam a metade de todas as nações do MNA, começaram a desempenhar um papel muito forte e decisivo no movimento. Na verdade, depois de fundar a assembleia, os três encontros de cúpula foram realizados na África, durante as quais o foco do grupo se voltou com sucesso para a luta anticolonial de Angola, Moçambique, Namíbia, Rodésia (agora chamada Zimbábue) e África do Sul. O movimento pode também ser creditado por ter ajudado a estabelecer o Grupo dos 77, o primeiro fórum mundial para a abordagem de questões de comércio, desenvolvimento econômico e desigualdade entre as nações do mundo. O Grupo dos 77, agora contando com cerca de 120 países, foi fundamental na formação da Conferência das Nações Unidas para o Comércio e o Desenvolvimento (Unctad: United Nations Conference on Trade and Development), uma importante arma das Nações Unidas que liderou vários acordos que lidavam com o comércio, as matérias-primas e a ajuda entre as nações industrializadas e os países pobres. Finalmente, pode ser afirmado que o MNA inspirou a inclusão na carta da OUA (Organização da Unidade Africana) – capítulo III – de um princípio que exigia que os seus membros aderissem ao não alinhamento internacional.

Sem dúvida, o MNA teve sucesso em fornecer um fórum para ventilar questões políticas e econômicas importantes para os seus membros. Ele com sucesso fez avançar o direito dos povos colonizados e oprimidos de serem livres. Praticamente toda a África está agora livre do domínio colonial. A África do Sul, o último bastião da supremacia branca na África, abandonou o *apartheid*, os seus líderes brancos entraram em negociações com o Congresso Nacional Africano e grupos de civis e trabalhadores. Nelson Mandela foi libertado da prisão e passou a ser o primeiro presidente africano do país depois das eleições históricas de 1994, nas quais foi permitido que todos os sul-africanos de todas as raças votassem.

No outro lado da balança, o MNA encontrou um objetivo maior de transformar a economia mundial, um objetivo ilusório por várias razões. Primeiro, o sistema político internacional e a economia mundial foram determinados pelos países ocidentais para o seu próprio benefício e eles não podiam ser desmantelados sem forte resistência dos países industrializados. O MNA continua insatisfeito com o nível de participação que seus membros puderam alcançar. Além disso, eles descobriram não somente que as relações entre as nações ocidentais e os governos dos países pobres eram complicadas e extensas, mas também que as corporações multinacionais baseadas nos países ricos representavam frentes múltiplas, através das quais a penetração e o controle ocidentais nas economias dos países pobres eram mantidos. Por causa dessas relações, os países pobres corriam o risco de ruína econômica, financeira e mesmo militar ao sustentá-las. Além disso, a persistência dessas relações tendia a comprometer a credibilidade do MNA e destruir as suas tentativas de mudar o sistema internacional. Portanto, as relações de dependência já em voga se tornaram um obstáculo quase intransponível, e as políticas perseguidas pelas organizações internacionais para reestruturar as economias africanas continuaram a refletir as prescrições políticas dos países industrializados, com pouca consideração pelo impacto devastador sobre as pessoas dos países pobres. A proliferação nuclear e o surgimento posterior do Japão como gigante econômico introduziram a multipolaridade política e também econômica no sistema mundial, algo que destruiu os pressupostos sobre os quais a dinâmica bipolar estava baseada. É muito mais fácil atingir os Estados Unidos e a União Soviética na busca de justiça ou paz do que enfrentar muitos outros atores.

O MNA continua a existir. Cento e dezesseis países pertencem a ele, incluindo quase todos os países africanos. Ele realizou a sua décima quarta reunião de cúpula em Havana, em Cuba, em setembro de 2006. O presidente do movimento de 2006 até 2009 foi o embaixador cubano nas Nações Unidas.

À luz do colapso da União Soviética e de outros governos comunistas, o MNA agora se encontra numa encruzilhada, um movimento à busca de um foco. Alguns membros pediram que o seu nome fosse mudado, enquanto outros queriam que ele se tornasse uma organização internacional, com seu próprio secretariado e suas próprias sedes. Outros ainda percebem que, já que seus objetivos econômicos estão muito perto daqueles do Grupo dos 77, talvez ele pudesse simplesmente se juntar a esta organização e deixar de existir como uma entidade totalmente separada. (Muitos dos seus membros já pertencem ao Grupo dos 77.) Apesar da vitória, por enquanto, da ideia de economias de mercado livre, o abismo que existe entre os países ricos e os países pobres permanece alarmantemente alto e mostra todos os sinais de ficar ainda pior no futuro. O conflito político nos países pobres continuará a atrair a intervenção dos países ocidentais, muito provavelmente na forma de fornecimento de armas ou esforços de manutenção da paz. A pobreza extrema continuará a seduzir esses países, por exemplo, a aceitar pagamentos para permitir que resíduos tóxicos sejam despejados no seu território.

Nick Childs conclui: "E, contra o fundo da convulsão econômica internacional, o movimento é confrontado com a realidade de que um grupo que é numericamente forte, mas que representa predominantemente os Estados mais pobres, possui muito menos influência do que, por exemplo, o Grupo dos Sete dos países industriais líderes"[9]. De qualquer maneira, os países pobres continuaram a precisar de uma voz adicional no MNA para abordar as questões da pobreza e da fome e pressionar por oportunidades econômicas mais favoráveis na forma de perdão da dívida, estabilização dos preços das mercadorias, ou empréstimos vindos dos países mais ricos e instituições internacionais de crédito.

A Organização da Unidade Africana

De 1963 até 2002, a OUA era a principal organização política continental da África. Todos os estados independentes africanos pertenciam a ela. A África do Sul foi admitida em maio de 1994 como o quinquagésimo terceiro membro depois das eleições históricas de abril de 1994, que viu Nelson Mandela empossado como o primeiro presidente negro da África do Sul. A OUA era a consequência natural do fim do domínio colonial na África. Os líderes africanos procuraram formar uma instituição que os representasse no cenário mundial e através da qual eles pudessem lutar pelas coisas que queriam. A segurança era claramente um fator importante, já que a saída das potências coloniais tinha deixado um vácuo de segurança. Alguns dos países africanos estavam preocupados com a sua própria estabilidade interna e queriam uma organização que pudesse ajudá-los a lidar com as ameaças a esta estabilidade.

---

[9] *Non-Aligned: For What, Against What?* [Disponível em http://news.bbc.co.uk/2/hi/162711.stm].

Embora o desejo de possuir uma organização regional devesse ter sido natural, o processo de formação dela não foi totalmente fácil. Para sublinhar o impacto dos fatores sistêmicos nos países africanos, as várias facções que surgiram no curso das negociações e das discussões levaram à formação da OUA. Gana, com o apoio da Guiné e da Libéria, pressionou para uma união política mais forte, afirmando que sem ela os Estados africanos não podiam exercer muita influência no sentido de desempenhar um papel significativo no cenário mundial. A Nigéria foi contra a ideia de uma união política, dizendo que, embora essa união fosse um objetivo político desejável para as nações africanas, era prematuro esperar que novos estados desistissem de sua soberania recém-adquirida logo depois de se tornarem independentes. Os nigerianos exigiram que se permitisse que uma união política se desenvolvesse lentamente e não fosse apressada. Eles repercutiram os sentimentos de muitos outros Estados, afirmando que muito trabalho tinha ainda de ser feito internamente para preparar os fundamentos desta união.

No caso da África, a tarefa assustadora de moldar as identidades nacionais a partir de muitos grupos étnicos, a partir da construção do Estado e da consolidação do poder tinha já começado. A Tanzânia achava que as organizações regionais já estabelecidas, como a Alta Comissão do Leste Africano (Acla)* – ligando Quênia, Uganda e Tanzânia em serviços bem coordenados, como transporte, previsão do tempo, moeda, educação e outros – e as várias organizações regionais francófonas, deviam ser utilizadas como blocos de construção de uma eventual união política. Os anos de 1960-1962 viram surgir facções maiores e mais fortes dentro da comunidade dos Estados africanos. Um exemplo foi o grupo de Brazzaville-Monróvia, composto de aproximadamente vinte Estados; ele era muito conservador, pró-França, com medo do radicalismo de Kwame Nkrumah do Gana e de Sékou Touré da Guiné, e insensível aos problemas de outro jovem líder radical, Patrice Lumumba, o novo primeiro-ministro do Congo**. Aparecendo em oposição ao grupo de Brazzaville-Monróvia estava o grupo de Casablanca, que abraçou Lumumba, apoiou a reivindicação do Marrocos em relação à Mauritânia, reconheceu a luta armada da Argélia pela independência da França e favoreceu uma forte união continental. Além disso, o apoio do grupo de Casablanca no sentido de uma união continental parecia estar dirigido por necessidades e interesses individuais. Orwa afirma:

---

* No original: East African High Commission (EAHC).
** No original: atual República Democrática do Congo.

O Marrocos queria apoiar sua oposição à independência da Mauritânia e sua admissão nas Nações Unidas. Nasser [do Egito] via o grupo como uma oportunidade para aumentar a influência egípcia na África e ganhar o apoio dos Estados africanos contra Israel. Para Sékou Touré, o grupo ampliado forneceu um apoio político inadequado contra a França e as antigas colônias francesas que o tinham banido por se recusar a permanecer dentro da esfera de influência da França. Para Modibo Keïta [do Mali] e Nkrumah, o grupo oferecia um fórum para projetar uma visão africana coletiva sobre a crise do Congo e para fazer avançar a ideia de uma união dos Estados africanos[10].

Em última análise e por certo não inesperadamente, os Estados africanos não concordaram com uma união mais forte. A OUA foi fundada em 1963 em Adis Abeba, na Etiópia, onde ela mantinha as suas sedes. Sua carta final – traçada e precedida por várias cartas em homenagem às cidades nas quais elas foram esboçadas (isto é, a carta de Casablanca, a carta da Monróvia e a carta de Lagos) – era, de fato, um documento de compromisso que está muito aquém do que Nkrumah e seus colegas radicais queriam. Os Estados africanos simplesmente não estavam prontos para uma união política. Eles não confiavam totalmente em Nkrumah, que não ocultou a sua ambição de ser o primeiro presidente de um Estados Unidos da África, e eles não estavam preparados para renunciar o mínimo que fosse à sua soberania ou romper as relações especiais que eles tinham alimentado entre si e seus antigos senhores coloniais, especialmente a Inglaterra e a França.

As propostas da OUA consagradas no Artigo II da sua carta eram as seguintes:

a) Promover a unidade e a solidariedade dos Estados africanos.

b) Coordenar e intensificar a sua cooperação e os seus esforços para alcançar uma vida melhor para os povos da África.

c) Defender sua soberania, sua integridade territorial e sua independência.

d) Erradicar todas as formas de colonialismo da África.

e) Promover a cooperação internacional, levando em devida consideração a Carta das Nações Unidas e a Declaração dos Direitos Humanos[11].

---

10 OJO, O.J.C.B.; ORWA, D.K. & UTETE, C.M.B. *Africa's International Relations*. Londres: Longman, 1985, p. 78.

11 IMOBIGHE, T.A. *The OAU, African Defence and Security*. Owerri, Benin: Adena, 1989, p. 136.

A OUA também obrigava os seus membros a aderir aos seguintes princípios:

1) Igualdade soberana de todos os Estados-membros.

2) Não interferência nos assuntos internos dos Estados.

3) Respeito pela soberania e pela integridade territorial de cada Estado e por seu direito inalienável de existência independente.

4) Resolução pacífica das disputas através de negociação, mediação, conciliação ou arbitragem.

5) Condenação sem reservas, em todas as suas formas, de assassinatos políticos, assim como de atividades subversivas por parte de Estados vizinhos ou de quaisquer outros Estados.

6) Dedicação absoluta à total emancipação dos territórios africanos que fossem ainda dependentes.

7) Afirmação de uma política de não alinhamento em relação a todos os blocos[12].

As sedes da OUA consistiam de quatro instituições centrais. A primeira era a Assembleia dos Chefes de Estado e de Governo, que se reuniam anualmente para discutir política e lidar com questões específicas que precisavam ser tratadas no nível mais elevado da organização. A Assembleia era "o órgão supremo da organização", com autoridade para criar e abolir agências ligadas à OUA.

A segunda instituição era o Conselho de Ministros, composto de ministros estrangeiros dos estados-membro, que se reunia pelo menos duas vezes no ano, sendo que uma das sessões geralmente se dedicava à preparação do encontro de cúpula anual. O Conselho era responsável diante da Assembleia também para determinar a execução das decisões tomadas pela Assembleia. A carta da OUA também encarregava o Conselho da coordenação da cooperação interafricana numa variedade de campos.

O terceiro organismo central era a Secretaria-geral, a arma administrativa da organização, dirigida por um secretário-geral, que era assistido por várias secretarias-gerais de ajudantes. Este organismo executava as diretrizes da Assembleia dos Chefes de Estado e de Governo e do Conselho de Ministros.

---

12 Ibid., p. 136.

Finalmente, havia a Comissão de Mediação, Conciliação e Arbitragem, que era guiada por um documento separado conhecido como protocolo. A Comissão foi estabelecida para concretizar a garantia dos Estados africanos de resolverem as suas disputas por meios pacíficos. A Comissão consistia de vinte e um membros, eleitos pela Assembleia a partir de uma lista de indivíduos profissionalmente qualificados, cujos nomes tinham sido recomendados pelos governos africanos ao Secretariado. Eles serviam por cinco anos e eram elegíveis por reeleição pela Assembleia, caso fossem indicados.

A carta da OUA também estabeleceu as seguintes cinco comissões especializadas: Assuntos Econômicos e Sociais; Assuntos Educacionais e Culturais, Saúde, Saneamento e Nutrição; Defesa; e Assuntos Científicos, Técnicos e de Pesquisa. Os membros destas comissões eram ministros de governo responsáveis pelas pastas cobertas pelas comissões.

Finalmente, uma estrutura muito especial foi formada para resolver a única questão sobre a qual havia talvez o mais elevado consenso e em relação à qual os africanos eram muito sensíveis: a libertação do continente africano do colonialismo e do racismo. Este organismo era chamado de Comitê de Coordenação para a Libertação da África, tinha a sua própria secretaria e estava baseado na Tanzânia por estar perto dos movimentos de libertação. O seu trabalho era supervisionar a execução de uma política africana coerente em relação à luta de libertação no Zimbábue (então chamado de Rodésia), na Namíbia, nas colônias portuguesas de Moçambique, Angola, Guiné-Bissau, São Tomé e Príncipe, e da minoria branca – que dominava a África do Sul. O Comitê de Coordenação estabeleceu um fundo de libertação para receber contribuições dos Estados africanos e distribuí-las entre os movimentos de libertação reconhecidos pela OUA. Além disso, o Comitê angariava mais apoio para a luta tanto dentro da África quanto internacionalmente, ajudava a mediar conflitos e levantar o ânimo entre os lutadores pela liberdade e fornecia um fórum para manter a questão da liberdade na agenda mundial. Com o fim do *apartheid* na África do Sul, o Comitê foi finalmente desmantelado em 1995.

Aderindo à não interferência nos assuntos internos de cada Estado-membro, respeitando a integridade territorial de cada um deles e desencorajando a subversão contra os vizinhos, a OUA estava, de fato, afirmando o *status quo* territorial e político herdado pelos líderes africanos. Infelizmente, este princípio deixou muito pouco espaço, se é que deixou algum, para o tipo de envolvimento que devia ser convocado para tentar formar ou incitar os estados no sentido de uma união política mais forte – inclusive tentando desencorajar o tipo de opressão e tirania internas que ocorriam no Uganda e na República Centro-Africana e que continuam atualmente na região de Dafur, do Sudão, e na Guiné Equatorial. Na verdade, as controvérsias que engolfaram a OUA durante os encontros de cúpula dizem respeito às acusações e contra-acusações de abrigar dissidentes dos países vizinhos, ou de conspiração para derrubar os governos inimigos.

Ao longo dos anos, a OUA não desistiu das nobres promessas consagradas na sua carta ou visadas por seus fundadores. Contudo, a maioria dos observadores concordaria em que a existência da OUA foi uma coisa boa. A organização representava a maior esperança dos africanos que tentavam lidar com seus problemas por si mesmos em vez de depender dos estrangeiros. Ela certamente ganhou alguma visibilidade para o continente nos fóruns internacionais e nas Nações Unidas. Ela ajudou a manter uma tampa sobre as questões potencialmente explosivas, por exemplo, prometendo antes manter as antigas fronteiras coloniais do que redesenhá-las. A OUA também recebeu crédito por manter uma postura unificada sobre a questão de erradicar o racismo e o colonialismo do continente. De 1980 até o final do século, a OUA focou sua atenção nos direitos humanos. Uma carta dos direitos humanos foi elaborada e ratificada pela maioria dos países. Esta foi uma realização considerável. Uma grande discussão foi dirigida para o grande número de pessoas sem Estado que havia no continente, com a ideia de assistir melhor os refugiados e tratá-los com mais humanidade. A OUA surgiu com várias ideias sobre a sobrevivência de longo prazo do continente. A epidemia do HIV/Aids foi discutida abertamente, e as campanhas de educação pública foram iniciadas para desacelerar a propagação da doença, que, na África, é mais propagada através dos contatos heterossexuais. E depois do colapso dos regimes socialistas na Europa Oriental e do aumento das demandas de democratização, a OUA tentou liderar a discussão das reformas políticas no nível continental. Uma análise da luta pelas reformas políticas e econômicas é o objeto do capítulo 7.

Pelo lado negativo, houve muitas decepções. Para começar, a organização não gozava da plena confiança e apoio dos Estados-membro. Num determinado momento, três quartos dos membros estavam atrasados nos seus pagamentos devidos. Em 1992, por exemplo, US$ 30 milhões eram devidos à organização, uma quantia igual àquela do orçamento anual[13]. A participação nos encontros de cúpula era frequentemente pequena, com os poucos dez chefes de Estado se apresentando e os outros delegados sendo apenas ministros das Relações Exteriores ou primeiros-ministros. Os chefes de Estado africanos estavam mais ansiosos por participar de outros encontros internacionais do que dos seus próprios. Por razões de proteção da sua soberania, as nações africanas foram avessas a utilizar os mecanismos de mediação fornecidos pela carta. O cargo de secretário-geral estava deliberadamente destinado a ser fraco, para não diminuir a importância do presidente da OUA. O secretário-geral não tinha autoridade para falar pela organização ou pelo continente[14]. Ele era visto simplesmente como um funcionário público internacional cuja principal função era executar as ordens das várias comissões da organização sem dar início a qualquer política ou falar pela OUA.

Além disso, a tradição de encontros de cúpula rotativos da organização com um novo presidente eleito a cada ano, geralmente o presidente do país no qual a cúpula estava sendo realizada, criava problemas. Alguns presidentes ameaçavam boicotar a cúpula, porque eles não gostavam do anfitrião que era proposto para ser o presidente da organização. Os mandatos do presidente Ahmadou Ahidjo de Camarões, Idi Amim Dada do Uganda e do coronel Mengistu Hailé Mariam da Etiópia eram realmente controversos e eles quase dilaceraram a organização. A prática de ter um porta-voz diferente da organização a cada ano significava que não havia qualquer continuidade ou coerência na voz da organização. Cada chefe de Estado trazia um diferente estilo e ênfase para aquela posição e às vezes, caso ele fosse uma figura controversa, havia confusão e discórdia com as quais a organização dificilmente podia se dar ao luxo. Também a prática de realizar encontros de cúpula num país diferente a cada ano provou ser muito dispendioso para algumas nações que ficaram tentadas a receber um encontro de cúpula como um meio de exibir o seu país para o resto do mundo. Alocar dinheiro para as cúpulas em face das demandas mais prementes produziu uma inquietação de enormes proporções, frequentemente com trágicas consequências. A desconfortável estabilidade da Libéria foi rompida quando o Presidente Tolbert decidiu sediar o encontro de cúpula

---

13 *Keesing's Record of World Events*, vol. 38, n. 8, p. 38.992.
14 Cf. MEYERS, B.D. "The OAU's Administrative Secretary-General". *International Organization*, vol. 30, n. 3, 1976, p. 509-520.

em 1979. Para levantar fundos para esse empreendimento, o governo decidiu reduzir os subsídios dos alimentos básicos, com isso levando os preços dos alimentos a subir. Os distúrbios que se seguiram nas ruas da Monróvia foram reprimidos impiedosamente. O encontro de cúpula aconteceu, mas as manifestações e a repressão que se seguiram desencadearam uma sequência de eventos que terminou na derrubada militar do governo liberiano e no assassinato do próprio Tolbert em 1980, antes de o seu mandato como principal porta-voz da OUA ter acabado[15].

Os encontros de cúpula levaram à agitação civil também em outros países. Em Serra Leoa, estudantes organizaram manifestações e os trabalhadores fizeram greve por causa da enorme despesa – cerca de US$ 200 milhões – para sediar o encontro de cúpula de 1980. O fato de a agitação em Serra Leoa não ter alcançado o nível destrutivo que apresentou na Libéria pode ser atribuído em parte ao resgate econômico montado no último minuto pela Argélia, que doou cinquenta carros Mercedes-Bens, 500 toneladas de gás, comida e dinheiro para este encontro de cúpula. Em 1981, a cúpula de Nairóbi, no Quênia, foi precedida pelo aumento da segurança militar a níveis repressivos e pelo fechamento da Universidade de Nairóbi para prevenir as manifestações que tinham sido planejadas para protestar contra a política do governo de prender dissidentes políticos sem julgamento[16]. Isto era totalmente desnecessário, porque as sedes permanentes da organização em Adis Abeba podiam facilmente ter realizado uma cúpula local permanente. E para o propósito de educar o povo africano para a tarefa de organização do seu continente, o conselho e as reuniões de comissão da OUA, que não exigiam essas enormes despesas e preparações elaboradas, podiam eventualmente ser programados em outros países africanos. Depois do desastre de 1982, quando a cúpula da OUA programada para ocorrer em Trípoli, na Líbia, não pôde reunir um quórum, a OUA retornou nos oito anos seguintes à prática de convocar os seus encontros de cúpula em Addis Abeba. Em 1991, a Nigéria sediou a cúpula na sua nova capital federal de Abuja. Em 1992, a OUA se encontrou em Dacar, no Senegal. As cúpulas locais da OUA desde a época em que foi fundada até a sua dissolução estão listadas no Quadro 8.1.

---

15 KHAPOYA, V.B. *The Politics and the Political Economy of OAU Summitry* [Ensaio apresentado no encontro anual da African Studies Association, Washington, DC, 04-07/11/1982].
16 Ibid.

Quadro 8.1
Cúpulas locais africanas: OAU/AU, 1963-2006

Ano	Cúpula	Cidade/país	Presidente
1963	Fundação das cúpulas	Adis Abeba, Etiópia	imperador Hailé Selassié, presidente de honra
1964	1ª cúpula	Cairo, Egito	pres. Gamal Nasser
1965	2ª cúpula	Acra, Gana	pres. Kwame Nkrumah
1966	3ª cúpula	Adis Abeba, Etiópia	imperador Hailé Selassié
1967	4ª cúpula	Kinshasa, Zaire (atual RDC)	pres. Mobutu Sese Seko
1968	5ª cúpula	Argel, Argélia	pres. H. Boumédiène
1969	6ª cúpula	Adis Abeba, Etiópia	pres. A. Ahidjo dos Camarões
1970	7ª cúpula	Adis Abeba, Etiópia	pres. K. Kaunda da Zâmbia
1971	8ª cúpula	Adis Abeba, Etiópia	pres. O. Daddah da Mauritânia
1972	9ª cúpula	Rabat, Marrocos	rei Hassan II
1973	10ª cúpula	Adis Abeba, Etiópia	pres. Y. Gowon da Nigéria
1974	11ª cúpula	Mogadíscio, Somália	pres. Siad Barre
1975	12ª cúpula	Kampala, Uganda	pres. Idi Amin Dada
1976	13ª cúpula	Port Louis, Maurício	primeiro-ministro Sir S. Ramgoolan
1977	14ª cúpula	Libreville, Gabão	pres. Omar Bongo
1978	15ª cúpula	Cartum, Sudão	pres. M. Numeiri
1979	16ª cúpula	Monróvia, Libéria	pres. William Tolbert
1980	17ª cúpula	Freetown, Serra Leoa	pres. Siaka Stevens
1981	18ª cúpula	Nairóbi, Quênia	pres. Daniel arap Moi
1982	Sem quórum	Trípoli, Líbia	pres. Daniel arap Moi
1983	19ª cúpula	Adis Abeba, Etiópia	coronel Mengistu H. Mariam
1984	20ª cúpula	Adis Abeba, Etiópia	pres. Julius Nyerere da Tanzânia
1985	21ª cúpula	Adis Abeba, Etiópia	pres. Abdou Diouf do Senegal
1986	22ª cúpula	Adis Abeba, Etiópia	pres. Sassou Nguesso, da República do Congo
1987	23ª cúpula	Adis Abeba, Etiópia	pres. K. Kaunda da Zâmbia
1988	24ª cúpula	Adis Abeba, Etiópia	pres. M. Traoré do Mali
1989	25ª cúpula	Adis Abeba, Etiópia	pres. H. Mubarak do Egito
1990	26ª cúpula	Adis Abeba, Etiópia	pres. Y. Museveni do Uganda
1991	27ª cúpula	Abuja, Nigéria	pres. I. Babangida da Nigéria
1992	28ª cúpula	Dacar, Senegal	pres. Abdou Diouf
1993	29ª cúpula	Cairo, Egito	pres. H. Mubarak
1994	30ª cúpula	Túnis, Tunísia	pres. Zine Ben Ali

1995	31ª cúpula	Adis Abeba, Etiópia	pres. Meles Zenawi
1996	32ª cúpula	Iaundê, Camarões	pres. Paul Biya
1997	33ª cúpula	Harare, Zimbábue	pres. Robert Mugabe
1998	34ª cúpula	Ouagadougou, Burquina Faso	pres. Blaise Compaoré
1999	35ª cúpula	Argel, Argélia	pres. Abdel Aziz Boutlefika
2000	36ª cúpula	Lomé, Togo	pres. Gnassingbé Eyadéma
2001	37ª cúpula	Lusaka, Zâmbia	pres. Frederick Chiluba
2002	38ª e última cúpula OAU	Durban, África do Sul	pres. Thabo Mbeki

Fonte: Compilado de *Africa Contemporary Record:* Annual Survey & Documents, 1968-1982. • *Facts on File*, vários números. • *Keesing's Record on World Events* [antigo *Keesing's Contemporary* Archives], vários números. • *Africa News*, vol. 38, n. 6, 26/04-08/05/1993, p. 11. • *Africa Research Bulletin* – Political, Social & Cultural Series, vol. 31, n. 6, 1994; vol. 32, n. 6, 1995; vol. 33, n. 7, 1996. • www.africa-union.org

Como foi afirmado antes, a Carta fornece arbitragem e mediação como uma maneira de resolver conflitos e desacordos entre os Estados africanos. Os países africanos, contudo, foram avessos ao uso da arbitragem, que envolveria submeter casos a um grupo de especialistas e ter de obedecer a sua decisão. Os estados africanos parecem ver a arbitragem como interferindo na sua soberania nacional e exigindo deles cumprir decisões tomadas por outro organismo. Eu suspeito que, por causa desta percepção, a força continua a ser a escolha preferida para lidar com as questões controversas. Somente quando a força fracassou ou os partidos em guerra ficaram exaustos é que houve uma tentativa de usar a mediação. Mas o tipo de mediação buscada era mais frequentemente uma mediação de alto risco, envolvendo chefes de Estado mais do que os seus emissários especialistas. Infelizmente, quando os chefes de Estado não podem resolver as questões, eles tendem a ver o seu fracasso em termos pessoais e, às vezes, carregam rancor contra os seus colegas. As reverberações destes fracassos frequentemente extravazam para outros conflitos, assim tornando a sua resolução ainda mais complicada e mais difícil de alcançar.

A União Africana

A ideia de formar uma organização continental mais forte do que a OUA nasceu numa sessão extraordinária dos chefes de Estado e de governos da OUA em setembro de 1999. Os líderes africanos perceberam que eles precisavam de uma organização que os ajudasse a alcançar os três seguintes objetivos: (1) acelerar o processo de integração política, social e econômica do continente; (2) possuir uma entidade mais forte que desempenharia um papel mais efetivo na emergente economia global; e (3) atenuar as consequências da globalização, que eles achavam que devia atingir mais duramente as fracas economias em desenvolvimento do que as economias industrializadas. O nascimento da União Africana (UA) aconteceu por etapas. A cúpula da OUA de 2000 em Lomé (Togo) adotou o Ato Constitutivo da União, que é basicamente a Carta da UA. A cúpula do ano seguinte (2001) em Lusaka (Zâmbia) estabeleceu as diretrizes específicas da sua execução.

A última cúpula da OUA foi realizada em Adis Abeba (Etiópia) em julho de 2002, para que os chefes de Estado e de governos se parabenizassem pelas bases estabelecidas não somente da OUA, de modo a permitir que eles fundassem a UA e efetivassem a transferência da infraestrutura da OUA para a nova organização. A percepção entre os membros da OUA era que a base de um grupo mais forte, de fato, tinha sido estabelecida pela OUA, uma base que vinha de 1980, quando a OUA publicou o Plano de Ação de Lagos, estimulando os estados africanos a adotar um desenvolvimento autoconfiante. A OUA foi elogiada por aprovar a Carta Africana sobre os Direitos Humanos e das Pessoas (1981), o Programa Prioritário para a Recuperação Econômica (1985), a Declaração sobre a Situação Política e Socioeconômica da África (1990), a Carta sobre a Participação Popular (1990), o Tratado de Abuja de 1991, defendendo a formação de uma Comunidade Econômica Africana por etapas, empregando uma abordagem regional e, finalmente, o Mecanismo de Prevenção de Conflito, Administração e Resolução (1993).

A primeira cúpula da UA foi realizada em Durban (África do Sul) em julho de 2001, sob a presidência de Thabo Mbeki, então presidente da África do Sul. Houve desde então dez reuniões ordinárias de cúpula e várias reuniões extraordinárias de cúpula: uma delas sobre a diminuição da pobreza na África e outra sobre a reforma das Nações Unidas. A sexta cúpula, em janeiro de 2006, se reuniu em Cartum, no Sudão. Geralmente o presidente do país anfitrião exerce o cargo de presidente da cúpula da UA, mas durante a sexta cúpula a proposta do Sudão de ter o seu próprio presidente, Omar El-Bashir, como presidente da cúpula da UA, naufragou por causa de dois acontecimentos: o conflito em Dafur, que matou mais de 300.000 negros sudaneses e produziu mais de 2 milhões de refugiados, e a recusa pelo Sudão de permitir que os soldados das Nações Unidas assumissem as suas obrigações de manutenção da paz ao lado dos soldados da UA.

Objetivos da União Africana

Enquanto o Artigo II da carta da OUA tinha cinco objetivos para a organização, a UA lista catorze objetivos. São eles os seguintes:

1) Alcançar maior unidade entre os Estados africanos.

2) Defender a soberania, a integridade territorial e a independência dos estados africanos.

3) Acelerar a integração política e econômica do continente.

4) Promover e defender as posições africanas sobre questões vitais para a África.

5) Encorajar a cooperação internacional de acordo com a Carta das Nações Unidas e a Carta dos Direitos Humanos.

6) Promover a paz, a segurança e a estabilidade na África.

7) Promover a democracia, a participação popular e a boa governança da África.

8) Apoiar a Carta Africana sobre os direitos humanos e das pessoas.

9) Permitir que os africanos fossem eficazes na economia global e nas negociações internacionais.

10) Promover o desenvolvimento sustentável.

11) Elevar os padrões de vida das pessoas.

12) Coordenar e harmonizar as diferentes comunidades econômicas regionais para a eventual realização da integração.

13) Promover a pesquisa em ciência e tecnologia.

14) Trabalhar com outros países e organizações para erradicar as doenças e promover a saúde entre os africanos.

Órgãos da União Africana

Há oito instituições principais da UA e oito comitês técnicos especializados. Um breve sumário das oito instituições é o seguinte:

1) A Assembleia de Chefes de Estado e de Governos, exigindo que eles se encontrassem anualmente em sessões limitadas ou extraordinárias, caso fosse necessário; é nela que descansa a autoridade suprema da UA.

2) O Conselho Executivo de Ministros, cuja principal responsabilidade é preparar a agenda das cúpulas. Esta é a mesma função que havia na antiga OUA.

3) A Comissão da União Africana. Trata-se da Secretaria, a principal arma administrativa da UA. Ela consiste de um presidente, um vice-presidente e oito comissários e altos funcionários. O primeiro presidente regular da Comissão, eleito em 2004, foi Alpha Omar Konaré, o ex-presidente do Mali. Cada comissário está encarregado de cada uma das seguintes pastas: paz e segurança; assuntos políticos; infraestrutura e energia; questões sociais; recursos humanos, ciência e tecnologia; comércio e indústria; economia rural e agricultura; e questões econômicas.

4) Comitê dos Representantes Permanentes. Este é composto dos embaixadores dos Estados-membros da UA que são credenciados junto à UA. A sua função é preparar o trabalho do Conselho Executivo dos Ministros.

5) O Conselho da Paz e da Segurança.

6) O Parlamento Pan-africano.

7) O Conselho Econômico, Social e Cultural.

8) O Tribunal de Justiça.

As instituições financeiras da União Africana

Existem três: o Banco Central Africano, o Fundo Monetário Africano e o Banco de Investimento Africano. As funções destas instituições precisam ainda ser compreendidas.

Uma mudança significativa em relação à prática anterior é o Conselho da Paz e da Segurança. A Carta da OUA obrigava os seus membros a aderir a um princípio de não interferência nos assuntos internos dos Estados-membros. Este princípio tornava praticamente impossível à OUA agir para evitar os regimes assassinos dos antigos ditadores africanos, como Idi Amim Dada do Uganda, Mobutu Sese-Seko do Zaire (agora República Democrática do Congo) e Jean-Bedel Bokassa da República Centro-Africana. Os líderes africanos podiam fazer com seu povo praticamente tudo o que queriam, e isto com absoluta impunidade. O Artigo 4 da Carta da UA, contudo, "permite que a UA intervenha num Estado-membro naquilo que é chamado de "graves circunstâncias" – onde houver crimes de guerra, genocídios ou crimes contra a humanidade"[17]. Na verdade, foi com base no Artigo 4 que a UA deslocou 2.000 soldados a Dafur, no Sudão, para proteger milhares de refugiados que estavam sendo atacados pela milícia armada do governo sudanês chamada "janjaweed"*. Até então, desde 2003, quase 350.000 pessoas perderam as suas vidas em Dafur e perto de 3 milhões foram deslocadas dos seus lares e estão agora refugiados, ou no seu próprio país, ou nos campos de refugiados nos vizinhos Chade e República Centro-Africana. Sem fundos suficientes, de pessoal, ou de equipamento, a missão da UA não teve sucesso. Esforços foram incrementados para convencer um relutante governo sudanês a permitir que uma força das Nações Unidas protegesse os refugiados e impusesse o cessar fogo. Uma recente acusação contra o presidente sudanês, Omar El-Bashir, por parte do procurador da Tribunal Penal Internacional (TPI) para o genocídio, o assassinato e os crimes contra a humanidade, faz parte desta pressão. A ironia da acusação é que a UA está pedindo ao TPI e às Nações Unidas para não agirem apressadamente no sentido de fazer cumprir a acusação, tentando prender o presidente sudanês. Tudo isso no sentido de pôr fim à brutalidade e à impunidade sancionadas pelo governo contra o seu povo!

A UA parece paralisada no que diz respeito a realizar qualquer ação para salvar o povo do Zimbábue, que está morrendo por causa da brutalidade infligida pelas forças de segurança leais ao Presidente Robert Mugabe, que fraudou as eleições presidenciais de 2008 para ficar no poder e tornou a vida intolerável para aqueles que apoiavam a oposição do Movimento pela Mudança Democrática (MMD)**. O país estava também nos estertores de uma epidemia de cólera, uma doença virulenta, porém, curável. De acordo com o relatório da Organização Mundial da Saúde de 2008, aproximadamente 1.500 pessoas tinham já morrido de cólera e outras 26.500 estavam infectadas[18]. A economia entrou em colapso, a maioria dos hospitais fechou por falta de dinheiro para comprar remédios, há uma fome generalizada, as pessoas do Zimbábue que

---

[17] PACKER, C.A.A. & RUKARE, D. "The New African Union and Its Constitutive Act". *American Journal of International Law*, vol. 96, n. 96, abr./2002, p. 279-365.

* Jajawid.
** No orginal: Movement for Democratic Change (MDC).

[18] Disponível em http://news.bbc.co.uk – Acessado em 27/12/2008.

podem estão fugindo para a África do Sul. Apesar deste grau de sofrimento indescritível, o presidente do Zimbábue está tão afastado da realidade que ele declarou publicamente que não havia epidemia de cólera no país e prometeu "nunca, nunca renunciar, porque o Zimbábue é meu"[19]. Muito poucos líderes africanos criticaram o presidente Mugabe. A UA conseguiu arrancar um acordo para que Mugabe partilhasse o poder com o MMD, cujo líder agora conserva o posto de primeiro-ministro. A coalizão é frágil, as mortes retrocederam, mas Mugabe permanece ainda como sendo o líder supremo. A conclusão que deve ser tirada desta breve narrativa é que os africanos ainda não têm a capacidade de proteger as suas pessoas dos líderes incompetentes e autocráticos, ou não possuem a coragem moral de criticá-los.

Os Estados Unidos e a África

Os Estados Unidos, diferentemente da Grã-Bretanha e da França, não tinham colônias na África, mas tinham um longo relacionamento com a Libéria, que remetia à fundação desse país pela alforria dos escravos afro-americanos nos anos de 1840. Na verdade, a cidade de Monróvia foi assim chamada em homenagem ao quinto presidente dos Estados Unidos, James Monroe. A bandeira liberiana foi modelada segundo a bandeira americana, e a Libéria usa o dólar americano como sua unidade monetária.

Desde o início, os Estados Unidos buscaram seguir a liderança da Grã-Bretanha, seu aliado próximo e uma potência colonial líder na África. Depois da Segunda Guerra Mundial e até os anos de 1950, quando sinais apontavam para o começo do fim da dominação colonial, os Estados Unidos não fizeram qualquer tentativa séria de conhecer a África, de se familiarizar com os seus líderes emergentes, especialmente os radicais, como Kwame Nkrumah do Gana, ou de tomar conhecimento das questões e dos problemas que estes países iriam enfrentar no futuro próximo. A evidência mais reveladora da sua abordagem apática da África foi quando os Estados Unidos escolheram se abster de um voto crucial nas Nações Unidas a propósito da Declaração das Nações Unidas sobre a Concessão de Independência aos Países e Povos Coloniais[20]. A Decla-

---

[19] Ibid.
[20] ROTHCHILD, D. "U.S. Policy Styles in Africa". In: OYE, K.A.; ROTHCHILD, D. & LIEBER, R.J. (eds.). *Eagle Entangled*: U.S. Foreign Policy in a Complex World. Nova York: Longman, 1979, p. 398-400 [No original: UN Declaration on the Grating of Independence to Colonial Countries and Peoples].

ração das Nações Unidas significava muito para os países africanos e ofereceu uma oportunidade para que os Estados Unidos demonstrassem alguma compreensão da sensibilidade africana e mostrassem alguma simpatia pela indignação africana contra a dominação colonial. Tanto os líderes africanos quanto os seus aliados no Terceiro Mundo ficaram muito surpresos com essa atitude americana.

A eleição de John F. Kennedy como presidente em 1960 assinalou uma mudança fundamental da postura norte-americana na África. A Guerra Fria estava em pleno curso. Os americanos estavam atentos aos movimentos da União Soviética na África, temendo que os interesses norte-americanos e ocidentais pudessem ser prejudicados por esses movimentos. Kennedy estava preocupado com o que ele detectava como sendo uma tendência na direção do comunismo por parte dos jovens líderes africanos. Ele expressava a esperança de que o nacionalismo africano venceria o comunismo, mas ele sabia que somente a esperança não protegeria os interesses ocidentais. Ele também percebia que a Grã-Bretanha estava recuando de um forte papel político na África. Ele criou o Bureau of African Affairs (Secretaria para Assuntos Africanos) dentro do Departamento de Estado para elaborar uma política norte-americana coerente para a África Subsaariana e indicou G. Mennen Williams, um governador liberal de Michigan, como o primeiro secretário adjunto de Estado do Bureau. (A parte norte da África foi colocada numa categoria diferente junto com a Ásia e controlada por uma secretaria diferente.) O objetivo da secretaria na África era baixar o tom da retórica antiocidental dos novos líderes, como Nkrumah e Nnamdi Azikiwe (da Nigéria), facilitar uma transição ordenada do colonialismo para a independência e proteger os interesses estratégicos e econômicos ocidentais. Os meios de alcançar estes objetivos eram atrair e apoiar os líderes moderados e reformistas, como Jomo Kenyatta do Quênia e Mobutu – que assumiu o poder no Congo-Kinshasa (depois renomeado de Zaire até que ele foi derrubado em 1990, quando os novos líderes mais uma vez mudaram o nome para República Democrática do Congo) – depois da morte do seu primeiro líder, Patrice Lumumba.

Durante os anos de 1960, a Guerra do Vietnã exauriu muito da energia da América, e a ação norte-americana na África estava geralmente voltada mais para vencer a Guerra Fria do que para resolver os problemas africanos. Os Estados Unidos se puseram coerentemente ao lado dos países ocidentais contra os interesses africanos. Eles apoiaram a postura britânica na Rodésia e votaram contra a resolução das Nações Unidas que condenou o fracasso da Grã-Bretanha em derrubar o governo ilegal na Rodésia. Os norte-americanos mandaram meio bilhão de dólares em equipamento militar para Portugal na luta deste contra os combatentes pela liberdade em Moçambique e Angola. Eles mantiveram extensas relações econômicas, políticas e militares com a África do Sul, afirmando que os brancos sul-africanos estavam lá para ficar (verdade) e também que o controle da mudança era somente possível lidando com eles (e apaziguando-os).

No início dos anos de 1970, o apoio ao *status quo* à custa dos principais interesses africanos continuou, mas nesse momento Carter se tornou presidente dos Estados Unidos, e Kissinger no governo de Nixon e de Ford começou a se inclinar para o governo de maioria no Zimbábue e na Namíbia – embora mostrando muito mais sensibilidade em relação aos anseios da minoria branca do que às necessidades do povo africano. A presidência de Carter proclamou quase uma mudança revolucionária na política dos Estados Unidos para a África[21]. Carter era altamente moralista nos seus pronunciamentos sobre a política externa, ancorando a política norte-americana nos direitos humanos. Ele percebeu que por muito tempo os Estados Unidos não tinham tentado reconciliar os seus princípios morais (que ele sentia que tinham um apelo universal) com as suas atividades externas e as suas relações com os outros países. Ele chegou à África através da nomeação de Andrew Young, um afro-americano, como embaixador nas Nações Unidas. Ele buscou ligações culturais e econômicas ampliadas com os grandes estados, como a Nigéria (que também passou a ser o principal fornecedor de óleo cru para os Estados Unidos) e se dedicou ao eventual governo africano na Namíbia, no Zimbábue e na África do Sul. Andrew Young estava fundamentalmente envolvido – e era bastante efetivo por causa da sua relação com os líderes africanos – nas negociações mediadas pela Grã-Bretanha entre as facções rivais no Zimbábue, que produziram um ajuste que levou à independência do Zimbábue em abril de 1980.

Quando Ronald Reagan se tornou presidente em 1981, algumas coisas não podiam mais ser revertidas. A luta na parte norte da África tinha avançado muito. Os Estados Unidos não podiam renunciar à dimensão dos direitos

---

21 ROTHCHILD, D. & RAVENHILL, J. "Subordinating African Issues to Global Logic: Reagan Confronts Political Complexity". In: OYE, K.; LIEBER, R.J. & ROTHCHILD, D. (eds.). *Eagle Resurgent?* – The Reagan Era in American Foreign Policy. Boston: Little Brown & Company, 1987, p. 398-400.

humanos da política externa norte-americana. Contudo, a ênfase mudou para os temas ligados à Guerra Fria. O então nomeado como secretário-adjunto de Estado no Bureau of African Affairs de Reagan, Chester Crocker, começou a enfatizar a importância para os interesses estratégicos norte-americanos de limitar a influência soviética no continente. Além disso, os conflitos no sul da África tinham de ser resolvidos, porque eles representavam um vácuo criado pela perda de interesse dos europeus na África e, portanto, uma oportunidade para os soviéticos consolidarem a sua vantagem. A ajuda americana devia ficar amarrada na medida em que os africanos apoiassem os interesses americanos.

Deliberadamente, Reagan ligou a resolução do conflito na Namíbia à retirada das tropas cubanas de Angola. Estas forças tinham sido convidadas pelo governo angolano em meados dos anos de 1970 para auxiliar o MPLA (um dos três principais movimentos de libertação de Angola) na sua guerra contra a Unita (o segundo dos movimentos de libertação de Angola, que se inclinou para a direita) depois da repentina saída dos portugueses. Reagan acreditava que as tropas cubanas em Angola tinham sido mandadas para lá em resposta ao pedido soviético, mais como uma extensão da política soviética em Angola do que como iniciativa própria da política externa de Cuba em apoio de um aliado sitiado. Uma política de engajamento construtivo foi inaugurada pela administração Reagan, para o desespero dos americanos que se opunham ao *apartheid* e que perceberam que essa política podia iludir os apoiadores da supremacia branca, achando que o público americano apoiava a estrutura do poder branco na África.

Depois de uma forte pressão pública, Reagan impôs sanções leves. O Congresso votou sanções econômicas e militares mais fortes, que Reagan vetou. O veto foi derrubado no Congresso. Com as sanções econômicas em andamento, com o isolamento da África do Sul de todos os esportes internacionais, com o caos desenfreado nas cidades e vilas do país e com a luta armada travada pelo Congresso Nacional Africano (CNA) a partir dos Estados vizinhos – popularmente referido como Estados de primeira linha – a estrutura de poder da minoria branca soube que os seus dias estavam contados. Era prudente buscar um caminho para o enigma através da negociação. Quando Reagan deixou o cargo, sérias discussões continuaram entre o governo sul-africano e os vários grupos negros no interior do país, o CNA tinha sido legalizado e havia rumores não somente de que estavam ocorrendo discussões secretas, mas também que o prisioneiro mais famoso do mundo e o mais provável primeiro presidente negro da África do Sul – Nelson Mandela – devia ser libertado logo da prisão.

É difícil caracterizar a política externa do Presidente Bill Clinton durante a sua administração (1993-2001), e este não é o lugar mais adequado para criticá-la. O conselheiro de Segurança Nacional de Clinton, Anthony Lake, num importante discurso político durante o primeiro ano da presidência de Clinton, sugeriu que "o sucessor de uma doutrina da contenção (do comunismo) deve ser uma estratégia de... ampliação da comunidade livre de democracias de mercado do mundo"[22]. Como frequentemente ocorre, os acontecimentos no mundo geralmente não se conformam a uma doutrina ou a uma política. A administração de Clinton foi confrontada com um desafio, não de ampliar as democracias de mercado na África, mas de estancar a guerra civil para que civis famintos pudessem obter assistência internacional na Somália e acenar para a possibilidade de intervir no Ruanda, onde se sabia muito bem que matanças em massa na escala de um genocídio estavam ocorrendo. No período de 100 dias, começando em abril de 1994, mais de 800.000 tutsis e seus simpatizantes hutus foram mortos pelos dissidentes Hutus. No mesmo mês, uma revolução mais feliz estava ocorrendo em toda parte: a África do Sul estava conduzindo as primeiras eleições democráticas na qual todos os sul-africanos de todas as raças e cores estavam votando e elegendo Nelson Mandela como o seu primeiro presidente africano.

A União Soviética e a África

Grande parte da literatura sobre a política soviética em relação à África tende a ser lamentavelmente facciosa, lançando a antiga União Soviética como o principal vilão no sistema internacional contemporâneo e na África, contra o que os Estados Unidos precisavam ser vigilantes em todos os momentos. A verdade é que tanto os Estados Unidos quanto a União Soviética eram superpotências que estavam ansiosas para moldar o sistema internacional de acordo com as suas ideologias, ideologias que eles percebiam como tendo um apelo universal. Como as duas superpotências competiam para influenciar e ganhar

---

[22] HAAS, R.N. "Fatal Distraction: Bill Clinton's Foreign Policy". *Foreign Policy*, n. 108, 1997, p. 113.

amigos entre os países africanos, os interesses dos países africanos, nos quais a maior parte desta rivalidade se desenrolou, eram secundários. A União Soviética sempre percebeu que ela tinha desempenhado um papel muito importante na derrota das potências do Eixo na Segunda Guerra Mundial e que tinha realmente contribuído para o fim do império colonial em todo o mundo. Na verdade, como Ali Mazrui tinha observado, "Lênin legou para os povos colonizados do mundo uma teoria do imperialismo..."[23] Como a guerra acabou e as antigas animosidades entre os americanos e os soviéticos ressurgiram, e como as lutas anticoloniais ganharam impulso – tendo sido abastecidas em parte pela experiência da guerra – os teóricos soviéticos começaram a enfatizar a centralidade das ideias marxistas nessas lutas. Um intelectual soviético uma vez disse:

> A vitória completa e final de uma revolução colonial é somente possível sob a direção do proletariado... Somente a classe operária, liderando a frente nacional de todas as forças anti-imperialistas, é capaz de levar a cabo uma luta coerente pela independência[24].

No curso da luta pela independência e depois, os líderes africanos foram certamente receptivos a novas ideias, iniciativas e ofertas de ajuda para reconstruir as suas sociedades. Eles estavam curiosos sobre as alegações soviéticas de que as sociedades comunistas eram modelos melhores para os novos países da África do que o Ocidente. Os soviéticos enfatizaram o fato de que eles nunca tinham colonizado os países africanos e que os países africanos não podiam progredir se eles ficassem dentro da órbita ocidental. Alguns líderes africanos estavam familiarizados com a ideologia marxista e tinham mesmo empregado a retórica marxista na mobilização do seu próprio povo para a luta pela independência. Alguns desses líderes tinham sido perseguidos por defenderem a independência dos seus países. Muitos deles, embora agradecidos pela vontade soviética de ajudar, não queriam trocar um senhor por outro, ainda que o novo senhor alegasse compreender a opressão imperialista. Eles pensavam em maneiras de favorecer a União Soviética sem ficar enredados na rivalidade entre as superpotências. O MNA* foi estabelecido numa tentativa

---

23 MAZRUI, A.A. "The USSR and China as Models of Innovation". In: MAZRUI, A.A. (ed.). *Political Values and the Educated Class in Africa*. Berkeley: University of California Press, 1978, p. 170.
24 NOGEE, J.L. & DONALDSON, R.H. *Soviet Foreign Policy since World War II*. Op. cit., p. 132.
* Movimento dos Países Não Alinhados.

de resolver o dilema ideológico, permitir que os novos países participassem plenamente nos assuntos internacionais, e assumir posturas sobre as questões que eram vitais para eles – e havia muitas questões assim – sem uma pressão indevida das superpotências.

O empreendimento inicial da União Soviética na África ocorreu no início dos anos de 1950, quando ela firmou uma venda de armas com o Egito, cujo presidente, Gamal Abdel Nasser, estava liderando uma campanha pan-arábica contra Israel a favor dos palestinos. Ela manteve firme contato com a Frente Argelina de Libertação Nacional que, de 1954 a 1962, lutou vitoriosamente para expulsar a França da Argélia. Outros contatos se seguiram, envolvendo a Guiné, Gana e Mali no final dos anos de 1950. A União Soviética estava ansiosa por demonstrar a vitalidade da sua ideologia revolucionária.

Essas coisas não podiam deixar de trazer problemas, e esses surgiram muito cedo na relação entre os africanos e os soviéticos. Por um lado, os soviéticos não estavam realmente familiarizados com a África[25]. Eles não conheciam as línguas, as culturas e as condições econômicas e políticas prevalecentes no continente. Não seria fácil convencer os líderes africanos a adotar o marxismo do tipo soviético. Havia muitas contradições. Não havia burguesia nacional de que se falar nos países africanos. Não havia também um proletariado. Havia muitos grupos étnicos, vivendo vidas muito tradicionais, ligados aos líderes locais e sustentados por uma variedade de crenças e práticas que remontava a séculos. Muitos desses grupos foram submetidos às influências culturais dos missionários, dos colonizadores e dos empresários comerciais. Os líderes políticos, embora curiosos sobre o marxismo, eram indivíduos que vinham de grupos que de alguma maneira se beneficiaram do domínio colonial – eles eram bem-educados e aculturados em escolas ocidentais; alguns cultivaram o gosto do estilo de vida ocidental, mas eram muito conservadores e muito nacionalistas, com suas próprias ideias do que eles queriam que fosse feito para desenvolver os seus países. Alguns desses líderes estavam já começando a perceber que nenhum país tinha até então sido transformado com sucesso de um país camponês pobre num país industrial socialista e que a abordagem stalinista na União Soviética, que tinha alçado o país a uma grande potência, mas com um enorme custo humano, não era provavelmente aplicável na África.

---

[25] LEGVOLD, R. *Soviet Policy in West Africa*. Cambridge: Harvard University Press, 1970, p. 1-2.

Outras forças e acontecimentos complicaram a situação na África para os soviéticos. Os chineses estavam em vias de acabar com o controle soviético e começando a se afirmar como um modelo muito melhor para os países africanos do que o modelo soviético. Os chineses lembraram aos africanos que eles também eram não europeus – diferentemente dos soviéticos que eram basicamente europeus –, que eles tinham sofrido incursões imperialistas do Ocidente e que a sua sociedade estava mais próxima das sociedades africanas. Na verdade, a teoria da guerra de guerrilha, refinada e sintetizada pelo fundador da moderna China, Mao Tsé-Tung, era muito mais compatível com a cultura tradicional e, portanto, mais aplicável à África do que a experiência de Lênin como líder dos bolcheviques revolucionários. Além disso, tendo já ganho a independência, os líderes africanos estavam relutantes em renunciar a este novo poder ou receber ordens de alguém. Eles foram confrontados com o desafio assustador de construir novos Estados-nação e consolidar frágeis bases de poder através de partidos nacionalistas individuais.

Os soviéticos começaram a avaliar a complexidade desconcertante dos líderes, das sociedades e dos grupos políticos nos novos Estados africanos. No início dos anos de 1960, eles desenvolveram o conceito de "Estado de democracia nacional" para aceitar o processo de desenvolvimento muito diferente que estava sendo adotado pela Guiné, pelo Gana e pelo Mali[26] e para justificar ter de trabalhar com todas as espécies de grupos nacionais africanos não presentes no pensamento marxista. O "Estado de democracia nacional" era definido como:

> Um Estado que coerentemente apoiava a sua independência política e econômica, as lutas contra o imperialismo e os seus blocos militares, contra as bases militares nos seus territórios; um Estado que luta contra as novas formas de colonialismo e contra a penetração do capital imperialista; um Estado no qual eram garantidos às pessoas os seus amplos direitos democráticos e liberdades... a oportunidade de trabalhar para decretação da reforma agrária e de outras mudanças domésticas e sociais, e a participação na formulação da política de governo[27].

---

26 Ibid., p. 113.
27 NOGEE, J.L. & DONALDSON, R.H. *Soviet Foreign Policy since World War II*. Op. cit., p. 135.

O Estado de democracia nacional era concebido como sendo uma etapa transitória que levaria ao "socialismo". Pouco mais de um ano depois, este conceito foi revisado novamente para endossar o que foi chamado "socialismo do tipo nacional". Apesar das sérias dúvidas sobre o tipo de socialismo que Gana, Guiné e Mali estavam promovendo, os formuladores da política soviética construíram esse novo modelo de socialismo, um socialismo que não era muito científico, mas supostamente baseado numa variedade de tradições e experiências históricas africanas. Esse rápido e não muito bem-pensado revisionismo pode ter sido ocasionado pela iniciativa agressiva do governo chinês no sentido de ganhar uma posição na África. Mas, no longo prazo, os soviéticos experimentaram um revés atrás do outro, quando os seus aliados foram derrubados ou quando as políticas econômicas não puderam tirar os países da pobreza. Nkrumah do Gana foi expulso do poder em 1960, Keita do Mali foi deposto em 1969 e a Guiné entrou numa viciosa repressão política. As economias de todos os três países estagnaram. Os soviéticos tinham programas de ajuda em muitos outros países, incluindo o Quênia, a Tanzânia e o Uganda, mas esses programas foram conduzidos de maneira ineficiente e inadequada. Não havia recursos suficientes a serem transferidos para melhorar as terríveis condições econômicas desses países africanos.

Na esfera militar, não há dúvida de que os soviéticos tiveram um enorme impacto. Eles apoiaram praticamente todos os movimentos de libertação no sul da África e nas antigas colônias portuguesas.

Esse apoio era compatível com a sua crença no seu passado revolucionário e com o seu compromisso na erradicação da opressão e da exploração políticas onde quer que essas coisas existissem. Eles também viam as lutas de libertação como sendo as bases da construção de futuras alianças com a União Soviética. As vitórias dos movimentos de libertação em Moçambique, Angola, Guiné-Bissau e Zimbábue não teriam sido realizadas sem este essencial apoio material e logístico soviético.

Em alguns países com potencial revolucionário, os soviéticos se viram apanhados no lado perdedor das desastrosas guerras civis. Este foi claramente o caso quando os soviéticos apoiaram a Rebelião Simba no Congo. Quando os rebeldes *Simba* fizeram alguns missionários belgas de reféns, a intervenção ocidental, levada pelos Estados Unidos e pela Bélgica, foi maciça e rápida, resultando no prevalecimento das forças políticas domésticas conservadoras e pró-ocidentais. O presidente Mobutu desfrutou do apoio ocidental durante anos, apesar de liderar um dos governos mais corruptos e repressivos da África. Da mesma forma, quando o general Mohammed Siad Barre derrubou o governo somali em 1969, os soviéticos foram rápidos em estender a sua ajuda. O relacionamento prosperou, culminando na assinatura de um tratado de amizade em 1974. O novo governo radical da Somália tinha planos grandiosos para recuperar áreas na Etiópia e no Quênia que eram habitadas por pessoas de origem somali, e eles precisavam de equipamento militar dos soviéticos para este esforço. A Somália está estrategicamente localizada no que é conhecido como o Chifre da África, perto do explosivo Oriente Médio. Os soviéticos precisavam de um ponto de apoio lá e estavam felizes finalmente por conseguirem um para ficarem de olho nos Estados Unidos. Os Estados Unidos, por outro lado, estiveram por um longo tempo confortavelmente abrigados na Etiópia, onde eles tinham estabelecido enormes instalações de comunicação em Asmara, na parte norte do país. O imperador conservador Hailé Selassié podia sempre contar com o apoio americano. Os soviéticos armaram a Somália generosamente até 1974, quando Selassié foi derrubado por um grupo extremamente radical de jovens tenentes da força aérea. Como o conflito entre a Somália e a Etiópia se intensificou, a Somália esperava que a sua aliança com os soviéticos garantiria a eles as armas que ela precisava para travar uma guerra vitoriosa contra a Etiópia e capturar os seus territórios "perdidos". Os soviéticos, por sua vez, esperavam mediar este conflito. Como se viu, eles não podiam estar em ambos os países e permanecerem imparciais num conflito que rapidamente se intensificava. Eles infelizmente não puderam fazer a mediação. Na medida em que o coronel Mengistu Hailé Mariam e seus colegas na Etiópia soavam como revolucionários marxistas comprometidos, determinados a transformar o seu império feudal economicamente atrasado num moderno Estado socialista, a União Soviética decidiu que Mengistu e seus companheiros oficiais eram uma aposta melhor do que os somalis, e decidiu apoiá-los totalmente. Como era previsível, o governo somali expulsou os soviéticos em 1977. Com enormes quantidades de equipamento militar fornecido pela União Soviética, a Etiópia derrotou retumbantemente a Somália, destruindo a máquina militar de Barre. Barre fugiu para salvar a sua vida e praticamente morreu no exílio no Zimbábue. O país que ele deixou para trás se desintegrou num Estado totalmente fracassado.

Outro envolvimento de alto nível da União Soviética na África foi em Angola, onde um movimento de libertação marxista, o Movimento Popular para a Libertação de Angola (MPLA), estava encerrado numa luta de três vias para assegurar o controle do país depois da súbita saída das autoridades coloniais portuguesas. Os africanos travaram uma luta de libertação em Angola desde o início dos anos de 1960. Havia três principais grupos africanos, todos de base étnica. Depois de uma longa guerra, que precipitou um golpe em Portugal em 1974, Portugal tentou, mas não pôde unir os três grupos ou fundir os três exércitos de guerrilha numa força militar nacional. Como resultado disso, não havia nenhuma resposta internacional coordenada para mediar a incipiente guerra civil. Diferentes grupos externos intervieram a favor do lado que eles apoiavam. Soldados do Zaire (agora República Democrática do Congo) intervieram pela FNLA, os chineses mandaram instrutores militares para ajudar a Unita, os sul-africanos oscilaram ou para o lado da Unita ou da FNLA, e os soviéticos mandaram grandes embarques de armas para ajudar o MPLA. Uma ajuda extra veio de Cuba na forma de soldados. Embora a maioria dos observadores no Ocidente vissem os cubanos somente como uma extensão da política soviética, o relacionamento entre o MPLA e Cuba já vinha de muitos anos. Os cubanos estavam respondendo independentemente aos pedidos de ajuda do MPLA e provavelmente contribuíram com soldados, mesmo que os soviéticos não estivessem por perto. Tornou-se muito mais eficiente coordenar a assistência cubana e soviética juntas. O Ocidente respondeu à vitória do MPLA, continuando a financiar a Unita, até que as mudanças na União Soviética forçaram negociações que levaram à retirada cubana de Angola. Depois de muitos anos de demoradas negociações envolvendo as Nações Unidas, o governo do MPLA, a Unita e vários chefes de Estado africanos atuando como mediadores, foram realizadas eleições em Angola em setembro de 1992, que foram vencidas pelo MPLA. A Unita rejeitou os resultados destas eleições, argumentando que elas foram fraudadas, e retomaram a luta que continuou intermitentemente até 1997. Até ser morto pelas forças do governo em 2002, Jonas Savimbi da Unita continuou a levantar objeções reiteradas contra aderir a um governo de unidade e reconciliação nacionais com o qual ele e os outros líderes revolucionários tinham concordado antes.

A tomada de poder de Mikhail Gorbachev na antiga União Soviética em 1985 foi um divisor de águas nas relações entre a União Soviética e os países africanos. Quando Gorbachev se tornou o líder da União Soviética, ele ficou chocado ao descobrir que a economia soviética estava numa situação muito pior do que ele podia imaginar. O Império Soviético – na forma de aliados da Organização do Pacto de Varsóvia, de Estados marxistas externos e de regimes radicais no Terceiro Mundo – estava drenando a economia soviética[28]. A União Soviética estava pagando quase 80% do custo do Pacto de Varsóvia, despejando cerca de US$ 20 bilhões na economia da Europa Oriental, ou em ajuda direta, ou subsidiando o petróleo e o gás natural. Esse estado de coisas não podia continuar para sempre. Não havia como a economia soviética pudesse prosperar sem uma mudança fundamental não somente na própria economia soviética, mas também nas suas relações econômicas com os países dependentes em todo o mundo. Gorbachev tinha de fazer algo a respeito disso. Ele decidiu que a chave para reduzir o custo do Império Soviético era fazer mudanças fundamentais na sociedade soviética, incluindo reduções nas forças armadas soviéticas e desengajamento de algumas de suas obrigações inerentes para manter o império. Internamente, Gorbachev embarcou numa dupla política da *glasnost* e da *perestroika*[29]. A *glasnost* permitia liberdade de expressão, no sentido de que as pessoas pudessem falar abertamente sobre questões e problemas que o país enfrentava e compartilhassem as suas ideias sobre as soluções possíveis. A *perestroika* implicaria a reestruturação da maciça e centralmente controlada economia soviética. Inicialmente, Gorbachev, talvez não somente o mais bem-educado líder soviético desde a revolução, mas também totalmente instruído na cultura política do país, achava que ele podia liberalizar o sistema sem abandonar os pensamentos de Marx e Lênin[30]. A situação estava num impasse devido a uma resistência muito rígida e até mesmo a um golpe fracassado ocorrido em 18 de agosto de 1991, depois do que Gorbachev foi forçado a se demitir. A sua posição foi assumida por Boris Yeltsin. A União Soviética se desintegrou. Os três Estados bálticos de Estônia, Letônia e Lituânia foram os primeiros a se tornar estados independentes e a se juntarem às Nações Unidas. Uma frouxa federação foi formada, chamada de Comunidade dos Estados Independentes, com a Rússia e mais

---

28 EBERSTADT, N. & RICKS, T. "The Cost of Pax Sovietica". In: PHAU, C.T. (ed.). *World Politics 1982/1983* – Annual Editions. Guildford, CT: Dushkin, 1982, p. 42-47.
29 ROSKIN, M.G. *Countries and Concepts*. 3. ed. Englewood Cliffs, NJ: Prentice Hall, 1989, p. 243, 265.
30 Ibid., p. 223.

nove outras repúblicas, mas ela sucumbiu. Os conflitos étnicos continuam a assolar as antigas repúblicas soviéticas, como a Armênia, o Azerbaijão, o Tajiquistão e a Geórgia.

Internacionalmente, o impacto de Gorbachev foi tão grande quanto dramático. Ele retirou as forças soviéticas do Afeganistão, permitiu aos aliados soviéticos na Europa Oriental decidir sobre o tipo de sistema político e econômico que eles queriam, e começou a atiçar os amigos do Terceiro Mundo para que resolvessem os longos conflitos cujos enormes custos foram garantidos, durante todos estes anos, pela União Soviética. A Etiópia e Angola, ambos pesadamente dependentes da União Soviética em relação a armas e dinheiro, começaram a explorar modos de terminar as suas dispendiosas guerras civis. A ditadura marxista da Etiópia, tendo concordado com negociações exploratórias com os rebeldes da Eritreia, sucumbiu. O antigo homem forte, Mengistu Hailé Mariam, agora vive num exílio confortável no Zimbábue. O antigo governo marxista do MPLA em Angola concluiu um acordo de paz com o movimento Unita apoiado pelo Ocidente e realizou eleições livres em setembro de 1992, que foram monitoradas por observadores internacionais. A MPLA ganhou as eleições. A Unita recusou a aceitar o resultado, acusando o fato de que graves irregularidades eleitorais tornaram a eleição ilegítima; eles retomaram a luta. Outro acordo de paz foi alcançado em 1994, depois que as Nações Unidas mandaram forças de paz. A Unita continuou a violar o acordo de paz até 2002, quando o líder da Unita, Jonas Savimbi, foi morto numa batalha contra os soldados do governo. A guerra civil então terminou, embora haja um pequeno movimento rebelde na província de Cabinda, um enclave no canto sudoeste da República do Congo, completamente separado de Angola. O grupo rebelde reivindica que, embora a maior parte do petróleo fosse extraída de Cabinda, as pessoas do enclave não se beneficiaram da receita. De qualquer maneira, a escala da luta declinou drasticamente desde quando a Unita estava travando uma guerra de larga escala. Angola permanece um dos países mais pobres da África. Há muita reconstrução a ser feita no país. O campo é também cheio de minas da guerra civil, que continua a mutilar civis.

Conclusões

Os Estados africanos entraram no estágio da soberania com enormes desvantagens, como foi explicado neste livro. Contudo, os líderes estavam determinados a assegurar o seu lugar na família das nações e a afirmar os seus direitos como Estados independentes. O cenário internacional foi fornecido por fóruns como as Nações Unidas e as suas agências, pelo Movimento dos Países Não Alinhados e por organizações regionais como a Organização da Unidade Africana e a União Africana. Através da sua participação nestas organizações, eles adquiriram a sua legitimidade. Eles foram capazes de orientar a discussão nas Nações Unidas para as questões que mais importavam a eles: questões como a autodeterminação, o racismo e a desigualdade econômica. Algumas das agências formadas sob a rubrica das Nações Unidas, como a Conferência das Nações Unidas sobre o Comércio e o Desenvolvimento (Unctad: United Nations Conference on Trade and Development) e o Programa de Desenvolvimento das Nações Unidas, o Pnud (UNDP: United Nations Development Program) foram uma consequência da pressão contínua dos países africanos e de outros países pobres sobre os países ocidentais para que assumissem alguma responsabilidade de ajudar os países pobres através de agências multilaterais para que eles saíssem da pobreza. Não há dúvida de que alguns países africanos se beneficiaram da rivalidade internacional entre a antiga União Soviética e os Estados Unidos.

Os desafios domésticos que a África enfrentava se apresentaram como cada vez maiores. Necessidades de consolidação de poder e construção nacional significavam que muitos líderes africanos tentariam prescindir das frágeis estruturas que eles tinham herdado das autoridades coloniais nos dias finais do domínio colonial. Como os países coloniais continuaram a lidar com problemas domésticos e experimentaram diferentes modelos de desenvolvimento, nada parecia funcionar direito. A instabilidade e a repressão aumentaram; também aumentaram os problemas econômicos. Além disso, o fosso econômico entre os países africanos e as nações industrializadas ocidentais ficou ainda maior. Mesmo aqueles países em condições de explorar a Guerra Fria se viram sendo usados como peões. O Chifre da África é um bom exemplo disto.

As coisas parecem ter se tornado um círculo completo, com a queda da Europa Oriental, a libertação da Namíbia e a abolição do *apartheid* legal e constitucional na África do Sul. Na verdade, mesmo as cúpulas africanas mudaram suas agendas, dos assuntos relativos ao racismo e à autodeterminação para falar sobre os problemas econômicos –, apagando a dívida de US$ 260 bilhões como a questão principal – os direitos humanos e as reformas democráticas, o meio ambiente (no sentido de tentar desacelerar o processo de desertificação e a eliminação de resíduos tóxicos dos países industrializados) e a segurança regional.

Como estes problemas persistiram, havia um perigo real de a África ser marginalizada, agora que a Guerra Fria tinha terminado. Um certo número de estudiosos já tinha sugerido que a África estava prestes a entrar num período de "negligência benigna", na medida em que as principais potências se voltam para os seus problemas internos, ou buscam ajudar os novos estados comunistas libertados da Europa Oriental. Há também a impressão de que, depois de cerca de quatro décadas de ajuda estrangeira, o nível de pobreza na África Subsaariana é quase tão ruim como era há quarenta anos, e que, de acordo com um funcionário da ajuda americana, "derramar essencialmente mais dinheiro estrangeiro na região (i. é, na África) não faria nenhum bem"[31]. Mas como Gilbert Khadiagala afirma de forma persuasiva, "o real perigo de marginalização da África vem do componente de independência da nova ordem. A aglutinação do mundo extra-africano em esquemas de integração regional promete reduzir a capacidade já reduzida da África de participar no comércio mundial"[32].

No ambiente internacional muito alterado do século XXI, há muita evidência de que a África está ainda sendo dirigida por acontecimentos que estão fora do seu controle. Se os africanos puderem se adaptar bem, assumir o controle do processo de democratização que agora ocorre nos seus próprios países e impulsionar as abordagens regionais para preocupações econômicas e de segurança de longa data, então, talvez a nova ordem mundial não vá ver a crescente marginalização da África que é temida por alguns estudiosos.

Felizmente, há já alguma evidência de que os africanos começaram a emergir com ideias próprias sobre os problemas mais prementes que o continente enfrenta. Quatro sérios esforços merecem menção. A estrutura alternativa africana para o Programa de Ajuste Estrutural iniciado pelo Banco Mundial começou com a Comissão Econômica das Nações Unidas para a África em 1989, dirigida nessa época pelo economista nigeriano Adebayo Adedeji[33]. Este é um olhar sincero sobre o que está errado com as economias africanas, o que

---

31 BARNET, R.J. "But What about Africa? – On the Global Economy's Lost Continent". *Harper Magazine*, vol. 280, n. 1.680, mai./1990, p. 45.

32 KHADIAGALA, G.M. "Thoughts on Africa and the New World Order". *The Round Table*, vol. 324, n. 3, 1992, p. 442.

33 MINTER, W. (ed.). *Africa's Problems... African Initiatives*. Washington, DC: Africa Policy Information Center, 1992, p. 9.

as economias africanas devem ajustar para satisfazer as necessidades das pessoas, sobre os efeitos dos programas de ajustamento do Banco Mundial que resultaram em muito sofrimento para a média africana, sem qualquer aumento proporcional no desempenho econômico dos países, e sobre algumas recomendações intransigentes para o desenvolvimento de longo e de curto prazos das economias africanas. O segundo esforço, um encontro convocado na Tanzânia em 1990, reuniu africanos de várias organizações, governamentais e não governamentais. A conferência foi convocada "pela preocupação com a grave deterioração nas condições humanas e econômicas na África na década de 1980, pelo reconhecimento da ausência de avanço para alcançar a participação popular e pela ausência de plena avaliação do papel que a participação popular desempenha no processo de recuperação e desenvolvimento..."[34]. O que emergiu desta conferência foi algo chamado: uma Carta Africana para a Participação Popular no Desenvolvimento e na Transformação, endossando reformas democráticas como uma condição necessária para a recuperação econômica. O terceiro esforço é o Documento de Kampala, resultado de um encontro patrocinado pelo Fórum da Liderança Africana[35]. O fórum é a criação do ex-presidente nigeriano Olusegun Obasanjo, que acredita que os africanos devem começar a desenvolver o tipo de liderança imaginativa e competente que preparará os seus países para os desafios do século XXI. O Documento de Kampala lidou com questões de segurança, estabilidade, desenvolvimento e cooperação, muito amplamente definidos. O quarto esforço foi a Nova Parceria Econômica para o Desenvolvimento Africano (Nepad: New Economic Partnership for African Development), já discutido no capítulo 7.

Até agora, os sucessos das mudanças políticas em muitos países da África, que até alguns anos atrás não teriam sido julgados preparados ou mesmo capazes de mudança, oferecem bastante razão para esperança e otimismo. A euforia que acompanhou a transição para a independência foi embora. Agora, há somente a percepção de que para fazer que o sonho da paz e da prosperidade se torne realidade todos terão de trabalhar muito duro, e que os próprios africanos irão se encarregar das suas vidas na forma como eles não foram ainda convocados a fazer. A era da segunda libertação da África, internacional e domesticamente, pode, na verdade, ter começado.

---

34 Ibid., p. 25.
35 Ibid., p. 35.

Referências

ADU BOAHEN, A. *African Perspectives on Colonialism*. Baltimore, MD: The Johns Hopkins University Press, 1989.

AfricaFocus Bulletin, out./2004 [Disponível em http://www.unctad.org].

AFRICA RECOVERY UNIT. *African Debt*: The Case for Debt Relief. Nova York: United Nations, 1992.

AKE, C. "Explaining Political Instability in New States". *Journal of Modern African Studies*, vol. 11, n. 3, 1973.

APTER, D.E. *The Politics of Modernization*. Chicago: University of Chicago Press, 1965.

ATTWOOD, W. *The Reds and the Blacks* – A Personal Adventure. Nova York: Harper & Row, 1967.

AWOLOWO, C.O. "Early Political Organization in Nigeria". In: CARTEY, W. & WILSON, M. (eds.). *The Africa reader*: Independent Africa. Nova York: Vintage Books, 1970.

AWOONOR, K. *The Breast of the Earth*. Nova York: Nok, 1975.

BARNET, R.J. "But What about Africa? – On the Global Economy's Lost Continent". *Harper Magazine*, vol. 280, n. 1.680, mai./1990.

BENDER, G.F. *Angola under the Portuguese*: The Myth and the Reality. Berkeley: University of California Press, 1978.

BOAHEN, A. *African Perspectives on Colonialism*. Baltimore, MD: Johns Hopkins University Press, 1987.

BOHANNAN, P. & CURTIN, P. *Africa and Africans*. Prospect Heights, IL: Waveland Press, 1988.

BRUCE, M.R. "The World's Unwanted". *The Wall Street Journal*, vol. 23, 28/09/1989.

CARPENTER, T.G. "The U.S. and the Third World Dictatorships: A Case for Benign Detachment". In: ELLIOTT, J.M. (ed.). *Third World* – Annual Editions. Guildford, CT: Dushkin, 1991.

CHAZAN, N.; MORTIMER, R.; RAVENHILL, J. & ROTHCHILD, D. *Politics and Society in Contemporary Africa*. 2. ed. Boulder, CO: Lynne Reiner, 1991.

Country Profile: Cameroon [Disponível em http://newsvote.bbc.co.uk – Acesso em 24/08/2006].

CROWDER, M. *Senegal*: A Study in French Assimilation Policy. Nova York: Oxford University Press, 1962.

CURTIN, P.; FEIERMAN, S.; THOMPSON, L. & VANSINA, J. *African History*. Boston: Little, Brown & Company, 1978.

DANGREE, W.H. "The Bantu Tiriki of Western Kenya". In: GIBBS JR., J.L. (ed.). *Peoples of Africa*. Nova York: Holt, Rinehart & Winston, 1965.

DAVIDSON, B. *Modern Africa*. 2. ed. Nova York: Longman, 1989.

_____. *Which Way Africa*. 3. ed. Nova York: Penguin Books, 1973.

DAVIES, I. *African Trade Unions*. Baltimore: Penguin Books, 1996.

DUTFIELD, M. *A Marriage of Inconvenience*: The Persecution of Ruth and Seretse Khama. Londres: Unwin Hyman, 1990.

EBERSTADT, N. & RICKS, T. "The Cost of Pax Sovietica". In: PHAU, C.T. (ed.). *World Politics 1982/1983* – Annual Editions. Guildford, CT: Dushkin, 1982.

FANON, F. *Toward the African Revolution*. Nova York: The Grove Press, 1967.

FISHER, A. *Africa Adorned*. Londres: Collins, 1984.

FORDE, D. "Double Descent Among the Yako". In: RADCLIFFE-BROWN, A.R. & FORDE, D. (eds.). *African Systems of Kinship and Marriage*. Nova York: Oxford University Press, 1965.

FREUND, B. *The Making of Contemporary Africa*: Development of African Society since 1800. Bloomington, IN: Indiana University Press, 1984.

GIBBS JR., J.L. "The Kpelle of Liberia". In: GIBBS JR., J.L. (ed.). *Peoples of Africa*. Nova York: Holt, Rinehart & Winston, 1965.

GLUCKMAN, M. "Kinship and Marriage Among the Lozi of Northern Rhodesia and the Zulu of Natal". In: RADCLIFFE-BROWN, A.R. & FORDE, D. (eds.). *African Systems of Kinship and Marriage*. Nova York: Oxford University Press, 1965.

GOVERNMENT OF KENYA. *African Socialism and Its Application to Planning in Kenya*. Nairobi: Government Printer, 1965.

GUEST, R. (ed.). *The Shaked Continent*: Power, Corruption, and African Lives. Washington, DC: Smithsonian Books, 2004.

HAAS, R.N. "Fatal Distraction: Bill Clinton's Foreign Policy". *Foreign Policy*, n. 108, 1997.

HAILEY, L. *An African Survey*. 1956 [Ed. rev.: Nova York: Oxford University Press, 1957].

HARRIS, J.E. *Africans and Their History*. Nova York: Penguin Books, 1987.

HENRIKSEN, T. "Portugal in Africa: A Noneconomic Interpretation". *African Studies Review*, vol. XVI, n. 3, dez./1973.

HERSKOVITS, M.J. *The Human Factor in Changing Africa*. Nova York: Alfred A. Knopf, 1962.

HOCHSCHILD, A. *O fantasma do rei Leopoldo*: Uma história de voracidade, terror e heroísmo na África colonial. São Paulo: Cia das Letras, 1999 [Capítulo 8: "Onde os dez mandamentos não vigoram", p. 126-129].

HULL, R.W. *Modern Africa*: Continuity and Change. Englewood Cliffs, NJ: Prentice Hall, 1980.

IDOWU, E.B. *African Traditional Religion*. Maryknoll, NY: Orbis Books, 1975.

IMOBIGHE, T.A. *The OAU, African Defence and Security*. Owerri. Benin: Adena, 1989.

JACOBSON, H.K. *Networks of Independence: International Organization and the Global Political System*. 2. ed. Nova York: Alfred A. Knopf, 1984.

KAYONGO-MALE, D. & ONYANGO, P. *The Sociology of the African Family*. Nova York: Longman, 1984.

Keesing's Record of World Events, vol. 38, n. 8, p. 38.992.

KENYATTA, J. *Facing Mt. Kenya*. Nova York: Vintage Books/Random House, 1965.

KHADIAGALA, G.M. "Thoughts on Africa and the New World Order". *The Round Table*, vol. 324, n. 3, 1992.

KHAPOYA, V.B. *The Politics and the Political Economy of OAU Summitry* [Ensaio apresentado no encontro anual da African Studies Association, Washington, DC, 04-07/11/1982].

KIRKPATRICK, J. "Human Rights and American Foreign Policy". In: PHAU, C.T. (ed.). *World Politics 82/83* – Annual Editions. Guildford, CT: Dushkin, 1982.

KUPER, H. "The Swasi of Swaziland". In: GIBBS JR., J.L. (ed.). *Peoples of Africa*. Nova York: Holt, Rinehart & Winston, 1965.

LAIDI, Z. *The Super-powers and Africa*: The Constraints of a Rivalry, 1960-1990. Chicago: University of Chicago Press, 1990.

LAMB, D. *The African*. Nova York: Vintage Books/Random House, 1984.

LEGUM, C. *Africa Since Independence*. Bloomington, IN: Indiana University Press, 1999.

LEGVOLD, R. *Soviet Policy in West Africa*. Cambridge: Harvard University Press, 1970.

LEYS, C. *Underdevelopment in Kenya*: The political Economy of Neocolonialism, 1964-1971. Berkeley: University of California Press, 1974.

LLOYD, P.C. "The Yoruba of Nigeria". In: GIBBS JR., J.L. (ed.). *Peoples of Africa*. Nova York: Holt, Rinehart & Winston, 1965.

LOFCHIE, M.F. "A Review of Ian Taylor". *Nepad*: Toward Africa's Development or Another False Start. Boulder, CO: Lynne Reinner, 2005 [Africa Today, vol. 52, n. 4, 2006, p. 144-145].

LUMUMBA, P. *Congo, My Country*. Londres: Pall Mall, 1961.

MANNERS, R.A. "The Kipsigis of Kenya: Culture Change in a 'Model' East African Tribe". In: STEWARD, J.H. (ed.). *Contemporary Change in Traditional Societies*. Vol. I. Urbana, IL: University of Illinois Press, 1967.

Map of Freedom, 2006 [Disponível em http://www.freedomhouse.org – Acesso em 02/12/2011].

MAQUET, J. *Africanity*: The Cultural Unity of Black Africa. Nova York: Oxford University Press, 1872.

MATTHEWS, A.F. "World North-South Issues at the Cancun Conference". In: PHAU, C.T. (ed.). *World Politics 1982/1983* – Annual Editions. Guildford, CT: Dushkin, Group, 1982.

MAZRUI, A.A. & TIDY, M. *Nationalism and New States in Africa*. Nairobi, Quênia: Heinemann, 1984.

MAZRUI, A.A. "The USSR and China as Models of Innovation". In: MAZRUI, A.A. (ed.). *Political Values and the Educated Class in Africa*. Berkeley: University of California Press, 1978.

MAZRUI, A.A. *Political Values and the Educated Class in Africa*. Berkeley: University of California Press, 1978.

MAZRUI, A.A. "European Exploration and Africa's Self-Discovery". *The Journal of Modern African Studies*, vol. 7, n. 4, 1969.

MBITI, J. *Introduction to African Religion*. Londres: Heinemann Educational Books, 1979.

_____. *African Religions and Philosophy*. Garden City, NY: Anchor Books/Doubleday & Co., 1970.

McCASKIE, T.C. "Ghana Recent History". In: SYNGE, R. & McCASKIE, T.C. (eds.). *Africa South of the Sahara 1990-1991*. Londres: Europa Publications, 1990.

McGRATH, E.G. *Is American Democracy Exportable?* Beverly Hills, CA: The Glencoe Press, 1968.

MEREDITH, M. *The Fate of Africa*: From the Hopes of Freedom to the Heart of Despair, a History of 50 Years of Independence. Nova York: Public Affairs, 2005.

MEYERS, B.D. "The OAU's Administrative Secretary-General". *International Organization*, vol. 30, n. 3, 1976, p. 509-520.

MINTER, W. (ed.). *Africa's Problems... African Initiatives*. Washington, DC: Africa Policy Information Center, 1992.

MONDLANE, E. *The Struggle for Mozambique*. Baltimore, MD: Penguin Books, 1969.

MORRISON, D.G.; MITCHELL, R.C. & PADEN, J.N. (eds.). *Black Africa*: A Comparative Handbook. 2. ed. Nova York: Paragon House, 1989.

NASCIMENTO, E.L. *A matriz africana no mundo*. São Paulo: Editora Selo Negro, 2008 [Coleção Sankofa, volume 1].

NKRUMAH, K. "African Socialism Revisited". In: CARTEY, W. & KILSON, M. (eds.). *The Africa Reader*: Independent Africa. Nova York: Vintage Books, 1970.

NOGEE, J.L. & DONALDSON, R.H. *Soviet Foreign Policy since World War II*. Nova York: Pergamon, 1983.

Non-Aligned: For What, Against What? [Disponível em http://news.bbc.co.uk/2/hi/ 162711.stm].

NYERERE, J.K. "Education for Self-Reliance". In: NYERERE, J.K. (ed.). *Ujamaa*: Essays on Socialism. Nova York: Oxford University Press, 1968.

OJO, O.J.C.B.; ORWA, D.K. & UTETE, C.M.B. *Africa's International Relations*. Londres: Longman, 1985.

OLISANWUCHE, E.P. *Pan-Africanism*: The Idea and the Movement, 1776-1963. Washington, DC: Howard University Press, 1982.

OTTENBERG, P. "The Afikpo Ibo of Eastern Nigeria". In: GIBBS JR., J.L. (ed.). *Peoples of Africa*. Nova York: Holt, Rinehart & Winston, 1965.

PACKER, C.A.A. & RUKARE, D. "The New African Union and Its Constitutive Act". *American Journal of International Law*, vol. 96, n. 96, abr./2002.

PADMORE, G. *Pan-Africanism or Communism*. Nova York: Anchor Books/Doubleday, 1972.

POLGREEN, L. "With Little Authority, African Union Struggles with Its Mission in Dafur". *New York Times*, 09/09/2006.

POTHOLM, C. *The Theory and Practice of African Politics*. Englewood Cliffs, NJ: Prentice Hall, 1979.

PERHAM, M. *The Colonial Reckoning*. Nova York: Alfred A. Knopf, 1962.

READER, J. *Africa*: A Biography of the Continent. Nova York: Alfred Knopf, 1998.

Report on the Global Aids Epidemic. Genebra: Unaids, 2006 [Disponível em http://www.unaids.org – Acesso em 29/11/2011].

RODNEY, W. *How Europe Underdeveloped Africa*. Washington, DC: Howard University Press, 1981.

ROSKIN, M.G. *Countries and Concepts*. 3. ed. Englewood Cliffs, NJ: Prentice Hall, 1989.

ROTBERG, R.I. *The Founder*: Cecil Rhodes and the Pursuit of Power. Nova York: Oxford University Press, 1988.

ROTHCHILD, D. "U.S. Policy Styles in Africa". In: OYE, K.A.; ROTHCHILD, D. & LIEBER, R.J. (eds.). *Eagle Entangled*: U.S. Foreign Policy in a Complex World. Nova York: Longman, 1979 [No original: UN Declaration on the Grating of Independence to Colonial Countries and Peoples].

ROTHCHILD, D. & RAVENHILL, J. "Subordinating African Issues to Global Logic: Reagan Confronts Political Complexity". In: OYE, K.; LIEBER, R.J. & ROTHCHILD, D. (eds.). *Eagle Resurgent?* – The Reagan Era in American Foreign Policy. Boston: Little Brown & Company, 1987.

SANDBROOK, R. *The Politics of Africa's Economic Stagnation*. Nova York: Cambridge University Press, 1985.

SCHAPERA, I. "Kinship and Marriage Among the Tswana". In: RADCLIFFE-BROWN, A.R. & FORDE, D. (eds.). *African Systems of Kinship and Marriage*. Nova York: Oxford University Press, 1963.

"Sex and Death". In: GUEST, R. (ed.). *The Shaked Continent*: Power, Corruption, and African Lives. Washington, DC: Smithsonian Books, 2004.

SITHOLE, N. *African Nationalism*. 2. ed. Nova York: Oxford University Press, 1968.

SCHRAEDER, P.J. *African Politics and Society*: A Mosaic in Transformation. 2. ed. Belmont, CA: Wadsworth/Thompson Learning, 2004.

SEIDENBERG, D.A. *Uhuru and the Kenyan Indians*: The Role of a Minority in Kenya Politics. Nova Deli: Vikas, 1983.

SIMIYU, V.G. *Elijah Masinde*: A Biography. Nairobi, Quênia: East African Educational, 1997.

SINGHAM, A.W. (ed.). *The Nonaligned Movement in World Politics*. Westport, CT: Lawrence Hill, 1977.

SITHOLE, N. *African Nationalism*. 2. ed. Nova York: Oxford University Press, 1968.

SMITH, M.G. "The Hausa of Northern Nigeria". In: GIBBS JR., J.L. (ed.). *Peoples of Africa*. Nova York: Holt, Rinehart & Winston, 1965.

The MDGs Report, 2005 [Disponível em http://unstats.un.org/unsd/mi/pdf/MDG%20 Book.pdf – Acesso em 25/12/2011].

TORDOFF, W. *Government and Politics in Africa*. Bloomington, IN: Indiana University Press, 1984.

TURNBULL, C. *The Forest People*. Nova York: Doubleday Books, 1965.

TURNER, V. "Symbolization and Patterning in the Circumcision Rites of Two Bantu-Speaking Societies". In: DOUGLAS, M. & KABERRY, P.M. (eds.). *Man in Africa*. Nova York: Anchor Books, Doubleday, 1971.

UCHENDU, V.C. *The Igbo of Southeast Nigeria*. Nova York: Holt, Rinehart & Winston, 1965.

VAILLANT, J.G. *Black, French, and African*: A Life of Léopold Sédar Senghor. Cambridge, MA: Harvard University Press, 1990.

VANCE, C. "The Human Rights Imperative". In: ROURKE, J.T. (ed.). *Taking Sides*. 3. ed. Guildford, CT: Dushkin, 1991.

VANSINA, J. *Oral Tradition as History*. Madison: University of Wisconsin Press, 1985.

VAN ZWANENBERG, R.M.A. *Colonial Capitalism and Labor in Kenya 1919-1939*. Nairobi: East African Literature Bureau, 1975.

WAGNER, G. "The Abaluya of Kavirondo (Kenya)". In: FORDE, D. (ed.). *African Worlds*. Nova York: Oxford University Press, 1968.

WILEY, D. & CROFTS, M. *The Third World*: Africa. Guilford, CT: Dushkin.

World Population Data Sheet. Washington, DC: Population Reference Bureau, 2011.

Sites

http://africanelections.tripod.com/ke.html – Acesso em 27/05/2010.

http://newsvotebbc.co.uk – Acesso em 17/08/2006.

http://news.bbc.co.uk – Acessado em 27/12/2008.

http://unstats.un.org/unsd/pdf/MDG%20Book.pdf – Acesso em 15/12/2011.

http://unstats.un.org/unsd/mi/pdf/MDG%20Book.pdf – p. 18.

http://unstats.un.org/unsd/mi/pdf/MDG%20Book.pdf – p. 34.

http://www.africafocus.org/docs04/debt0410.php – Acesso em 30/05/2006.

http://www.bbcnews.com

http://www.freedomhouse.org/uploads/special_report/99.pdf – Acesso em 01/12/2011.

http://www.freedomhouse.org/uploads.special_report99.pdf – Acesso em 01/12/2011.

http://www.freedomhouse.org/templatecfm?page=15

http://www.malaria.org/wheredoesitoccur.html   www.astdhpphe.org/infect/guinea.html   www.emedicine.com/med/topic1667.html   www.micro.msb.ac.uk

http://www.nepadorg/2005/files/home.php – Acesso em 15/12/2011.

http://www.nepad.org/history – Acesso em 15/12/2011.

http://www.un.org/milleniumgoals – Acesso em 19/08/2006.

Índice analítico e onomástico*

Ação da África (Comissão Americana sobre a África) 16

Achebe, Chinua 138

África
   antiga 103-111
   autoridade imperial romana 108s.
   Benim e Kongo 121, 127s.
   comércio transaariano de ouro 115, 118s.
   continente e seu povo 15-39
   controle europeu da 152q.
   demografia 23-28
   do Norte 129s.
      século XIX 129s.
   Equatorial 179
   Era do Islã 111s.
   estados das savanas da África Central 122-126
   geografia 16-23
   Guerra Fria 331-334
   independente, o que deu errado? 286-293
   início da era moderna 126-128
   linguagem e cultura 29-39
   medieval 111-126
   Movimento dos Países Não Alinhados (MNA) 334-339
   nos assuntos mundiais 327-367

---

* As referências de página com um "q." e "il." se referem respectivamente a um quadro ou a uma ilustração nessa página.

    Ocidental 135-141
      Confederação Axante (Ashanti) 140s.
      Francesa 164, 178s.
      Iorubalândia 135, 139s.
      nação Ibo (Igbo) 137s.
      século XIX 134-142
    Organização da Unidade Africana (OUA) 338-347
    Oriental 142-148
      assentamentos portugueses em Moçambique 142s.
      chifre do norte 147s.
      Estado do planalto 145
      região interlacustre 143
      século XIX 141-148
      Vale do Rift 143s.
    outras civilizações africanas 110s.
    pré-histórica 98il., 100-104
    reinos do Egito 103-110
    século XIX 129-148
    Sudão
      Africano 131-135
      Ocidental 118s.
    União Soviética e África 356-365

Africâneres 25, 36

Agbala 137

Aids 22s.
    Obama
      combate da epidemia 293s.
    papel das empresas farmacêuticas 319s.

Ake, C. 259, 263

Alafin 139

Aliança das Forças Democráticas para a Libertação do Congo-Zaire 304s.

Alta Comissão do Leste Africano 339

Ancestrais
    crença nos 84
    espíritos ancestrais 83

Anos de desilusão, 1970-1985 298

Apartheid 175, 244, 333

Apter, D. 87

Área, população, densidade demográfica 27q.-28q.

Arochukwu 137

Asis ou Asista 79s.

Askias 117s.

Assimilados 171
    política de assimilação 163

Associação
    Africana da Tanganica (AAT) 178, 239s.
    Africana do Quênia (AAQ) 236
    Central Quicuio (ACQ) 239s., 258
    de Bem-Estar dos Contribuintes de Kavirondo (Abeck) 239s.
    de Pais da Tanzânia (APT) 273s.
    dos Fazendeiros da Costa do Ouro 228
    dos Jovens Quicuios 239s.
    Nacional para o Progresso das Pessoas de Cor (ANPPC) 16
    Universal para o Progresso Negro (AUPN) 224s.

Ato de prisão preventiva 264s.

Autoridade imperial romana 108s.

Avaliação das eleições de (Freedom House)
    Frente Revolucionária Unida (FRU) 309s.
    Sirleaf, Sra. E.J. (primeira presidente africana mulher) 309s.
    Taylor Charles (Libéria)
        acusações criminais 309s.
        exílio para a Nigéria 309s.

Awoonor, K. 218

Axante, M. 98

Axantehene 140s.

Axum 111

Banco Mundial 276, 292, 297, 312s., 313s., 366s.
   precondições para empréstimo 313s.

Bata Shoe Company 284

Batongole 91

Bélgica 136

Bender, G. 170

Benim e Congo 121-127

Bernal, M. 98

Bilharzia: cf. Esquistossomose

Biya, P. (Camarões)
   conflitos com Ahidjo 305s.
   democracia 305-310
   mudança do nome do partido 305s.
   razões da intervenção militar 305s.

Blyden, E.W. 149

Boahen, A.A. 141

Brutalidade alemã 209s.
   cf. tb. Opressão colonial; Invasores alemães

Burton, R. 145

Canem-Bornu 119s., 128, 132

Capitalismo africano 283-286

Carta
   Africana para a Participação Popular no Desenvolvimento e na Transformação 367
   dos Direitos Humanos para os Africanos 223

Cartago 110s.

Carter, J. 308s., 333

Casamento 46-52
  fantasma 58s.
  formas de 51-59
  levirato 57s.
  por amor 49s.
  sororato 57s.

Cazembes 142

Centro Carter (Emory University) 308s.

Cercles 179s.

Césaire, A. 282

Chama cha Mapinduzi 274

Chazan, N. 328

Chef de Subdivision 179s.

Chefes
  e reis 62s.
  por mandato 176s., 257s.

Cicatrização 67s.

Civilizações
  outras c. antigas 110

Classe de idade 61s., 66s., 71s., 75s., 88s.

Classificação das línguas africanas 32q.-33q.

CNA: cf. Congresso Nacional Africano

Coabitação 58s.

Coalizão Nacional Arco-Íris (CNAI) 301

Coletivismo 65s.

Colonialismo 151-178
  ausência de industrialização 199
  científico 182s.

    domínio colonial: Quem se beneficiou? 199-203
    economia do 187-199
    economias de culturas comerciais e de uma cultura comercial 194
    estilos de administração colonial 174-187
    exploração
      da mão de obra 189-192
      exploração da terra 187-190
    imposto sobre a cabana e eleitoral 191s.
    lógica do imperialismo na África 156-161
    mão de obra imigrante 197-199
    missão civilizatória 161-175
    proibição do comércio e das comunicações entre os africanos 196
    razões do interesse da Europa na África 153-162
    recrutamento de mão de obra 192

Colônias francesas
    descolonização nas 250s.

Comércio
    interafricano
      proibição de 195
    internacional de escravos 120s., 142s., 148s.

Comissão
    Brandt 297
    de Constituição do Quênia 287

Commandant de Cercle 179s.

Common Crisis: North-South Cooperation for World Recovery 311

Companhia Britânica
    da África do Sul 144, 184s.
    da África Oriental 283

Comunicações
    proibição entre os africanos 195

Comunocracia 280

Confederação Axante (Ashanti) 140s.

Conferência(s)
  de Berlim de 1884-1885 152, 173s.
  dos Povos Africanos 230, 272s.

Congresso
  Africano da Rodésia do Norte 238
  Africano da Niassalândia (Malavi) 228
  do Povo de Uganda (CPU) 248s.
  do Povo do Norte (CPN) 239, 248
  Nacional Africano (CNA) 228, 244, 261, 307, 336
  Nacional da África Ocidental Britânica 237
  Nacional da Nigéria e de Camarões (CNNC) 228, 238s., 248
  Pan-africano 224-231
    1919 183
    1921 226
    1923 227
    1927 227
    1945 228

Convenção
  de Lomé 313
  Unida da Costa do Ouro (Cuco) 238, 245

Cooperativas de trabalhadores 64s.

Corporações de ofício 62s.

Corrida para a África 96, 129, 148s.

Corrupção 299, 302s.

Crenças religiosas
  em Deus 78-83
  nos ancestrais 84
  nos espíritos 83
  tradicionais 77-85

Cristianismo 78
  missionários cristãos 134s.

Crocker, C. 355

Crofts, M. 30

Crowther, S.A. 140

Culturas comerciais 194s.

Cuxe-Meroe 104, 110

Davidson, B. 97, 193, 219

Declaração
   de Arusha 272
      Código de Liderança 274s.
   sobre a Concessão de Independência dos Países e Povos Coloniais das Nações Unidas 352
   Universal dos Direitos Humanos 232, 309

Democracias eleitorais 309q.

Demografia 23-29

Dentes
   retirada de alguns 68s.

Descolonização e transferência de poder 246-253
   centralização do poder 244
   nas colônias francesas 250-253
   regionalismo e separatismo 246

Desenvolvimento político
   África
      antiga 103-111
      do século XIX 129-148
      medieval 111-126
      pré-histórica 100-104
   histórico 95-150
   início da modernidade africana 125-128

Deus
   crença em 78-83
   Mito da Criação 79s.

Diagne, B. 223, 251

Dinastia
  mameluca 114
    mamelucos 114
  Zaguê 112

Diop, C.A. 97, 104

Documento de Kampala 367

Doença(s) 21
  diarreica 21

Dominação do homem sobre a mulher 69

Domínio colonial: Quem se beneficiou? 199-203

Dote da noiva 48-52

Dsrt 104

Du Bois, W.E.B. 183, 222-229, 277

Durkheim, É. 77

Dutfield, M. 166s.

Egharevba, J.A. 97

Egbe Omo Oduduwa 239

Egito
  Novo Reino 106-109, 110s.
  Primeiro Período Intermediário 106
  reino do 103-111
  Reino Médio 105-107
  Segundo Período Intermediário 106
  Velho Reino 104s.

Emitaï 212

Engajamento construtivo 355

Era do romantismo (1939-1970) 297

Escarificação da pele 68

Escolhas políticas depois da independência 262-273
    capitalismo africano 282-286
    Gana 275-279
    Guiné 279s.
    Senegal 281-283
    sistemas de partido único 262-268
    socialismo africano 267-271
    Tanzânia 258-263

Espanha 17, 114, 131, 159, 333

Espíritos
    crença nos 83
    humanos 83
    naturais 83

Esquistossomose 21

Estado da Índia 154

Estados e sociedades sem Estado 87

Estados Unidos e África 352-357

Estilos administrativos
    colonial 174-187
    governo de empresa 181-184
      indireto de empresa 183-187
    governo direto 178-182
    governo indireto 175-179

Estratégias de reforma, economia africana
    visão de Richard Sandbrook 325

Ewe; cf. *Obá*

Facing Mount Kenya 80, 214

Família(s) linguística(s)
    afro-asiáticas 36, 38
    níger-congolesa 37

nilo-saariana 36s.
principais 36s.

Fanon, F. 168s., 251
Teoria do Racismo Francês 168s.

Febres tropicais 21

Federação Trabalhista do Quênia (FTQ) 236

Feierman, S. 146

Feiticeiros médicos 63

Ferreiros 62

Fisher, A. 72

Forde, D. 56

Fórum da Liderança Africana 367

Fourah Bay College 136

Fragmentação interétnica; cf. Tribalismo

França 131, 147, 221

Frente
Argelina de Libertação Nacional 358
Unida Massai 241

Freund, B. 173, 190

Fuga 50

Gana
escolhas políticas depois da independência 262

Garvey, M. 222, 227, 277

Geografia 16-21
mapa
da geografia física 22il.
político 17il.

Gibbs, J.L. 50, 62s.

Glasnost 363

God's Bits of Wood 169

Goodall, J. 101

Gorbachev, M. 362s.

Governo
    de empresa (das potências coloniais) 182-184
        indireto 183-187
    de Unidade Nacional (GUN) 348
    direto das potências coloniais 178-182
    indireto das potências coloniais 175-179

Graham, J.D. 95

Greenberg, J. 35, 97

Grupo
    Brazzaville-Monróvia 339
    Casablanca 339
    dos 77 336
        "Democratização orientada" 307
        imposição de democracia 307
        Rawlings Jerry (Gana) 307s.
        reformas da 308
        sucesso democrata 307s.
    de Ação (GA) 239, 248
    de idade 59s.
    não parentais 59-66
        categorias de idade 59s.
        chefes e reis 63
        cooperativas de trabalhadores 65
        corporações e corporações profissionais 62s.
        feiticeiros médicos 63s.
        ferreiros 62s.
        grupos de idade 59s.
        médiuns 63
        reverência pelos velhos 63

Guerra Fria 331-335

Guiné
　escolhas políticas depois da independência 280s.
　verme da 21

Guthrie, M. 97

Habari za Dunia 198

Hailey (lord) 182, 187, 247

Hajj 112, 116s.

Harris, J. 98, 150

Hayford, C. 225

Herskovits, M.J. 216

Historiadores, músicos, poetas orais 62s.

Homo
　erectus 101
　habilis 101
　sapiens 101s.

Horton, Dr. J.A. 148

Hórus 105

Hull, R. 211

Igreja Católica 173, 183, 211

Igrejas missionárias e nacionalismo 210-218
　cristãos coptas 210s.
　Igreja Católica 211
　islâmicos 210

Imperialismo
　lógica do 156-162
　razões
　　culturais 158
　　econômicas 160s.
　　políticas/estratégicas 162s.

Imperialismo: a fase extrema do capitalismo 160

Imposto(s) da cabana 191, 209
 e eleitoral 191

Independência
 ausência de desenvolvimento econômico 254-256
 depois da 243-294
 descolonização e transferência de poder 244-252
 divisões territoriais e étnicas 252s.
 escolhas políticas 262-286
 expectativas populares 252
 ganhos 294s.
 instabilidade política 252-263
 lavouras de culturas comerciais 256
 O que deu errado? 285-293
 problemas na 252-259

Indígenas 171

Indivíduo nas sociedades africanas 65-73
 coletivismo 65s.
 fases da vida 65-73

Industrialização
 ausência de 200

Instabilidade política depois da independência 259-262

Instituições tradicionais africanas 41-66
 crenças religiosas tradicionais 77-87
 formas de casamento 51-59
 grupos não parentais 59-66
 indivíduo nas sociedades africanas 65-73
 parentesco 46-52
 política e governo na África tradicional 86-93
 religião como modo de vida 85
 vida familiar e socialização 73-77

Invasores italianos 147s.

Iorubalândia 135, 140

Irredentismo e guerras civis 257

Ísis 107

Islã
   era do 111-116

James, C.L.R. 277

Jihad 112, 115

Johnson, J.W. 140

Kabaka 90s., 248s.

Kabaka Yekka (KY) 248s.

Kabila, J. (República Democrática do Congo) 304s.
   eleição(ões)
      democrática de 2006 304s.
      disputadas de 2011 305s.
   tratado de paz 304s.

Kabila, L.-D. (República Democrática do Congo) 304s.
   assassinato de 304s.
   fracasso em terminar a guerra civil 304s.

Kalongas 124

Katikkiro 90

Kebra Nagast 112

Kennedy, J.F. 353

Kenyatta, J. 69, 80, 156, 213s., 228, 246, 253, 283, 301, 353

Kérékou, M. (Benim)
   ironia eleitoral 299

Khadiagala, G.M. 366

Khama, S. 165-168

Khapoya, V.B. 22

Kibaki, M. (Quênia)
   derrota do esboço constitucional 301s.
   eleições gerais de 2007 302
   fraude eleitoral 303
   Ghai, Y. 301
   intervenção/mediação de Kofi Annan 303
   políticas anticorrupção 302s.
   queda do Narc 301

Kipling, R. 158s.

Kirkpatrick, J. 332-335

Kissinger, H. 354

Kmt 104

Lamb, D. 51

Leakey, L. 97

Leakey, M. 97

Legum, C. 298

Lenin, V.I. 160

Liga
   das Nações
      e Nações Unidas 230-234
      sistema de mandato 152, 178s.
   de juventude da União Nacional Africana de Tanganica (LJ-Unat) 273s.
   Urbana Nacional 16

Ligações extramaritais 50s., 58s., 169s.

Língua(s)
   africanas
      seleção principal 32q.-35q.
   árabe 37s.
   malagasy 33q.

Linguagem
    africâner 34q., 42
    e cultura 29-39
    familiar coissã (Click) 36

Livingstone, Dr. D. 145, 154

Lloyd, P.C. 92

Lonrho 284

Lugard (lord) 176

Lukiiko 90

Lumumba, P. 172, 175, 230, 254, 325, 339

Luso-tropicalismo 170

Luta pela democracia 297-310
    Ahidjo, A. (Camarões), autocrata 305s.
    e mercados livres 297-326
    línguas oficiais 305s.
    renúncia 305s.
    sistema de partido único 305s.

Maat 105

Mahdi 134

Majimbo 246, 266

Malária 21

Mandela, N. 289s., 306s., 336, 338, 356

Manifestação de massa; cf. "Democratização orientada"

Manners, R. 79s.

Mão de obra
    exploração da 189-192
    imigrante 197-199
    recrutamento 192-195

Maquet, J. 67

Mazrui, A. 153, 215

Mbiti, J. 71, 83, 85

McCaskie, T.C. 277

Medidas comparativas de liberdade
classificação da Freedom House Organization 310q.
Confederação Geral dos Trabalhadores (CGT) 267

Médiuns 63

Micronacionalismo 245s., 262s., 294

Missão
britânica 161-164
civilizatória, raça e colonizadores europeus 161-175
contraste entre franceses e ingleses: Senghor e Khama 164-168
educativa 212s.
francesa 163s.
portuguesa 169-172
Teoria do Racismo Francês de Fanon 168s.

Mitchell, R.C. 32q.-35q.

Mitos de criação 81

Mobutu, S.S. (Congo)
ditadura de 304s.
exílio para o Marrocos 304s.
massacre de estudantes universitários 303s.
sistema multipartidário 303s.

Moi, D. (Quênia)
administração de 300-303
eleição geral de 1992 300
privação de direitos 300
tribalismo 300

Morrison, D.G. 32q.-35q.

Movimento(s) 233-241
de independência
associações religiosas 235s.

    burocracia colonial 234s.
    camponeses 234s.
    de juventude 237s.
    fazendeiros de culturas comerciais 234s.
    grupos profissionais 234s.
    organizações regionais tribais e grupos étnicos 239s.
    pequenos comerciantes, pequenos trocadores e vendedores ambulantes 234s.
        professores, funcionários, pequenos mercadores
        sindicatos e associações de bem-estar 235s.
        trabalhadores urbanos 234s.
    de Juventude
        de Lagos 237s.
        de Juventude Nigeriano 228s., 237s., 258
    de Libertação do Congo (MLC) 304s.
    de Libertação Nacional (MLN) 245
    Democrático do Povo Camaronês (MDPC) 306
    Qadiriya 132
    Democrático Laranja (MDL) 288
    dos Não Alinhados: (MNA) 286, 334-339

Movimento Republicano Popular (MRP) 238

Mugabe, R.G. (Zimbábue) 303
    abolição do primeiro-ministro 303
    guerra de guerrilha 303s.
    reação internacional aos massacres 303
    União Nacional Africana do Zimbábue-FP 303

Mutilação da genitália feminina 68s.

Muata Ianvo 127

Nação Ibo (Igbo) 137

Nacionalismo
    africano
        e a luta pela liberdade 205-242
        moderno 208-234
        movimentos de independência 233-241

definição de 206
   igrejas missionárias 210-218
   Liga das Nações e Nações Unidas 230-234
   opressão colonial 209s.
   Pan-africanismo 222-231
   Primeira e Segunda Guerra Mundial 218-222

Não alinhamento positivo 330

Negligência benigna 366

Negritude 281s.

Negro World, The 224

Ngai 80

Ngolas 122

Niane, D.T. 97, 115

Nixon, R. 354

Nkomo, J. 303

Nkrumah, K. 228, 245

Nok e Jené 110

Norte-Sul: Um programa para a sobrevivência 311

Novos Países Industrializados (NICs) 294

Nepda, Nova Parceria para o Desenvolvimento da África 320

Nyerere, J. 270-274

Obá 92, 121, 211

Obama, B. 293s.

Objetivos de Desenvolvimento do Milênio (ODM)
   Declaração do Milênio 314
   retrocessos da África 314-321

Odinga, O. 253s., 260s., 332

Olorum 79

O mundo se despedaça 138

Oncocercose (cegueira do rio) 21

Onyango, P. 51

Opressão colonial
brutalidade alemã 209
e nacionalismo 209s.

Organização
da Unidade Africana (OUA) 17, 230s., 280s., 320, 331, 338-348
quatro instituições centrais da 341
de Libertação da Palestina (OLP) 335
do Povo do Sudoeste Africano da Namíbia (Opsan) 335
do Tratado de Varsóvia 363
Freedom House
atribuições da 309s.
avaliações das eleições
em Camarões de 2010 306s.
em Gana de 2003 307s.
no Quênia de 2011 303
democracias eleitorais africanas 323q.
terminologia 308s.
visões a respeito da liberdade 308s.
Nacional das Mulheres (ONM) 273s.

Orixás 79

Osíris 104s.

Ottenberg, P. 59s.

OUA
Reuniões de Cúpula 346q.-347q.

Ouro
comércio transaariano de 114-121
Gana 115
Songai 112, 114-120
Sundiata 115s.

Ousmane, S. 212

Paden, J.N. 32q.-35q.

Padmore, G. 222, 228

Pan-africanismo 222-231

Paraestatais 279, 285, 291

Parentesco 46-52
  casamento 51-59
  definição de 46-52
  relação consanguínea 46

Partido Democrático
  Costa do Marfim (PDCM) 267
  da Guiné (PDG) 237, 267
  Republicano do Daomé 228

Partido
  Afro-Shirazi 274
  da Convenção do Povo (PCP) 240
  da Convenção do P. do Povo (CPP) 245, 265
  do Povo para a Reconstrução e o Desenvolvimento (PPRD) 305
  Nacional do Povo das Índias Ocidentais 228
  Progressista Unido (PPU) 261
  Trabalhista de Granada (Índias Ocidentais) 228
  União Nacional da Independência (Puni) 261

Partido da Unidade Nacional (PUN) 302

Pashas 114, 128

Perestroika 363

Perham, M. 158

Período de realismo 1988 298

Peters, K. 154

Piratas 130

Poliandria 52

Poligamia 52

Poligenia 51-54, 55-59

Poliomielite 21

Política
    de concentração em vilas 274s.
    de mercado livre de Reagan 311s.
    e governo na África tradicional 87-93
        sistemas
            hierárquicos 90
            piramidais 91-93
            segmentários 87-90

População de refugiados 290

Population Reference Bureau 23, 26, 28q.

Portugal 180s.

Potholm, C. 264

Primeira e Segunda Guerra Mundial
    e nacionalismo 219-222, 297

Programa de Ajuste Estrutural (PAE) 276, 297, 314, 366

Progresso na direção da democracia 323q.-324q.

Quênia
Flertando com a democracia 300-304

Rá 105

Races of Africa, The 31

Rawlings, J. (Gana) 307

Razões do interesse da Europa na África 154-157
    etnocentrismo europeu 154, 158
    imperialismo europeu 156-162
    reunir o conhecimento científico 153

Reagan, R. 285, 299, 310s., 325, 332, 354s.

Realismo político, Legum
   visão de Colin 297s.

Rebeldes Simba
   Congo 360

Rebelião Maji Maji 146, 181, 212

Recessão econômica, 2008-2009 320

Reformas econômicas e políticas 310-325

Região
   dos Grandes Lagos 124
   interlacustre da África Oriental 143s.

Regimes militares vs regimes civis 298

Regionalismo e separatismo 246-249

Rei Leopoldo II da Bélgica 182s.

Relações consanguíneas 46s.

Religião como meio de vida 85s.

República Democrática do Congo 303-306

Reuniões de Cúpula Africanas: OUA/UA (1963-2006) 346q.-347q.

Revolta Mau Mau 208

Rhodes, C.J. 144, 154, 176, 183-186, 217

Ritos de iniciação 60s., 62s., 68s., 70s., 76s.

Rodney, W. 98, 126, 143

Rogers, J.A. 97

Royal
   Geographical Society 155
   Niger Company 138, 188

Rudd, C. 185
   Concessão Rudd 185, 217

Sandbrook, R. 324, 326

Sarampo 21

Sauti ya Mwafrika 198

Savanas
  estados na África Central 122s.

Schraeder, P.J. 324

Segregação 162s., 171, 173s., 220

Seligman, C.G. 31, 35

Sembene, O. 169, 212

Senegal
  escolhas políticas depois da independência 282

Senghor Léopold Sédar 165-168, 214, 281

Short History of Benin 97

Simbolismo religioso africano 86

Sistema
  de linhagem, descendência bilateral 46s.
  duolinear ou bilinear 46s.
  hierárquico 90
  matrilinear 46s.
  patriarcal 46s.
  piramidal 91-93
  política africana tradicional 86-93
  segmentário 87-90
  unilinear 46

Sithole, N. 44, 220

Socialismo africano 267-271

Socialismo africano e sua aplicação no planejamento do Quênia 270

Sociedade de Proteção dos Direitos dos Aborígenes 237

Sociedades secretas 64, 87, 89, 137

Stanley, H.M. 154

Substituto ou casamento de mulher com mulher 58

Sudão
Africano
século XIX 131-135
Ocidental 114-119, 127s., 133, 137, 289
Oriental, século XIX 133s.

Sundiata: An Epic of Old Mali 97

Supremacia branca 167s.

Sylvester-Williams, H. 222

Tanzânia
escolhas políticas depois da independência 262-286

Tatuagem 68

Terra
expropriação de 187-190

Territórios sob tutela 152, 179s., 182s.

Thatcher, M. 297, 299, 325

Thompson, L. 153

Tijaniya (império) 133

Tordoff, W. 234, 263

TransAfrica 16

Transição "cooptada" Félix Houphouët-Boigny
Costa do Marfim 308
guerra civil 308
estratégia eleitoral 309s.
para a democracia
eleições "antecipadas" 307s.
quatro métodos de 306s.
transição "cooptada" 308
vitória de Nelson Mandela 306s.

Tribalismo 237, 257, 263, 264s., 273s., 300

Tripanossomíase (doença do sono) 21

Tuberculose 21, 317

Turnbull, C. 86

Turner, V. 71

Uchendu, V.C. 89

Ujamaa 270-275, 280

Unaz 261

União
  Africana (UA) 230, 320s., 347-352
  Africana do Quênia (UAQ) 236, 240
  Cooperativa da Tanzânia (UCT) 274
  Democrática Africana (UDA) 238, 267
  Democrática Africana do Quênia (Udaq) 240, 260
  do Povo da Costa Africana 241
  Nacional Africana da Tanganica (Unat) 178, 239
  Nacional Africana do Quênia (Unaq) 236, 253
  Nacional de Camarões 305s.
  Nacional dos Trabalhadores da Tanzânia (UNTT) 274
  Nacional Kalenjin 240s.
  Soviética e África 356-365

United
  Nations Agency for International Development (Usaid) 312s.
  Nations Conference on Trade and Development (Unctad) 319, 336, 365

Universo
  criado por Deus 79s.
  nível
    místico 80s.
    moral 80s.
    natural 80
    religioso 80s.

Upaz 261

Vale do Rift 19

Valor(es)
consumistas 87s., 90
instrumentais 87s., 90
Político Africano Tradicional 86-93

Vance, C. 333

Vansina, J. 28, 97, 148

Vida familiar 72-77
e socialização 73-77

Wiley, D. 30

Williams, G.M. 353

Yeltsin, B. 363

Young, A. 354

Zinjântropos 100s., 102s.

Índice geral

Sumário, 5
Prefácio, 7
    O que é novo nesta edição, 7
    Características, 9
    Suplementos, 11
    Agradecimentos, 12
1 África: o continente e seu povo, 15
    Introdução, 15
    Geografia, 16
    Demografia, 23
    Língua e cultura, 29
2 As instituições tradicionais africanas, 41
    Introdução, 41
    Parentesco, 46
    Formas de casamento, 52
    Grupos não parentais, 59
    O indivíduo nas sociedades africanas, 65
    Vida familiar e socialização, 73
        Vida familiar, 73
        Socialização, 74
    Crenças religiosas tradicionais, 77
        Crença em Deus, 79
        Crença nos espíritos, 83
        Crença nos ancestrais, 84
        Religião como modo de vida, 85

    Política e governo na África tradicional, 87
        Sistemas segmentários, 88
        Sistemas hierárquicos, 90
        Sistemas piramidais, 91
3 Desenvolvimento político na África histórica, 95
    Introdução, 95
    África pré-histórica, 100
    África antiga, 103
        Os reinos do Egito, 103
        Outras civilizações africanas antigas, 110
    África medieval, 111
    Primeira modernidade da África, 126
    A África do século XIX, 129
        África do Norte [c. 1800-1900], 129
        O Sudão Africano [c. 1800-1900], 131
        África Ocidental [c. 1800-1900], 135
        África Oriental [c. 1800-1900], 142
    Conclusões, 148
4 Colonialismo e a experiência africana, 151
    Introdução, 151
    Razões do interesse da Europa na África, 153
    Imperialismo na África: a lógica, 157
    Raça e colonizadores europeus: "as missões civilizatórias", 161
        A Missão Britânica, 161
        A Missão Francesa, 163
        O contraste entre franceses e ingleses: Senghor e Khama, 165
        A Teoria do Racismo Francês de Fanon, 168
        A Missão Portuguesa, 169
        A Missão Belga, 172
    Estilos administrativos coloniais, 174
        Governo indireto, 176
        Governo direto, 178
        Governo de empresa, 182
        Governo indireto de empresa, 184

A economia do colonialismo, 187
    Expropriação da terra, 187
    Exploração do trabalho, 190
    Imposto da cabana e o imposto eleitoral, 191
    Recrutamento de mão de obra, 192
    Economias de culturas comerciais e monocultura, 194
    Proibição do comércio e das comunicações interafricanas, 196
    Mão de obra imigrante, 197
    Falta de industrialização, 199
O domínio colonial beneficiou os africanos?, 199

5 O nacionalismo africano e a luta pela liberdade, 205
    Introdução, 205
    Nacionalismo africano moderno, 208
        Opressão colonial, 209
        Igrejas missionárias, 210
        A primeira e a segunda guerras mundiais, 218
        Pan-africanismo, 222
        A Liga das Nações e as Nações Unidas, 230
    Movimentos de independência, 233
    Conclusões, 241

6 Independência africana: os primeiros trinta anos, 243
    Introdução, 243
    A descolonização e a transferência de poder, 244
        Centralização do poder, 244
        Regionalismo e separatismo: Nigéria, 246
        Regionalismo e separatismo: África Oriental, 248
        Descolonização nas colônias francesas, 250
    Problemas na independência, 252
        Expectativas populares, 252
        Ausência de desenvolvimento econômico, 254
        Fronteiras arbitrárias, 256
    Instabilidade política, 259
    Escolhas políticas depois da independência, 262
        Sistemas de partido único, 263
        Socialismo africano, 268

  Tanzânia, 270
  Gana, 276
  Guiné, 279
  Senegal, 281
  Capitalismo africano, 283
 O que deu errado na África independente?, 286
  Sistemas de partido único, 286
  Cultos da personalidade, 287
  Golpes de Estado e guerras civis, 288
  Refugiados, 290
  Economias centralizadas, 290
  Dívida externa, 291
  Corrupção, 292
  HIV/Aids, 293
 Os ganhos da independência, 294

7 A luta africana pela democracia e por mercados livres, 297
 Introdução, 297
 A luta pela democracia, 299
 Quênia: flertando com a democracia, 300
 Mugabe: "O Zimbábue pertence a mim", 303
 República Democrática do Congo, 304
 Camarões: a democracia de Paul Biya, 305
 Reformas econômicas, 311
 Nova Parceria para o Desenvolvimento da África, 320
 Conclusões, 322

8 A África nos assuntos mundiais, 327
 Introdução, 327
 A Guerra Fria, 331
 O Movimento dos Países Não Alinhados, 334
 A Organização da Unidade Africana, 338
 A União Africana, 347
  Objetivos da União Africana, 349
  Órgãos da União Africana, 349
  As instituições financeiras da União Africana, 350

Os Estados Unidos e a África, 352
　　A União Soviética e a África, 356
　　Conclusões, 364
Referências, 369
Índice analítico e onomástico, 379

CULTURAL
Administração
Antropologia
Biografias
Comunicação
Dinâmicas e Jogos
Ecologia e Meio Ambiente
Educação e Pedagogia
Filosofia
História
Letras e Literatura
Obras de referência
Política
Psicologia
Saúde e Nutrição
Serviço Social e Trabalho
Sociologia

CATEQUÉTICO PASTORAL
Catequese
  Geral
  Crisma
  Primeira Eucaristia

Pastoral
  Geral
  Sacramental
  Familiar
  Social
  Ensino Religioso Escolar

TEOLÓGICO ESPIRITUAL
Biografias
Devocionários
Espiritualidade e Mística
Espiritualidade Mariana
Franciscanismo
Autoconhecimento
Liturgia
Obras de referência
Sagrada Escritura e Livros Apócrifos

Teologia
  Bíblica
  Histórica
  Prática
  Sistemática

REVISTAS
Concilium
Estudos Bíblicos
Grande Sinal
REB (Revista Eclesiástica Brasileira)
SEDOC (Serviço de Documentação)

VOZES NOBILIS
Uma linha editorial especial, com importantes autores, alto valor agregado e qualidade superior.

PRODUTOS SAZONAIS
Folhinha do Sagrado Coração de Jesus
Calendário de mesa do Sagrado Coração de Jesus
Agenda do Sagrado Coração de Jesus
Almanaque Santo Antônio
Agendinha
Diário Vozes
Meditações para o dia a dia
Encontro diário com Deus
Guia Litúrgico

VOZES DE BOLSO
Obras clássicas de Ciências Humanas em formato de bolso.

CADASTRE-SE
www.vozes.com.br

EDITORA VOZES LTDA.
Rua Frei Luís, 100 – Centro – Cep 25689-900 – Petrópolis, RJ
Tel.: (24) 2233-9000 – Fax: (24) 2231-4676 – E-mail: vendas@vozes.com.br

UNIDADES NO BRASIL: Belo Horizonte, MG – Brasília, DF – Campinas, SP – Cuiabá, MT
Curitiba, PR – Florianópolis, SC – Fortaleza, CE – Goiânia, GO – Juiz de Fora, MG
Manaus, AM – Petrópolis, RJ – Porto Alegre, RS – Recife, PE – Rio de Janeiro, RJ
Salvador, BA – São Paulo, SP